教育部哲学社会科学研究重大课题攻关项目

宗教社会学

段德智◎著

人民出版社

目　录

引 言

宗教社会学,如果从杜尔凯姆出版他的《宗教生活的基本形式》(1912年)算起,至今已过去一个世纪了,而如果从孔德出版他的6卷本的《实证哲学教程》(1830—1842年)算起,则业已过去170多年了。其间虽然也涌现出像韦伯和帕森斯一类有一定影响的人物,但是,作为一门人文学科,却从来没有像近一个世纪的哲学那样,涌现出尼采、胡塞尔、海德格尔、萨特这样一类对当代文化产生深广影响的思想家,也没有像近一个世纪的哲学那样,对当代人类文化产生如此深广的影响。诚然,我们也可以用它的历史的短暂予以搪塞。但是,人们不是完全有理由反唇相讥:一个顺应时代潮流而生的人文学科,难道它不应该有更加蓬勃的发展吗?

其实,宗教社会学所面临的令人难堪的窘境远不是一个影响大小的问题:它不仅往往为大多数宗教界人士和神学家所拒斥,为大多数哲学家或宗教哲学家所不齿,让相当一部分宗教学家感到困惑,而且也受到了来自社会学界的诸多责难。众所周知,宗教群体自产生之日起,在整个人类社会大系统中便一直占有非常突出的地位。即使在当代社会,宗教人口在世界总人口中也依然占有非常大的比例。[①] 既然如此,一个标榜社会性的学科不应当反思一下自己所标榜的社会性的意涵的真实性吗?宗教社会学不应当反思一下自己所走过的学术道路吗?难道人类就真的不能建立一门让人类大多数认可的宗教社会学吗?难道我们就不能建立一门让大多数宗教哲学家和宗教学家,甚至多数宗教界人士和神学家认可或受益的宗教社会学吗?如果说形形色色的基要主义不可能对宗教社会学的学科建设作出积极有益的贡献,那么,大多数宗教界人士和神学家难道就不可能对宗教社会学的建设做点什么事情吗?难道宗教哲学家,甚至严肃的宗教学家在这样一门学科面前真的就毫无

---

① 据《1980年大英百科年鉴》的统计,宗教人口约占世界总人口的62%。而据《1990年大英百科年鉴》的统计,宗教人口约占世界总人口的75%。

作为吗？由此也就提出了真正的面向人类大多数的宗教社会学是否可能以及何以可能的问题。

其实，只要一个对宗教社会学的历史稍有了解的人就不难看出：宗教社会学所遭遇到的这样一种窘境完全是咎由自取。宗教社会学这门新兴的人文学科的出现本来是可望对于人们全面理解宗教现象开辟一条新径的，但是由于那些研究者的偏狭立场，反而使得这门学科至今未能取得其应有的成果，并给自身招来不少非议。前此的宗教社会学家的立场的偏狭性，最根本的就在于他们太偏执于狭义的社会学立场，完全把自己禁锢于狭义社会学的视界和论域，把宗教社会学完全理解为社会学的一个分支学科，用彼·贝格尔的话来说，就是，他们所做的所有论证都"始终严格地在社会学理论的意义框架内进行"（strictly within the frame of reference of sociological theory），只限于"把来源于知识社会学的一般理论观点用于对宗教现象的研究"。① 这就是说，在这些研究者看来，所谓宗教社会学无非是一种应用社会学。其次，他们之所以陷入这样一种窘境，还在于他们把社会学，从而也把宗教社会学完全理解为一门"经验学科"或"实证学问"，一门完全基于实证主义或经验主义的学科或学问。这就是说，由于他们的自然主义或实证主义的立场，且不要说宗教社会学中"神圣者"一类的基本范畴被完全平面化了，而且像"社会"和"经验"这样一类宗教社会学的范畴，也完全被他们单面化了，也就是说，不仅已被人类千百年来两重化的世界被他们简单地约简为一个单一的世界，而且人们的宗教体验也被他们不是简单地悬置起来就是被还原为一般社会经验或自然科学实验室里的经验。这样，宗教社会学就不仅被弄成了一门应用社会学，而且被弄成了一门自然科学了。胡塞尔在"作为严格科学的哲学"中曾经深刻地指出："随着精密科学的进步，黑格尔派导致了许多反动，作为这些反动的结果之一的是18世纪的自然主义获得了压倒一切的动力；由于其怀疑论否证了一切绝对观念与客观性，它就广泛地支配了其后的几十年中的对世界的解释和哲学。"看来，用胡塞尔的这些话来刻画宗教社会学这门人文学科迄今为止的发展和状况也是相当贴切的。② 第三，他们因此也就根本否认同宗教界人士和神学家开展对话的必要性，而仅仅满足于从外面看宗教或神学，并且因此而普遍采纳了并满足于所谓"外部研

---

① Peter Berger, *The Sacred Canopy: Elements of a Sociological Theory of Religion*, New York: Double-day, 1990, p.179.

② 参阅胡塞尔：《现象学与哲学的危机》，吕祥译，国际文化出版公司1988年版，第68页。

究法"。① 显然，这种"外部研究法"是一种同将宗教（包括宗教制度、宗教行为、宗教意识和宗教体验）"自然化"或"物化"相适应的"自然科学"方法。毫无疑问，研究方法与研究对象的这样一种不协调或不一致也是这些研究者陷入窘境的一项重要原因。最后，既然他们采取"外部研究法"，他们关注的也就只能是宗教与社会的"外部关系"或"外部作用"，他们也就因此而往往以这样那样的形式陷入功能主义而不能自拔。他们在反对"教会的社会学"的旗帜下，不仅对超越的宗教信仰对象或宗教经验发表不了任何中肯的意见，即使对宗教群体本身也往往发表不了任何中肯的意见；他们因此不可能对宗教群体的社会本质作出任何深入的研究，更不可能对宗教观念和宗教体验作出任何深入的研究。这样一来，他们所建立的充其量也就只能是一种"社会学的宗教社会学"。

对于这样一种宗教社会学的表面性、肤浅性或片面性，不要说局外人看得清清楚楚，即使一些社会学家也有所察觉。例如，《社会中的宗教》一书的作者罗纳德·L.约翰斯通（Ronald L. Johnstone）就坦言："首先是宗教界人士，包括神学院的教授和各种宗教派别的管理人员，还有地方教会的神职人员和平信徒""经常"向他提出"究竟什么是宗教社会学"的问题。② 他还承认，当一些讨论宗教的社会学家标榜自己的"实证原则"或"价值中立"的"科学方法"时，当他们标榜他们仅仅根据"可观察、可度量和可用数量表示"的"原始资料"为根据时，首先"碰到"的便是"来自宗教信仰者的最激烈的反对"："既然宗教与超自然的东西有关，也就是说是同通常看不见的力量有关，并且与人的心理状态有关，所以，社会学家关于宗教所能说的东西，由于他或她受到可观察的东西的限制，便至多只能是肤浅的和不重要的，而最坏则可能是虚假的和误解的。"③ 其实对一些研究宗教的社会学家们提出挑战或质疑的远不止是宗教界人士和神学家，也不只是一些具有形上意识的宗教哲学家或宗教学家，而是宗教这一人类历史上存在了几十万年的宗教现象本身。一如大卫·莫伯格（David Moberg）在分析"一些真正对宗教有兴趣的社会学家"之所以在宗教社会学

① 参阅 Peter Berger, *The Sacred Canopy: Elements of a Sociological Theory of Religion*, p.179. 贝格尔在他的名著《神圣的帷幕：宗教社会学理论之要素》的附录中曾特别强调说：在社会学和神学之间，"根本没有进行任何内在对话的必要性"（Nor is there an intrinsic necessity for sociological theory, as here understood, to engage in a 'dialogue' with theology）。关于"外部研究法"，也请参阅孙尚扬：《宗教社会学》，北京大学出版社 2001 年版，第 5 页。

② 罗纳德·L. 约翰斯通：《社会中的宗教》，尹今黎、张蕾译，袁亚愚校，四川人民出版社 1991年版，"序言"第 1 页。

③ 同上书，第 5 页。

这门学科面前"泄气"或望而却步的原因以及宗教社会学这门人文学科长期不景气的原因时所强调指出的：这不仅是由于"许多宗教群体对宗教社会学研究的反对"，而且更为根本的则在于，一些社会学家业已看到了"宗教与哲学和形而上学之间的密切历史联系"，从而认为"宗教不能用经验主义的方法富有成效地进行研究"。[1]

J. 米尔顿·英格尔（J. Milton Yinger）用他的"教堂彩色玻璃公案"把一些社会学的宗教社会学家的忧虑转化成了对作为社会学一个分支学科的宗教社会学家的实证主义或经验主义以及与之相关的"外部研究法"的抗议。他诘问道："从外面我们怎么能看清教堂的彩色玻璃呢？"他的意思是说，教堂的彩色玻璃窗的美丽、寓意或图案，只有在教堂内才能看得清，才能看见穿过窗户的阳光。毋庸讳言，英格尔这样讲的意思也并不是要人们仅仅用宗教界人士的或神学家的眼光来审视宗教现象。他与此同时也指出了宗教界人士或神学家的眼光的局限，断言：从里面看到的景象只是我们所了解的窗户的一部分，而只有从外面，观察者才能认识到诸如窗户存在的外部结构或轮廓。但是，无论如何，社会学的宗教社会学家的"外部研究法"的"片面性"被他极其形象地指示出来了。英格尔的这桩"公案"的意义还不止如此。因为他还进而指出：还有一些知识对于我们了解窗户的意义有更为重要的价值，却同从里面或从外面看窗子没有什么关系。例如，这个窗户究竟是谁造的？是谁安装的？是谁修理的？是谁走进教堂从里面看它？是谁站在外面在看它？观察者的观察点在哪个位置？此外，在我们对它的诸多考察中，还有一个安装它的理由以及它与其他窗户的同异及其成因，等等等等。[2] 面对着教堂的彩色玻璃，我们不能不想到与我们眼下的话题直接相关的许多重大的理论问题。[3]

那么，我们从英格尔的这桩"公案"中究竟应该觉悟到一些什么东西呢？在我们看来，最根本的就在于，为要对宗教现象的社会本质有一个全面透彻的了解，为要成就宗教社会学这门人文学科，使它最终走出理论困境，我们的当务之急就是去超越现行的"社会学的宗教社会学"或"作为社会学一个分支学科的宗教社会学"。具体说来，至少有下述几点是值得注意的。首先，为要对宗教现象的社会本质有一个

[1] David O. Moberg, *The Church As A Social Instituion. The Sociology of American Religion*, Englewood Cliff（N. Y.），Prentice Hall, 1962, p. 13.

[2] J. Milton Yinger, *The Scientific Study of Religion*, New York: The Macmillan Company, 1970, p.2.

[3] 无独有偶，当年康熙帝也曾用"屋内屋外"的比喻来批评时为罗马教廷代牧主教、负责福建基督宗教教务的阎当，说他像是站在屋外从未进屋却"妄论""屋中之事"。康熙帝的这一比喻也同样是发人深省的。（参阅李天刚：《中国礼仪之争：历史、文献和意义》，上海古籍出版社 1998 年版，第46—69页）

全面透彻的了解，我们就不能满足于仅仅站在社会学的立场上，从宗教的"外部"来观察宗教，仅仅着眼于宗教与社会的外部关联，仅仅着眼于宗教的社会功能。功能主义并不能穷尽宗教的社会本质。这就是说，我们必须超越社会学和功能主义而继续前进，不仅从宗教的外部考察宗教，而且还要进而从宗教的内部来考察宗教，不仅要对宗教制度、宗教戒律和宗教礼仪的社会性进行考察，而且还要对宗教情感、宗教经验、宗教观念和宗教信仰的社会性进行考察。不仅如此，我们不仅要考察宗教对社会的影响和作用（即宗教的社会功能），而且还要考察整个社会大系统以及作为其构成成分的除宗教外的所有社会子系统对宗教的影响和作用。其次，为了完成这样的考察，我们就不能仅仅使用社会学的方法，尤其不能仅仅使用一些社会学家所使用的实证主义的或狭隘经验主义的方法，而必须进而使用现象学的和心理学的方法，使用包括唯物史观、结构主义、生存主义、比较宗教学和宗教史学在内的所有哲学的和宗教学的方法。第三，即使对传统意义上的社会学的方法，我们也不能原封不动地照搬照用，不仅应同上面提到的其他方法结合起来使用，更重要的是，在对宗教现象的多维度、多层面的考察中，社会学的方法必须保持充分的"开放性"。而这不仅意味着社会学方法对所有其他方法持一种兼容的立场，更重要的还在于，社会学的方法论原则在种种"结合"或"开放"中获得一种全面的提升或自我超越。在我国宗教学界长期以来一直流行着宗教社会学是一"交叉学科"这样一种说法。这是应当予以重新审视的。因为，把宗教社会学理解为宗教学和社会学的"交叉"，这样一种提法本身就有可能使人发生一种误解，以为宗教社会学这门人文学科无非是社会学研究域（the domain of sociology）和宗教学研究域（the domain of religion studies）的某种"重合"，从而把它理解为这两门学科的简单拼凑。诚然，就宗教社会学这门人文学科的"实然"状态言，把它解释成一门宗教学和社会学的"交叉学科"倒是比较贴切的，但是，倘若从它的"应然"状态言，从它之为"宗教学的一个分支学科"或"作为宗教学的宗教社会学"的高度言，则它断然不能只是这样一门"交叉学科"，而应当向前走出更远。而宗教社会学摆脱理论困境的根本出路，则正在于把现时流行的"作为社会学的一个分支学科的宗教社会学"提升为"作为宗教学的一个分支学科的宗教社会学"，简言之，就在于把"社会学的宗教社会学"转换成"宗教学的宗教社会学"。唯其如此，它才能对宗教的社会性，对宗教的社会本质和社会功能作出全面透彻的说明，它才能成为一门真正面向人类社会、面向人类大多数、面向大多数学者开放的人文学科，它才能为构建和谐的人类社会作出自己应有的贡献。

呈现给读者的这本著作，虽然篇幅不大，但却是同作者的这样一个极其宏伟的

"意图"关联着的。这就是说，作为作者，我之所以写作这样一本书，不仅是为了少数社会学家写的，也不仅是为了宗教学家和哲学家写的，而且也是为有一定胸怀和思想开放性的宗教界人士和神学家写的，甚至首先是为那些具有一定文化水平的普通民众和普通宗教信徒（平信徒）写的。而作为一个学者，我之所以写作这样一本书，一个重要目的即在于"革新"宗教社会学，为实现由"社会学的宗教社会学"向"宗教学的宗教社会学"的根本转变稍尽绵薄。宗教社会学从"社会学的宗教社会学"向"宗教学的宗教社会学"的根本转变是绝不可能一蹴而就的，是需要几代学者的不懈努力方能成就的。平心而论，在这样一部小书里，提出这样一个目标，未免显得多少有点"鲁莽"，甚至有点"荒唐"。但我认为，在这部小书中我们面向这一目标能够向前走出多远并不重要，重要的是我们毕竟提出了这样一个目标。而且，在这部小书中我们毕竟也为实现这样一个目标多多少少地做了一些具体的工作。如果读者从中读出一些异样的感受，我们也就心满意足了。

就我在本书中为实现这样一个目标而做的努力言，至少有下述几点值得提一下。第一，我们在肯认"社会学的宗教社会学"在推动和促进人类理解和诠释宗教现象的社会性的历史功绩的基础上，昭示了它所内蕴的一些根本矛盾或理论困难。第二，明确提出"宗教学的宗教社会学"或"作为宗教学分支学科的宗教社会学"这样一个范畴或理念，并对其区别于"社会学的宗教社会学"或"作为社会学分支学科的宗教社会学"的某些特征或方法论原则提出一些猜测或设想。第三，社会学的宗教社会学在考察宗教的社会性时，由于其实证方法的局限，总是囿于某一时段的人类宗教现象，不是像杜尔凯姆那样，囿于氏族—部落宗教现象，就是像韦伯那样，囿于自己所在时代的宗教现象；本书则力求从宗教同社会的内在关联中对人类宗教发展的整个历史作出一个整体的宏观的勾勒。第四，本书在对"宗教与社会"辩证关系所做的逻辑的或同时性的考察中，不限于考察宗教组织的社会功能，而把重点放在对宗教信仰或宗教观念的社会本质的解析上。第五，特别考察了宗教际的关系问题（而不仅仅限于考察宗教同社会的外在关系）以及与此紧密相关的宗教对话与世界和平问题，在正视宗教信仰可能会对宗教对话造成这样那样的困难的基础上，对宗教对话的各种模式以及宗教对话的层次性、基本中介、普遍模式或现实途径提出了自己的一些看法。第六，本书始终贯彻这样一个理念，这就是世界不仅是无宗教信仰的人的世界，而且也是有宗教信仰的人的世界，因此，为要实现社会进步和世界和平，就不仅需要无宗教信仰的人的努力，也需要有宗教信仰的人的努力。因此，本书在最后一章强调指出，当代中国为要维护社会的和谐稳定，实现《礼记·礼运》中所描绘的"小康"社会和"大同"世界的美好理想，就不仅需要无宗教信仰的中国人的不懈努力，而且也需要有这样那样宗教信仰的中国人的不懈努力。没有这两部分人结成的亲密无间的统一战线，关于中国未来的任何美好前景就始终只能是一种远景。

应该说，本著围绕着构建"作为宗教学分支学科的宗教社会学"这一目标，对宗教的本质说（尤其是对宗教的特殊本质说）、宗教对话以及宗教的本土化或民族化都做了特别用心的考察和阐述。在本著作者看来，宗教的本质说、宗教对话与宗教的本土化即使构不成建构作为宗教学分支学科的宗教社会学的全部要件，但至少其不可或缺的内容。而且，在本著作者看来，这三个问题不是孤立的而是紧密结合在一起的，至少无论是宗教对话还是宗教的本土化都与宗教的本质说密切相关；都与马克思所说的"现实的宗教信仰和现实的信教的人"密切相关。

本著除引言外含六章。其中第一章旨在以马克思的"宗教存在论"为依据对传统宗教社会学进行批判性考察，论证构建作为宗教学分支学科的宗教社会学的必要性。其基本内容有：（1）一方面在如实肯认了"作为社会学分支学科的宗教社会学"在其从孔德与斯宾塞到帕森斯与默顿的发展中在推动和促进人类理解和诠释宗教现象的社会性的历史功绩的基础上，昭示了它的片面性质；（2）比较深入地剖析了贝格尔宗教社会学的"二律背反"，即社会学家与神学家的二律背反，昭示了作为社会学分支学科的宗教社会学的内在矛盾；（3）引入马克思的"宗教存在论"作为消解或祛除传统宗教社会学内在矛盾、构建作为宗教教学分支学科的宗教社会学的基本理论或基本理论之一。

第二至第四章旨在从宗教奥秘的解读和宗教与社会之关联两个维度阐释宗教的本质，其中宗教奥秘的解读着重阐述的是宗教的特殊本质，从宗教与社会的关联角度讨论的则是宗教的普遍本质，从而对构建作为宗教学分支学科的宗教社会学提供某种理论支撑。这就是说，本著的基本立场是执两用中，但鉴于传统的宗教社会学有忽视乃至无视宗教特殊本质的理论倾向，本著对其作了特别的强调。在阐释宗教的特殊本质时，我们不仅强调了宗教信仰的超越性，而且还特别强调了宗教信仰的内在性，强调宗教信仰的超越性和内在性的同一性及其"张力结构"。在阐释宗教的普遍本质时，一方面鉴于此前的宗教社会学家在考察宗教的社会性时，由于其实证方法的局限，总是囿于某一时段的人类宗教现象，不是像杜尔凯姆那样，囿于氏族—部落宗教现象，就是像韦伯那样，囿于自己所在时代的宗教现象，本著则力求从宗教同社会的内在关联中对人类宗教发展的整个历史做出一个整体的宏观的勾勒；另一方面本著在对"宗教与社会"辩证关系所作的逻辑的或同时性的考察中，不限于考察宗教组织的社会功能,而是把重点放在对宗教信仰或宗教观念的社会本质的解析上。

第五章和第六章分别讨论和阐述了宗教对话和宗教神学的本土化,前者涉及国际政治、世界和平和人类文明,后者则涉及中华民族的富强和复兴,可以说是宗教社会学的两个重大时代话题。本著不仅关注宗教与社会的关系,而且也从宗教与社会互动的高度关注宗教与宗教之间的关系,尤其是宗教的对话问题。在宗教对话问题上,鉴于对宗教特殊本质的重视和强调,我们主张在两个方面作战:一方面坚决反对宗教排他主义和宗教极端主义;另一方面又十分注重揭露宗教多元主义的乌托邦性质。在当代中国宗教建设问题上,本著从当代中国宗教建设与当代中国社会建设互存互动的高度,一方面主张当代中国宗教当以当代中国社会建设和民族复兴为己任,充分开掘和发挥宗教自身所拥有的诸多资源,以服务当代中社会建设和民族复兴;另一方面又强调当代中国宗教当以与社会主义社会相适应为自身建设的基本目标,以进一步加强宗教学理论建设为自身建设的一项战略任务。

在本著作者看来,超越作为社会学分支学科的宗教社会学,构建作为宗教学分支学科的宗教社会学是一项艰巨的学术任务,是需要几代学者的不懈努力方能成就的。平心而论,在这样一部著作里,提出这样一个目标,未免显得多少有点"鲁莽",甚至有点"荒唐"。但我认为,在这部小书中我们面向这一目标能够向前走出多远并不重要,重要的是我们毕竟提出了这样一个目标。而且,在这部小书中我们毕竟也为实现这样一个目标多多少少地提出来一些设想,做了一些工作。如果读者从中读出一些异样的感受,我们也就心满意足了。

第一章　宗教的社会学解密与作为宗教学
分支学科的宗教社会学

老黑格尔在他的《法哲学原理》中有一句名言,这就是:"凡是合乎理性的东西都是现实的;凡是现实的东西都是合乎理性的。"他还紧接着说:"每一个天真意识都像哲学一样怀着这种信念。哲学正是从这一信念出发来考察不论是精神世界或是自然世界的。"[①] 基于这样一种识见,尽管我们在"引言"中对社会学的宗教社会学作了一些比较尖锐的批评,但是,我们却还是要实事求是地承认:这样一种形态的宗教社会学的出现和存在也是有其充分的历史根据的,在宗教的人类认识史上,特别是在人类对宗教社会性的认识史上还是有其辉煌的地位的。因此,在本章里,我们将首先从发生学的角度对社会学的宗教社会学产生的历史根据及其发展做一番概括的说明。

第一节　宗教的社会学解密

自宗教产生之日起,世界便"被二重化"为两个世界,这就是"宗教世界和世俗世界"。[②] 面对着这样一个"事实"(马克思语),大多数宗教界人士和神学家都以这样那样的形式强调宗教世界的超越性、在先性、原初性和主体性以及与之相应的世俗世界的现象性、在后性、受造性和工具性。然而,事情果真如此吗?世俗世界对于宗教或宗教世界难道就当始终处于这样一种从属或服务的地位吗?难道我们不能反过来设想:宗教或宗教社会的存在的必要性正在于它之具有服务社会的作用或功能吗?这差不多可以说是一个自宗教产生之日起就一直困扰着人类的大问题。社会学

---

① 黑格尔:《法哲学原理》,范阳、张企泰译,商务印书馆1979年版,第11页。
② 《马克思恩格斯选集》第1卷,人民出版社1995年版,第55页。

的宗教社会学正是在人类对这样一个反思和追问中孕育出来的。

一、伏尔泰的"悖论"与宗教的"秘密"

18世纪法国启蒙运动的著名领袖伏尔泰（Voltaire，1694—1778）有这样一句名言："即使没有上帝，也要捏造出一个来。"[1]值得注意的是，伏尔泰并不是一位保守的神学家，而是一位著名的中世纪基督宗教神学的批判者。他明确宣布，宗教是理性的大敌，是人们无知的产物；基督宗教的基础不是别的，而是"最下流的无赖编造出来的最卑鄙的谎言"，是"最卑鄙的混蛋所做出的各种最卑劣的欺骗"；种种宗教神学思想都只不过是"狂信者的观念"。[2]面对着依然强势的中世纪基督宗教神学势力，他甚至轻蔑地嘲笑道："十二个人建立的基督宗教"，只要一个人就能够毁灭掉它。这可以看做是伏尔泰宗教思想中的一个重大的"悖论"。

其实，这样的悖论不仅伏尔泰有，在其他思想家那里，例如，在著名的英国近代无神论哲学家霍布斯那里，也存在。霍布斯（Thomas Hobbes，1588—1679）可以说是西方近代著名的无神论哲学家，他的最为著名的哲学口号便是："哲学排除神学！"[3]而且，他之所以得出这样的结论也不是偶然的或随意的，而是基于他的基本哲学原理或他关于哲学的定义、哲学的任务和哲学的对象的规定的。按照霍布斯的哲学观，所谓哲学无非是那种"关于结果或现象的知识"，或者说，是那种"关于可能有的原因或产生的知识"。[4]而哲学的任务因此也就只能或是"从物体的产生求知物体的特性"，或是"从物体的特性求知物体的产生"。这样，构成哲学的对象的便只能是"这样一种物体"了，这就是："我们不仅可以设想它有产生，而且可以通过对它的思考，把它同别的物体加以比较，换言之，这种物体是可以组合或分解的，也就是说，它的产生或特性我们是能够认识的。"因此，无论从哲学的定义看，还是从哲学的任务和哲学的对象看，哲学都是同物体的"产生"这样一种现象直接关联着的。这样，既然神学无非是"关于永恒的、不能产生的、不可思议的神的学说"，则哲学之排除神学就是一件在所难免的事情了。[5]霍布斯对人类哲学思想所作出的最为重大的贡献，如马克思所说，不仅在于他"把培根的唯物主义系统化了"，而且还在于他"消

---

① Voltaire, *Oeuvre complètes de Voltaire*, Garmir Frès Paris, V. 5, p.403.

② 伏尔泰：《哲学通信》，高达观等译，上海人民出版社1961年版，第122页。

③ Thomas Hobbes, *Concerning Body*, John Bohn, 1839, p.10.

④ Ibid., p.3.

⑤ Ibid., p.10.

灭了培根唯物主义中的有神论的偏见"。① 然而，像霍布斯这样一个激进的无神论哲学家在另外一些场合却竟然还是以这样那样的形式肯认了上帝的存在，宣布："我们"虽然"对于上帝是什么""完全不能理解"，但是，我们却能够"知道""上帝存在"。② 他甚至还强调说："宗教的种子"就"存在于人类身上"。③

摆在我们面前的问题是：如果伏尔泰和霍布斯是两个精神病人，或者说，他们是西方哲学史上两个下三流的根本不讲逻辑连贯的思想家，我们对他们思想中出现的这样一种悖论便大可不必费神。但事实是：他们两个恰恰属于近代西方最有思想深度也最具影响力的人物之列。既然如此，我们对他们思想中的这样一种悖论便不能不认真予以沉思。原来，伏尔泰之所以激烈地反对基督宗教，并不是因为它是一种宗教或宗教信仰，而是因为中世纪基督宗教教会的非人道行为，故而伏尔泰在反对基督宗教时提出了"消灭败类"的口号。这就是说，伏尔泰虽然反对非人道的基督宗教，但是却并不因此而反对任何形式的宗教，特别是那种符合人性、有助于人类本性实现或完善的宗教（他因此而主张自然神论）。另一方面，更重要的，是由于他非常机智地看出了宗教的巨大的无可替代的社会功能和道德功能。他在《哲学辞典》中因此曾强调指出："显而易见，承认有一位上帝比不承认好得多。有一位神明来惩罚人世法律所不能制裁的罪恶倒也的确是有益人群的事。"④ 这就是说，在伏尔泰看来，宗教具有一种甚至社会的法制也不可能具有的维系社会秩序和道德生活的巨大的力量。也正是出于这样一种考量，伏尔泰说，作为一个哲学家，他愿意做斯宾诺莎主义（无神论）的信徒，但是，作为一个政治家，还是让他做一个有神论者比较妥当。另一个法国启蒙思想家培尔在怀疑和批判传统宗教时曾提出了"无神论者组成的社会"的"可能性"的问题。培尔断言："无神论者组成的社会只要严厉惩罚犯罪行为，并把荣誉和耻辱的观念与某些事物联系到一起，就能在实现市民的、合乎道德的美的方面不亚于其他任何社会。"⑤ 伏尔泰却不以为然。他针锋相对地反驳说，对于现实社会来说，承认上帝存在是一个必然的前提。且不要说让培尔来管理整个社会，即使让他管理一个小庄园，"如果他管理五六百个农民，他就不会忘记向他们宣布，存在着赏善罚恶的上帝"。⑥ 正是出于这样一种考虑，伏尔泰虽然一方面大骂中世纪基

① 《马克思恩格斯全集》第 2 卷，人民出版社 1956 年版，第 163—164、165 页。
② Thomas Hobbes, *Leviathan*, Oxford University Press, 1929, p.310.
③ Ibid., p.79.
④ 伏尔泰：《哲学辞典》上册，王燕生译，商务印书馆 1991 年版，第 164 页。
⑤ 《费尔巴哈哲学史著作选》第 3 卷，涂纪亮译，商务印书馆 1984 年版，第 49 页。
⑥ 参阅《普列汉诺夫哲学著作选集》第 3 卷，三联书店 1974 年版，第 721 页。

督宗教教会,并且因此而宣布"宗教是理性的大敌",另一方面他又断然宣称:"整个自然都在高声地告诉我们:上帝是存在的",① 并且因此而呼吁:"崇拜上帝吧,不要妄想揭穿他的许多'神秘'的奥义。"② 对于霍布斯来说,情况也大体如此。因为他同伏尔泰一样,也主张社会和国家保留和发展宗教,而他给出的唯一理由也同伏尔泰的大同小异,这就是:"宗教是社会的马勒。"在霍布斯这里,神法、自然法和国法应是三位一体的,政治学、伦理学和神学因此也应是三位一体的。用他自己的话来说,就是:"上帝之法不外乎就是自然法。"③ 人们服从神法也就是在服从自然法和国法,同样,服从国法也就是在服从神法和自然法。他甚至断言,问题根本不在于要不要消灭宗教,而在于如何对待和处理宗教和宗教问题。因为在霍布斯看来,宗教是消灭不了的,一种形态的宗教衰落了,另一种形态的宗教又会随之兴起。因此,问题的关键在于如何使教权服从王权,如何使宗教成为社会的马勒,成为国家权力的一个有机部分。霍布斯认为,即使教会不制定宗教信条,统治者也有责任建立起一套公众一致信仰的宗教信条。臣民对这样一些宗教信条,应当作为法律来服从,不得提出任何异议。而国家或社会设立宗教的目的不是别的,正在于使所有的臣民不仅在世俗事务上绝对服从统治者,而且在精神信仰上也都绝对服从统治者。在霍布斯这里,宗教之于社会或社会的统治者究竟是有害还是有益,问题并不在于宗教本身,而是在于统治者究竟如何看待和处理它。恰如药丸,有些可以嚼碎咽下(如某些治疗胃病的酵母片),有些便只能囫囵吞服(如某些治疗高血压的药片)。在霍布斯看来,宗教这剂药便不宜嚼碎服用(不宜穷究它的种种细节),而只宜囫囵吞服(只要它整体上服从政权,能够成为社会的马勒就行)。用他自己在谈到"宗教的奥义"这粒苦味的药丸的话来说,便是:"整丸地吞下去倒有疗效,但是要嚼碎的话,大多数都会被吐出来,一点疗效也没有。"④ 由此不难看出,伏尔泰和霍布斯的宗教悖论的症结并不在于宗教的内在的组织机构或信仰体系,而在于宗教维系社会或作为世俗社会统治者统治工具的明显的积极的社会功能。而这或许就是伏尔泰和霍布斯宗教思想之"谜"的"谜底"。⑤

我们知道,"光荣革命"后的英国资产阶级的真正的思想旗帜并不是如人们所设

---

① 苗力田、李毓章主编:《西方哲学史新编》,人民出版社 1990 年版,第 431 页。

② 同上书,第 430 页。

③ Thomas Hobbes, *Leviathan*, Oxford University Press, 1929, p.459.

④ Ibid., p.291.

⑤ 武汉大学人文科学学院哲学系、宗教学系编:《世纪之交的宗教与宗教学研究》,湖北人民出版社 2000 年版,第 425—426 页。

想的，是彻底的唯物主义或彻底的机械唯物主义，正相反，是一种以这样那样的形式肯认宗教的唯物主义或唯心主义。当一些有教养的外国人为"英国体面的中间阶级的宗教执迷和头脑愚蠢"感到惊奇的时候，恩格斯则向这些人"证明"说，"那时候的体面的英国中间阶级，并不像有知识的外国人所认为的那样愚蠢。"[①] 值得注意的是，在谈到英国资产阶级"宗教倾向"的具体"缘由"时，恩格斯除提到"新兴的中间阶级和以前的封建地主之间的妥协"以及"唯物主义在英国的兴起"外，特别强调了宗教的维系社会的工具性质或社会功能。恩格斯指出：光荣革命后，"资产阶级就成了英国统治阶级中的卑微的但却是公认的组成部分了"，这样，在"压迫国内广大劳动群众方面，他同统治阶级的其他部分有共同的利益"。然而，为了维护他们的利益，就必须把广大劳动群众"训练得驯服顺从"，而训练广大劳动群众的最有效的手段之一即是利用宗教或宗教的影响。恩格斯在对 17—18 世纪的英国资产阶级的这种作为作出解释时，鲜明地指出：

> 他本身是信仰宗教的，他曾打着宗教的旗帜战胜了国王和贵族；不久他又发现可以用宗教来操纵他的天然下属的灵魂，使他们服从由上帝安置在他们头上的那些主人的命令。简言之，英国资产阶级这时也参与镇压"下层等级"，镇压全国广大的生产者大众了，为此所用的手段之一就是宗教的影响。[②]

就当时的法国言，其情况也十分相似。且不要说大革命后的法国，宗教维系法国社会的功能发挥到了极致，即使在法国大革命期间，即使法国的革命党人，其利用宗教推进革命的意图也是十分明显的。英国哲学家洛克曾主张每个人都有权"依照他认为对于他的灵魂拯救最有效的方式来崇拜上帝"，[③] 难道我们不可以据此设想，在法国革命者心目中，大革命本身就是他们对其"灵魂拯救"方式作出的一种新的选择吗？不然的话，为什么他们心目中的精神偶像不是无神论者狄德罗和霍尔巴赫，而偏偏是主张自然神论的伏尔泰和卢梭呢？[④] 还有，为什么国民公会一方面大力推行非基督宗教化运动，另一方面又依据罗伯斯庇尔的提议颁布建立崇拜"最高主宰"的

---

① 《马克思恩格斯选集》第 3 卷，人民出版社 1995 年版，第 705 页。
② 同上书，第 709 页。
③ 参阅洛克：《论宗教宽容》，吴云贵译，商务印书馆 1982 年版，第 6—8 页。
④ 在法国大革命期间，伏尔泰和卢梭都曾作为为人类进步或革命献身的"圣人"或"英雄"受到崇拜。他们的胸像不仅遍布剧院、咖啡厅等公共场所，甚至被置放到国民公会大厅。（参阅高毅：《法兰西风格：大革命的政治文化》，浙江人民出版社 1991 年版，第 198—200 页）

《花月 18 日法令》呢？[①] "这岂不是说法国大革命并非完全抛开了'宗教外衣'，它只是在抛开基督宗教的外衣的同时又迅即披上了一件新的宗教外衣呢?"[②] 有人曾把法国大革命比作宗教，[③] 这固然有点耸人听闻，但是，倘若我们因此而无视法国历史传统和法国大革命的宗教神学色彩，也必然会陷入另一类型的主观性、片面性和表面性。看来，宗教的工具性或社会功能业已成为社会各主要阶层的共识。既然如此，一门以考察宗教的社会功能为主要使命的社会学的宗教社会学的问世已经为期不远了。

二、孔德与斯宾塞：实证主义与宗教社会学的发轫

虽然在伏尔泰和霍布斯那里，甚至在他们之前，人们就已经开始认真思考宗教的社会功能以及与之相关的宗教与社会的种种关系，但是，直到社会学这门新兴的人文学科问世，这种思考一直未获得系统的形式。

社会学的创始人为近代实证主义哲学的鼻祖孔德（Auguste Comte，1778—1857）。其主要著作有《实证哲学教程》（共 4 卷，1851—1854 年），《实证宗教教义问答》（1853 年）。孔德的实证主义哲学的根本特征在于主张将研究范围严格局限于现象范围之内，局限于现象之间的外部联系，拒斥任何形式的形而上学。他提出"思想发展三阶段论"，宣称：

> 我们的每一种主要观点，每一个知识部门，都先后经过三个不同的理论阶段：神学阶段，又名虚构阶段；形而上学阶段，又名抽象阶段；科学阶段，又名实证阶段。[④]

这样，在孔德这里，实证知识，或关于现象或经验的知识，乃人类所能获得的最高等

---

① 法国革命政府不仅制定了关于"最高主宰"的法令，而且还规定了"最高主宰节"。1794 年夏天，法国革命政府动员歌剧演员和音乐学院的学生深入巴黎各地区教唱《最高主宰颂歌》，并在此基础上组织了一支有 50000 人组成的大合唱团，组织了 50 多万民众参加了这次节庆游行。（参阅高毅：《法兰西风格：大革命的政治文化》，浙江人民出版社 1991 年版，第 212 页）

② 段德智：《法国大革命的新阐释》，《历史研究》1993 年第 6 期。

③ 参阅瑟诺博斯：《法国史》，沈炼之译，张芝联校，商务印书馆 1972 年版，第 383 页。作者在其中写道："有人曾把法国革命比作宗教，在这里基督宗教教徒对于上帝的狂热被公民对于民族自由和人类博爱的狂热所代替了。"

④ 洪谦主编：《西方现代资产阶级哲学论著选辑》，商务印书馆 1982 年版，第 25 页。

级的知识。这和个人智力的发展轨迹一样。他反问道："我们每一个人回忆自己历史时，岂不是记得自己在主要的看法方面，曾经相继地经过三个阶段，在童年时期是神学家，在青年时期是形而上学家，在壮年时期是物理学家吗？"① 这种思维模式至今还主导着社会学的研究，特别是英美社会学的研究。

孔德把他的社会学分为社会静力学和社会动力学两个部分。其中，社会静力学是论述一般的社会关系及其性质的。照孔德看来，社会生活的起源及社会秩序的维系全在于人的两种本能即利己心（个人本能）和利他心（社会本能）的协调或和谐。而"普遍的爱"或"普遍的同情"即构成我们处理一切社会问题的根本原则。孔德的社会动力学论述的是社会的变迁。既然人类思想的发展要经过神学时期、形而上学时期和实证时期这样三个时期，与比相应，社会的发展便势必要经过军事时期、过渡时期和工业时期。

孔德的社会学的逻辑终点是他所谓的"实证宗教"或"人道教"。在孔德这里，"实证宗教"与"人道教"并不是两样东西，恰如一块硬币的两面，如果我们把"实证宗教"称作孔德所要建立起来的宗教的本体或"法身"的话，那么，我们就不妨把"人道教"称作孔德所要建立起来的宗教的显像或"化身"或"应身"。他声称："实证主义变成了一种名副其实的宗教，这种宗教注定要取代建立在原始的神学基础上的一切不完备的和暂时的体系。"② 鉴于孔德的这种实证宗教崇拜作为类的人，并把人类视为爱的化身的道德实体，故而又被孔德称作"人道教"。为了使人道教具有一般宗教所具有的神圣色彩，孔德仿造基督宗教而为其制定了独特的教阶制度、洗礼、礼拜、祈祷、圣餐等宗教仪式，并要求建立人道教教堂，以实证主义哲学家为"人道教的祭司"。③ 孔德的一些信徒后来在法国、英国以及拉丁美洲一些国家建立了人道教教会，奉孔德为教主。他的这种抽象的人性论原则对后世的社会学的宗教社会学也产生了持久的影响。下面我们马上就会看到：当代社会学家彼·贝格尔的"宗教投射说"同孔德的"人道教"就不能说没有什么关联。

实证主义哲学和社会学的另一个奠基性人物是斯宾塞（Herbert Spencer, 1820—1903）。其著作主要有《第一原理》（1862 年），《生物学原理》（共 2 卷, 1872 年），《心理学原理》（共 2 卷, 1870—1872 年），《社会学原理》（共 3 卷, 1876—1896 年）和《伦理学原理》（共 2 卷, 1879—1893 年）。斯宾塞宣称"思维就是发生关系"，从而使我

① 洪谦主编：《西方现代资产阶级哲学论著选辑》，商务印书馆 1982 年版，第 27 页。
② Auguste Comte, *A General View of Positivism*, tr. by J.H.Bridges, London: Trubner and Co.,1865, p. 8.
③ Ibid., p.367.

们的认识完全局限于"现象"的"外部关系"。他的社会学的最大特色在于他把生物学的有机体概念和进化概念引入社会学，使社会学生物学化。与孔德不同，斯宾塞强调科学、哲学与宗教的协调性和一致性，并由此把自己的学说称作"哲学—宗教学说"。[①] 由于他的严格的实证主义以及由此派生的不可知主义的哲学立场，斯宾塞根本否认他能够发现任何宗教的"真理"，[②] 但是，他却从进化论的立场出发，提出了宗教的"起源"问题，并把宗教的发展理解为一个过程，一个由"人格宗教"（personal religion）发展为"绝对宗教"（absolute religion）的过程。他主张宗教起源于原始祖先崇拜，起源于鬼魂崇拜，断言："一切宗教的原初形式乃是邀宠于死去的祖先，他们被设想为仍然存在，并有能力对其子孙进行或善或恶的活动。"[③] 在谈到宗教的进化，特别是多神教的生成过程时，斯宾塞指出：

> 正如全部古代典籍和传统所证明的那样，最早的统治者均被视为神圣的显赫人物。他们生前发表的格言或命令在他们死后被视为神圣，他们的神圣世家的后继人还极力予以强调，谁只要依次升迁到种族的万神殿，谁就将与他们的先辈一起受到崇拜并邀其恩宠。他们之中的最为古老者就是至上神，其他的则是下属的诸神。[④]

值得注意的是，斯宾塞的宗教起源于祖先崇拜或鬼魂崇拜的观点，不仅同他的实证主义原则和进化思想有关，而且同他的人类学观点以及他对宗教与社会的关系的关注密切相关。他在早年发表的一篇论文中，就非常突出地强调了法律、宗教和礼俗这三个领域的密切相关性，并且指出，在人类历史的黎明时期，所有这三个领域都是由一个人主管的。在法律方面，这个人是首领；在礼俗方面，这个人是仪式的主持者；而在宗教方面则是神。但是，他毕竟是人，宗教崇拜只是产生于这个权威领袖死去之后。因此，一言以蔽之，"原始居民的神，乃是死去的首领"。质言之，人类最早的神灵乃是"第一个非常伟大以致足以形成一种传统、最初以其权利和事功得到人们纪念的人"。[⑤] 毫无

① H.Spencer, *First Principles*, New York, 1910, p. 482.
② 埃里克·J. 夏普：《比较宗教学史》，吕大吉、何光沪、徐大建译，上海人民出版社 1988 年版，第 41 页。
③ 同上书，第 43 页。
④ H.Spencer, *First Principles*, New York, 1910, pp. 158–159.
⑤ 埃里克·J. 夏普：《比较宗教学史》，吕大吉、何光沪、徐大建译，上海人民出版社 1988 年版，第 42 页。

疑问,不仅斯宾塞的实证主义原则,而且他的进化论、人类学、宗教起源思想以及他对宗教的社会性的强调,都对后来作为社会学的宗教社会学的酝酿、生成和发展产生了重大的影响。

三、杜尔凯姆:作为宗教静力学的宗教社会学

孔德和斯宾塞这些实证主义哲学家和社会学家虽然对宗教作了社会学的思考,孕育了宗教社会学这门新型的人文社会科学,但是,系统化的宗教社会学理论形态却是由他们的后继者杜尔凯姆和韦伯提出来的。杜尔凯姆和韦伯是早期宗教社会学的主要代表人物。

杜尔凯姆 (Émile Durkheim, 1858—1917) 是一个具有犹太血统的无神论社会学家。其著作有《社会分工论》(1893 年)、《社会学方法论》(1895 年)、《自杀论》(1897年) 等。他在宗教社会学领域的代表作有《宗教现象之解释》(1899 年) 和《宗教生活的基本形式》(1912 年)。杜尔凯姆力图把宗教研究奠定在"新的基础"上,奠定在新的以强调宗教的社会性和功能性为根本特征和基本内容的理论范式上。他的理论范式或解释模式始终内蕴着两条基本原理,这就是:宗教是一种典型的"社会事实"以及宗教的根本问题是"社会功能",它们一直支配着后来作为社会学的一个分支学科的宗教社会学的基本思想和历史发展。

杜尔凯姆是在人类学和比较宗教学开始形成并有所发展的学术气氛中成长起来的。人类学和比较宗教学关注的重心不在个人的心理,而在于社会群体。这些学科认为,社会群体的存在是一种基本的"社会事实",它们是集体意识的产物,对个人有强制性的约束力量。这种集体意识并不是个人心理的简单的总和,而是某种高于并超乎组成集体或群体的各成员的个人心理的东西。在杜尔凯姆看来,宗教即是集体意识的最为特殊的产物。宗教的态度、价值观和约束力就是由个人所组成的群体强加给个人的。而宗教的种种基本成分,诸如崇拜、礼仪和象征等,都在群体内部发挥着统一的作用。

《宗教现象之解释》是杜尔凯姆发表在他所主办的期刊《社会学年鉴》的第二卷上的一篇篇幅很大的论文。从方法论的角度看,对于我们理解杜尔凯姆的宗教社会学来说,是相当重要的,至少一点也不亚于10多年后出版的《宗教生活的基本形式》。因为正是在这篇论文中,杜尔凯姆提出并详尽地阐述了他的"社会事实"范畴。杜尔凯姆强调指出:在论述宗教、法律、道德和经济领域中的现象时,应当符合这些东西的各自的性质,这就是说,应当把它们作为从属于特定社会环境的"社会事实"来讨

论。但是,不幸的是,迄今为止,宗教学却一直是这样来谈论宗教信仰和宗教行为的,就好像它们根本不属于任何社会系统似的。杜尔凯姆对宗教学所作出的这样一种批评,其根本动机在于捍卫一条"科学"的研究路线,杜绝科学研究中任何形式的"主观性"或"先入之见"。

然而,杜尔凯姆在反对一种形式的"先入之见"的同时,却接受了另外一种形式的"先入之见",这就是"任何超自然的秩序,压根儿就不存在"。正是从这样一种"先入之见"出发,杜尔凯姆颠覆了传统的宗教定义,给宗教作出了一个全新的界定。杜尔凯姆强调指出:神的概念,对于宗教生活远不是根本性的东西,只不过是"一个附带的插曲":它只是一个特殊过程的产物,凭借这一过程,各种各样的"宗教"的特性都被假定为实在的东西。而真正带根本性的东西是:一切事物都被划分为"神圣的"与"世俗的"两个范畴。他断言,这种划分"常常是独立于每一种神的概念的"。神的概念事实上是随后才形成的。而这样形成的神的概念除了酿造出一大堆"混乱的神圣事物"外,并没有带来任何有益的结果。于是,从杜尔凯姆那里,我们就获得了这样一幅关于原始人群的生活图景:他们以这样那样的方式调整着行为,也肯定有某些义务是群体中每个成员义不容辞的职责。实际上,除了使群体得以永久生存这一需要所提供的根据之外,这些义务并没有任何别的根据。但它们却被宗教学家们无端地归诸种种超自然的创造性的力量,从而被赋予了进一步的、绝对的根据,而这些力量其实不过是社会群体集体想象的产物。

通过个人与社会、信仰与行为的对照,杜尔凯姆便从根本上颠覆了传统的宗教观。按照传统的宗教观,宗教的本质内容是信仰对象以及宗教信徒对宗教信仰对象的信仰。但是,按照杜尔凯姆的看法,"宗教现象就在于对种种义务的信仰,而与之相关的是一些确定的行为,这些行为涉及的乃由信仰所提供的对象。"[①] 然而,决定这些信仰的特征的,不是别的,却正是义务的性质。不过,义务又必须以一个权威为前提,而在杜尔凯姆看来,唯一可以设想的能够构成种种义务的前提的权威,是由个人组成的社会群体所具有的权威。由此所能得出的结论便是:不是信仰本身,而是"社会"或"社会群体"向信徒规定了它必须相信的教条和必须遵守的礼仪。因此,宗教只能发端于社会,发端于集体的精神状态:"信徒在其跟前折腰驯服的那种力量,不是单纯的有形的力量,一如呈现在感官和想象力面前的那种有形力量,而是社会的力量。"在杜尔凯姆看来,如果宗教发端于个人或少

---

① Émile Durkheim, *L'Année Sociologique*, no. 2, 1899, p. 21.

数人，它就会以这样那样的形式成为神秘的东西，成为某种"浩大的幻觉或幻象"，成为某种"哄骗"人的让人"测不透"的东西。但是，一旦我们把宗教和宗教信仰还原成了每个人都作为其中的一个成员而身在其中的社会的权威，一旦宗教成了一种社会性的现象，宗教的神秘性也就统统被消解掉，而成为一种人人可以理解的东西了。

正是在神圣东西与世俗东西的划分当中以及在个人与社会的对比当中，杜尔凯姆看到了一切宗教的"实质"。确定这种划分，在每一种个别的情况下具体说明一个现象属于哪一门类，这是集体思想或集体意识的产物。其余的一切都是派生的和第二位的。正是在这些理论前提下，杜尔凯姆得出了他的著名的宗教定义。这就是：

> 宗教是一种同与众不同、有不可冒犯的神圣事物有关的信仰与仪式所组成的统一的体系，这些信仰与仪式将所有信奉它们的人结合在一个被称之为"教会"的道德共同体之内。[①]

杜尔凯姆的这一宗教定义明显地具有下述特征。首先，它突出或提升了宗教行为或仪式的地位和作用，把宗教行为或宗教意识同宗教信仰相提并论。其次，它突出或提升了宗教组织或教会的地位和作用。用杜尔凯姆的话来说，就是：

> 教会作为构成宗教的第二个要素，不仅在宗教定义中找到了一席之地，而且同第一个要素一样不可或缺；这充分说明，宗教观念与教会观念是不可分离的。[②]

最后，它突出或强调了宗教的社会性或社会品格。宗教涉及种种团体或教会的形成，这些团体或教会由一种对待某些"神圣"的物体、地点和人物的共同态度连接在一起。个人所能接受的只能是这种共同的态度。"宗教显然应该是集体的事物。"[③]

其实，在杜尔凯姆所给出的关于宗教的定义中，他特别强调的是宗教的社会性，是社会或集体在宗教形成中的关键作用。杜尔凯姆之所以特别注重对氏族—部落宗教的考察，特别注重对图腾崇拜的考察，最深层的动因正在于：在他看来，集体的作

---

① 参阅杜尔凯姆：《宗教生活的基本形式》，渠东、汲喆译，上海人民出版社1999年版，第54页。
② 同上。
③ 同上。

用，包括一种由社会所推动的在神圣事物与世俗事物之间的明确划分，只有在作为集体之象征的图腾崇拜的社会制度下，才最为明显地表现在人类的历史中。杜尔凯姆利用 19 世纪与 20 世纪之交的考古成果证明，把澳大利亚土著居民作为最古老的人类社会系统的一个代表，是有理由的。他在澳大利亚发现了图腾崇拜，又在图腾崇拜中看出了宗教的开端。他发现，在图腾里有一种神秘的力量（玛纳），那意味着一个人如果违反禁忌（塔布）就会受到惩罚。而这种行为禁忌或塔布也就是最简单形式的"神圣者"。图腾本身既是部落神或部落诸神的象征，又是部落可以团聚在它或它们周围凭借它可以辨识自身的象征。由此可以得出的结论便是：如果同一个象征能够发挥这样两种功能，那么，在这两种功能之间，就必定存在着一种并非仅仅偶然的联系。因为，既然图腾同时兼为神与社会的符号，人们就有充分的理由来设想"神与社会是一回事"。因为"如果群体与神性是两个不同的实体，那么群体的标记又怎么能够成为这种准神的象征呢？"于是，杜尔凯姆得出结论说："氏族的神、图腾本原，都只能是氏族本身而不可能是别的东西。是氏族被人格化了，并被以图腾动植物的可见形式表现在了人们的想象中。"① 在对宗教起源的解释中，杜尔凯姆并不否认灵魂观念的重要作用，特别是灵魂观念在人格神观念形成中的作用，但是，他所强调的始终是作为集体思想的产物的图腾观念的第一性地位。即使他在阐释高位神或至高神的起源时，也念念不忘强调图腾制度的本源地位。他在《宗教生活的基本形式》中指出：

实际上，这种部落大神只是最终赢得了至高无上地位的祖先精灵。而祖先精灵只是被锤炼成为个体灵魂形象的一种实体，以便它担负起解释个体灵魂起源的使命。而灵魂只是我们在图腾制度的基础中所发现的那种非人格力所采取的形式，因为非人格力通过人的躯体而将自身个体化了。这个体系的统一性和它的复杂性一样令人叹为观止。②

尽管杜尔凯姆关于宗教的社会性的种种具体论证可能过时了，但是，他对宗教社会本质的强调以及他对宗教社会功能的强调却是人类宗教认识史上的一笔极其宝贵的精神财富，一直是社会学的宗教社会学的基本理念。

① 参阅杜尔凯姆：《宗教生活的基本形式》，渠东、汲喆译，上海人民出版社 1999 年版，第 380 页。
② 同上。

四、韦伯：作为宗教动力学的宗教社会学

杜尔凯姆在阐释自己的宗教观时，着重批评了由泰勒和斯宾塞所代表的"泛灵论"和由缪勒所代表的"自然崇拜论"。他之所以要批评泰勒（Edward Burnett Tylor，1832—1917）的"泛灵论"，是因为在杜尔凯姆看来，泰勒在《原始文化》中所要阐释的"泛灵论"的核心内容为"精灵崇拜"，这种精灵崇拜的根本弊端在于它从根本上否认宗教表达"有形实在"，否认宗教需要任何"现实基础"，从而把宗教变成了一种基于梦境的"幻觉系统"。[1] 杜尔凯姆之所以批评斯宾塞，乃是因为在杜尔凯姆看来，斯宾塞的泛灵论的一个根本弊端在于他片面强调"自然环境"对人的作用，而根本否认"社会环境"的积极作用，从而把人动物化，用动物本能取代人的社会性以及人的"集体性生活"。与泰勒和斯宾塞相比，缪勒（Friedrich Max Müller，1823—1900）的宗教观则前进了一大步。因为他在《比较神话学》（1856 年）、《宗教的起源与发展》（1878 年）和《自然宗教》（1889 年）等著作中，一直把"感觉经验"作为宗教的认识论基础，提出并论证了从感觉到信仰、由有限之物到无限之物的认识论路线，强调"没有感觉便没有领悟"（Nihil est in intellectu quod non ante fuerit in sensu）。[2] 这样，与泰勒和斯宾塞不同，缪勒不再是从人的灵魂中或睡梦中来寻求宗教的基础和根源，而是力求从现实的感觉活动中来寻找宗教的基础和根源。但是，缪勒所恪守的毕竟是一条心理学、认识论和语言学的思想路线：一方面把对象"火"或"天空"这样一类自然现象的感觉视为宗教认识的起点，另一方面又把心理想象和命名视为宗教认识的基本环节。这样，他为宗教所寻求的"现实基础"就依然是一种植根于人的心灵活动的东西，因而依然缺乏必要的客观内容。更何况缪勒明确地反对或厌恶"祭祀政治"，称之为"一切真正宗教的致命伤"。[3] 这说明他所关注的是一种精神性宗教而不是社会学家所注重的"制度性宗教"。这些都是杜尔凯姆不能容忍的。因为，构成杜尔凯姆研究对象的宗教既不是像泰勒或斯宾塞所设想的那种通过"做梦"做出来的

---

[1] 参阅杜尔凯姆：《宗教生活的基本形式》，渠东、汲喆译，上海人民出版社 1999 年版，第 84—87 页。

[2] 参阅缪勒：《宗教的起源与发展》，金泽译，上海人民出版社 1989 年版，第 16—17 页。缪勒在其中指出：宗教信仰"只是感官知觉的一种发展"。此外，缪勒在《自然宗教》（1989 年）中也曾指出：宗教"像所有其他知识一样，从感官经验起步"（参阅杜尔凯姆：《宗教生活的基本形式》，渠东、汲喆译，上海人民出版社 1999 年版，第 93 页）。

[3] 参阅埃里克·J. 夏普：《比较宗教学史》，吕大吉、何光沪、徐大建译，上海人民出版社 1988 年版，第 49 页。

"宗教"，也不是像缪勒所设想的那种通过感官和心灵直接"看"出来的宗教，而是一种完全植根于"现实社会生活"之中的宗教。但是，杜尔凯姆所考察的人类的"现实社会生活"主要局限于氏族—部落社会。在这样一种社会形态下，既然宗教组织与社会组织基本上合二而一，则他的宗教向社会（氏族部落社会）的还原就是有历史根据的和无可厚非的。问题一方面在于：他通过考察氏族—部落宗教所得出的结论是否普遍适合于其他社会形态下的宗教或宗教制度；另一方面又在于：氏族—部落社会由于其生产力的极其低下以及生产力发展速度的极其缓慢因而是一种相对静止的社会，杜尔凯姆以此为依据所形成的宗教社会学就只能是一种宗教静力学。面对宗教社会与世俗社会发生分离的文明社会中的宗教现象，面对发展急速的近现代社会，社会学的宗教社会学难道就不能有所作为吗？而韦伯的宗教动力学所回应的正是这样一些问题。

马克斯·韦伯（Max Weber，1840—1920）是早期宗教社会学的另一位代表人物。其著作主要有《新教伦理与资本主义精神》（1904—1905 年）、《世界宗教的经济伦理》（1915 年）、[①]《经济与社会》（1922 年）、《宗教社会学论文集》（1946 年）等。与杜尔凯姆不同，韦伯不是从社会结构或社会秩序的角度来关注宗教，而是从社会变迁的角度来关注宗教。也就是说，韦伯主要关注的不是宗教与社会的整合问题或宗教向社会的还原问题，而是宗教与社会变迁的关联问题，是变化着的宗教观念如何引起社会行为（主要是经济行为）的变化以及社会组织（近代政治经济组织）的变化问题。因此，如果我们把杜尔凯姆的宗教社会学称作宗教静力学的话，我们则完全有理由把韦伯的宗教社会学称作宗教动力学。

韦伯的"问题"或"问题意识"集中到一点，即在于：资本主义为何在西方而没能在其他文明（例如在中国）中产生，用韦伯的话说，就是：为什么尽管在其他文明中，例如在中国，同西方相比，"有大量十分有利于资本主义产生的条件"，可是，"中国也同西方或东方古代，或印度及伊斯兰世界一样，没有造就这样的资本主义"。[②]于是，韦伯的全部论述也就由两个相反相成的部分组成：一方面是通过揭示新教伦理与资本主义精神的内在关联从正面论证自己的论题，另一方面通过西方宗教同其他宗教特别是同中国儒教的比较研究从反面印证自己的论题。如果说他的第一个方面的论证主要是通过《新教伦理与资本主义精神》实现出来的话，他的第二个方面的论证则

① 《世界宗教的经济伦理》中"导论"、"儒教与道教"及"过渡研究"等章节一由王容芬译成中文，取名为《儒教与道教》，1999 年由商务印书馆出版。
② 韦伯：《儒教与道教》，王容芬译，商务印书馆 1999 年版，第 300 页。

主要是通过《儒教与道教》等著作实现出来的。

在《新教伦理与资本主义精神》中，构成其全部论证的起点的东西不是别的，而是对"资本主义"或"资本主义精神"的一种"素朴看法"的一种批评。韦伯强调指出："对财富的贪欲，根本就不等同于资本主义，更不是资本主义的精神。倒不如说，资本主义更多的是对这种非理性欲望的一种抑制或至少是一种理性的缓解。"[①] 毋庸讳言，在讨论"资本主义精神"的"发展"时，韦伯充分注意到了那种西方"特有的理性主义"这样一种重要的因素。他指出："理性化的经济生活"、"理性化的技术"、"理性化的科学研究"、"理性化的军事训练"、"理性化的法律"、"理性化的行政机关"乃至"理性化的神秘关照"等都在西方资本主义精神的酝酿及西方资本主义的产生和发展中发挥了重要的作用。但是，对于韦伯来说，重要的不是这种理性主义的作用的有无及其大小，而是它的作用的"方向"。也就是说，它的运作是否朝着推进资本主义的方向进行。正是在对西方理性主义的运作方向的考察中，韦伯突出和强调了宗教或宗教伦理观念的作用。他指出：

> 虽然经济理性主义的发展部分地依赖理性的技术和理性的法律，但与此同时，采取某些类型的实际的理性行为却要取决于人的能力和气质。如果这些理性行为的类型受到精神障碍的妨害，那么，理性的经济行为的发展势必会遭到严重的、内在的阻滞。各种神秘的和宗教的力量，以及以它们为基础的关于责任的伦理观念，在以往一直都对行为发生着至关紧要的和决定性的影响。[②]

他还声明，他的这部著作着力讨论的正是"这些神秘的和宗教的力量"，或者说，是"近代经济生活的精神与惩忿禁欲的新教之理性伦理观念之间的关系问题"。[③]

然而，韦伯对宗教或宗教伦理的社会功能的动态的叙述并不仅仅以西方宗教和西方社会为背景，而是力图赋予其普世的意义。他在《世界宗教的经济伦理》中，不仅考察了印度宗教（印度教和佛教）、犹太教和伊斯兰教，而且还特别考察了中国宗教（儒教和道教）。不过，如果说在《新教伦理与资本主义精神》中着重考察的是新教伦理与西方资本主义发展的"精神动力"的生成关系的话，那么，在《世界宗教的经济伦理》中，他着重考察的便主要是其他宗教伦理与资本主义发展的"精神阻力"

---

① 韦伯：《新教伦理与资本主义精神》，于晓、陈维纲等译，三联书店 1987 年版，第 8 页。
② 同上书，第 15—16 页。
③ 同上书，第 16 页。

之间的生成关系。在这部著作中,韦伯一开始就表明了其经验主义的和现实主义的宗教社会学的立场,指出:他所谓的"宗教的'经济伦理'","并非仅仅是作为一种(在某些情况下当然也是十分重要的)认识手段的神学大纲式的伦理理论,而是扎根于各种宗教的心理与实际联系的行动的实际动力"。① 正因为如此,韦伯着重考察的是宗教理念或世界观同人的行为方式或生活方式的关系问题。与普通神学人员和一般研究人员过分强调宗教信仰或宗教预言的彼岸性不同,韦伯则强调宗教信仰的"此岸性":

> 经验研究人员绝不能把各种宗教预言和提供的彼此不同的福祉仅仅理解为"彼岸之物",甚至在特殊情况下也不能这样理解。根本不是任何宗教或任何世界宗教都认为彼岸是特定的预言的天下。姑且撇开这一点不谈,除了基督宗教中仅仅在某些场合出现的例外和少数典型的禁欲教派,一切——古朴的与教化的、预言的与不预言的——宗教的福祉,首先都是纯粹此岸的;健康长寿、发财是中国、吠陀、琐罗亚斯德、古犹太、伊斯兰等宗教的预示,也是印度教和佛教给虔诚的俗人的预示。只有宗教造诣很高的人"苦行僧、和尚、苏非派、托钵僧"才去追求某种——用那些最纯的此岸财宝来衡量——尘世以外的福祉。即使这种尘世之外的福祉也决非仅仅是彼岸的。就是在这种福祉本身不言而喻时,也决不是。从心理学的角度来看,眼前的、此岸的特征恰恰是与寻求解脱的人最有关的彼岸的东西。②

韦伯还进而指出,当这种具有鲜明此岸品格的宗教信仰被表达成"一种系统地理性化了的世界观"时,它就以"板道工"的角色,构成了人的行为机制中定向性的要素:

> 因为愿意并能够按照自己的思想和心理素质表达的东西,同样取决于这种世界观和立场。利益(物质的与理念的),而不是理念,直接控制着人的行动。但是,"理念"创造的"世界观"常常以板道工的身份规定着轨道,在这些轨道上,利益的动力驱动着行动。世界观决定着,人们想——别忘了,还有能够——从哪里解脱出来,又到哪里去;或是从政治与社会的被奴役地位解脱出来,到某

---

① 韦伯:《儒教与道教》,王容芬译,商务印书馆 1999 年版,第 5 页。
② 韦伯:《新教伦理与资本主义精神》,于晓、陈维纲等译,三联书店 1987 年版,第 16 页。

个此岸的未来天国去；或者从宗教仪式的不洁造成的污点，或注进身体内的不洁中彻底解脱出来，得到一种灵魂美、肉体美或纯精神存在的纯洁性；或者从人类永无止境、毫无意义的激情与渴求的角逐解脱出来，达到神圣体验的宁静状态……①

在这一段引文中，需要特别留意的是"从哪里解脱出来，又到哪里去"这样一个短语。毫无疑问，所有的宗教理念或宗教世界观对于人们的行为都有一个"从哪里解脱出来，又到哪里去"的指向功能或定向功能。但是，对于我们目前讨论的话题更为重要的是这个短语中的两个"哪里"的具体内容，这也就涉及韦伯所说的"宗教类型学"的问题。在讨论"宗教类型学"时 韦伯首先提出了西方宗教同"经济理性主义"的"关系"问题。为此，他提出了"理性主义"或"理性化""可以有判然不同的含义"问题。他指出，理性主义或理性化可以指"冥思苦索的系统论者靠世界观设计出来的那种理性化"，这种理性化是借"精益求精抽象的概念逐步从理论上把握现实"。但是，"相反，也可以指另外一种理性化：通过精益求精地设计合适的手段，有计划、有步骤地达到某种特定的实际目的"。为了解说这种区别，他甚至用"英国物理学"和"大陆物理学"类比。不难看出，韦伯提出宗教类型学或物理学类型学的问题，显然是为了解说中国宗教同西方宗教、儒教同新教，特别是儒教同清教的本质区别。在韦伯看来，它们之间的区别主要表现在下述几个方面。首先，儒教是一种理想的理性主义，而西方宗教则属于一种"实际理性主义"：尽管"从没有任何形而上学的东西和几乎没有一点宗教驻留的残余这个意义上说，儒教已经走到了或许还可以叫作'宗教'伦理的东西的最外部的边界上，儒教是如此理性，同时，在没有和抛弃了一切非功利主义标准的意义上是如此清醒，以至于除了边沁的伦理系统以外，还没有一个伦理系统能与之相比"，但是，在这里，韦伯要强调指出的是：儒教的理性主义"与边沁的和一切实际理性主义的西方类型完全不同"。②其次，就宗教与巫术的关系看，在新教方面，宗教摆脱巫术的程度要比儒教高出许多。新教的"最鲜明的特征"是"根除了巫术"，甚至在圣礼和符号的升华形式中，也原则上根除了巫术，以至于严格的清教徒本人为了破除"迷信"——亦即对任何巫术性质的处置的信赖，能够不拘任何形式埋葬亲人、爱人的尸体。"只是在这里才完全贯彻了彻底祛魅或脱魔。"因为

①　韦伯：《儒教与道教》，王容芬译，商务印书馆 1999 年版，第 19—20 页。
②　同上书，第 32—33 页。

"清教视一切巫术为恶魔般的东西,理性的伦理的东西——遵循神的诫命的行动,才是有宗教价值的。而这种行动只能来自信神的心态"。相反,"儒教却从未能从积极的救世作用这一面来触及巫术",不仅如此,它一直得到"巫术传统的支持","维护这个魔园属于儒教伦理最私密的倾向"。正是从这样一个标准出发,韦伯得出了"体现出各种鲜明特点的禁欲的新教"是宗教理性主义的"最高阶段"的结论。① 最后,在谈到"宗教将神同世界的关系以及与此相对立的宗教本身同世界的伦理关系的统一程度"问题时,韦伯提出了一个讨论问题的准则,这就是:"宗教贬低世俗价值的程度并不等于世俗实际上被拒绝的程度。"② 从这样一条准则出发,韦伯指出:毫无疑问,"那种把对现世的紧张关系,无论在宗教对现世的贬低还是从现世所受到的实际拒绝方面,都减少到最低限度(在意图上)理性的伦理,就是儒教"。③ 因为,在儒教看来,"现世是一切可能的世界中最好的世界,人性本善,人与人之间在一切事情上只有程度的差异,原则上则都是平等的,无论如何都能遵循道德原则,而且有能力做到尽善尽美"。④ 这样,"正确的救世之路是适应世界永恒的超神的秩序:道,也就是适应由宇宙和谐中产生的共同生活的社会要求,主要是:虔敬地服从世俗权力的固定秩序"。⑤ 但是,儒教的这样一种顺世路线和适应策略毕竟是奠基于以祖灵(鬼神)崇拜为基础、以血缘宗族为纽带、以"家孝"为"人本"的"家长制"或"家庭企业"上面的,而这种强调"理性适应实际"的"现世乐观主义"显然本质上是一种属于"过去时代"的东西。而另一方面,西方宗教伦理,"特别是新教的伦理与禁欲的教派的伟大业绩就是挣断了宗教纽带,建立了信仰和伦理的生活方式共同体对于血缘共同体的优势,这在很大的程度上是对于家族的优势"。⑥ 同时,"尽管清教采取了拒世的形式或者恰恰是由于采取了这种形式,但它却是出世的方面:即世界理性化"。⑦ 那么,我们究竟应当如何理解韦伯的这样一句悖论式的表述呢? 他的意思是说,儒教伦理的基本思维模式是"理性适应世界",是把现实世界的东西或传统神圣化,视它们为终极实存;而西方宗教伦理,特别是清教伦理,由于突出"超凡的上帝"的不可探究性而从根本上化解掉了传统或现实世界的神圣性,从而取"理性改造传统"或

---

① 韦伯:《儒教与道教》,王容芬译,商务印书馆 1999 年版,第 279—280 页。
② 同上书,第 280 页。
③ 同上。
④ 同上。
⑤ 同上。
⑥ 同上书,第 289 页。
⑦ 同上书,第 290 页。

"理性改造世界"这样一种思维模式。在谈到这两种思维模式的差异和对立时，韦伯坚定地指出，清教伦理的宗教系统化了的冷酷的功利主义有任何理性主义化的禁欲所特有的风格：

> "在"世界"中"生活，而不是"靠"世界生活，有助于创造职业人阶层的优越的理性能力和"精神"，这些却为儒教及其适应世界的生活方式所不取。所谓适应世界，就是说：虽然是理性的，但却是由外向内，而不是像清教徒那样由内向外规定的。这种对立说明：单纯的冷静和节俭同"营利欲"和重财结合起来，还远不是典型的近代经济职业人阶层所谓的"资本主义精神"，也不能产生这种精神。①

耐人寻味的是：韦伯到最后还是把西方宗教伦理（清教伦理）同儒教伦理的差异归结到了一个"心态"上。在他看来，中国人有能力，甚至比日本人更有能力吸收在技术和经济方面都在近代文化领域中获得全面发展的资本主义。他甚至明确地驳斥了中国人天生"达不到"资本主义的要求的观点。这样，韦伯对于"韦伯问题"，即尽管"中国有大量十分有利于资本主义产生的条件"，为什么中国却同西方或东方古代，或印度及伊斯兰世界一样，"没有造就这样的资本主义"这样一个问题，所给出的最后的答案便是：

> "心态"——在这种场合即对世界的实际态度——的基本特征，在其发展过程中，无疑受到政治与经济命运的影响，但是，根据那些可以算作其固有规律性的作用，这些心态特征也积极参与了阻碍，很难说不是这样。②

韦伯对中国宗教伦理特别是对儒教伦理的看法是否有所偏颇是大可怀疑的，而且，他的比较研究中是否有西方文化中心主义的潜台词也是"很难说不是这样"的。20世纪70年代以来，以儒教伦理为传统文化的东亚地区的经济取得了长足的发展，像日本、韩中、中国台湾、中国香港以及新加坡这样一些国家和地区的经济更是有突飞猛进的发展。近些年来，中国经济突飞猛进，迅速上升为世界第二大经济体。这

---

① 韦伯：《儒教与道教》，王容芬译，商务印书馆1999年版，第299页。
② 同上书，第301页。

些就进一步引起了人们对韦伯的问题及其答案的怀疑。人们十分自然地会提出儒教伦理在资本主义的产生和发展过程中发挥正面的或积极的、推进的作用的可能性问题。尽管如此,韦伯的问题及其答案无论如何也是一家之言,而且不管他所提的问题是否恰当,他所给出的答案是否精确,他旨在阐述宗教在社会变革或社会变迁中的功能以及他在阐述这种功能时事实上提出的宗教功能的两重性即既有所谓正功能也有所谓负功能的思想在宗教社会学的发展史上都是享有崇高地位的。

五、帕森斯与默顿:从"结构功能论"到"冲突论"

塔尔科特·帕森斯(Talcott Parsons, 1902—1979)是继韦伯之后宗教社会学领域又一个有重大影响的人物。在西方社会学界和宗教社会学界长期以来一直有所谓"帕森斯时代"和"后帕森斯时代"的说法。帕森斯的著作主要有《社会行为的结构》(1937年),《社会学系统》(1951年),《社会学与社会心理学》(1952年),《经济与社会》(1956年),《现代社会的结构与过程》(1959年)和《社会进化论》(1977年)。帕森斯虽然出生于美国,却是在德国海德堡大学获得他的社会学和经济学博士学位的,因而受德国宗教社会学思想的影响较大,曾翻译出版了韦伯的《新教伦理与资本主义精神》。因此,帕森斯的宗教社会学与杜尔凯姆不同,他并不是简单地主张"社会实在论",片面地强调所谓"社会事实",而是非常注重人的行为对社会制度的创造性功能。但是,帕森斯的宗教社会学又与韦伯有别。他虽然强调人的行为的创造性功能,但他却并不因此而简单地像韦伯那样,取社会唯名论和个人主义立场,把"个人及其行动"作为宗教伦理学的实质性内容,而是以"社会行动"为其宗教社会学的中心范畴。此外,他虽然同韦伯一样,也关注社会结构的历史性变迁,但是他的宗教社会学的出发点和落脚点却始终放在社会结构和社会制度的稳定、秩序和整合方面。人们之所以把他的宗教社会学理论称作"结构功能主义"显然是事出有因的。

帕森斯宗教社会学的基本出发点在于充分肯认宗教维系和整合现代社会系统的功能,强调宗教的这样一种社会功能并没有因为社会的现代化和世俗化而"逸失"。为此,他特别考察了恩斯特·特勒尔奇的观点。特勒尔奇(Ernst Troeltsch, 1865—1923)在其名著《基督宗教教会的社会学说》中曾经坚持认为:在西方基督宗教的历史上,基督宗教社会的观念只有三种形式;在每一种形式中,都把基督宗教的价值看作可为社会整体的价值系统提供主要的框架。这三种形式是中世纪的天主教、路德教和加尔文教。所有这几种形式都涉及这样一种观念:唯一的国教是实施整个社会的基督宗教基本方针并加以符号化的机构。他因此而断言:如果认识不到国教的宗教活力，实际上也就完全放弃了基督宗教社会的理想。而这在事实上也就等于宣布，随着社会的现代化和世俗化，宗教整合社会的功能也就减弱或逐步丧失了。帕森斯则以美国现代社会中的制度化基督宗教为例，针锋相对地指出：基督宗教在规范和整合现代社会方面的功能并没有丧失或减弱，只是在"形式"方面发生了变更。在谈到他反对特勒尔奇的"依据"时，他强调说：

> 首先，事实上，美国当代社会的价值有其基本的宗教根源，其中最主要的习惯上按麦克斯·韦伯在《新教伦理与资本主义精神》一书的提法，被称为"新教禁欲观"；而且，这些价值在我们国家（指美国——引者注）的历史进程中基本上没有改变。美国社会所发生的巨大变迁并不是基本价值的变化，而是社会结构的变化。在这种社会结构的变化过程中，那些价值得到维持与实施。——特别要说明的是：从初级的超越到主要以现世为重点的转变，并不是作为世俗化的阶段出现，而是在新教及其积极的宗教禁欲传统范围内发生的。这是一种首先促进人间天国建设来为光荣的上帝效劳的观念，这种观念是加尔文教伦理的要点。①

帕森斯承认，在现代社会中，由于宗教的"多元化"、"个人化"或"私人化"和社会的世俗化，由于政教分离，基督宗教再也不可能像在中世纪欧洲的天主教那样，以单一宗教的整体的和"垄断"的形式，依据"强制原则"实施其对整个社会的整合功能，而只能以"私人道德"的形式，通过参与政治活动和经济活动的有宗教信仰的个人的形式发挥其对社会的整合作用和调控作用。但是，帕森斯强调指出：尽管在现代社会中，宗教不能不采用"自愿联合"的原则，不能不处于"自由竞争"的境地，尽管出现了许许多多的新的宗教团体，但是，"传统的主要核心"显然依然是"犹太教—基督宗教的一神论信仰的综合体"。在这个综合体中，虽然存在着许多整合的等级，并有许多边缘的群体，但是，在现代美国社会中，却始终存在"一般的一神论"。这种一神论在政治上也得到承认，"就像把我信上帝铭刻在硬币上一样"。正因为如此，当美国国会开会时，一般是先有新教、天主教或犹太教的牧师做祷告，并且这三种信仰的牧师也是由权力机构提供的。在帕森斯看来，政教分离或世俗主义不仅不削弱宗教整合社会的功能，而且恰恰是宗教在现代社会中充分发挥作用的一个必要条件。

① 帕森斯：《现代社会的结构与过程》，梁向阳译，光明日报出版社 1988 年版，第 254 页。

因为正是由于政教分离或世俗主义,各宗教团体在现代社会中才有望保持适度的平衡,从而也才有望在社会的"宗教取向"和社会的"世俗取向"或者说在"宗教方面"和"世俗'完满的社会'"之间构建出一种"平衡"。不难看出,一旦政教分离的原则遭到破坏,一旦某个"宗教团体"在某个领域享有了"独占的管辖权",不仅各宗教团体之间的平衡将会因此而遭到破坏,而且宗教与世俗两个方面的均衡也将因此而遭到破坏。正是基于这样一种看法,他提出了"更深入实质地重新认识世俗主义"这样一个课题。[①] 帕森斯认为,在现代社会中,由于社会的世俗化,一方面,宗教更多地相关于价值或价值观念,相关于蒂利希所说的"终极关怀",另一方面宗教又越来越相关于个性问题,或者说,宗教同个人的心境平衡的联系越来越密切。但是,帕森斯强调指出:这里关涉的是"宗教取向的特性"问题,而不是"宗教价值力量本身的强弱"问题。[②]

　　需要指出的是:帕森斯虽然是一个功能主义者,但是,他对功能的含义作了多方面的理解,也就是说,他不仅从"秩序"的角度来理解和阐释宗教的功能,而且还从"意义"的角度来理解和阐释宗教的功能,并把"宗教的取向"和"世俗的取向"看作是"构成'意义问题'取向同一系统的不同方面"。帕森斯之所以强调宗教的"意义"维度,强调宗教取向与世俗取向的一体性,显然是同他的"行为系统理论"和宗教观紧密相关的。既然帕森斯认为,人的行为系统由"社会体系"、"人格性体系"、"文化体系"和"行为有机体"构成,既然文化体系是由那些对人的行为有定向作用的具有价值意义和规范功能的符号所构成的系统,既然宗教信仰从根本上规定了人生的意义和人的生存目标,既然宗教在某种意义上构造了"集体性",可以使不同身份的人的相互行为"具有共同的价值体系",从而提供出借以规范或调节人们行为的道德标准的价值观,则宗教之维系和整合社会组织和社会机构的功能就是一件不言而喻的事情了。我们知道,帕森斯曾提出了一个著名的结构功能模式,这就是 AGIL 图式。AGIL 图式宣称,可以用四个范畴来表达社会体系及其有关环境体系的关系。这就是:(1)"潜在性"(Latency)或"模式维持"(Pattern maintenance);(2)"整合作用"(Integration);(3)"完成目标"(Goal attainment);(4)"适应"(Adaptation)。不难看出,宗教或宗教系统作为文化体系中一个特别重要的子系统,在调适社会体系和环境体系及其相互关系的所有四个方面都有着其他社会子系统难以代替甚至无可代

---

① 帕森斯:《现代社会的结构与过程》,梁向阳译,光明日报出版社 1988 年版,第 257 页。
② 同上书,第 261 页。

替的功能。

至此，宗教社会学的各项理论差不多都是在功能主义的框架下运行的。功能理论的基本预设是："社会是一个各和社会组织机构及其制度的动态平衡系统"；"这个各种社会组织机构及其制度的综合体，作为一个构成社会系统的整体，它的每一部分（每一个构成要素）都与其他所有各部分之间保持着相互依存的关系；而每一部分的变化，也会同时对其他各部分和系统整体的存在状态发生影响"；也就是说，"各种社会组织机构及其制度作为整个社会系统的一个组成部分"，都具有自己独特的功能。① 但是，问题在于：每种社会组织机构及其制度（例如宗教），作为社会大系统的一个子系统，是否像泛功能主义者所宣称的，都是依照一种模式发挥作用，以及它们在任何情况下发挥的都是一种维系社会和构建社会的正功能呢？帕森斯的学生罗伯特·金·默顿（Robert King Merton，1910—2003）则向这种泛功能主义提出了诘难。默顿作出的努力主要在于：他着重分析和考察了为先前宗教社会学家所忽视的宗教功能的差异性。② 首先，默顿区分了宗教的显性功能和隐性功能。所谓宗教的显性功能是宗教组织蓄意对某一单位（个人、亚群体或整个社会等）所造成的显而易见的客观后果的那样一种功能；所谓宗教的隐性功能是指宗教组织对某一单位（个人、亚群体或整个社会等）无意造成的难以觉察的后果的那样一种功能。默顿所作出的这样一种区分的意义在于：它有助于宗教研究者在考察某一宗教行为的社会功能时，超出该行为是否达到其所宣称的目的范围，而进一步关注它对参与者人格及宗教团体以及其他社会团体的维系作用。其次，默顿还在批评功能论的泛功能主义（片面强调宗教及其行为的正面功能或积极的功能）的基础上，提出并区分了正功能与反功能的问题。所谓正功能是指宗教有助于产生某一体系之顺应或适应社会客观后果的那种功能，而所谓反功能则是指宗教有助于产生削弱某一体系之顺应或适应社会客观后果的那种功能。很显然，默顿对宗教功能的这样一种区分极有助于宗教社会学家对宗教所引起的社会变迁乃至革命作出理论上的概括和总结。用默顿自己的话来说，就是："反功能的概念在结构的层次上蕴含着张力、压力的概念，可提供一条研究动态与变迁的途径。"③ 最后，默顿在对宗教正功能和反功能作出上述区分的

① 参阅托马斯·F. 奥戴、珍妮特·奥戴·阿维德：《宗教社会学》，刘润忠等译，中国社会科学出版社 1990 年版，第 6—7 页。
② 当然，在先前的宗教社会学家中，也有一些人注意到了宗教的反功能或负功能。例如，韦伯就注意到了东方宗教在资本主义产生方面的负面作用或阻碍作用。但是，即使在韦伯这里，他要强调的也是宗教的正功能。
③ Robert King Merton, *Social Theory and Social Structure*, The Free Press, 1968, p.107.

基础上又进一步提出了"冲突论"。他断言：矛盾、冲突和变迁并不是像泛功能主义者所主张的那样，是一种"边缘现象"或一种可以人为化解掉的社会现象，而是内在于任何社会结构之中的。事实上，各种制度化的宗教本身即是一种具有自身的既得利益与利益诉求的社会结构或社会组织，因而差异和冲突普遍存在于宗教组织或宗教机构之中，不仅存在于不同的宗教共同体之间，而且也存在于同一个宗教共同体的内部。各宗教组织或宗教机构之间或之内所存在的这样一种差异、矛盾和冲突在社会冲突和变迁中常常扮演十分重要的角色。不过，这样的差异、矛盾和冲突对社会的进步和变迁的作用也不是像泛功能主义者所断言的那样是一种虽说是次要的但往往是消极的：诚然这种差异、矛盾和冲突有可能引起社会的分裂、阻碍社会的变革与进步，但同时也可能引起积极的社会变革或变迁，而且不同的社会共同体之间的差异、矛盾和冲突有时也有可能导致某一宗教共同体内部的凝聚和整合。默顿的上述理论无疑是对传统的宗教功能论的一个重要补充和发展。

第二节　走向作为宗教学一个分支学科的宗教社会学

从我们对作为社会学的一个分支学科的宗教社会学或社会学的宗教社会学的上述考察中，不难看出：宗教社会学，作为社会学的一个分支学科，自孔德和斯宾塞时代起到帕森斯和默顿时代止，差不多可以说是一直处于凯歌行进之中。诚然，在它的诸多代表人物之间也有这样那样的差异、矛盾和冲突，但是，对于他们来说，就维系和发展作为社会学一个分支学科的宗教社会学的基本立场言，差异、矛盾和冲突毕竟是第二位的，一致性和统一性则始终是基本的。例如，我们说杜尔凯姆的宗教社会学是一种静态的宗教社会学，而韦伯的宗教社会学是一种动态的宗教社会学，但是我们在这里强调的却只是作为社会学的宗教社会学的两种表现形态。再如，在个人与社会的关系问题上，杜尔凯姆取"社会实在论"观点，强调的是"社会事实"，是"集体主义"，而韦伯则取"社会唯名论"观点，强调的是"科层制"，是"个人及其行为"。但是，这里关涉的是宗教社会功能的运作方式问题，而不是对作为社会学的宗教社会学的态度问题。最近在我国社会学界，存在着一种过于夸大这些代表人物之间的差异的倾向，断言他们之间存在着实证主义与人文主义两条思维模式和致思路向的差异和冲突。应该说，看到他们之间存在着某种差别、矛盾本来是研究深入的一种体现，但是，过分地渲染这种差异和矛盾，把他们的差异和矛盾说成不仅是方法论的和认识论的，而且还是本体论的（因为对于实证主义哲学家和社会学家来说，既然打出了"拒斥形而上学"的旗帜，它本身也就无本体论可言，至少无系统的本体论可言)，似乎有点言过其实。[1] 其实，尽管韦伯在方法论上确实同杜尔凯姆有某种区别，但是，倘若从本质上看问题，则我们就会如前面所指出的，无论是杜尔凯姆还是韦伯所持的基本上都是一条实证主义的或自然主义的思想路线，尽管在杜尔凯姆那里与在韦伯那里，实证主义或自然主义的表现形式也有所区别。胡塞尔在批判实证主义时曾经指出：实证主义的根本弊端在于把科学定义为"事实的研究"而不是把它定义为"理性的启示"。用他在《欧洲科学危机和超验现象学》中的话说就是："科学观念被实证地简化为纯粹事实的科学"。[2] 而他在批判自然主义时，又曾把自然主义的特征概括为"意识自然化"、"自然物理化"和"心理物理化"。[3] 这样看来，杜尔凯姆的方法论与韦伯的方法论的区别根本谈不上是什么实证主义与人文主义或人本主义的对立，其实只不过是自然主义的"物理主义"与自然主义的"心理主义"的一种对立罢了，充其量是自然主义与历史主义的对立。然而，即使历史主义，也只是以"经验的精神事实"为研究对象，其结果无非是一种"经验的精神科学"，因而归根到底也是实证主义的一种表现形式。

也许正因为如此，社会学的宗教社会学在后来的发展中便遭遇到了这样那样的挑战。这种挑战首先来自社会学界的内部：一方面是舒茨（Alfred Schutz, 1899—1959）的理解社会学和现象学社会学以及布迪厄（Pierre Bourdieu, 1930—2002）的"关系主义方法论"与"场域理论"的挑战，另一方面是来自哈贝马斯（Jürgen Habermas, 1929—　）的"交往沟通理论"的挑战。这些挑战在批评实证主义的旗帜下，俨然形成了所谓"反帕森斯时代"。然而，更加致命的是那种来自社会学的宗教社会学内部的挑战，即那种由社会学的宗教社会学家的自我反思所提出的挑战。在这后一种挑战中，最值得注意的当是来自彼得·贝格尔的挑战。因为正是在贝格尔的宗教社会学的研究中以及他在这种研究中所表现出的"二律背反"态度，典型不过地昭示了社会学的宗教社会学的局限和弊端，昭示了宗教社会学的宗教神学维度的必要性，昭示了宗教社会学的社会学维度与宗教神学维度之间存在的张力，简言之，昭示了构建作为宗教学一个分支学科的宗教社会学的必要性和可能性。

---

① 例如，我国学者文军、王建民等最近在中国社会学网上发表的《社会学理论的发展脉络与基本规则论略》、《论社会学研究的三大传统及其张力》以及《从主客二元论走向互构的嵌入性：个人与社会的关系问题的社会学考察》等文章中，都明显地持上述观点，尽管他们的说法也有一定的道理。
② 胡塞尔：《欧洲科学危机和超验现象学》，张庆熊译，上海译文出版社1988年版，第5页。
③ 参阅胡塞尔：《现象学与哲学的危机》，吕祥译，国际文化出版公司1988年版，第70—111页。

一、社会学家与神学家的"二律背反"（1）：贝格尔 A

彼得·贝格尔（Peter Ludwig Berger, 1929—2017）是当代著名的社会学家，尤其以宗教社会学的研究而著称于世。与出生于美国在欧洲接受大学教育的帕森斯相反，贝格尔生于欧洲大陆（奥地利），却是在美国接受其大学教育的。贝格尔先是从事一般社会学研究，后来其主要的兴趣和精力逐渐转入了宗教社会学领域，并在后一个领域取得了令世人瞩目的成就。贝格尔在宗教社会学领域的著作主要有：《神圣的帷幕：宗教社会学理论的诸因素》（1967 年）、《天使的传言：现代社会与超自然的再发现》（1969 年）、《神圣集会的噪声》（1966 年）、《不确定的观点》（1961 年）、《异端的律令：宗教命题在当代的可能性》（1979 年）、《面向现代性》（1979 年）等。在他的这些著作中，最重要的是《神圣的帷幕》和《天使的传言》两部。其中，《神圣的帷幕》表达的是作为社会学家的贝格尔的宗教社会学立场和观点，而《天使的传言》所表达的则是作为宗教信徒和神学家的贝格尔的宗教社会学立场和观点。对于我们当前的话题至关紧要的是：贝格尔几乎是在同一个时期完成这两部著作的。这样一个"简单"的事实向我们传达了一个极其重大的信息，这就是：就贝格尔本人言，他几乎是同时具有这样两种宗教社会学的立场和致思路线的。当他在写作《神圣的帷幕》时，他所阐述的虽然是社会学的宗教社会学的立场和观点，但是在他的潜意识里却依然存留有宗教神学的宗教社会学的理念，正因为如此，他需要不时地提醒自己不要忘掉社会学的宗教社会学的界限和范围，不要忘掉社会学的宗教社会学与宗教神学的宗教社会学之间的差异和对立。关于这一点，只要看看贝格尔在《神圣的帷幕》这本书后面所加的两个附录就非常清楚了。①

同先前的社会学的宗教社会学家帕森斯、韦伯和杜尔凯姆等一样，作为《神圣的帷幕》的作者的贝格尔也把宗教的社会功能放在中心的位置上。按照贝格尔的理解，宗教一方面同"世界的建造"有关，另一方面又同"世界的维系"有关。贝格尔承认，是人类构建了社会和社会法则，因为社会和社会法则无非是人的社会意识的外在化和客观化。而社会的稳定程度则完全依赖于社会法则或社会秩序的内在化，亦即社会成员对支配社会的诸法则或秩序的认可度。然而，保障和提升社会成员对社会诸法则或社会秩序认可度的最有效的方式是把社会诸法则或社会秩序提升到本体论的

---

① 《神圣的帷幕：宗教社会学理论之要素》所附的两个附录的题目分别是"社会学的宗教定义"和"社会学与神学的观点"。

地位,使其获得"宇宙学"的意义。"正是在这一点上,宗教进入我们的论证之中是十分重要的。"① 而这种重要性或必要性就在于:

> 宗教是人类建立神圣宇宙的活动。换一种说法,宗教是用神圣的方式来进行秩序化的。在此,神圣意指一种神秘而又令人敬畏的力量之性质,它不是人,然而却与人有关联,人们相信它处于某些经验对象之中。——神圣的宇宙作为超越于人的巨大有力的实在与人相遇。然而这个实在又向人发话,将人的生命安置在一种具有终极意义的秩序之中。②

在谈到这种重要性或必要性时,贝格尔还进一步讨论了"神圣"的含义和社会学意义。他强调指出:一方面,我们可以从世俗与神圣二分的角度对神圣或世俗下一个定义,将神圣和世俗分别定义为它们各自的反面,例如,我们可以将神圣定义为对世俗的超越,将世俗定义为对"神圣性质的匮乏"。然而,

> 在更深一个层次上,神圣有另一个与它相反的范畴,即"混沌"的范畴。神圣的宇宙秩序从混沌中产生,并作为它的可怕的反面与混沌相对立。秩序与混沌的对立常常在各种关于宇宙起源的神话中得到表述。神圣的宇宙在实在之秩序化中既超越人又包括人,因此它给人提供了抵抗极度混乱之恐怖的终极保护物。处于与神圣宇宙的"正确"关系中,就阻挡了混沌之可怕威胁,而脱离这种"正常"关系,就将被抛至无意义的深渊之边缘。——可以有把握地说,最初的一切秩序化都具有神圣的特征。不仅在我们现在称为文明之前的人类在地球上生存的几千年当中,就是在人类历史的大部分时间中,都是如此。从历史看,人类的世界大多数都是神圣化了的世界。事实上,似乎首先只有借助于神圣者,人才有可能设想一个宇宙。③

基于这样一种分析,贝格尔对宗教在社会构建中的"战略作用"作了充分的肯定。他指出:

---

① 贝格尔:《神圣的帷幕:宗教社会学理论之要素》,高师宁译,何光沪校,上海人民出版社1991年版,第33页。
② 同上书,第33—34页。
③ 同上书,第34—35页。

在人类建造世界的活动中,宗教起着一种战略作用。宗教意味着最大限度地达到人的自我外在化,最大限度地达到人向实在输入他自己的意义之目的。宗教意味着把人类秩序投射进了存在之整体。换言之,宗教是把整个宇宙设想为对人来说具有意义的大胆尝试。①

宗教的社会功能不仅表现为社会的建造方面,而且还表现为社会的维系方面。既然"一切在社会中建造起来的世界天生都是不稳定的",则对有可能"晃动"的东西进行"合理化"论证就是一件十分必要的事情了。虽然,对社会或社会秩序的"合理化"论证的范围要比宗教所及的范围"广阔得多",但是,"二者之间"却存在着"重要的联系"。这是因为

宗教一直是历史上流传最广、最为有效的合理化工具。一切合理化都在维持在社会中得到解释的实在。宗教如此有效地证明了实在的合理,因为它把经验社会之不稳定的实在结构与终极实在联系起来了。社会世界的脆弱的实在性之根基,是神圣的实在,后者在定义上就超越了人类意义和人类活动之偶然性。②

由此看来,宗教是通过赋予社会制度"终极有效的本体论地位",即通过把它们置于一个"神圣而又和谐的参照系"之内,来论证社会制度的合理性的。凭借着这样一种论证,我们就可以从"超越历史和人的高度"来看待人类活动的历史结构。在对宗教社会功能的这样一种解说中,我们不难发现贝格尔从社会学的立场出发但是又超越了前此的社会学(如杜尔凯姆的社会学)而上升到了"宇宙学"的高度。如果说,杜尔凯姆在考察氏族—部落宗教的社会功能时,所关注的是图腾向社会制度或氏族—部落的还原,而贝格尔所做的努力则在于将世俗的社会制度或氏族—部落向宇宙实在的提升,换言之,如果说杜尔凯姆所实施的是一条"下降"的路线的话,那么贝格尔所实施的则是一条"上升"的路线。因为在杜尔凯姆那里,世俗的社会制度和社会秩序被视为最后的实在,而在贝格尔这里,世俗的社会制度和社会秩序则被视为对宇宙的神圣结构的一种直接的反映,也就是说,在贝格尔这里,社会和宇宙的关系

---

① 贝格尔:《神圣的帷幕:宗教社会学理论之要素》,高师宁译,何光沪校,上海人民出版社1991年版,第36页。

② 同上书,第40—41页。

被视为"微观世界"与"宏观世界"之间的关系。这样，"在此下界"的每一样东西，在上界都有其类似物。人参与了社会的制度或秩序，也就在事实上参与了神圣的宇宙。就氏族—部落社会的情况来看，亲属关系的结构，便往往延展而超出人类的范围，一切存在（包括神的存在）都被认为具有社会中所给定的那种亲属关系的结构。因此，"不仅有图腾的'社会学'（a totemic "sociology"），还有图腾的'宇宙学'（a totemic "cosmology"）"。[①] 由此看来，宗教在合理化过程的"关键作用"完全在于"宗教将人类现象'定置'于宇宙参照框架的那种独特作用"。一切合理化都是用来维持实在，即那种在特定人类集体中得到解说的实在。宗教合理化的目的则是"把人类解说的实在与终极的、普遍的、神圣的实在联系起来"。于是，"人类活动的内在不稳定性和转瞬即逝的结构，就被赋予了一种宇宙地位。"[②]

如果要考察贝格尔在《神圣的帷幕》中所采用的方法论原则，最好的方式是直接考察他附在该书后面的两个"附录"。"附录一"的标题为"社会学的宗教定义"。这一标题本身即清楚不过地说明作者是站在"社会学"的立场上来看待和处理宗教和宗教社会学问题的。这篇短文一开始就宣称："由于其性质本身的缘故，各种定义不可能或'真'或'假'，而只能在用处上或大或小。"[③] 这就把作者的实证主义的和实用主义的立场清楚不过地昭示出来了。这篇短文的意义还在于：贝格尔在其中还结合社会学的宗教社会学的历史对其实证主义立场做了比较充分的说明。例如，贝格尔诙谐地指出：在《经济与社会》一书中，韦伯在开始讨论宗教社会学时虽然说过，如果可以给宗教下定义，那么这种定义也只能出现在他为自己确定的那一类任务的结尾，而不是在开端。然而，"韦伯却从未到达这样一个结尾，因此他的作品的读者要等他拿出他承诺的定义来，只能是徒劳。"[④] 显然，韦伯迟迟不肯给宗教下定义的苦衷不是别的，正是他的实证主义的立场。至于杜尔凯姆由于其持守了一种更为"彻底"的社会学立场，最后也只能仅仅从宗教的"功能"的角度来给宗教下定义。平心而论，贝格尔对此作出的分析非常中肯。他指出：

在《宗教生活的基本形式》一书中，艾弥尔·杜尔凯姆以对宗教现象的实质

---

① 贝格尔：《神圣的帷幕：宗教社会学理论之要素》，高师宁译，何光沪校，上海人民出版社 1991 年版，第 42 页。

② 同上书，第 44 页。

③ 同上书，第 201 页。

④ 同上书，第 202 页。

性描述，尤其是从神圣与世俗两分法的角度所作的描述为开端，但却以一项根据宗教的一般社会功能得出的定义为结束。在这方面，杜尔凯姆不像韦伯，他反对那个时期宗教学术的这么一种倾向，即力图以这种或那种方式从实质上去定义宗教。有鉴于此，也许可以说，杜尔凯姆研究宗教的方法较之韦伯的方法带有更彻底的社会学性质，就是说，按照杜尔凯姆的确切意思，宗教是被作为一种"社会事实"来理解的。[①]

值得注意的是，贝格尔认为，虽然他在《神圣的帷幕》中使用了一个"实质性的宗教定义"，将宗教说成是"神圣宇宙之设置"，这也并不是因为这个定义是一个"真定义"，而是因为这样做"在概念方面"比较"稳妥"，"也使得在经验上可把握的宇宙之间所做的区分不那么复杂"。他的结论是："长久地看，定义乃是趣味的问题，因此该服从趣味的箴言"（maxim de gustibus），这就是"趣味问题无可争辩"（de guistibus non est dispu tandum）。[②]

"附录二"的标题为"社会学的与神学的观点"，对于我们眼下的话题有着更为密切的联系。该篇短文一开始就声明：

> 本书的论证一直严格地在社会学理论的意义框架内进行。在论证的任何部分，我们都避免含有任何神学的或反神学的意思，假如有谁竟然以为论证中暗含有这类意思，我只能向他担保说他是误会了。[③]

不仅如此，他还从原则上否定了同神学进行对话的"内在必要性"，宣称：

> 这里所理解的社会学理论也没有同神学进行一种"对话"的内在必要。认为社会学家只是提出了某些必须由神学对话伙伴在"对话"中来回答的问题，这种仍然流行于一些神学家之中的看法，必须以很简单的方法论上的理由予以拒绝。在经验科学的意义框架之内（我强烈地认为社会学理论是在这种框架之内）提出的问题，是不能从非经验和规范学科的意义框架出发来作出回答的，正如

---

① 贝格尔：《神圣的帷幕：宗教社会学理论之要素》，高师宁译，何光沪校，上海人民出版社 1991 年版，第 202—203 页。
② 同上书，第 204—205 页。
③ 同上书，第 206 页。

这个程序反过来也无法接受一样。社会学理论提出的问题，必须根据社会学论述范围内的条件来回答。①

值得注意的是，贝格尔把自己在《神圣的帷幕》中所持守的这样一种排拒神学的社会学方法论原则称作"方法论上的无神论"。这就为他在《天使的传言》中从神学的维度思考宗教问题做了铺垫。因为很显然，"方法论上的无神论"并不排除"本体论上的有神论"。他解释道：

> 在本书的论述当中，我在几个地方曾觉得有必要声明，在那里提出的任何说法，都是把宗教对实在解释的终极地位严格地放在括号之中而存而不论的。尤其是在我觉得这种理论论述的"方法论上的无神论"，可能有被简单地误解为无神论本身的危险之处，我便作了这种声明。在此，我愿意尽可能有力地再次强调这一点。②

按照他的这样一种解释，对宗教的社会学的解释和对宗教的神学解释完全可以是存在于两个不同理论层面的东西，尽管在同一个理论层次上它们是不可兼容的，但是倘若从不同理论层面看问题，则它们就有可能成为可共存的。因为对宗教的社会学解释的"基本观点"在于："宗教应被理解为人类的一种投射，其根基在于人类历史的具体的基础结构之中。"然而，"说宗教是人类的一种投射，并未在逻辑上排除这样一种可能性：被投射的意义也可能具有一种独立于人的终极地位。确实，如果一种宗教的世界观被确立起来了，那么，这些投射的人类学基础，本身也可以是一个既包含世界又包含人在内的实在的反映。因而，人向宇宙之中投射意义的过程，最终也就指向了一个他自己扎根其中的包容一切的意义。"③ 基于对这样一种可能性的认可，尽管贝格尔在本文的开头否认了社会学同神学进行对话的"内在必要性"，但是到了文章的结尾处，他还是明确地宣布：虽然"一种'经验的神学'在方法论上是不可能的。但是，一种在论述时与对人的经验描述步步相关的神学，却很值得进行严肃的努力。""正是在这样一项事业中，社会学与神学的对话最有可能结出思想上的果实。

---

① 贝格尔：《神圣的帷幕：宗教社会学理论之要素》，高师宁译，何光沪校，上海人民出版社 1991 年版，第 206 页。
② 同上书，第 207 页。
③ 同上书，第 207—208 页。

综上所述，十分显然，这需要双方的对话参加者具有高度的开放性。"① 当然，在贝格尔作出这样的声明时，他也没有忘记附加上一个条件，这就是："倘若没有这样的对话伙伴，沉默就是上策。"② 殊不知，在他的《天使的传言》中，他自己就成了他自己的一个合格的对话伙伴。在这个意义上，我们不妨把他的这两个"附录"看作是他的《天使的传言》的一个"导论"。

二、社会学家与神学家的"二律背反"（2）：贝格尔 B

如上所述，贝格尔在《神圣的帷幕》一书中主要是以一位社会学家的身份说话的，他在这部著作中所持守的基本上是一条社会学的宗教社会学的思想路线。毋庸讳言，他的这种努力取得了举世瞩目的成就。但是，由此也滋生了许多问题和烦恼。一方面是来自外面的，即一些人指责他的宗教社会学是一种"无神论"的论述，也有些人批评他的"宗教悲观主义"，说他在这部著作中表达了对宗教的"绝望"态度。另一方面是来自他自身的，既有来自他自身的社会学的宗教社会学的立场的，也有来自他自身作为社会学家和神学家或宗教信徒这样两重身份的。换言之，作为一位有学养的社会学家，贝格尔执意恪守社会学的学术规范，恪守"方法论上的无神论"原则，在《神圣的帷幕》中努力阐述作为社会学分支学科的宗教社会学；然而，作为一名基督宗教徒，贝格尔的"有神论"信仰以及他在《神圣的帷幕》中透露出来的悲观情绪又使他感到极度不安，使他对"超自然者的所谓隐遁"表示困惑，并因此而萌生了极其强烈的"忧患意识"，力求"重新""发现""超自然者的存在"，③ 从而开辟出宗教神学维度的宗教社会学。诚然，贝格尔也并没有因此而彻底抛弃他的社会学立场，而是努力将社会学的宗教社会学与神学的宗教社会学紧密地结合在一起。用麦奎利（John Macquarrie，1919—2007）的话来说，就是：贝格尔把"社会学的兴趣"同"神学的兴趣""糅合到了一起"。④ 他的这种努力无疑为处于内外交困中的社会学的宗教社会学的学科发展暗示了一个可望走出困境的前进方向。一如罗兰·罗伯逊（Roland Robertson，1938—）所指出的：贝格尔"恢复了对宗教基本理论问题的探索"，这种探索对于宗教社会学在现代的发展具有"极大的意义"。⑤

---

① 贝格尔：《神圣的帷幕：宗教社会学理论之要素》，高师宁译，何光沪校，上海人民出版社 1991 年版，第 215 页。
② 同上。
③ 贝格尔的《天使的传言》的副标题即为"现代社会与超自然者的再发现"。
④ 参阅麦奎利：《20 世纪宗教思想》，何光沪译，上海人民出版社 1989 年版，第 402 页。
⑤ Roland Robertson, *The Sociological Interpretation of Religion*, Oxford, 1972, p. 29.

在《天使的传言》中，贝格尔首先讨论的是"超自然者的所谓隐遁"。超自然者的"隐遁"或超自然者在当代世界的"缺席"问题是由激进神学派最鲜明地提出来的。因为正是这些激进神学家反复宣布"上帝死了"或"后基督宗教时代开始了"。如果说尼采的代表作《查拉图斯特拉如是说》是在以寓言的形式向世人宣布"上帝已死"的消息，那么另一个激进神学家奥尔蒂泽 (Thomas Jonathan Jackson Altizer, 1927—　) 则把"上帝之死"径直宣布为发生在我们时代的"一个历史事件"。[①] 人们之所以得出这样的结论，显然是同他们的"教会的社会学"（a sociology of the Churches）立场密切相关。因为既然"教会式的宗教性（即指在主要的基督宗教教会传统内的宗教信仰和宗教活动）在现代社会"的确"已经走向衰亡"，既然这些"教会的社会学家""几乎毫无例外地都是从传统宗教体制的角度去看待宗教"，则他们之得出悲观的结论也就在所难免了。[②] 但是，按照奥托 (Rudolf Otto, 1869—1937) 的观点，"神圣者"或"超自然者"乃宗教的核心范畴。[③] 由于世俗化运动，现代人领悟"神圣者"或"超自然者"的方式也随之发生了变化，但是，人们对"神圣者"或"超自然者"的信仰并没有因此而消除，宗教因而也并没有因此而面临末日。例如，在一项对美国学生的研究中，80%的应答者表示"需要宗教信仰"，尽管只有48%的人承认相信传统犹太教—基督宗教术语中的上帝；在联邦德国最近的一次民意测验中，68%的人说他们相信上帝，但是却只有48%的人承认他们做祷告。[④] 贝格尔因此宣布说：

> 世俗化不可能像某些人想的那样包罗万象，被知识界权威剥夺了认识上的尊严的超自然者，也许还存活在文化之隐匿的角落和缝隙中。就此而言，部分并不是隐藏起来的全部。现代理性主义称之为"迷信"的对神秘者的意识，还继续有着大量的表现——最后但不是最不重要地表现在占星术亚文化持续而明显的繁荣中。无论因为什么理由，大量的"现代人"并未失去对敬畏、对神秘者、对世俗化理性规则所反对的所有可能性的爱好。看来超自然主义在地下的隆隆声能够与所有高高在上的理性主义共存。[⑤]

---

① T. Altizer and W. Hanmilton, *Radical Theology and the Death of God*, Indianapolis, 1966, p. 11.
② 贝格尔：《天使的传言》，高师宁译，中国人民大学出版社2003年版，第4—5页。
③ 奥托在《论"神圣"》一书中曾经强调指出："'神圣'即'神圣者'，是一个宗教领域特有的解释范畴与评价范畴。……任何一种宗教的真正核心处都活跃着这种东西，没有这种东西，宗教就不再成其为宗教。"（奥托：《论"神圣"》，成穷、周邦宪译，四川人民出版社2003年版，第6—7页）
④ 参阅贝格尔：《天使的传言》，高师宁译，中国人民大学出版社2003年版，第28页。
⑤ 同上。

贝格尔由此得出的结论是：宗教的未来既不可能是"宗教之完结"，也不可能是"复活的上帝的时代之来临"，而只能是在"世俗化的文化"中，"继续发现超自然的存在"。①

在谈到"发现超自然的存在"的根本原理和具体途径时，贝格尔提供了一条通过社会学超越社会学的思想路线，亦即一条"使相对化者相对化"和"从人开始"的思想路线。马克思曾用费尔巴哈（Feuerbach）这个名字在德语中的双关义说，在那个时代任何一个从事严肃哲学的人，首先都不得不通过费尔巴哈思想的"火溪"（Feuerbach）。"今天，社会学角度建构了一条神学家必须通过（或者，也许更准确些说，应该通过）的'火溪'。"② 因为正是社会学，准确地说，正是知识社会学对神学提出了当代"特有的挑战"，使之丧失了真理的地位，沦落到了个人信念、意见或爱好的层次。这是一个当代神学回避不了因而应该作出积极回应的挑战。而当代神学回应社会学的这一挑战的可以设想的手段便是"使相对化者相对化"。这就是说，使把"神圣者"或"超自然者"相对化了的社会科学或社会学也相对化：社会科学或社会学既然业已把宗教看成人的产物或人的投射，神学也就可以把这种做法再颠倒一次，也就是把人的"投射"进一步看成神学中称作"神圣者"或"超自然者"的"实在"的一种"反射"。我们知道，费尔巴哈（Ludwig Andreas Feuerbach，1804—1872）曾从哲学人本主义的立场出发，将宗教看成是人的本质的投射，从而把传统的上帝造人的神学真理倒转过来成了人造上帝的哲学真理。③ 贝格尔则认为，如果从社会学的

---

① 贝格尔断言："我们有许多理由认为，超自然主义宗教的钱袋至少可能在较大的社会中保存下来。至于宗教团体，我们可以预期，人们会反感超自然主义传统的自我消解之更荒谬的极端形式。在一个'毫不足怪'的世界上，世俗化的全球倾向将继续下去，这是一个很合理的预测。要在众多现象的范围内重新发现超自然者，这不是书本上的事。同时，在世俗文化内，超自然主义有意义的飞地也将会保持下去。"（贝格尔：《天使的传言》，高师宁译，中国人民大学出版社 2003 年版，第 30 页）

② 同上书，第 33 页。

③ 费尔巴哈虽然重视宗教和神学问题，但他却把神学转化成了人学或人本学。他在概述自己的思想进程时，曾明确指出："我的第一个思想是上帝，第二个是理性，第三个也是最后一个是人。神的主体是理性，而理性的主体是人。"他强调说："并非神按照他的形象造人，……而是人按照他的形象造神。""上帝的人格性，本身不外乎就是人之被异化了的、被对象化了的人格性。""属神的本质之一切规定，都是属人的本质之规定。"鉴此，他宣布："哲学上最高的东西是人的本质。""近代哲学的任务，是将上帝现实化和人化，就是说，将神学转变为人本学，将神学溶解为人本学。"（《费尔巴哈哲学著作选集》上卷，荣震华、李金山等译，商务印书馆 1984 年版，第 247、83、122 页；《费尔巴哈哲学著作选集》下卷，荣震华、王太庆、刘磊等译，商务印书馆 1984 年版，第 691、267、39 页）

立场来讨论宗教问题，他是要坚持宗教是人的产物，是人类理想的投射这样一个原则的。① 但是，贝格尔并没有就此止步，他不满足于成为一个当代的费尔巴哈，或者说他不满足于仅仅是一个社会学家，他要作为一个有宗教意识的思想家来思考。因为在费尔巴哈那里，既然宗教只是人的产物，那宗教就只能成为人同自己产品之间的"对话"，因而就只能是人的一种"独白"，而不可能成为"人与超越人之实在之间的对话"。② 而为了实现"人与超越人之实在之间的对话"，换言之，为了使宗教成为宗教，我们就必须继续前进："从投射转向投射者，转向人的经验材料，神学思想会更加兴旺。很明显，神秘主义者或者对超自然实在的其他所谓体验，并不是每个人都容易达到的。我的目的是探索这样一些神学的可能性，以一切人普遍都能达到的东西作为它们的出发点。"③ 毫无疑问，斯图尔特（David Stewart）的这种表白显然也是完全适合于贝格尔的。当然，贝格尔的"使相对化者相对化"策略，如他自己所说，"不是要提出一种经验神学——那在逻辑上是不可能的——而是要提出一种具有高度的经验感受性的神学，它力图将其命题与能够从经验了解的东西相互连接起来，其出发点是人类学的，在人类学的层次上，这样一种神学将回到新教自由主义的某些基本关切上。"④

贝格尔所提出的"具有高度的经验感受性的神学"在"重新发现超自然存在"方面集中地体现为他从人对意义和秩序的渴求出发、从身临其境的游戏世界出发、从人面向未来的希望出发、从人的诅咒出发、从人的幽默出发对超自然者存在所做的论证。我们知道，在西方哲学史和神学史上有所谓关于上帝存在的本体论证明（安瑟尔谟）、宇宙论证明（托马斯）和道德论证明（康德）。其中，安瑟尔谟（Anselm，1033—1109）的证明是从上帝的完满概念推证出上帝的存在，托马斯（Thomas Aquinas，约 1225—1274）的证明是从自然现象中的运动、因果性、完善性等一般范畴出发，或者是从自然哲学的角度对上帝的存在所做的证明，而康德（Immanuel Kant，1724—1804）的证明则是从至善的理念出发对上帝的存在所做的证明。贝格尔关于重新发现超自然者的上述努力虽然与安瑟尔谟、托马斯和康德在神学方向上是一致的，但是，就其发现超自然者的方式或途径言则是同他们有重大区别的。首

---

① 作为社会学家的贝格尔坚持从人的"生物性"即人的自然属性出发，也就是坚持从人的"未完成"特征出发，来讨论宗教问题。（参阅贝格尔：《神圣的帷幕：宗教社会学理论之要素》，高师宁译，何光沪校，上海人民出版社 1991 年版，第 9—11 页）

② 参阅贝格尔：《天使的传言》，高师宁译，中国人民大学出版社 2003 年版，第 53 页。

③ David Stewart, *Exploring the Philosophy of Religion*, New Jersey: Prentice-Hall, 1980, pp. 57–58.

④ 贝格尔：《天使的传言》，高师宁译，中国人民大学出版社 2003 年版，第 55 页。

先，贝格尔根本不使用西方神学史和西方哲学史一向沿用的"本体论证明"、"宇宙论证明"和"道德论证明"等这样一些具有浓重的形而上学气息的术语，而是采用了实证主义哲学家惯用的"归纳"和"演绎"这样一些措辞：他把从关于上帝存在的陈述推进到人类经验的解释之过程称作"演绎信仰"，而把从人类经验推进到关于上帝存在的论证称作"归纳信仰"。显然，他的推证路线属于"归纳信仰"。不过从他重新发现超自然者的具体途径看，贝格尔在这里所说的"经验"既不是自然科学实验一类经验，也不是社会学或社会科学上所说的"社会事实"，而主要是人的情绪、情感、感受、体验等一类日常生活经验。这无疑是对实证主义思维模式的一种突破，对社会学方法论原则的一种突破，对社会学的宗教社会学的一种突破。虽然我们也可以把贝格尔的这样一种神学方法论原则上溯到施莱尔马赫（Friedrich Daniel Ernst Schleiermacher，1768—1834），但是，从宗教心理学史和宗教社会学史的角度，特别是从社会学的宗教社会学向宗教学的宗教社会学转型的角度看问题，贝格尔的贡献是值得注意的。

三、马克思的启示：从"宗教意识"到"宗教存在"

在宗教社会学史上，人们通常把马克思看做是与杜尔凯姆、韦伯齐名的古典主义理论家之一。其实，马克思在宗教社会学史的地位还不只如此。由于其非常独特的理论视角，他在宗教社会学史占有一个非常独特的学术地位，至少对于我们目前这个话题来说是如此。马克思（Karl Marx，1818—1883）关于宗教或宗教社会学的论述主要集中在《论犹太人问题》、《〈黑格尔法哲学批判〉导言》、《1844年经济学哲学手稿》、《关于费尔巴哈的提纲》、《德意志意识形态》（与恩格斯合著）等论著中。

同黑格尔和费尔巴哈一样，马克思的哲学思考也是从对宗教问题的反思和批判开始的。与他们不同的是：马克思要求把宗教批判上升到政治批判和社会批判。马克思的这一思想首先体现在《论犹太人问题》中。在《论犹太人问题》中，马克思和黑格尔主义者鲍威尔（Bruno Bauer，1809—1882）都承认宗教对社会的反功能或负面功能以及宗教批判对于政治解放和人类解放的必要性，他们的差别在于：鲍威尔是从神学的立场来看待世俗社会的差异性或"世俗狭隘性"，马克思则是从世俗社会，甚至从世俗社会的基础，即私有制的立场来看待"宗教狭隘性"。就此而言，马克思的宗教社会学的致思路向同杜尔凯姆倒是比较接近的，区别在于：杜尔凯姆着眼的主要是宗教同社会的政治维度和道德伦理维度，而马克思则进一步着眼于宗教同"私有财产"制度的关联。①

　　如果说在《论犹太人问题》中，马克思主要是通过批判鲍威尔着重强调了宗教的世俗基础，那么在《〈黑格尔法哲学批判〉导言》中，马克思对宗教同社会的关系这一问题的思考就内容来说要丰富得多和深刻得多。第一，同杜尔凯姆的还原主义不同，马克思并不是简单地把宗教还原为社会，而是特别地强调了宗教对社会的能动作用。马克思指出：

　　　　宗教是这个世界的总理论，是它的包罗万象的纲要，它的具有通俗形式的逻辑，它的唯灵论的荣誉问题 [point d' honneur]，它的狂热，它的道德约束，它的庄严补充，它借以求得慰藉和辩护的总根据。②

从社会或世界的"总理论"以及社会或世界借以求得慰藉和辩护的"总根据"的高度来谈论宗教的社会功能，是前此的社会学的宗教社会学家所从未尝试过的。这就把宗教维系社会和创建社会的功能极其充分地彰显出来了。也正是在这个基础上，马克思同时又强调指出："对宗教的批判是其他一切批判的前提。"③ 第二，马克思因此不是像前此的社会学的宗教社会学家那样，仅仅从宗教礼仪或宗教伦理方面，仅仅从宗教行为方面来考察宗教的社会功能，而是进而从宗教意识或宗教观念方面来探讨宗教的社会功能。我们知道，一般来说，宗教意识或宗教观念在宗教诸要素所构成的宗教体系中处于中心地位，因而对宗教行为和宗教组织等要素有一种统摄或支配力量。④ 着重从宗教意识或宗教观念高度来思考宗教的社会功能是马克思的宗教社会学思想具有理论深度，超越前此的宗教社会学理论的狭隘眼界的一项基本成因。第三，马克思作出的另一个特殊努力在于：他对宗教与社会的关系作出了一种辩证的说明，一方面他不像社会学家那样片面地强调社会对于宗教的基础作用，另一方

① 马克思：《论犹太人问题》，见《马克思恩格斯全集》第 1 卷，人民出版社 1965 年版，第 415、430 页。
② 马克思：《〈黑格尔法哲学批判〉导言》，见《马克思恩格斯选集》第 1 卷，人民出版社 1995 年版，第 1 页。
③ 同上。
④ 参阅段德智：《宗教学》，人民出版社 2010 年版，第 173—174 页。该著指出："从宗教与其他社会组织的区别的角度看，宗教意识是宗教诸要素中一个主导性的因素。因为离开了宗教信仰以及与之相关的宗教观念、宗教情感和宗教经验，宗教行为和宗教组织也就只是徒有虚名而已，很难说与别的社会行为和社会组织有什么本质的区别。从这个意义上，我们不妨说，所谓宗教不过是一个由具有宗教信仰的信众组合而成的社群组织而已。"

面他又不像神学家那样片面地强调宗教的能动作用。他在强调宗教的能动作用的同时，又强调了社会的基础作用，指出：是国家和社会"产生了宗教"；宗教无非是一种"颠倒的世界"或"颠倒的世界意识"。[①] 第四，与前此的社会学家不同，马克思不仅把宗教还原为社会，而且还进一步将宗教还原为"人"，还原为"人本身"。马克思强调说："反宗教的批判的根据是：人创造了宗教，而不是宗教创造人。就是说，宗教是没有获得自身或已经再度丧失自身的人的自我意识和自我感觉。"[②] 这里需要指出的是：马克思在这里所说的人既有别于斯特劳斯（David Friedrich Strauss, 1808—1874）所说的"绝对实体"以及鲍威尔所说的"自我意识"，也有别于费尔巴哈所说的以"自然"为基础的"抽象"的人，而是一种现实的"社会"的人。也正是基于这样一种理论立场，马克思强调说："但是，人不是抽象的蛰居于世界之外的存在物。人就是人的世界，就是国家，社会。"[③] 也正是基于这样一种理论立场，马克思提出了"人本身"的概念，宣布："人是人的最高本质"以及"人的根本就是人本身"。也正是基于这样一种立场，马克思提出了将宗教批判转变为政治批判和社会批判的历史任务，提出了"推翻那些使人成为被侮辱、被奴役、被遗弃和被蔑视的东西的一切关系"的"绝对命令"，提出了"否定私有财产"的社会要求。[④]

　　如果说在《〈黑格尔法哲学批判〉导言》中，当马克思把宗教的造因归结为"人本身"时，业已表现出对费尔巴哈的"类本质"概念的超越，那么在《1844年经济学哲学手稿》中他就沿着这一方向向前走得更远。因为正是在这一重要著作中，马克思在研究经济关系的基础上，从"劳动"或"劳动活动"的角度深入地考察了"人"的社会本质及其"异化"问题，一方面开始接触到了劳动者、劳动对象和劳动资料的问题，另一方面也接触到了所有制、产品占有以及生产过程中人与人之间的关系问题，从而向深层次地昭示宗教产生和发展的动因，即"动因的动因"，迈出了极其重要的一步。此外，还有以下几点值得注意。首先，马克思进一步批判了鲍威尔用"自我意识"解读宗教的主观唯心主义错误，指出："如果我知道宗教是外化了的、人的自我意识，那么我因而也就知道，在作为宗教的宗教中得到确证的不是我的自我意识，

---

① 　参阅马克思：《〈黑格尔法哲学批判〉导言》，见《马克思恩格斯选集》第1卷，人民出版社1995年版，第1页。

② 　同上。

③ 　同上。

④ 　同上书，第9—10、15页。

而是我的外化了的自我意识。这就是说，我知道我的、属于我自身的、属于我的本质的自我意识，不是在宗教中，而毋宁是在被消灭、被扬弃的宗教中得到确证的。"① 其次，从人的角度界定了"宗教存在"。马克思针对黑格尔关于"真正的宗教存在"是"我在宗教哲学中的存在"的唯心史观，指出：如果事情如黑格尔所说，"宗教就是宗教哲学"，"如果只有宗教哲学等等对我来说才是真正的宗教存在，那么我就只有作为宗教哲学家才算是真正信教的，而这样一来我就否定了现实的宗教信仰和现实的教徒。"② 最后一点，也是最为重要的一点在于：马克思从"人的本质的现实的生成"以及从"人的本质的现实的生成"与"共产主义的现实的生成"的统一的角度，讨论了自然主义和人本主义的统一，他指出：

> （共产主义是）人向作为社会的人即合乎人的本性的人的自身的复归，这种复归是彻底的、自觉的、保存了以往发展的全部丰富成果的。这种共产主义，作为完成了的自然主义，等于人本主义，而作为完成了的人本主义，等于自然主义；它是人和自然界之间、人和人之间的矛盾的真正解决，是存在和本质、对象化和自我确立、自由和必然、个体和类之间的抗争的真正解决。它是历史之谜的解答，而且它知道它就是这种解答。③

这无疑是对前此的以实证主义和自然主义为根本方法论原则的社会学的宗教社会学在方法论方面的一个挑战和纠正，对构建作为宗教学的宗教社会学将产生非常积极的影响。

如前所述，尽管在杜尔凯姆那里，"神圣"与"世俗"这对范畴也是其宗教社会学的一对基本范畴，但是，由于其对神圣事物的轻视及其极端还原主义的理论倾向，这两个范畴之间并未形成双峰对峙的格局。与杜尔凯姆不同，马克思在《关于费尔巴哈的提纲》里明确地提出了"宗教世界"这个范畴，并在一个意义上视它为与世俗世界并存的"独立王国"。如果我们把马克思在这里所肯认的"宗教世界"同他在《〈黑格尔法哲学批判〉导言》中把宗教说成是世俗世界的"包罗万象的纲要"联系在一起加以考察的话，这就意味着，同杜尔凯姆和韦伯等社会学家相比，马克思赋予了宗教多得多的内容。完全可以设想，在马克思的宗教概念里，不仅包含有宗教仪式和宗

---

① 马克思：《1844 年经济学哲学手稿》，刘丕坤译，人民出版社 1979 年版，第 125 页。
② 同上书，第 126 页。
③ 同上书，第 73 页。

教伦理,而且还包含有宗教观念、宗教情感以及宗教组织等等内容。其次,在这个提纲中,马克思不仅像费尔巴哈那样,"把宗教世界归结于它的世俗基础",而且还力求用"世俗世界"的"自我分裂和自我矛盾"来解说"宗教世界"的生成。最后,与杜尔凯姆等社会学家片面强调宗教维系和改良整个现存社会的社会功能不同,马克思强调的是用矛盾的观点审视现存社会,以"实践"的手段使世俗世界"革命化"。最后,在提纲中,马克思进一步明确提出了社会的具体的历史的人的观念,从而进一步发展了他的宗教本质的学说。在谈到费尔巴哈的人本主义宗教观时,马克思指出,费尔巴哈的人本主义宗教观的根本缺陷在于它的非历史性、非社会性和抽象性。具体说来,就是:当费尔巴哈把宗教的本质归结为人的本质时,他"撇开历史的进程,把宗教感情固定为独立的东西,并假定有一种抽象的——孤立的——人的个体";"因此,本质只能被理解为'类',理解为一种内在的、无声的、把许多个人自然地联系起来的普遍性。"[①] 针对费尔巴哈的这种抽象的人性论,马克思强调指出:"人的本质不是单个人固有的抽象物,在其现实性上,它是一切社会关系的总和。"[②] 他还强调指出:费尔巴哈"所分析的抽象的个人",其实"是属于一定的社会形式的"。[③] 也就是说,在马克思看来,脱离社会关系,超越"一定社会形式"的人在现实中是根本不存在的。这无疑为马克思在唯物史观的基础上寻求宗教的"动因的动因"开辟了道路。

如果说马克思在《关于费尔巴哈的提纲》中提出了"宗教世界"这样一个值得注意的范畴的话,那么,他在《德意志意识形态》中所提出和讨论的另一个值得注意的范畴便是"宗教意识"。这再次表明,在马克思的宗教概念里,他强调的不是社会学家通常关注的宗教礼仪或宗教伦理,而是更深层次的宗教意识或神学观念。诚然,一如马克思和恩格斯所指出的:他的同时代人,"从施特劳斯到施蒂纳的整个德国哲学批判"都是围绕着"宗教意识"或"宗教观念"展开的。但是,马克思不能苟同的是:他们的哲学批判都"局限于对宗教观念的批判",把"现实的宗教和真正的神学"作为他们的"出发点",把政治意识、法律意识和道德意识都宣布为"宗教意识"或"神学意识"。与之相反,马克思和恩格斯则宣布:"不是意识决定生活,而是生活决定意识。"[④] 因此,他们以"生活"以及"从事实际活动的人"为他们的"出发点"。这

---

① 《马克思恩格斯选集》第 1 卷,人民出版社 1995 年版,第 60 页。
② 同上。
③ 同上。
④ 同上书,第 72 页。

是因为，"首先应当确定一切人类生存的第一个前提也就是一切历史的第一个前提，这个前提就是：人们为了能够'创造历史'，必须能够生活。"① 然而，马克思由此出发，进一步追溯到"生产物质生活本身"："但是为了生活，首先就需要衣、食、住以及其他东西。因此，第一个历史活动就是生产满足这些需要的资料，即生产物质生活本身。"② 这样，马克思和恩格斯就构建了一个崭新的历史观和宗教观。他们的历史观和宗教观主要在于：

> 从直接生活的物质生产出发阐述现实的生产过程，把同这种生产方式相联系的、它所产生的交往形式即各个不同阶段上的市民社会理解为整个历史的基础，从市民社会作为国家的活动描述市民社会，同时从市民社会出发阐明意识的所有各种不同理论的产物和形式，如宗教、哲学、道德等等，而且追溯它们产生的过程。这样也就能够完整地描述事物（因而也能够描述事物的这些不同方面之间的相互作用）。③

这样，在探究宗教的动因的道路上，马克思和恩格斯就迈出了决定性的差不多是最后的一步。当其他思想家坚持以"宗教意识"为历史的第一动因，坚持以"意识"为宗教或一切历史的终极原因时，当社会学的宗教社会学家坚持以"社会事实"为宗教的最后的或第一性的东西时，马克思则宣布，唯有"市民社会"或一个社会的经济基础或"生产物质生活本身"才是宗教得以产生的最后的动因。④

由此看来，马克思对宗教以及宗教与社会关系的思考是经历了一个发展过程的。这个过程是多向度的和相当复杂的，但是，从宏观上看，我们不妨把它理解成一个由强调"宗教意识"到强调"宗教存在"的过程，而人的问题无疑是实现这一过渡或转换的根本枢纽。正是从对于"具有宗教意识的人"的深层次思考，使他最终完成了

---

① 《马克思恩格斯选集》第 1 卷，人民出版社 1995 年版，第 78—79 页。
② 同上书，第 79 页。
③ 同上书，第 92 页。
④ 马克思在谈到他的历史观与"唯心主义历史观"的根本区别时，强调指出："这种历史观和唯心主义历史观不同，它不是在每个时代中寻找某种范畴，而是始终站在现实历史的基础上，不是从观念出发来解释实践，而是从物质实践出发来解释观念的形成，由此还可得出下述结论：意识的一切形式和产物不是可以通过精神的批判来消灭的，不是可以通过把它们消融在'自我意识'中或化为'幽灵'、'怪影'、'怪想'等等来消灭的，而只有通过实际地推翻这一切唯心主义谬论所由产生的现实的社会关系，才能把它们消灭；历史的动力以及宗教、哲学和任何其他理论的动力是革命，而不是批判。"（同上书，第 92 页）

从唯心主义向唯物主义的根本转变，完成了从民主主义者向共产主义者的根本转变。这些对于我们超越作为社会学分支学科的宗教社会学、构建作为宗教学分支学科的宗教社会学无疑具有极其重要的启示。

四、作为宗教学的宗教社会学导论

那么，在超越作为社会学分支学科的宗教社会学、构建作为宗教学分支学科的宗教社会学的活动中，马克思的上述思想究竟能够给我们提供一些什么样的启示呢？我们认为，至少有下述几点值得注意。

第一，为要构建作为宗教学分支学科的宗教社会学，我们就必须坚持宗教—社会关系的内在性原则。宗教虽然有超越的一面和出世的一面，但并不游离于社会之外。宗教同社会的关系也不简单地像社会学家所断言的那样，是一种主体与工具的关系。[①] 宗教作为一种意识形态，它往往嵌陷在人类文化系统和精神文明的深层结构之中，以直接或间接的方式或隐或显地对于人们的思想和行为产生这样那样的影响，因而对社会的进程有着不容忽视的作用。用马克思的话来说，就是宗教作为一种世界观，是人类世界或世俗社会的"包罗万象的纲要"，是它的"总理论"，作为一种意义系统，又是它借以得到"辩护"的"总根据"。[②] 另一方面，世界虽然被"二重化"为世俗世界和宗教世界，但是，无论如何，宗教世界毕竟是世俗世界自我分裂和自我矛盾的一种产物。而且，宗教世界中的分裂和矛盾在很大程度上要通过世俗世界的变革才能够得到解决。在处理这样一些关乎根本实存的问题上，还原主义、基础主义、实证主义、功能主义、工具主义和实用主义虽然也有一定的效用，但毕竟显得肤浅和无力。

第二，为要构建作为宗教学分支学科的宗教社会学，我们就必须坚持宗教结构的层次性原则，反对把宗教结构单向度化或平面化。社会学的宗教社会学的一项根

---

① 参阅段德智：《宗教学》，人民出版社 2010 年版，第 256—258 页。该著指出："宗教功能的复杂性不仅体现为宗教的显功能和潜功能、正功能和负功能，而且还体现为宗教的工具性与超工具性。所谓宗教的工具性，是说宗教，就其社会功能和文化功能而言，与其他亚社会系统和亚文化系统一样，同是人类维系社会、创建社会、维系文化和创建文化的一种工具。……所谓宗教的超工具性，是说宗教作为人类文化（广义文化）的纵深维度，作为人类和人类社会的终极关怀，它不应当仅仅被理解为人类维系社会、创建社会、维系文化、创建文化的一种工具，它作为至上的理想人格和理想社会，作为人生和社会的终极的目的因，总当具有某种超越性，总当构成某种规范人生和人类社会的东西。"

② 参阅《马克思恩格斯选集》第 1 卷，人民出版社 1995 年版，第 1 页。

本局限就在于：它仅仅从宗教行为（宗教仪式或宗教伦理）维度来看待和处理宗教，主要关注的是宗教的社会功能问题，从而把宗教结构和宗教功能单向度化。其实，一如马克思所指出的，宗教的结构不仅有组织方面或体制方面的，也不仅有宗教礼仪或宗教行为的，而且还有宗教意识方面，即宗教情感方面和宗教观念方面的，特别是宗教信仰方面的。而且，从宗教诸多要素集结而成的系统来说，宗教意识是宗教系统的硬核。虽然，从一种理论取向看，例如从社会学的理论取向看，宗教信仰或宗教观念以及宗教情感是可以还原为宗教行为或宗教组织的；但是，从另一种理论取向看，例如从神学的理论取向看，宗教行为或宗教组织恰恰是宗教信仰或宗教观念以及宗教情感的外在体现。当马克思把宗教理解为世俗社会的"总理论"和"总根据"时，他显然是把以宗教信仰为实质性内容的宗教观念和宗教情感理解为宗教的根本因素的。① 而在宗教结构的层次性方面，社会学的还原主义显然有其片面性和表面性的缺陷。

第三，宗教概念和宗教存在的具体性原则。宗教概念和宗教存在的具体性原则，顾名思义，讲的是凡现实存在的宗教都是具体的，在现实中抽象的宗教是不存在的。因此，它至少包括下述四重意涵。首先，凡现实的宗教在特定的时间都具有某一具体的特定的宗教形态，它或者是氏族部落宗教，或者是民族宗教，或者是世界宗教，或者是多神教，或者是一神教，如此等等。第二，从宗教为一社会群体的角度看，凡现实的宗教都存在于一定的社会形态之中，都是同一定的社会形态和一定的政治形态或经济形态相联系的。那种游离于任何特定的社会形态的宗教是不存在的，是一天也不可能存在下去的。第三，凡宗教都具有特定的信仰对象，这种信仰对象或者是一种图腾，或者是别的形态的神圣者，如耶和华、耶稣基督、安拉、梵、佛、三清尊神等，这构成了个别宗教的基本规定性。第四，凡宗教都是由一定信徒组成的社会

① 宗教信仰乃宗教之为宗教的"一个最为内在也最为本质的规定性"。在任何意义上，我们都可以说，"离开了宗教信仰也就根本无所谓宗教。"也正是在这个意义上，哈佛大学"比较宗教史"专家威尔弗雷德·坎特韦尔·史密斯（Wilfred Cantwell Smith, 1916—2000）才在他的名著《宗教的意义与终结》里提出了"信仰超越神学，它位于人的心中"的观点。他甚至因此而进而提出了用"信仰"或"虔敬"取代宗教的观点，宣称："宗教的终结，在其目的与目标这一古典意义上，就它所指向的与可能导向的而言，是神。反过来说，神一旦活生生地显现在我们的面前，他的深奥性、爱、永恒的真理以及所有别的属性便都将真相大白了，而神在这个意义上也就是宗教的终结；至少，宗教的种种繁文缛节都将会跌落到它们本应归属的尘世的位置上，而'宗教'这个概念也就会因此而寿终正寝。"（Wilfred Cantwell Smith, *The Meaning and End of Religion*, New York: The Macmillan Company, 1963, p. 201；请参阅段德智：《宗教学》，人民出版社 2010 年版，第 130—132 页）

群体，没有信众的宗教是不存在的。一如我们在前面所指出的，马克思在多部论著中都批判了黑格尔与黑格尔派把宗教或"宗教存在"简单地理解为"宗教观念"、"宗教意识"或"宗教哲学"的唯心主义观点，强调指出：唯有"现实的宗教信仰"和具有宗教信仰的"信徒"才是"真正的宗教存在"。①

第四，宗教的人学原则。宗教的人学原则是由宗教概念和宗教存在的具体性原则直接衍生出来的。因为既然宗教存在从根本上讲，它首先不是一个抽象概念，而是一个由宗教信仰的信徒组合而成的社会群体，那么，人的问题自然就成了宗教的一个根本问题了。社会学家常常强调"社会事实"，这是正确的，但是，我们必须看到，一如马克思所指出的，社会是"人的社会"，是由人组合而成的社会。即使社会学家所强调的宗教礼仪或宗教行为，从根本上讲，也只能是人的行为。在《〈黑格尔法哲学批判〉导言》中马克思是在"人创造了宗教"的前提下谈"社会产生了宗教"的，在《德意志意识形态》中，马克思一方面反复叮咛我们：是"市民社会"创造了宗教，另一方面又反复强调说："全部人类历史的第一个前提无疑是有生命的个人的存在"，②我们的考察方法是"从现实的、有生命的个人本身出发"，"它的前提是人"，"是处在现实的、可以通过经验观察到的、在一定条件下进行的发展过程中的人"。③马克思和恩格斯甚至常常用具体的现实的历史中的人来注释宗教，他在该著的一个边注中写道："宗教。具有真正的意识形态的德国人。"④事实上，马克思正是在对现实的、具体的、历史的人的深入考察中，最终发现真正的"人本身"不是别的，而是"一切社会关系的总和"，是"市民社会"和"生产物质生活本身"。宗教的人学原则实在是马克思达到唯物史观的宗教观的秘密通道。宗教的人学原则在我们构建宗教学的宗教社会学中的重要性是不言而喻的，因为既然宗教的人同时又是一个自然的人和世俗的人，一个要吃喝住穿的人，社会学的宗教社会学和神学的宗教社会学的结合和融通就是一件自然不过的事情了，一如作为社会学家的贝格尔要讲社会学的宗教社会学，作为宗教信徒和神学家的贝格尔要讲神学的宗教社会学，是件自然不过的事情一样。

第五，自然主义与人本主义的统一原则。前面说过，社会学的宗教社会学在方法论原则上的一个根本弊端即是它的排拒形而上学的实证主义的、自然主义的和实

---

① 参阅马克思：《1844年经济学哲学手稿》，刘丕坤译，人民出版社1979年版，第126页。
② 《马克思恩格斯选集》第1卷，人民出版社1995年版，第67页。
③ 同上书，第73页。
④ 同上书，第83页。

用主义的立场。这一点即使在贝格尔Ａ的身上也有典型的表现。而且，也正是由于这样一种方法论上的根本局限，侵之对宗教的或神学的社会理解采取排斥的立场，并从原则上排除同神学家进行对话的必要性，从而从原则上也就丧失了构建作为宗教学的宗教社会学的可能性。而马克思在《1844年经济学哲学手稿》中所强调的自然主义和人本主义的统一性，人和自然以及人与人之间的统一性，存在和本质、对象化和自我确立、自由和必然、个体和类之间的统一性，无疑为消解自然主义、实证主义的局限性，实现宗教社会学领域的自然主义与人本主义的统一，实现社会学的宗教社会学与神学的宗教社会学的统一，实现由社会学的宗教社会学向宗教学的宗教社会学的转变和提升，产生积极的影响。

毋庸讳言，要实现由社会学的宗教社会学向宗教学的宗教社会学的转变和提升，绝不是一件一蹴而就的事情：不仅会遭遇到许多难以克服的理论困难，而且还可能会遭遇到一些似乎不可克服的理论问题，一些永远不可能得到根本解决的理论难题。但是，无论如何，上述五项原则为我们消除社会学的宗教社会学的弊端，实现由社会学的宗教社会学向宗教学的宗教社会学的根本转变，构建作为宗教学的分支学科的宗教社会学展现了几缕曙光，透露出几分希望。路虽然十分遥远，但毕竟就在我们的脚下。当我们在深入地考察"宗教的特殊本质"，我们将深层次地揭示宗教的"奥秘"，从而为宗教学的宗教社会学的建立奠定基础，当我们历史性地考察"宗教与社会"的辩证关联即"宗教的普遍本质"时，我们不仅注意到了宗教的行为方式和组织形态的嬗变，而且也关注宗教信仰、宗教观念和宗教情感的超越性及其嬗变，有谁能说这不是在尝试着对狭义的社会学的宗教社会学的一种超越呢？当我们共时性地考察"宗教与社会"时，我们不仅注意到了宗教的维系和构建社会和谐稳定的功能，而且也注重从宗教信仰和宗教观念的维度阐释宗教的社会本质，有谁能说这不是在尝试着对狭义的社会学的宗教社会学的一种超越呢？当我们在考察诸宗教的关系时，一方面从维护世界和平的高度，强调宗教对话和宗教多元主义的必要性，另一方面又从宗教信仰的排他性的角度，给宗教排他主义和兼容主义留下了一定的余地，强调宗教对话的层次性和文化中介，设计出一条从文化对话到宗教信仰层面对话的模式，有谁能说这不是在尝试着对狭义的社会学的宗教社会学的一种超越呢？当我们在讨论"外来宗教的中国化或本土化"和"中国道教的化中国与世界化"以及"中国宗教与全面建成小康社会"这些问题时，我们不仅着眼于外来宗教的"被中国化"，而且也着眼于外来宗教的"化中国"，不仅着眼于中国本土宗教的"化中国"，而且也着眼于中国本土宗教的"化世界"；我们不仅着眼于当代中国宗教在全面建成小康社会中的社会功能,而且还着眼于当代中国宗教的自身建设,包括神学理论建设,有谁能说这不是在尝试着对狭义的社会学的宗教社会学的一种超越呢?

第二章　宗教的特殊本质：宗教的 奥秘及对其的一个解读

　　由前一章的分析看来,宗教学的宗教社会学与社会学的宗教社会学的分歧集中到一点,就是如何看待和处理宗教与社会的关系问题。社会学的宗教社会学坚持还原主义的理路,不仅极力将宗教平面化,根本抹杀宗教与其他社会组织的本质区别,根本否认宗教对一般社会组织的超越性,而且还极力强调宗教的派生性和工具性。与此相反,宗教学的宗教社会学则坚持整体主义的理路,尽管也承认宗教与社会的关联性以及宗教对于社会的某种派生性和工具性,但它却不仅承认和强调宗教与一般社会组织的差异性或特殊性,而且还关注和强调宗教的原生性,关注和强调宗教对于一般社会组织的非工具性和超越性。由此看来,构建宗教学的宗教社会学的第一步即在于论证或阐释宗教的特殊本质,解读宗教的奥秘和超越性。

　　总的来说,宗教学的宗教社会学并不否认宗教组织本身也是一种社会组织,也不否认宗教也具有某种派生性和工具性的品格,但相对于社会学的宗教社会学来说,它更加注重和强调宗教的特殊本质,更加注重和强调宗教的奥秘,更加注重和强调对宗教奥秘的解读。当年,毛泽东〔1893—1976〕在强调认识矛盾的特殊性时,曾经指出:

　　　　人的认识物质,就是认识物质的运动形式,因为除了运动的物质以外,世界上什么也没有,而物质的运动则必取一定的形式。对于物质的每一种运动形式,必须注意它和其他各种运动形式的共同点。但是,尤其重要的,成为我们认识事物的基础的东西,则是必须注意它的特殊点,就是说,注意它和其他运动形式的质的区别。只有注意了这一点,才有可能区别事物。任何运动形式,其内部都包含着本身特殊的矛盾。这种特殊的矛盾就构成一事物区别于他事物的特殊的本质。这就是世界上诸种事物所以有千差万别的内在的原因,或者叫做根据。①

　　毛泽东的这段话非常深刻地解说了宗教学的宗教社会学注重和强调宗教的特殊本质、宗教的奥秘以及对宗教奥秘的解读的合理性。

　　不仅如此，毛泽东还从人类认识运动秩序的角度，强调了认识特殊事物的在先性和基础性。他指出："就人类认识运动的秩序来说，总是由认识个别的和特殊的事物，逐步地扩大到认识一般的事物。人们总是首先认识许多不同事物的特殊的本质，然后才有可能更进一步地进行概括工作，认识诸种事物的共同的本质。"② 正是遵循人类认识的这样一种认识秩序，在本著里，我们将首先阐释宗教的特殊本质，对宗教的奥秘作出初步的解读，尔后我们再从宗教与社会的辩证关系的角度和高度对宗教的普遍本质做出说明。

第一节　宗教奥秘与对神圣者的信仰

一、关于宗教的语源学解释与宗教的基本意涵

　　在考察宗教的本质时，我们将遇到一系列理论上或方法论上的难题。这些难题中除宗教本质的特殊性和普遍性外，还有宗教本质的相对性和绝对性。如前所述，宗教学的奠基人缪勒在《宗教的起源与发展》中，曾经专题讨论过"界定宗教的困难"问题，其实他所讨论的正是宗教本质的相对性和绝对性问题。诚然，一如缪勒所强调指出的，要对宗教本质有一种绝对无误的把捉，要获得一个能够详尽无遗地描述所有宗教的得到普遍认可的宗教的定义，无疑是"困难之极"，③ 然而，这并不妨碍我们对宗教的本质有一个相对正确的理解，至少对各宗教的某些"家族相似性"（Family Resembalance）特征（维特根斯坦语）有一个大体一致的共识。维特根斯坦（Ludwig Wittgenstein, 1889—1951）在谈到"语言游戏"时，曾经非常郑重地指出：

---

① 《毛泽东著作选读》上册，人民出版社 1986 年版，第 147—148 页。
② 同上书，第 148—149 页。
③ 参阅缪勒：《宗教的起源与发展》，金泽译，陈观胜校，上海人民出版社 1989 年版，第 7、13 页。缪勒指出："给宗教下定义无疑是困难之极。这个词在几千年前就出现过，但它……始终变化不断，至今它经常用于与其原意恰恰相反的意义上。"他还进一步指出："每个宗教定义，从其出发不久，都会激起另一个断然否定它的定义。看来，世界上有多少宗教，就会有多少宗教的定义，而坚持不同宗教定义的人们之间的敌意，几乎不亚于信仰不同宗教的人们。"

试考虑下面这些我们称之为"游戏"的事情吧。我指的是棋类游戏，纸牌游戏，球类游戏，奥林匹克游戏，等等。对所有这一切，什么是共同的呢？——请不要说："一定有某种共同的东西，否则它们就不会被叫做'游戏'"——请你仔细看看是不是有什么全体所共同的东西。——因为，如果你观察它们，你将看不到什么全体所共同的东西，而只看到相似之处，看到亲缘关系，甚至一整套相似之处和亲缘关系。……我想不出比"家族相似性"更好的表达式来刻画这种相似关系：因为一个家族的成员之间的各种各样的相似之处：体形、相貌、眼睛的颜色、步姿、性情等等，也以同样方式互相重叠和交叉。——所以我要说："游戏"形成一个家族。①

相信维特根斯坦"家族相似性"的观念对我们对宗教本质的理解和阐释会有所启发、有所助益。

其实，要达到对宗教本质的初步了解也不是一件特别困难的事情。因为，即使我们简单地追溯一下"宗教"的"词源意义"（etymological meaning）也就可以了。因为，既然语言是"思想的直接现实"，②是"一种实践的、既为别人存在并仅仅因此也为我自己存在的、现实的意识"，③既然语言，如维特根斯坦和克里普克（Saul Kripke，1941—　）所强调指出的，尽管是"由诸条道路组成的迷宫"，但无论如何是不可能游离于"语言共同体"之外的，则语言的这种公共性质、实践性质和现实性质无论如何也就提供给了我们达到宗教本质认识的一条通道或通道之一。④ 文艺复兴时期著名的否定神学家尼古拉·库萨（Nicolaus Cusanus，1401—1464）在一篇题为《论寻觅上帝》的短文中，曾经指出，theos（上帝）这个词来自希腊文的 theoro，即"我在观看"

① 维特根斯坦：《哲学研究》，李步楼译，陈维杭校，商务印书馆 1996 年版，第 47—48 页。
② 《马克思恩格斯全集》第 3 卷，人民出版社 1960 年版，第 525 页。
③ 《马克思恩格斯选集》第 1 卷，人民出版社 1995 年版，第 81 页。在其中，马克思指出："人还具有'意识'。但是这种意识并非一开始就是'纯粹的'意识。'精神'从一开始就很倒霉，受到物质的'纠缠'，物质在这里表现为震动着的空气层、声音，简言之，即语言。语言和意识具有同样长久的历史；语言是一种实践的、既为别人存在因而也为我自身而存在的、现实的意识。语言也和意识一样，只是由于需要，由于和他人交往的迫切需要才产生的。"
④ 维特根斯坦曾经指出："语言是由诸条道路组成的迷宫。从一个方向走来时你也许知道怎么走；但从另一个方向走到同一个地点时你也许就迷路了。……假如你作为一个考察者到一个陌生的国度去，那里的语言你完全不懂。在什么情况下你会说那里的人下了命令，理解了命令，服从了命令，抗拒了命令等等？人类共同的行为方式乃是我们据以解释陌生语言的参考系。"（维特根斯坦：《哲学研究》，李步楼译，陈维杭校，商务印书馆 1996 年版，第 122—123 页）

和"我在奔跑"。所以,"在 theos 这个名称中,包含着某种寻觅的途径。人们沿着这一途径找到上帝、接近上帝"。① 现在,我们不妨借鉴尼古拉·库萨的技巧尝试沿着宗教的语源学这个比较可靠的通道去寻觅宗教的特殊本质。

在西方,"宗教"("religion")一词源于拉丁词 religio。而 religio 这词在拉丁语中主要有两个来源:一是罗马哲学家西塞罗的著作,一是罗马修辞学家拉克坦提乌斯和著名教父哲学家奥古斯丁的著作。西塞罗(Marcus Tullius Cisero,公元前 106—前 43)在其著作《论神之本性》中曾先后首先使用过 relegere 和 religere 来表述"宗教"。其中,relegere 意指的是在敬仰神灵上的(重新)"集中"和"注意",而 religere 的词义则是"重视"、"小心翼翼"和"仔细考虑"。拉克坦提乌斯(Lactantius,约 240—约 320)在其著作《神圣制度》中,奥古斯丁(Augustine of Hippo,354—430)在其著作《论灵魂的数量》中都用 religare 来表述"宗教",意指"结合"、"合并"和"固定"。古希腊人对"宗教"概念也有多种表述。例如,他们把对神的敬畏和虔诚称作 eusébeia,把宗教的戒律和礼仪称作 thrēskeia,把人对神的畏惧称作 sébas。新希伯来文中用 dat 来表示"宗教"。Dat 一词源于阿拉伯文 dāt,为"命令"和"律法"的派生词。《旧约圣经》中的《以斯拉记》中常用它表示"上帝的律法"。② "伊斯兰"系阿拉伯文动词不定式 islām 的音译,原义为"顺服",其分词形式为 muslim("穆斯林"),原义为"顺服者"。该词源于动词 aslama,词根为 salima,意为"神圣",常被人们用来表

---

① 尼古拉·库萨指出:"实际上,theos 这个名称本身并不是上帝的名称,上帝超越了任何概念。不能被概括的东西也就是不可言说。言说就是借助有声的或者其他有形的符号把一个内在的概念说出来。因此,倘若不概括出一个事物的类同性,也就不知道它的名称。所以,theos 是上帝的名称,也仅仅是就上帝乃由人在这个世界上所寻觅者而言的。上帝的寻觅者应当注意思考,在 theos 这个名称中,包含着某种寻觅的途径。人们沿着这一途径找到上帝。Theos 来自 theoro,即我在观看和我在奔跑。寻觅者必须借助视觉来奔跑,以求能够接近那观看一切事物的上帝。因此,观看与寻觅者向前行进所必须遵循的途径有相似之处。所以,我们必须把感性观看的本性展示在理性观看的眼前,并用它来构建一个上升的阶梯。"(尼古拉·库萨:《论隐秘的上帝》,李秋零译,三联书店 1996 年版,第 14—15 页)
② 参阅《以斯拉记》7:10—14;7:21—26;10:1。其中写道:"以斯拉定志考究遵行耶和华的律法,又将律例典章教训以色列人。祭司以斯拉是通达耶和华诫命和赐以色列之律例的文士。亚达薛西王赐给他谕旨,上面写着说:'诸王之王亚达薛西,达于祭司以斯拉通达天上上帝律法大德的文士云云。……'我亚达薛西王,又降旨与河西的一切库官,说:'通达天上上帝律法的文士祭司以斯拉,无论向你们要甚么,你们要速速的备办。……'我又晓谕以斯拉,要照着你上帝赐你的智慧,将所有明白你上帝律法的人立为士师、审判官,治理河西的百姓,使他们教训一切不明白上帝律法的人。凡不遵行你上帝律法和王者命令的人,就当速速定他的罪,或治死,或充军,或抄家,或囚禁。……'""以斯拉祷告、认罪、哭泣、俯伏在上帝殿前的时候,有以色列中的男女孩童,聚集到以斯拉那里,成了大会。众民无不痛哭。"

达"完全奉献"和"完全顺服"的意思。

在东方，印度的"宗教"一词在梵文中为 dharma，南传佛教则用巴利文 dhamma 表示，该词被音译为"达磨"、"达摩"，被意译为"法"；在佛教中被用来意指"佛法"或"一切法"。这一概念表述在藏文中为 Chos，在蒙文中为 Shashin。中文中"宗教"一词，沿用佛教术语；佛教以佛所说为教，以佛家弟子所说为宗，宗为教的分派；作为合成词的宗教，最初用来意指佛教的教理，后来则用来泛指一切对神道的信仰。但是，"宗"、"教"二字在我国则古已有之。其中，"宗"字，据许慎《说文解字》，由"宀"和"示"两个部分组成，"宀"意为"房顶"，"示"意为"神主"，合指供奉神主之位的庙宇，故其义为"尊祖庙也"。《尚书·大禹谟》中所谓"受命于神宗"中的"宗"，即是谓此。此外，"宗"字还有"归向"、"朝见"、"尊崇"、"本源"、"主旨"等含义。至于"教"字，则有"教化"、"教育"和"令"的意义。《易经》中所谓"神道设教"，[①]《中庸》中所谓"修道之谓教"，[②] 即是谓此。受中文"教"字的影响，日文中的"宗教"也称为"教"（kyō），朝鲜文则称为 hak。

通过对"宗教"一词的语源学考察，我们不难发现，尽管各民族文字中"宗教"一词的含义不尽相同，但毕竟还是蕴涵着一些显而易见的共同的内容或意义。而且，由此看来，这些共同的内容或意义，归结起来，不外下述三个层面：首先，凡宗教都关乎一个信仰对象，超越性、无限性、秩序（法则）、威仪乃信仰对象的本质特征；其次，凡宗教都关乎信仰者对信仰对象的敬畏、尊崇和顺从；再次，凡宗教都蕴涵有信仰主体同信仰对象结合或合一的意向。毫无疑问，这些都属于宗教本质的范畴，尽管我们不能把它们视为宗教本质的全部内容，但是，无论如何也构成宗教本质的基本的不可或缺的内容。

二、宗教的奥秘与信仰的超越性

诚然，从宗教的上述语源学解释看，各民族文字中，"宗教"一词的含义不仅关涉到宗教的特殊本质，而且也关涉到宗教的普遍本质，如新希伯来文中 dat 一词所蕴含的"律法"义，阿拉伯文中 din 一词所蕴涵的"权力"和"法庭"义，梵文中的 dharma

---

① 《易传·象传上·观》有言："大观在上，顺而巽，中正以观天下。观，盥而不荐，有孚颙若，下观而化也。观天之神道，而四时不忒；圣人以神道设教，而天下服矣！"

② 《中庸》开篇即言："天命之谓性，率性之谓道，修道之谓教。道也者，不可须臾离也。可离，非道也。是故君子戒慎乎其所不睹，恐惧乎其所不闻。莫见乎隐，莫显乎微。故君子慎其独也。喜怒哀乐之未发，为之中；发而皆中节，谓之和。中也者，天下之大本也；和也者，天下之达道也。"

以及巴利文中的 dharmma 所蕴含的"一切法"义，中文中"宗"所含的"本源"义以及"教"所含的"教化"义和"修道"义等等，都是如此。但是，无论如何，总的来说，它所昭示的主要的还是宗教的特殊本质而非宗教的普遍本质。所谓宗教的特殊本质，所意指的无非是为宗教这一特殊的意识形态和社会群体所独有和共有而为其他意识形态和社会群体所缺乏的本质规定性。而所谓宗教的普遍本质，所意指的则无非是为宗教这一意识形态和社会群体与其他意识形态和社会群体所共有的本质规定性。宗教的特殊本质和普遍本质虽然也具有某种内在的关联性，但是，至少从概念和逻辑层面看，还是分属于两个迥然有别的领域。我们在考察宗教的本质时，虽然非常重视宗教的语源学解释，却也并不囿于或拘泥于这样一种解释，而是进而达到对宗教的其他层面的解释，虽然非常重视昭示宗教的特殊本质，却也并不囿于或拘泥于此，而是进而以一整章的篇幅来讨论宗教的普遍本质，所有这一切都是基于这样一种识见的。

然而，这丝毫不妨碍我们对宗教的语源学解释的理论价值作出正确和充分的评估。这是因为虽然我们不能企求从宗教的语源学解释中获得宗教本质的全部内容，但它毕竟给我们提供了理解宗教本质的一个逻辑的和历史的起点。这就好像知道一条河流的一个小小的源泉虽然同了解它的全部流程是完全不同的事情，但知道前者毕竟不仅是了解后者的一项不可或缺的内容，而且也构成了达到后者的一个确切而恰当的起点，从而对认识后者具有一种无与伦比的认识论意义。宗教的语源学解释无疑即是我们理解宗教本质的一个确切而恰当的、逻辑的和历史的起点。更何况宗教的语源学解释不仅为我们认识宗教的本质提供了一个现实的理论起点，而且还构成了我们认识宗教本质的一个强大的理论支点。因为无论从认识论层面看还是从本体论层面看，事物的特殊矛盾或特殊本质对于事物本身的存在和发展以及人们对于事物的认识都具有特别重要的意义。这样，既然按照宗教的语源学解释，宗教所关涉的主要是宗教的特殊本质，是为宗教这一特殊的意识形态和社会群体所共有和独有而为其他意识形态和社会群体所缺乏的特殊规定性，则宗教的语源学解释就不仅为我们理解和把握宗教的特殊本质提供了根据，而且也为我们进一步理解和把握宗教的普遍本质提供了根据和可能。

具体说来，宗教的语源学解释之所以能够构成我们认识宗教本质的理论支点，主要是由下述几个方面决定的。

宗教的语源学解释之所以能够构成我们认识宗教本质的理论支点，首先就在于它明确地昭示了宗教的内在本质，昭示了宗教的最隐蔽处，即宗教信仰问题。诚然，众所周知，宗教是一个由诸多要素组合而成的非常特殊的意识形态和社会群体，决不限于宗教信仰这样一个因素。但是，宗教信仰无论如何都是各宗教要素中最内在、最本质的要素。这是因为不仅宗教禁忌、宗教戒律、宗教礼仪这样一些宗教行为和宗教活动，以及宗教组织、宗教制度和宗教体制等，归根到底都不过是宗教信仰的外在形式，而且即使宗教神话、宗教理论、宗教情感和宗教经验等宗教意识形态归根到底也都是宗教信仰的直接的或间接的显现。真正说来，离开了宗教信仰，是根本无所谓宗教行为和宗教活动以及宗教组织和宗教制度的，更不用说宗教神话、宗教理论、宗教情感和宗教经验这些宗教意识形式了。其实，宗教并非是其各种要素的简单拼凑，而是一种以宗教信仰为基础的各要素之间的有机的整合。毫无疑问，宗教的各要素之间确实存在有一种互存互动的关系，这是不容否认的。例如，在宗教观念和宗教体验之间，在宗教观念和宗教行为之间，以及在宗教观念和宗教组织、宗教制度之间，甚至在宗教组织和宗教行为之间，无论在理论上还是在实际上都是存在有这样那样的互存互动关系的。如果它们之间从根本上就不存在这样的互存互动关系的话，则不仅宗教行为和宗教组织，而且宗教情感和宗教体验，对于宗教本身来说，也就成了完全一种不可设想、缺乏积极意义的东西了。但是，无论如何，宗教信仰都是宗教诸因素中最内在、最本质的因素。如果我们把宗教结构设想为一个同心圆的话，则处于这个同心圆的圆心位置的就是且只能够是宗教信仰了。而且，既然宗教观念和宗教情感、宗教体验是宗教信仰的直接显现，则它们势必处于同心圆 1 的位置上；而宗教行为和宗教活动作为宗教观念和宗教体验的外在表现，宗教组织和宗教制度作为宗教观念和宗教体验以及宗教行为和宗教活动的外在表现，无疑便因此而分别处于同心圆 2 和同心圆 3 的位置上。这样，在我们面前，便出现了一个以宗教信仰为核心和基础的呈逐步弱势的外向发散式的多层次的宗教结构或宗教体系：宗教信仰（圆心）→宗教观念与宗教体验（同心圆 1）→宗教行为与宗教活动（同心圆 2）→宗教组织与宗教制度（同心圆 3）。我们还不妨将以宗教信仰为核心内容的宗教要素之间的内在关系图示出来（详见本书第 54 页）。

从图示不难看出：宗教的语源学解释所彰显的正是宗教信仰在这样一个宗教结构或宗教体系中的中心位置或基础地位。其实，宗教信仰在宗教结构或宗教体系中的这样一种中心位置或基础地位不仅是史前人类和人类文明社会初期长期思考的集体产物，而且在一定程度上也是近现代许多宗教思想家们的一个共识。宗教学奠基人缪勒径直把宗教理解为一种"信仰力量"或一种"从感觉到信仰的力量"，宣称：如

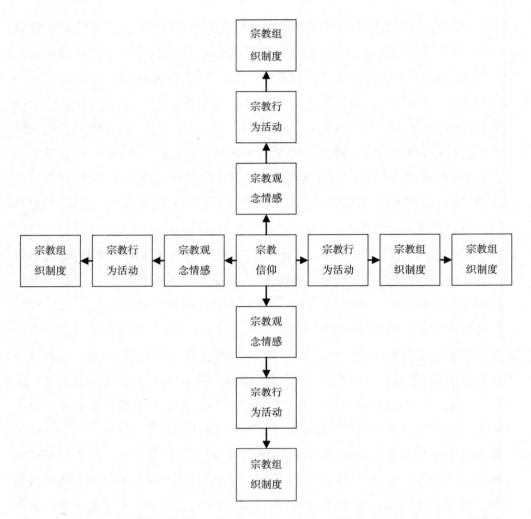

果没有"信仰"，没有这样一种"信仰力量"或"从感觉到信仰的力量"，"也就没有宗教了，甚至连最低级的偶像崇拜和物神崇拜也没有。"[1] 英国著名的宗教人类学家爱德华·泰勒（Edward Burnett Tylor, 1832—1917）在其《原始文化》中在对各种原始宗教做了比较充分研究的基础上宣称：一切宗教，不仅是各种高级宗教，而且发展层次较低的宗教，其最深层、最根本的根据即是"信仰"，亦即对"灵魂"或"精灵"的"信仰"。[2] 当代著名宗教学家、哈佛大学教授弗雷德·坎特威尔·史密斯（Wilfred Cantwell Smith, 1916—2000）在其名著《宗教的意义与终结》中把宗教内容二分为"信仰"（faith）和"信仰的表达"（the expression of faith），其用意显然在于凸显宗教

①　F. Max Müller, *Lectures and Growth of Religion*, New York: AMS press, 1976, pp.9–21.
②　参阅孙亦平编：《西方宗教学名著提要》，江西人民出版社 2002 年版，第 55 页。

的"信仰"本质。他反复强调指出：宗教并非一种一成不变的抽象概念，从根本上说来它首先是"一种活生生的信仰"。[①] 在古代希腊文中根本没有"宗教"这个词，而只有"诸神"（gods）这样的词。在希伯来《圣经》中，所谓宗教所意指的无非是一种对上帝的一种"信仰"，一种"惧怕上帝"的"个人虔诚"，在《新约圣经》中，这一主题则表现得更其鲜明，据统计，"信仰"（pistis 即 faith）这个词以各种不同的形式竟出现了 602 次。[②]

　　宗教的语源学解释不仅昭示了宗教的最内在、最核心的内容是信仰，而且还点示出了宗教信仰对象的本质特征，即"神秘性"。人们在神灵面前，为什么应当"小心翼翼"？为什么信仰对象的话即为"一切法"，即具有"律法"性质？为什么我们应当特别"尊崇"和"顺服"神灵？为什么我们应当"归向"神灵、"完全奉献"给神灵，甚至与神灵"重新结合"？所有这一切全都指向了宗教信仰对象的"神秘"性质。尽管在人类历史上已经涌现了形形色色的宗教神学，以致我们可以说，存在有多少相对高级形态的宗教，也就存在有多少神学体系，甚至一个宗教都拥有无数个神学体系，尽管这些神学体系都在以这样那样的方式言说着原本"不可言说"的宗教信仰对象，但是，在我们面前这些宗教信仰对象始终都高傲地持守着它们的"神秘"性质，即"不可言说"性质。这可以说是存在于宗教信仰对象与科学认知对象之间的一种永远化解不掉的差异，一道永远跨不过的鸿沟。而宗教的本质特征或宗教的奥秘也正在于此。鲁道夫·奥托在《论"神圣"》中在谈到"神秘"或"神秘者"时所强调的："任何一种宗教的真正核心处都活跃着这种东西，没有这种东西，宗教就不再成其为宗教"，[③] 即是谓此。近乎表述这种"神秘"或"神秘者"的，在希伯来语中有 qādōsh，在希腊语中有 ἅγιος，在拉丁语中有 sacer（sacrum venenum）或 sanctus。考虑到"神秘"或"神秘者"的"神秘"性质，亦即考虑到"神秘"或"神秘者"的"不可名"的性质，我们不妨用"X"来称呼之。

　　为了便于言说这个"不可言说者"，奥托曾杜撰了一个词 numinous。Numinous 这个词的词根为拉丁词 numen，最初意指罗马神话中的守护神，后来泛指具有某种神秘力量的存在物。然而，这种作为宗教信仰对象的"神秘"或"神秘者"与我们日常语言中的"神秘"或"神秘者"的含义不同。它不是一般意义上的"秘密"，也不是

---

① Wilfred Cantwell Smith, *The Meaning ana End of Religion*, New York: The Macmillian Company,1963, pp.170–174.

② Ibid., pp.53–59.

③ 参阅奥托：《论"神圣"》，成穷、周邦宪译，四川人民出版社 2003 年版，第 7 页。

通常意义上的"奥秘",而是一种"令人畏惧的奥秘"(mysterum tremendum)。这样一种奥秘一般说来内蕴有三种因素,这就是"敬畏"因素,"不可抗拒性"("威严")因素和"活力"或"催迫"因素。

奥托在解说"令人畏惧的奥秘"时,首先强调了宗教奥秘的"敬畏因素"。他以《旧约》为例对之作出说明。他写道:

> 在某些语言中,有一些特殊的表述,这些表述所指的,仅仅是并且首先是这种超出害怕的"畏惧"。希伯来语的 hiqdīsh 要"在心中保持某种神圣的东西"就意味着要以一种特殊的畏惧之情(不可错当作任何普通的害怕)去把它隔离开来,就是说要用"神秘"这个范畴去评价它。在《旧约》一书中,到处都可找到对于此种感受的类似表达。其中,emat of yahweb(对耶和华的畏惧)这个表达尤其值得注意,这种恐惧能够由耶和华异常迅速地倾泻出来,并且其力度足以使人瘫痪。此种畏惧与希腊语的 δειμα παυικου 密切相关。请看《出埃及记》(第 23 章第 27 节):"凡你所到的地方,我要使那里的众民在你面前惊骇、扰乱,……";亦见《约伯记》第 9 章第 34 节("愿他把杖离开我,不使惊惶威吓我")、第 13 章第 21 节("勿使你的惊惶威吓我")。这里我们看到的是一种充满了内在战栗的恐惧,甚至最有威胁、最有力量的受造物都无法激起这种恐惧。此种恐惧含有一种魔力般的东西。[①]

奥托认为,对"神秘"或"神秘者"的敬畏与"对魔鬼的畏怕"不是一回事:敬畏不仅是"畏",而且还内蕴有"敬"。他指出:

> 尽管最完满的"神秘"感受展示出一个不同于单纯"对魔鬼之畏"的世界,但是,就连在这最高的水准上,它也保持着与后者的血缘关系。甚至当"魔鬼"崇拜早已演化到"神灵"崇拜的更高阶段时,这些神灵在崇拜者的感受印迹中还依然保持着"鬼魅"所具有的"神秘"性质。此即"神秘"与"畏惧"的特殊性质,这种性质是与高尚、崇高的性质一道存活下来的,或者说是以这种性质为象征的。这种因素——尽管平和淡薄——甚至在最高水准上(在此,对上帝的崇拜为其最纯粹的形式)都并未消失。如果真的消失了,那才的确是重大损失。当

---

① 奥托:《论"神圣"》,成穷、周邦宪译,四川人民出版社 2003 年版,第 16 页。

无言的灵魂为了它那最深的力量而在内省颤抖时，此种"战栗"便以一种无比崇高的形式再现出来。……在此，"战栗"已失去疯狂与迷惑的色彩，但并未失去那种控制心灵的、无以称谓的东西。它已嬗变为一种神秘的畏惧，并且把反映在自我意识中的"受造感"作为它的伴随物一道释放出来。这种"受造感"就是上面已描述过的、那种在直接经验到的、激发畏惧的对象面前产生的对象面前产生的对于个人卑微渺小、一无所是的感受。①

由此看来，"畏"与"敬"的合成或内在统一乃宗教奥秘的不可或缺的内容。

"不可抗拒性"因素或"威严"因素所意指的不仅是"绝对不可接近性"，而且还有一种"威力"、"强力"和"绝对不可抗拒性"，宗教的谦卑感受以及信仰者同所信仰的神秘力量的"结合"或"合一"的"愿望"，归根到底都是从对这种"神秘"的"令人畏惧的威严"的感受中生发出来的。正因为如此，奥托将宗教奥秘的"不可抗拒性"因素也称作"威严"因素。他写道：

> 人们会立即感到，还必须加上一个更深的因素，这就是"威力"、"强力"、"绝对不可抗拒性"（absolute overpoweringness）的因素。我们喜欢用 majestas 即"威严"一词来代表这一因素，因为任何一个有语言感受力的人都必然很容易见到附在这个词上的"神秘"痕迹。这样，"畏惧"（tremendum）便可更为充分地译为"令人畏惧的威严"（tremenda majestas）。在第一个因素即"不可接近性"（unapproachability）消失之后（如在神秘主义中所见到的那样），第二个因素即"威严"的因素能够继续生动地保留下来。正是在与这个威严因素或绝对不可抗拒性因素的联系中，我们前述的受造意识才作为它的投影或主观反映而进入意识。这样，当我们与"不可抗拒性"——我们是把它作为一个与自我相对立的对象来加以意识的——相对照时，便感到自己的卑微，觉得自己不过是"灰尘"与虚无。这才是形成宗教谦卑感受的"神秘的"原始材料。②

正因为如此，奥托强调他的"不可抗拒性"因素或"威严"因素与施莱尔马赫（Friedrich Daniel Ernst Schleiermacher, 1768—1834）的"依赖感"（其所指的就是我

---

① 奥托：《论"神圣"》，成穷、周邦宪译，四川人民出版社 2003 年版，第 20—21 页。
② 同上书，第 23 页。

们称作"受造感"的东西）之间的差异性。他写道：

> 由于施莱尔马赫的"依赖感"指的是对于受限制的意识（如结果受制于原因），故他在论述创造与保存（Creation and Preservation）的部分中便很合逻辑地提出了这种受限意识的诸内容。在神这方面，与"依赖"相关的就是"因果性"（causality），即上帝有引起一切、规定一切的性质。但是，对于这一性质的意识根本不会进入直接的、最初的宗教感受之中，而此感受是我们在崇拜中产生的，并且为了分析我们可以部分加以复现的。相反，这一意识则明显地属于关于上帝的观念中的理性方面，其内涵可以接受精确的概念界定，它来自一个十分明显的源泉。施莱尔马赫的"依赖感"与从上引亚伯拉罕"话语"中表现出来的感受之间的区别，可以表达为被造意识（Geschaffenheit）与对造物身份的意识（Geschopflichkeit）的区别。在一种情形中，你看到的造物是作为神之创造行为的一种作品；而在另一种情形中，你看到的则是面对不可抗拒的权威的无力与渺小，面对"威严"的灰尘。在一种情形中，你看到的是已被创造的事实；而在另一种情形中，你看到的是受造物的身份。一当反思关注后一种意识时——当它分析此种"威严"时，我们立即就要被引到与创造或保存全然不同的另一些观念上去。我们首先遇到的是自我泯灭的观念，其次是——作为以上观念的补充——超越者才是唯一完整的存在。[1]

由此不难看出，奥托在这里所强调的他的"不可抗拒性"因素或"威严"因素与施莱尔马赫的"依赖感"（其所指的就是我们称作"受造感"的东西）之间的这样一种差异性所彰显的正是宗教的"奥秘"。

"令人畏惧的奥秘"，除敬畏与威严外，还有第三个因素，这就是"活力"或"催迫"因素。在西方思想史上，长期以来一直存在有两种不同的"奥秘"观或上帝观：一种是理性主义的"奥秘"观或上帝观，一种是非理性主义或超理性主义的"奥秘"观或上帝观。古希腊德谟克里特和伊壁鸠鲁所倡导的就是一种理性主义的"奥秘"观或上帝观，而奥古斯丁和帕斯卡尔所倡导的则是一种非理性主义或超理性主义的"奥秘"观或上帝观。德谟克里特和伊壁鸠鲁将神灵还原成"原子"。德谟克里特（Democritus of Abdera，约公元前 460—约前 370）认为"神灵是和天上的火同时形

---

① 奥托：《论"神圣"》，成穷、周邦宪译，四川人民出版社 2003 年版，第 24 页。

成的"并且其本性"和天上的火相似"。他因此而根本否认"享有不死的本性的神"的存在，断言："他们能抵抗死亡很久，但并非不死。"① 伊壁鸠鲁（Epicurus，公元前341—前290）虽然并不否认神灵的存在，但他却反对其他人所宣扬的"神灵"观念，坚持从原子论和感觉论的立场来审视神灵，反对神灵的超越性和神秘性。他写道：

> 神灵是有的，因为我们关于神灵的知识是明显的；但是神灵的本性并不是像人们所想的那样；一般人对于神灵所表的敬意，没有一点符合于他们所有的神灵观念。摈斥众人所信的神灵的人，并不是不敬神灵的，拿众人所有的关于神灵的意见加在神灵身上的人，才是不敬神灵的。因为众人关于神的肯定都不是从感觉得来的概念而是虚妄的假定。②

不仅德谟克里特和伊壁鸠鲁以极端理智主义的立场来解释宗教奥秘和神学，而且柏拉图派中也有人持这种立场。例如，《真逻各斯》的作者塞尔修斯（Celsus）就主张用理性拒斥信仰，用纯粹的哲学拒斥基督宗教神学。他认为希腊哲学只是在清除了神人同形同性的神话之后才得到了关于神的真知识，真逻各斯是纯粹的精神实体；基督宗教的上帝观念，特别是"道成肉身"的教义是向神人同形同性论的倒退，基督宗教的圣道是伪装逻各斯的凡人。③

这种极端理智主义的立场，理所当然地遭到了基督宗教神学家的反对，特别是遭到了持极端信仰主义立场的基督宗教神学家的反对。极端信仰主义者，如主张"唯其不可能，我才相信"的德尔图良（Tertullian，145—220），就曾诘问道："耶路撒冷和雅典有什么关系？""基督徒和哲学家有什么关系？"④ 德尔图良主张用信仰拒斥理性，用基督宗教神学拒斥哲学。他在《论基督肉身》一书中针对那些为基督被钉在十字架上而感到羞耻的人说道："上帝之子被钉在十字架上，我不感到羞耻，因为人必定为之感到羞耻。上帝之子死了，这是完全可信的，因为这是荒谬的。他被埋葬又复活了，这一事实是确实的，因为它是不可能的。"⑤

在对待宗教奥秘的问题上，奥古斯丁虽然并未完全排除理性，但他却坚持"信

仰,然后理解"的基本立场。他强调说:

> 有些东西必须在相信上帝之前被理解;但是,对上帝的信仰帮助一个人理
> 解得更多。……因为信仰来自聆听,聆听得自基督的布道,人们若不理解布道
> 者的语言,何以能够相信他的信仰呢? 另一方面,有些事情必须先被信仰,然后
> 才能理解,正如先知所说:"除非你相信,否则你将不会理解"。因此,心灵由相
> 信进而理解。[1]

上述信仰主义与理智主义的分歧与抗争在中世纪晚期或文艺复兴时期也有典型的表
现,这就是路德与爱拉斯谟围绕着"自由意志"问题展开的论战。宗教改革运动的发
起人路德(Martin Luther, 1483—1546)的新教神学的中心思想是以"因信称义"为
基本内容的救赎论,基督教人文主义者爱拉斯谟(Desiderius Erasmus, 1466—1536)
则不能容忍路德的"(上帝的)意志决定论",主张用"基督的哲学"来改造基督宗教
神学,主张用"(人的)意志自由说"来解释人的救赎问题。正是基于这样一种立场,
他喊出了"圣苏格拉底为我们祈祷"的口号。[2]

　　信仰主义与理智主义的分歧与抗争不只在古希腊时代和中世纪晚期或文艺复兴
时期存在,而且在近现代也同样存在。例如,在17—18世纪,就有敬虔主义与自然
神论之争。通常认为赫伯特(Herbert of Cherbury, 1583—1648)是自然神论的先驱,[3]
但其主要代表人物却是洛克、托兰德和廷德尔。

　　洛克(John Locke, 1632—1704)在其于1695年出版的《基督宗教之合理性》中
力图诉诸理性的权威来证实基督宗教的基本信念。他所提议的"激进原则"在于:"神
的任何启示都是真的,并且都是我们应该信的内容;但是,这些内容必须经过理性的

---

[1]　*A Select Library of the Niene and Post Nicene Fathers*, VI, ed. by F. Schaff, Buffolo, 1887, p. 499.

[2]　参阅 The *Colloquies of Erasmus*, translated by Craiq.R.Thompson, Chicago: The University of Chicago Press, 1965, p. 68。

[3]　赫伯特在《论真理》一书中致力于将基督宗教神学理性化和人学化。他写道:"我们的心灵就
是神性最高级的影像和范型,并且因此在我们心中是真的和善的无论什么东西都最高程度地存
在于上帝中。……像在光的传播中,离开光源愈远,其明晰性的损失就愈大那样,那在我们的
活的自由的统一体中明白地照耀着的神的形象,首先把它自身传达给自然本能或它的天道的共
同理性,然后再扩展到无数内部的和外部的官能,终止于阴影与躯体,而有时似乎可以说是退
到物质本身中。"(威廉·R.索利:《英国哲学史》,段德智译,陈修斋校,商务印书馆2017年版,
第36页)

判断,才可以当作神所启示的真理。"[1] 这样一来,自然理性在洛克这里就"反客为主"了:"不再是信仰手中的一个工具,反而变成启示本身的终极裁判。"[2]

托兰德 (John Toland, 1670——1722) 的最著名也最有争议的著作是《基督宗教并不神秘》(1696 年)。在自然神论领域,他比洛克更进一步的地方在于他根本否认存在有"高于理性"的启示真理。他的这部著作的基本精神是:

> 任何人发表任何启示,也就是说,任何人述说我们以前所不知道的事情,他的话必须是可以理解的,并且是具有可能性的事情。把握住这个原则,无论神或人类,都可以作启示者。[3]

托兰德根本否认宗教的超越性和神秘性。在他看来,任何不能理解与不可能的启示,天生就是神秘的,所以真正宗教与真基督宗教的领域里面,并没有奥秘。奥秘要求人类牺牲知识,因此触犯到神在人类里面的形象,这形象就是理性的恩赐。从这种激进的立场出发,托兰德不仅反对路德的"因信称义",而且还特别激烈地反对加尔文的"圣灵内证",反对他将信念建立在"圣灵的光照和灵验作用"之上。他强调说,在决定任何称为特别的启示有无资格作为信念的问题上,只有理性才是至高无上的裁判。世间不可能具有两个同等的权威,即理性和启示,因为判断启示真实性的就是理性。他的最后的结论是:至高无上的理性应该取代圣灵内证在基督宗教里面的权威。[4]

廷德尔 (Matthew Tindal, 1655——1733) 在自然神论领域的代表作是他 1730 年出版的《与创世同样古老的基督宗教》。他的这部著作后来博得"自然神论圣经"的声誉。可以说,廷德尔对于基督宗教的看法,就是把洛克和托兰德的路线推向极致:真正的基督宗教只不过是,在模糊的有神论背景下,符合理性的伦理系统。"真基督宗教是由理性发现的原则构成的。根据廷德尔的说法,整个宗教的内涵就在于实行所有的道德任务。"[5] 对于廷德尔来说,"宗教的目标在于道德"。二者的唯一区别在于:

---

[1] James M. Byrne, *Religion and the Enlightenment: From Descartes to Kant*, Westminster John Knox Press, 1997, p. 107.

[2] 罗杰·奥尔森:《基督教神学思想史》,吴瑞诚、徐成德译,周学信校,北京大学出版社 2003 年版,第 570 页。

[3] 同上书,第 571 页。

[4] 同上。

[5] 同上书,第 573 页。

道德是"按照被视为事物本身之中的事物的理性而行动",而宗教则是"按照被视为上帝之规则的同样的事物的理性而行动"。[①] 这样,

> 在廷德尔那里,基督宗教被归结为仅仅是美德之实践。宗教变成了对作为神圣诫命的道德责任的承认。在这里,廷德尔达到了伊曼努尔·康德在其《纯粹理性限度之内的宗教》一书中将要采用的那么一种关于宗教和基督宗教的概念。在廷德尔那里,关注的焦点已经由比较早的理性主义宗教转移到实践理性宗教上来了。[②]

自然神论虽然一时比较兴盛,但却遭到了敬虔主义的有力抵制。敬虔主义其实是一种复兴运动,一种旨在完成路德所肇始的新教宗教改革的运动。敬虔主义者之所以要开展这项运动,乃是因为在他们看来,路德宗的宗教改革似乎有点"虎头蛇尾"和"不了了之"。因此之故,"敬虔主义可说是老调重弹,重蹈路德所发起的教义改革,藉着新的充满生机的改革,来圆满达成宗教改革的最高目的"。[③] 敬虔主义者虽然赞同路德的救恩教义,也都把救恩视为神的工作而根本不可能成为人类赚取的礼物。但他们却认为路德的救恩教义也有其不完满性,这就是他过分强调和偏重救恩的客观层面,有点忽略救恩的主观层面和内向层面。而他们的使命就是通过聚焦于更新信徒的内在生命(亦即他们所谓"归正")来完成路德所开启的新教宗教改革,使之达到最后的圆满结果。敬虔主义运动的主要代表人物有施本尔和亲岑道夫。施本尔(Philipp Jakob Spener, 1635—1705)是敬虔主义的创始人,其代表作是他于1675年出版的《敬虔愿望》。在施本尔看来,敬虔主义的核心内容是"内在的人"或"新人"教义。他认为,真正的基督宗教不应当再围绕着浸礼和正统教义打转,而应当以内心更新的经验为中心教义:"我们的整个基督宗教都由内在的人或新人所组成,这个宗教的灵魂就是信心,所表现的则是生命所结的果子,而且所有证道都要以此为目标。"他还进一步强调说:

> 我们只用外面的耳朵聆听神的道还不够,还要让它渗入我们的心灵,使我

---

① 参阅詹姆斯·C.利文斯顿:《现代基督教思想》上卷,何光沪译,赛宁校,四川人民出版社1999年版,第45页。

② 同上书,第46页。

③ Dale W. Brown, *Understanding Pietism*, Grand Rapids: Eerdmans, 1978, p. 83.

们能在心里听到圣灵的话，也就是用充满着活泼的感情和欣慰，感受圣灵的印记和神之道的大能。而且只有受浸也不够，而是在我们受浸时，里面已经穿上基督的信任，应该继续持守基督，并在我们外面的生活上作为他的见证。①

如果我们可以用"新人宗教"来概括施本尔的敬虔主义的话，则我们便可以用"心灵宗教"来概括亲岑道夫的敬虔主义。在对待路德宗正统教义神学系统方面，亲岑道夫（Nicholaus Ludwig von Zinzendorf, 1700—1760）的"心灵宗教"比施本尔的"新人宗教"激进得多。他宣告说："真理一旦变成系统，人就失去了真理。""一个对救主充满柔情的灵魂，或许会对各和真理都一无所知，只会最单纯地注意耶稣的伤口和死亡。"② 亲岑道夫虽然并不否认基督宗教的正统教义，但他却认为存在有高于这些教义的东西，这就是个人的信心和个人的宗教体验或者说"在耶稣基督里与神的个人关系"。在亲岑道夫看来，倘若离开了个人的信心和个人的宗教体验或者说"在耶稣基督里与神的个人关系"，任何外在的教义告白都毫无价值。他写道：

> 信仰告白永远都出自我本人的内心，出自我本人对于这问题的认知。它的先决条件是，我做过某事、到过某地、见过或听过某些事情，乃是别人希望从我知道的。因此，任何人要想承认一个教义，他就必须本身曾经有过、见过、感受过、经历过和享受过这个教义。③

其反对理智主义的立场可谓溢于言表。

敬虔主义的代表人物，除施本尔和亲岑道夫外，还有人提到帕斯卡尔。如上所述，敬虔主义原本是路德新教的一场革新运动，但帕斯卡尔却是一位天主教思想家。这事看起来虽然显得非常吊诡，但也事出有因。尽管帕斯卡尔在对待天主教的立场上与施本尔和亲岑道夫大相径庭，但在反对基督宗教理性化方面却不谋而合。如所周知，帕斯卡尔（Blaise Pascal, 1623—1662）在他的名著《思想录》中大声疾呼，强调必须在"基督宗教的上帝"与"哲学家的上帝"之间明确划界。他宣称：

---

① Philipp Jacob Spener, *Pia Desideria*, trans. by G. Tappert Theodore, Philadelphia: Fortress, 1964, pp. 116–117.

② 转引自罗杰·奥尔森：《基督教神学思想史》，吴瑞诚、徐成德译，周学信校，北京大学出版社2003年版，第523、523—524页。

③ 同上书，第524页。

基督徒的上帝并不单纯是个创造几何学真理与元素秩序的上帝；那是异教徒与伊壁鸠鲁的立场。他并不仅只是个对人类的生命与幸福行使其天命的上帝，为的是好赐给崇拜他的人们以一连串幸福的岁月；那是犹太人的东西。但亚伯拉罕的上帝、以撒的上帝、雅各的上帝、基督徒的上帝，乃是一个仁爱与慰藉的上帝；那是一个充满了为他所领有的人的灵魂与内心的上帝，那是一个使他们衷心感到自己的可悲以及他的无限仁慈的上帝；他把自己和他们灵魂的深处结合在一起；他以谦卑、以欢愉、以信心、以仁爱充满了他们的灵魂；他使他们除了他自身以外就不可能再有别的归宿。凡是到耶稣基督之外去寻求上帝并且停留在自然界之中的人，要么便不能发现任何可以使他们满意的光明，要么便走向为自己形成一套不要媒介者就能认识上帝并侍奉上帝的办法；并且他们便由此不是陷入无神论便是陷入自然神论，而这两种东西几乎是基督宗教所同样憎恶的。①

由此看来，倘若抛开他们的宗教身份，则我们就会看到他们不仅在反对共同的敌人——无神论和自然神论方面完全一致，而且他们在致思路向和神学语言方面也可以说异曲同工。

西方基督宗教神学思想史上的信仰主义与理智主义之争也并未因虔敬主义与自然神论之争而结束。例如，在德国古典哲学中有费希特的"大我意志"说和谢林的"天启哲学"与康德的"理性范围内的宗教"说之争。再如，至现代，有克尔凯郭尔和巴特所代表的"新正统主义"与"宗教自由主义"之争。新正统主义反对宗教自由主义将基督宗教神学人学化和理性化的理论倾向。例如，克尔凯郭尔（Søren Aabye Kierkegaard，1818—1855）与帕斯卡尔一样，也致力于区分"哲学家的上帝"和"基督宗教的上帝"。按照他的说法存在有两种不同的宗教："宗教性 A"与"宗教性 B"，"内在宗教"与"外在宗教"，"耶稣基督的宗教"与"苏格拉底的宗教"。显然，克尔凯郭尔所主张的是前一种宗教而非后一种宗教。按照他所主张的宗教，所谓信仰无他，其本身就是一种奇迹或"绝对悖论"。而这种"绝对悖论"不是别的，就在于"上帝的隐秘"。他强调说："信仰本身就是个奇迹，就那个悖论而言是真实的东西，就信仰而言也都是真实的。"② 在 20 世纪的新正统主义神学家当中，巴特（Karl Barth，1886—

---

① 帕斯卡尔：《思想录》，何兆武译，商务印书馆 1985 年版，第 250 页。
② Søren Kierkegaard, *Philosophical Fragments*, Princeton University Press, 1952, p. 53.

1968）可以说是最负盛名，有人甚至将其与奥古斯丁、安瑟尔谟、阿奎那、路德和加尔文相提并论。巴特的根本努力在于强调和阐释神与人、上帝之道与人之道的"全然相异"。他宣称："Finitum non capax infiniti（有限者不可能包容无限者）。上帝是全然相异者。他并不直接出现在人的心中或自然界中。""从人到神，无路可通。"正是在这个意义上，他提出了"隐匿上帝"（Deus absconditus）的概念。他强调说：

> 在耶稣身上，上帝确实成了一个秘密：他是作为"未知者"被人知道的。……对犹太人来说，他成了一个耻辱，对希腊人来说，他则变成了愚蠢。在耶稣那里，上帝信息的传递，是以一种拒绝或阻碍，是以暴露出一个巨大的深渊，是以可清楚地揭示出一个庞大的绊脚石为开端的。……相信耶稣，这是一切冒险之中最冒险的事情。①

正是由于其将神与人、上帝之道与人之道以及信仰与理性绝对对立起来，巴特对自然神学采取了特别激烈的批评态度：不仅对自然神学说"Nein"，而且还极其尖锐地批评自然神学"分裂上帝"，把上帝的存在与上帝在耶稣基督里的作为绝对分开，使上帝成了一种"抽象的冷漠的存在"，实际上是在将一个"陌生的上帝"引进到基督宗教里。他写道：

> 在罗马天主教的神学中，不能容忍与不可原谅的事情就是……存在着这种上帝概念的分裂，与之俱来的是把上帝概念从他的真实作为与活动中抽象出来，以便主张一种一般的上帝存在……这意味着把一个陌生的神祇引进到教会的范围中来。②

由此看来，信仰主义者与理智主义者论战的中心问题在于要不要承认宗教的奥秘，特别是要不要承认上帝的"威严"和"活力"。奥托在谈到路德与爱拉斯谟的那场论战时，曾经突出地强调了这一点。他指出：

> 哪里有人在为"活的"上帝与"唯意志论"而斗争，哪里就必定有非理性主

---

① Karl Barth, *The Epistle to the Romans*, NewYork,1960, pp. 98–99.

② Karl Barth, *Church Dogmatics*, Vol. I, New York, 1936, p. 84.

义者反对理性主义者和理性主义的战斗。路德同爱拉斯谟的论战就是如此。路德的"万能的神",就是绝对至高无上意义上的"威严"与变动不居意义上的"活力"(它是推动的、活跃的、驱迫的、生气盎然的)这两者的结合。①

应该说,奥托的这番话原则上适用于整个基督宗教神学史。信仰主义者的所有努力都在于表明宗教信仰对象,正如康德所指出的,绝对不是一个抽象的理性概念或理性范畴,而是一个洋溢着激情和活力的生生不息的万能的威力。② 诚然,随着人类社会历史的发展和人类宗教思想的演进,人们对宗教信仰的神秘性质作了形形色色的诠释,但是,无论如何,宗教信仰的神秘性质本身却永远不会由于人们的这样那样的诠释而消亡。即使在当代人本主义或存在主义哲学家保罗·蒂利希(Paul Tillich, 1886—1965)那里,我们依然看到了他对宗教的神秘因素的肯认和强调。我们知道,蒂利希曾用一坐标系来形象地解说宗教的内在结构,断言宗教由两个要素构成,其中一个为"文化要素",另一个则为"神秘要素"(the mystical element);而且,虽说宗教的这两个要素之间是一种"相互依存"(in mutual interdependence)的关系,但是,"神秘要素"毕竟是宗教坐标中的"纵向坐标",是变动不已的宗教中的一个"常数",是一个与各种宗教共始终的"要素",具有"永恒的意义"(the eternal meaning);同时,在蒂利希看来,"文化要素"尽管非常重要,但无论如何,也只不过是具有"永恒意义"的"神秘要素""在俗世间的实现"(the temporal realization of the eternal meaning),因而归根到底只是一个从属于"神秘要素"的"要素"。③ 这就把"神秘"或"神秘者"在宗教结构中的核心地位明显地昭示出来了。

毋庸讳言,极端信仰主义与极端理智主义一样,也有其在所难免的局限性和片面性,但它在彰显宗教的奥秘,尤其是在彰显宗教信仰对象的"威严"和"活力"方面则是无可厚非的,甚至是无可替代的。从这个意义上,我们可以说,在西方基督宗教神学史上,极端理智主义存在一日,信仰主义,甚至极端信仰主义也将存在一日。

宗教的语源学解释不仅昭示了宗教的最内在、最核心的内容是信仰,不仅点示出了宗教信仰对象的"神秘"特征,而且还暗示了宗教信仰何以神秘的成因,即"信仰对象的超越性"。这是非常自然的。因为既然作为宗教信仰的"神秘"或"神秘者"

① 奥托:《论"神圣"》,成穷、周邦宪译,四川人民出版社2003年版,第27页。
② 同上书,第27—28页。
③ Paul Tillich, *The Protestant Era*, Chicago: The University of Chicago Press, 1948, pp.185–191.

是由"敬畏"、"威严"和"活力"这样三个要素构成的，那就向人们提出了"神秘"或"神秘者"何以能够具有这样三个因素的问题，亦即宗教信仰何以神秘的成因问题。首先，就"敬畏"而言，倘若没有对"不可思议的"、"可怕的"和"可敬的"绝对超拔信仰者自身的东西的"感受"，任何"敬畏"的态度都是不可能生发出来的。其次，就"威严"和"活力"而言，事情也同样如此。因为宗教谦卑感受离开了宗教信仰对象的超越性即宗教信仰对象在力量、活动和存在方面的绝对完满性以及由此派生出来的宗教信仰对象的"万能"和"绝对不可抗拒性"无论如何是滋生不出来的。由此看来，宗教"神秘"的秘密正在于宗教信仰对象的"超自然性"、"超现世性"或"彼岸性"，简言之，"超越性"。正因为如此，当代许多宗教思想家在谈到宗教信仰的神秘性时总是以这样那样的形式也同时谈到宗教信仰对象的超越性（"永恒性"或"彼岸性"）。当代宗教学家和宗教多元论思想家约翰·希克（John Hick, 1922—2012）在对宗教及其信仰作现象主义的解释时，径直将宗教解释为"人类对超越者的回应"（human responses to the transcendent）。他的代表作的标题即为《宗教之解释：人类对超越者的回应》。为了凸显宗教信仰对象的绝对超越性，希克甚至在"人所体验的实体"之上另提出了"实体本身"的概念。按照希克的说法，"人所体验的实体"，无论是上帝、安拉，还是"道"、"梵"和"涅槃"都还算不上"终极实存"，唯有在它们之上和之后的"实体本身"才称得上"终极实存"，方是"绝对超越者"。他写道：

　　如果说不同的传统谈到了亚伯拉罕、以撒和雅各的上帝、三位一体、安拉、毗湿奴、梵、法身／涅槃／空等等，那么，一个更大的难题则涉及到用于被肯定的假定的超越实在的术语。我们可以有条件地使用"上帝"一词，条件是：不确定它在不同方面或者作为被不同地认识和体验到的上帝是人格的还是非人格的，还是既是人格的又是非人格的。但是，这一术语引起的有神论联想十分强大，以至于这样一种用法总易于导致误解，并且对佛教徒、不二论的印度教徒、道教徒和儒教徒在语言学上可能会表现为帝国主义式的；这只会妨碍普遍的宗教理论的表述，而所有传统的更具有全球意识的更倾向于接受普遍的宗教理论。所以，我们还有这样一些选择，如超越者、终极者、终极实在、至上原则、神圣者、太一、永恒者、永恒的太一、实体。其中并没有明显正确的选择，不同人会合理地喜欢不同的术语。在以往的著作中，我努力寻找最合适的词，我使用过超越者、神圣者和永恒的太一。然而，"神圣者"和"永恒的太一"或许太富有有神论色彩。"超越者"也许是可接受的，但总的说来，我更愿意用"实体"。"实体"这个术语的优点是：它没有任何一个传统所具有的排他性特征，却为所有传统所熟知。①

而为了表达宗教"神秘"的这样一种特殊"奥秘"的特殊意涵，奥托曾使用了"全然相异者"（θάτεϱον, anyad, alienum）这样一个术语。按照他的说法，这是一个"最为鲜明"的术语，因为"这个'相异者'完全超出了通常的、可理解的与熟悉的范围，因而完全落到'辨察'的领地之外并与之相对峙，使心灵充满了茫然的惊奇与惊愕"。②在现代基督宗教神学家中，将宗教信仰对象的超越性刻画到了极致的当属新正统主义神学家卡尔·巴特。按照巴特的"上帝之道神学"或"危机神学"，上帝并非人们所设想的"放大了的人"，而是"全然相异者"。从而，我们只有藉上帝的启示，即只有通过上帝，才能认识上帝。我们不仅不可能"藉着上帝所造之物"认识上帝，我们甚至也不可能藉耶稣认识上帝。巴特断然宣布：

> 在耶稣身上，启示是一个悖论，不论它可能多么具有客观性和普遍性，上帝信实的应许已经在耶稣基督内完成了，这一说法并不是也永远不会是自明的真理，因为在耶稣基督那里，它是在终极的隐秘和最深的秘密之中出现的。事实上，这个真理绝不可能是自明的，因为它既不是一个历史经验的问题，也不是一个心理经验的问题。……因此对我们的知觉能力而言，它是无法接近的。③

他还进一步强调说：

> 在自我启示中，在耶稣基督中，隐匿的上帝确实使自己成为可以理解的了。但并非直接地，而是间接地。并非对眼睛而言，而是对信仰而言。并非在其存在之中，而是在其征象之中。……因为，正如我们人类看待他设想他，我们也能谈论他。我们谈论他，不可能没有盖着他的面纱，因此，不可能不保留他的隐秘性或者离开他的恩典之奇迹。要说他的启示之恩典竟会不再是，或在哪一方面竟不再是恩典和奇迹了，那是不真实的。④

---

① 约翰·希克：《宗教之解释：人类对超越者的回应》，王志成译，四川人民出版社1998年版，第12—13页。但值得注意的是，希克的这番话却明显地具有理智主义倾向。

② 奥托：《论"神圣"》，成穷、周邦宪译，四川人民出版社2003年版，第31页。

③ Karl Barth, *The Epistle to the Romans*, NewYork, 1960, pp. 97–98.

④ Karl Barth, Church Dogmatics, Vol. 2, *Edinburgh*, 1956, p. 199.

尽管，在解说宗教的"神秘"成因时，希克、奥托和巴特的这样一些论述也有这样那样的片面性或肤浅性，但是，无论如何，他们刻意揭示宗教信仰神秘的特殊本质和特殊成因的初衷以及他们刻意揭示宗教信仰对象超越性品格的初衷，则是值得称道的。如所周知，早在教父哲学产生初期。拉丁护教士德尔图良（Tertullian，145—220）面对着异教徒的诘问，在《论基督肉身》一文中提出了"唯其荒谬，我才相信"的神学公式；[1] 至文艺复兴时期，德国哲学的先驱尼古拉·库萨在《论隐秘的上帝》一文中又提出了"唯其神秘或不可知，我才敬拜"的神学公式。[2] 不难看出，德尔图良和尼古拉·库萨的这些悖论性语言所表达的，其实与希克、奥托和巴特所表达的无异，都是宗教或作为宗教信仰对象的神秘性和超越性。

由此看来，宗教，作为一种特殊的意识形态，区别于理性认知的其他意识形态的根本特征，不是别的，正是宗教信仰本身；而宗教信仰的特殊本质正在于它是一种超越理性认知能力的一种"神秘"，正在于它的"超越性"。正因为如此，宗教及其信仰，相对于人类理性认识能力而言，将永远以这样那样的形式保持一种"奥妙"或"神秘"的性质。这是人类宗教思想史向我们昭示出来的一个不争的事实，也是宗教的语源学解释向我们昭示出来的一个不争的事实。

第二节　宗教奥秘的解读与作为信仰神圣者的人

在我们考察宗教的特殊本质时，指出宗教的根本特征在于宗教信仰，而宗教信仰的根本特征又在于宗教信仰的超越性。这一点至关紧要。之所以如此，乃是因为，如上所述，舍此我们便不可能把捉到宗教这一意识形态和社会组织的特殊内容。然而，仅仅做到这一步还是不够的。因为当我们指出宗教的根本特征在于宗教信仰时，便在事实上提出了一个宗教信仰何以滋生的问题；当我们指出宗教信仰的根本特征在于宗教信仰的超越性时，又在事实上提出了一个宗教信仰的超越性的成因及其意义问题。由此看来，从宗教发生学的角度和高度探讨宗教信仰及其超越性，实在是宗教探秘活动中一项更深层次的工作。如果说前面一项工作主要在于指出宗教信仰

---

① 参阅德尔图良：《论基督肉身》，第 15 章。

② 参阅尼古拉·库萨：《论隐秘的上帝》。李秋零译，三联书店 1996 年版，第 3 页。有关对话如下："异教徒：我看到你极其虔诚地匍匐在那里，流淌着充满爱意的眼泪，这眼泪的确不是矫揉造作，而是发自内心的。请问你是什么人？基督徒：我是一个基督徒。异教徒：你在敬拜什么？基督徒：上帝。异教徒：你所敬拜的上帝是谁？基督徒：我不认识他。异教徒：你怎么会如此认真地敬拜你并不认识的呢？基督徒：正因为我不认识，所以我才敬拜。"

的超越性或神人之间的差异性,从而所揭示的只不过是宗教的初级秘密或公开秘密的话,那么,在我们即将开展的工作中,我们将着力指出的则是宗教信仰的内在性以及神人之间的同一性,从而所揭示的就将是宗教的高级秘密或内在秘密。费尔巴哈说:"神学之秘密是人本学。"① 恩格斯说:"人是斯芬克斯谜语的谜底",又说:"神是人","人只须认识自身,使自己成为衡量一切生活关系的尺度,按照自己的本质去评价这些关系,根据人的本性的要求,真正依照人的方式来安排世界",这样,"他就会解开"宗教的"谜语"了。② 他们想要指出的也正是这个意思。

一、宗教发生学与宗教信仰的生存论维度

当考察宗教的成因时,我们无疑应当看到宗教产生的社会历史条件和认识论根源,但是,如果我们要对宗教产生的根源作出进一步的分析,如果我们要对宗教信仰及其超越性的成因作出进一步的说明,那我们就必须进而具体地考察宗教及其信仰的生存论维度。因为宗教信仰对象及其超越性不仅具有本体论和认识论的维度和意义,而且也具有生存论的维度和意义,而且,倘若从理解和把握宗教特殊本质的立场看,宗教及其信仰首先具有的便是生存论的维度和意义。因为不仅哲学的认识对象,而且即使自然科学的认识对象也都在一定程度和一定意义上具有本体论和认识论的意义,也都具有这样那样的"神秘"性质。有谁能够说,凡哲学和科学的认识对象都不具有本体论意义和认识论意义,都不具有我们在前面曾经提到的"可惧怕性"、"不可抗拒性"和"活力"这样一些因素呢?然而,又有谁能够说,面对着哲学和科学的认识对象,我们无论如何都会生发出"敬畏"、"战栗"的情绪或情感,"自我贬抑"的宗教谦卑,以及不可遏止的同信仰对象合为一体的强烈愿望?事实上,只要我们从宗教发生学的角度看问题,我们就必定能够发现:正是宗教信仰的生存论维度构成了宗教信仰的特殊本质,构成了宗教信仰的根本义

---

① 费尔巴哈:《基督教的本质》,荣震华译,商务印书馆1984年版,第5页。

② 参阅《马克思恩格斯全集》第1卷,人民出版社1956年版,第633、651页。恩格斯写道:"大自然——斯芬克斯向每个人和每个时代提出了问题。谁能正确回答这个问题,谁就幸福;谁不能回答或不能正确回答这个问题,谁就落入斯芬克斯的魔爪,他所找到的,不是美貌的未婚妻,而是一只凶暴的牝狮。……现在人是猜谜者,同时是最广义的猜谜者。而这个谜语也将会被猜中。""卡莱尔大为不满的现代的无神性恰好是现代的有神性。由此也可以明白,为什么我在前面把人叫做斯芬克斯谜语的猜谜者。历来总是提出这样的问题:神是什么?德国哲学这样回答:神就是人。人只须要理解自己本身,使自己成为衡量一切生活关系的尺度,按照自己的本质去估价这些关系,真正依照人的方式,根据自己本性的需要,来安排世界,这样的话,他就会猜中现代的谜了。"

和"胜义谛"。

按照马克思的以及费尔巴哈的观点，宗教本质上是人的一种"自我异化"。但是，由此提出的问题便是：人何以要把自己"异化"出去？对于这样一个问题，离开了宗教信仰的生存论维度，显然是不可能回答的。在氏族—部落社会里，人们之所以要把自己"异化"出去，构想出来这样那样的氏族神或部落神，其目的显然在于寻求氏族或部落的庇护力量，满足自己生存论上的种种需要；在文明社会里，人们之所以要把自己"异化"出去，构想出这样那样的民族神或国家神乃至普世信仰的神，其目的也显然在于寻求民族、国家乃至整个人类的保护神，以满足自己生存论上的种种需要。人的福乐或至福始终是宗教追求的基本目的。而这样那样的宗教因此也就都可以说是从人的这样一种生存论需要产生出来的。费尔巴哈在考察宗教特别是"自然宗教"或"自然崇拜"的成因时一方面把"人的依赖感"宣布为宗教的"基础"或"出发点"，另一方面又把"自然"宣布为宗教的"最初原始对象"。他写道：

> 人的依赖感，是宗教的基础；而这种依赖感的对象，亦即人所依靠并且人也自己感觉到依靠的那个东西，本来不是别的东西，就是自然。自然是宗教的最初原始对象，这一点是一切宗教和一切民族的历史所充分证明了的。[①]

然而，"自然"之所以构成宗教的"原初对象"，其根本原因正在于人的生存及其活动对于"自然"的多方面的"依赖"。离开了人的生存需要，宗教的基础或出发点显然是不可能得到说明的。加里·特朗普（Garry Winston Trompf, 1940— ）试图用原始民族中"生存下去的明显需要"来解说宗教的起源，并用"生存说"来概括费尔巴哈的宗教起源的思想，[②] 是不无道理的。

不只原始宗教或自然宗教，而且差不多所有高级形态的宗教，都是由人们的生存体验生发出来的。佛教的创始人悉达多·乔答摩（Siddhartha Gautama，公元前565—前487，一说前485）据传是前6世纪至前5世纪古印度迦毗罗卫国的王子，只是有感于人世间生老病死的痛苦，寻求精神的解脱，才出家修行的。而他35岁时在

---

① 费尔巴哈：《宗教的本质》，王太庆译，人民出版社1999年版，第1—2页。

② 加里·特朗普：《宗教起源探索》，孙善玲、朱代强译，四川人民出版社1995年版，第209页。他写道："我们一旦承认可能有在具有明显优势的生物面前确保生存下去的第一需要，那么就不但要考虑生物学因素，而且还要考虑目的因素和社会因素。"

菩提伽耶著名的菩提树下，结跏趺坐，觉悟成道，默思的也正是人生的真谛，即后来所谓"四圣谛"（Caturā ryasatya）。就基督宗教来说，情况也是如此。不仅"四福音书"构成了《新约圣经》的核心内容，而且耶稣基督及其门徒在传教活动中所宣传的中心内容也无非是"福音书"中"天国邻近"的"福音"。而"福音书"中所宣讲的"福音"："你们贫穷的人有福了，因为神的国是你们的。你们饥饿的人有福了，因为你们将要饱足。你们哀哭的人有福了，因为你们将要喜笑"，[1] 正是当时巴勒斯坦地区和部分欧洲地区人民生存处境和盼望的表达。伊斯兰教的创建者穆罕默德虽然其祖先为麦加古莱什部落的哈希姆贵族，但因早年父母双亡，家道衰落，人生经历相当坎坷。他在希拉山洞中的宗教体验显然是在他的长期的人生体验的基础上生发出来的。而且，人生问题和道德问题也一直是他后来宣教活动的基本内容。

其实，不仅宗教的创建离不开人们的生存体验，而且即使个体的宗教皈依也离不开个人的生存体验。"皈依"，梵文为"Sarana"，英文为"conversion"，其基本意思无非是"宗教信奉"或"宗教信仰"的萌生和转变。因此，"皈依"无非有两种形式：一是从无宗教信仰到有宗教信仰，再一种是从一种宗教信仰转向另一种宗教信仰。但是，无论取何种形式，个人的生存体验都是其原初的动因。没有身处"边缘处境"的亲身经历，不曾遭遇虚无和陷于绝望，任何形式的宗教皈依都是不真实的、形式的和表面的。我们知道，奥古斯丁本人是有过皈依经验的。他原本是一个摩尼教徒，后来于公元386年秋（一说387年秋）皈依基督宗教，成了一个基督宗教徒。而促成他的这一转变的，虽然也有"阅读"柏拉图著作以及其他方面的原因（如所谓"教会危机"和"帝国危机"），但其中最为重要的则是他本人的"生活危机"和生存体验，他在精神上的"彷徨"和"绝望"。因为正是他的"生活危机"和"生存体验"，正是他的感到"绝望"、感到自己身陷"危险"处境的亲身经历，才使他走进教堂，接受安布罗斯主教的洗礼，并从中获得了一种"一个绝望的灵魂从重大的危险中获得救援"的心情和感受。[2] 作为宗教改革运动先导的马丁·路德之所以于他21岁的时候走进地处耳弗特的那个经过改革的奥古斯丁修道院，披上僧袍，固然还有许多别的原因，但是，当年7月他于返校途中遭遇到突然而至的雷轰，经历到猝然面对死亡的震颤，无疑是最有力的动因之一。近代著名的法国数学家和物理学家帕斯卡尔之所以对上帝和基督宗教有非常虔诚的信仰，按照他自己的说法，也同他自己的生存体验紧密相

---

① 《路加福音》6：20—21。
② 参阅奥古斯丁：《忏悔录》，周士良译，商务印书馆1981年版，第139—149页。

关。帕斯卡尔本人曾有过两次深刻的宗教体验：其中一次同他认为一次疾病奇迹般地痊愈有关，而另一次则同他的濒死经验有关。[1]

二、宗教信仰与人生救赎

宗教及其信仰的生存论维度不仅构成了宗教的起始点，而且也构成了宗教的中心点或硬核。因为构成宗教信仰实质性内容的，不是别的，正是救赎问题；而所谓救赎（印度教和佛教称之为解脱），按照希克的观点，所意指的无非是"人类生存"从"个人（信仰主体）中心"向"实体（信仰对象）中心"的"转变"和神人之间的"同一"。[2] 而这样一种"转变"或"同一"的思想无一例外地构成了所有宗教经典和宗教教义的主题思想。

救赎论在西方宗教传统中占有非常突出的地位。这在基督宗教传统中表现得尤为明显。因为基督宗教同犹太教的区别最根本的就于它的上帝论，在于它的"三位一体"学说，在于它对作为圣子的耶稣基督的地位的突出和强调。而基督所意指的无非是一种拯救或救赎力量，我们常常把 Christ 汉译成"救世主"，实在是一种非常得体的做法。至于《新约》中反复强调的"因信称义"的恩典说以及与之相关的"成圣"说，都可以看做是基督宗教注重"救赎论"的佐证。至于《启示录》中所集中昭示出来的"末世论"思想更是把基督宗教的救赎论性质表现得淋漓尽致。[3]《古兰经》中虽然没有"拯救"这样的词语，但是，无论如何，救赎论也构成了它的基本思想。因为所谓"伊斯兰"（Islām），所意指的无非是"转向真主"，对慈爱、怜悯的真主"顺

---

[1]　参阅威廉·巴雷特：《非理性的人》，段德智译，陈修斋校，上海译文出版社 2007 年版，第 121—123 页。

[2]　参阅约翰·希克：《宗教之解释：人类对超越者的回应》，王志成译，四川人民出版社 1998 年版，第 42—43 页。希克写道："我们已经看到，轴心后的各大传统以它们不同的方式展现一种救赎论结构，……拯救／解脱的一般性概念就是人类生存从自我中心向实在中心转变，但这种转变在每一个伟大传统中都采取了不同的具体形式。"

[3]　《基督教神学思想史》一书的作者奥尔森在谈到 11 世纪基督宗教教会大分裂的原因时，特别强调了东西方教会在"救赎论"上的分野，从而突出了"救赎论"在基督宗教教义中的重要地位。他写道："教会大分裂的最基本原因，可能是教会历史学家帕利坎（Jaroslav Pelikan）所谓的'知识疏离'。……即使透过大格列高利撰写的、非常扭曲的奥古斯丁主义来阅读和诠释，奥古斯丁仍然是支配西方教会的神学巨人。东方则仰望爱任纽、奥利金、阿塔纳修、卡帕多西亚教父、西利尔、认信者马克西姆，以及其他倾向于神秘、思辨神学的教父与神学家。西方坚持恩典具有独一无二的至高主权，并允许修正的神恩独作说。东方则坚持自由意志和救恩的神人合作说。"（罗杰·奥尔森：《基督教神学思想史》，吴瑞诚、徐成德译，周学信校，北京大学出版社 2003 年版，第 324 页）

从"。易卜拉欣说："我已归顺全世界的主。"[①] 他的这句话所表达的正是《古兰经》的基本思想。也正是在这个意义上,当代正统穆斯林作家巴德尔·丁·穆罕默德·伊本·艾卜赖海·宰卡什 (Badral-Zakashi) 说："那些在《古兰经》中看到真理 (真主) 的话语的人,在他面前就会消失,他们的属性也会被超越。"[②] 诚然,由于伊斯兰教的入世性质,作为以真主为中心的伊斯兰,不仅要求内在地顺从于世界唯一的真主,而且也要求遵循一种与真主的意志相符合的共同的生活模式。但是,无论如何,它所要求的也同样是一种人类实存的根本性转变:同最高实存和平相处,相信最高实存的怜悯与仁慈,并为了天堂的喜乐而渴望超越此世。至于苏非派,通过"齐克尔"(dhikr) 和"寂灭"(fana) 这样两个概念,把人类生存的这样一种从个人中心向真主中心、从自治到神治的根本性转变更其充分地表达出来了。同时,伊斯兰教对后世、世界末日、天国、火狱的信仰也无一不透露出人生救赎的思想。

在东方宗教中,人生救赎的方式虽然有别于西方,但人生救赎之为宗教信仰的硬核同西方宗教则毫无二致。印度教显然是一种注重"救赎"或"解脱"的宗教。如所周知,印度教教义中有一个非常根本的思想,这就是"梵我一如",而"梵我一如"这个命题显示给我们的,不是别的,正是个人 (我) 中心向实体 (梵) 中心的转变,正是人生的最高境界和终极目标。至于印度教所宣扬的"智慧之道"(jinā na-marga)、"行动之道"(karma-marga) 和"奉爱之道"(bhakti-marga),则无非是印度教向人们指出的获得最后解脱或最后救赎的三条具体的途径或道路。正因为如此,当代学者采纳尔 (Robert Charles Zaehner, 1913—1974) 在谈到印度教的救赎论实质时,曾强调指出:"任何认识到这一永恒的灵魂,以及如何让它从它与思想、意欲和行为的身心复合体的真实或想象的联结中解脱出来,这是自《奥义书》时代以降,面对印度宗教意识的关键问题。"[③] 佛教,顾名思义,是一个关于佛的宗教,或者说是一个以佛为信仰对象的宗教。而佛的基本含义,无非是一个"觉"或"悟",无非意指"自觉"、"觉他"和"觉行圆满"。上座部佛教 (小乘佛教) 强调"自觉",以达到阿罗汉果位为目标;而大乘佛教则进一步强调"觉他",以达到菩萨果位为目标。但无论是上座部佛教还是大乘佛教都离不开一个"觉"字或"悟"字。在佛教传统中,"觉"或"悟"虽然也有认识论的意义,但从根本上说它所具有的则首先是一种生存论或本体论的意义。

---

① 《古兰经》2：131。

② Mahmoud Ayoub, *The Qur'an and Its Interpreters*, Albany, NJ: State University of New York Press, 1984, p.25.

③ R.C.Zaehner, *Hinduism*, London: Oxford University Press, 1966, p.60.

因为按照佛教的目的论系统，我们认识或"明""诸行无常"，只不过是达到认识和实现"诸法无我"和"涅槃寂静"的一种手段或准备而已。其实，在强调人类救赎方面，佛教丝毫不弱于基督宗教。因为佛教的"觉"或"悟"虽然也关涉到对世界万物的看法，但它的中心对象在任何情况下，都是人的生存处境和人的思想境界，都是人的生存论转变，换言之，都是对"我"的虚无化（anatta，亦即"无我"）。在这个意义上，我们不妨说，佛学无非是一种"无我学"。铃木大拙把"无我"宣布为"大乘佛教和小乘佛教最主要的观念"。[①] 阿布正雄则进一步宣称："佛教的拯救……不过是通过自我之死而对实在的觉悟。"[②] 所有这些，都是很有见地的。在东方宗教中，对人的生存论维度鲜明地突出和强调的，莫过于中国的道教了。道教的根本特征即在于它对"贵生"、"长生"和"成仙"的突出强调。"长生不死"和"成仙"乃道教的中心内容。在一定意义上，我们甚至可以说：道教理论归根到底是一种"仙学"。在流传至今的最早的道教经典《太平经》中就构建了道书中最早出现的由"主天"的神人、"主地"的真人、"主风雨"的仙人、"主教化吉凶"的道人、"主治百姓"的圣人和"辅助圣人"的贤人这样六个等级构成的神仙系统。[③] 至于《老子想尔注》，显然是在用长生成仙的仙学改造老子的道家哲学，把老子的"道法自然"之道改造成"求仙寿天福"之道。道教中虽然有所谓"外丹"和"内丹"的说法，但是，外丹与内丹的区别并不在于对仙学的否认，无非是修炼成仙的不同途径而已。诚然，道教也非常强调"得道"，但是，在道教思想家那里，得道只不过是修炼成仙的一种手段罢了。我国近代学者魏源在《老子本义》中曾用"老明生而释明死"来概括道与佛在生存论上的分野，[④] 可谓一语破的。

　　诚然，东方宗教和西方宗教在具体的救赎或解脱的方式上确实存在有很大的差别。例如，西方宗教思想家在谈论人生救赎、谈论生存状态从个人中心向实体中心的转变时，虽然有些人也注意到了"自力"的因素，例如他们也注意到了"称义"与"成圣"的区别，但是，总的来说，其重心却始终放在"他力"方面，放在"前定"或"恩典"方面；东方宗教则不同，总的来说，"他力"差不多在所有的宗教救赎或解脱中都不构成决定性的因素，唯有"自力"才是救赎或解脱的根本之途。

---

① D.T.Suzuki, *The Zen Buddhism of No Mind*, York Beach, ME: Samuel Weiser, 1972, p.120.

② Masao Abe, "Man and Nature in Christianity and Buddhism", in *The Buddha Eye*, ed. Frederick Franck, New York: Crossroad, p.153.

③ 参阅王明：《太平经合校》，中华书局 1960 年版，第 289 页。

④ 魏源：《老子本义》，上海书店 1987 年版，第 6 页。

然而，不难看出，无论是西方宗教还是东方宗教，人生救赎或解脱都是其硬核和根本目标。而且，我们马上即可以看到，即使东西方宗教在救赎或解脱方式方面的区别，也只是一种现象层面的东西，也不过是同一种宗教意识的两种表现方式而已。

三、信仰的内在性与人的"自我意识"

通常，我们在解读宗教奥秘或给出宗教之谜的谜底时，往往满足于说神是人的"异化"，或者更其简要地说"神是人"，以为至此我们便已经道出了我们能够道出或应当道出的一切。其实，在我们说了这些话之后，更其重要的话依然尚未说出。因为当我们说神是人的"异化"时，我们面前便依然还存在一些我们必须面对且必须回答的问题，譬如，如果神仅仅是人的异化，那作为我们信仰对象的神何以会具有彼岸性或超越性，而且，在这种情况下，我们把自己"异化"出去的必要性究竟何在。因此，当我们说过"神是人"之后，我们还必须进而说"人是神"。[①] 唯其如此，我们才可以说是解读了宗教的奥秘，给出了宗教之谜的谜底。

诚然，确立神人之间的差异性是非常必要的。因为舍此，我们便不仅不可能理解宗教信仰的超越性以及作为信仰主体的人对宗教信仰对象的敬畏态度，不可能理解任何宗教情感、宗教行为、宗教组织和宗教制度，而且我们也根本不可能理解作为自我中心向实体中心转变的人生救赎或解脱。因为不仅宗教信仰的超越性，作为信仰主体的人对作为宗教信仰对象的神的敬畏态度，任何宗教情感、宗教行为、宗教组织和宗教制度，而且作为自我中心向实体中心转变的人生救赎或解脱，无一不是奠基于神人之间的差异之上的。但是，我们必须进一步看到的是，神人之间的这样一种差异，归根到底，无非是人的一种自我分裂：作为自然存在者的人与作为灵性存在者的分裂，作为实然的人与作为应然的人的分裂，作为处于日常生活状态中的人与作为处于理想状态中的人的分裂，作为现存的人（现世的人）与作为未来的人（来世的人）的一种分裂。费尔巴哈在谈到宗教和上帝乃"人的本质的异化"时，曾经鲜明地强调了人的这样一种分裂。他写道：

① 韦伯在谈到"救世主神话与救赎论"时，曾经强调指出："救世主之决定性的功业，并非在其具体的战斗与受苦，而是存在整个过程中的终极的形而上学根底。这种终极的形而上学根底当然就是神之化身为人，这是沟通神与其创造物之间鸿沟的唯一方法。……神之化身为人，提供给人类一个融入神之本质的可能性或者，如伊里奈乌斯（Irenäus）所说的：'使人成神'。"（韦伯：《宗教社会学》，康乐、简惠美译，广西师范大学出版社 2005 年版，第 226—227 页）

> 宗教是人跟自己的分裂：他放一个上帝在自己的对面，当作与自己相对立的存在者。……上帝是无限的存在者，而人是有限的存在者；上帝是完善的，而人是非完善的；上帝是永恒的，而人是暂时的；上帝是全能的，而人是无能的；上帝是神圣的，而人是罪恶的。上帝与人是两个极端：上帝是完全的积极者，是一切实在性之总和，而人是完全的消极者，是一切虚无性之总和。[1]

然而，倘若从宗教学和人类学的立场和人性实现的立场看问题，倘若把人性实现理解为一个过程的话，则人或人性的这样一种分裂无非是达到人性重新整合的一种手段，强调神人之间的差异性无非是实现神人之间的同一性的一种手段，洞达信仰的超越性无非是进而洞达宗教信仰内在性的一种手段。

这是因为站在宗教立场上我们看到的宗教信仰的超越性，从宗教学和人类学的立场上看，所彰显的，归根到底，无非是构成人的自我的两个层面之间的一种张力，即作为自然存在者的人的层面与作为灵性存在者的层面、作为实然的人的层面与作为应然的人的层面、作为处于日常生活状态中的人的层面与作为处于理想状态中的人的层面、作为现存的人（现世的人）的层面与作为未来的人（来世的人）的层面之间的一种张力。而这样一种张力，不仅构成了种种人类创造性行为的不竭的动力源泉，构成了人类宗教意识不断提升的不竭的动力源泉，而且也构成了人性在现实的历史的运动中不断实现、改进和提升的动力源泉。整个说来，人类决不会愚蠢到仅仅为了强调信仰的超越性而强调信仰的超越性，仅仅为了彰显自己人格中的二重性而彰显自己人格的二重性，换言之，人类绝不可能把这些看做自己意识活动的终极目的。相反，人类之所以要强调信仰的超越性，乃是为了在自己的种种创造性的活动中消解这样一种超越性，人类之所以反思自己人格中的这样一种二重性，乃是为了把自己的理想的一面充分地实现出来，亦即把自己身上的"神性"充分展现出来。其实，各大宗教传统中的救赎论（或解脱论）展示给我们的正是问题的这样一个层面。因为各大宗教传统和其他社会意识形态所营造出来的现实的和虚拟的伟人、大师、圣人、真人或仙人，如摩西、穆罕默德、乔达摩、道德天尊和南华真人等，都是可以看作人中的"神"或"神人"的。在这个意义上，我们不妨说，在人类的生存救赎中，所谓从"个人中心"向"实体中心"的"转变"，无非是作为自然存在者的人向作为灵性存在者的人的转变，作为实然的人向作为应然的人的转变，作为处于日常生活状

---

[1] 《费尔巴哈哲学著作选集》下卷，荣震华、王太庆、刘磊等译，商务印书馆1984年版，第60页。

态中的人向作为处于理想状态中的人的转变，作为现存的人向作为未来的人的转变，因而归根到底，是人的一种自我超越、自我提升、自我实现或自我转变。也正是在这个意义上，费尔巴哈才强调说："对自然的依赖感诚然是宗教的根源，但是，这种依赖感的消灭，从自然手中获得解放，则是宗教的目的。换句话说，自然的神性诚然是宗教的、并且是一切宗教以及基督教的基础，但是人的神性则是宗教的最终目的。"①

　　毋庸讳言，各大宗教传统中都有人的自我贬抑的一面，都有所谓宗教谦卑的一面，都有宣扬人生黑暗的一面，都有其"悲观"的一面，不只宣扬"原罪说"的基督宗教是如此，即便是强调人人皆有佛性的佛教，也不例外。因为佛教理论的现实根据和逻辑起点正是"凡夫"的"无明"或"迷"以及由此产生的"贪瞋痴"和苦难的生存处境。但是，如果我们从救赎论或末世论的立场看问题，如果我们从人类学和宗教学的立场看问题，性善论或乐观主义就毕竟都是或都应当是各大宗教传统和文化传统的主流。希克说："尽管有充满痛苦的轮回，尽管有威胁性的永罚思想"，宗教信仰的"中心要旨"依然是"宣传佳音"，② 即是谓此。诚然，各大宗教传统和文化传统中的性善论或乐观主义并不就是那种直接的浅薄的性善论或乐观主义，而是或应当是那种要求对人性中恶的方面、对人生中苦的方面有深刻体验的性善论或乐观主义。事实上，也正是这样一种性善论或乐观主义在保证着和维系着宗教信仰的虔诚性，并为各大宗教传统把"信仰"（信）和"希望"（望）内在地结合在一起提供了可能性。因为如果人类对自身的自我超越的能力缺乏信心，如果人们对自己的未来丧失信心，则任何宗教信仰都是不可能建立起来的。存在于信仰和希望之间的，应当如《希望神学》的作者莫尔特曼（Jürgen Moltmann, 1926—   ）所指出的，是一种互存互动的关系，即一方面，信仰构成希望赖以滋生的"基础"，另一方面，希望又"培育"和"维护"着信仰；唯有在这种互存互动的关系中，面对未来的信仰才有可能生发出来对"可能事物"的"激情"，才有可能进入批判性和创造性的生活。他在接着路德阐释保罗关于"受造之物切望等候"③ 这个说法时，强调说：

　　　　（在这个说法中）重要的问题是，根据"受造之物"的盼望及其期待这一神
　　　学观点使徒提出了一种关于世界的新思维，一种符合基督教徒的希望的盼望的

---

① 费尔巴哈：《宗教的本质》，王太庆译，人民出版社 1999 年版，第 39 页。
② 参阅约翰·希克：《宗教之解释：人类对超越者的回应》，王志成译，四川人民出版社 1998 年版，第 82 页。
③ 《罗马书》8：19。

思维。因此，按照基督的复活所应许过的对整个创造的期望，神学必须有它自己对人和物的历史的新思维方法。在世界、历史和现实的全部领域之内，基督教末世论不能放弃对信仰和希望的理解。离开了出自希望的新思维和新构想，便不可能有出自信仰的创造性行动。①

费尔巴哈曾经按照黑格尔的"自否定"或"否定之否定"的三段式逻辑，把宗教思维的"前进道路"描写成一种"曲线"或"圆圈"，断言："人总只是环绕着自己打圈子"，因为"人在远离自己而进到上帝中时总又只是回返到自己本身……人在远离今世时也总是最终又回返到今世"；②又说："在宗教里面，人自己跟自己割裂开来，但却只是为了重新回到由此出发的原点上来。人否定自己，但却只是为了重新设定自己，并且，使自己变得身价百倍。"③正是在这个意义上，费尔巴哈在对他的宗教观进行总结时强调说："人是宗教的始端，人是宗教的中心点，人是宗教的尽头。"④

"不识庐山真面目，只缘身在此山中。"宗教及其信仰的奥秘之所以长期以来一直对人类构成"奥秘"，一个重要原因就在于人们往往从宗教信仰或宗教神学的角度来审视宗教及其信仰。因此，解读宗教奥秘的关键之一就在于超越宗教神学的狭隘立场，努力从人类学和宗教学，甚至从辩证唯物史观的立场对它做一番考察。这样，我们就能够像当年马克思和恩格斯那样，把宗教理解为人的一种"自我异化"，在对宗教奥秘的解读中，"把人因宗教而失去"的"人的内容""归还给人"；并且使这样一种"归还"的过程，真正升格为一种向"人自己本身复归"、使人"重新获得自己的人性、自己的本质"的过程，一和"唤起"人的"自我意识"的过程。⑤

四、"向人自身的复归"与宗教意识的演进

尽管各大宗教传统都把宗教信仰对象设定为永恒不变的东西，但是，事实上，宗教意识或宗教观念却如马克思和恩格斯所强调指出的，总是经历着不断地这样那样

① 刘小枫主编：《20世纪西方宗教哲学文选》下卷，上海三联书店1991年版，第1795页。也正是在这个意义上，莫尔特曼强调说："正确的神学应当以未来为目标来建设。末世论不应当是它的编后记，而应当是其卷首语。"
② 费尔巴哈：《基督教的本质》，荣震华译，商务印书馆1984年版，第244—245页。
③ 同上书，第243页。
④ 同上书，第246页。
⑤ 《马克思恩格斯选集》第1卷，人民出版社1956年版，第55页；《马克思恩格斯全集》第1卷，人民出版社1956年版，第649—651页。

的"变革"或演进。① 把对宗教奥秘的解读理解为"向人自身的复归",理解为"人的自我意识"的"唤醒",无非是宗教观念或宗教意识长期变革的一个结果。

宗教学的奠基人缪勒在谈到宗教的否定性和历时性时,曾经强调指出:宗教的自否定"实际上是一切宗教的根本原则",又说:"宗教若不能随着人类的成长而成长,随着人类的存在而存在,那它早就灭亡了。"② 在他看来,宗教的自否定原则以及与之相关的变革或成长原则乃宗教的普遍原则。就印度吠陀教来说,它在事实上就经历了一个不断地自否定和自成长的过程。在《吠陀》的大多数诗篇里,我们看到的显然只是吠陀教的"童年"。在《梵书》和印度人的仪式、家庭及世俗法令中,我们看到的是它的繁忙的"成年"。在《奥义书》里,我们则看到了它的"老年"。这样,一旦印度人的思想随着历史的进步达到《梵书》的成年时代,就会立即抛弃纯粹幼稚的祈祷,而且,如果他们一旦认识到了献祭的无用和古老诸神的真谛,他们也就会用《奥义书》中更高级的宗教取而代之。因为,在《吠陀》质朴诗歌中称作神的东西,在《吠陀》提出"生主"之际,就难以再称之为神了。而当《奥义书》中婆罗门被宣布为万物之原,并且,个人的自我被宣布为永恒自我的一个火花时,那些原先称作神的东西就完全不是神了。其实,不只吠陀教,而且就整个人类宗教来说,也是经历了一个不断的自身否定自身、不断向前演进的过程。这一过程,如我们在前面所指出的,乃是随着人类历史的进步,从一个维度看,是一个不断地从"自然宗教"进展到"多神教"和"一神教"的过程,从另一个维度看,则是一个不断地从氏族—部落宗教进展到民族—国家宗教,然后再进展到世界宗教的过程。

需要特别强调指出的是:人类宗教基于人类历史进步的不断自我否定和自我变革的过程,总的来说,是可以看做一个人的自我意识不断觉醒的过程的。例如,西方神学或宗教哲学的演进过程,大体说来,就是这样一个人的"自我意识"不断觉悟的过程。西方宗教大体说来经历了一个从礼仪性宗教(如种种原始宗教)到制度化宗教(如种种民族—国家宗教和世界宗教)再到精神性宗教(如种种现当代宗教)的过程。而这样一个从注重外在礼仪向注重人的内心世界的转变过程,显然是同人的自我意识的觉醒过程同步发生的。而且,中世纪以降,这样一种进展呈现出日渐加速的态势。我们不妨把中世纪以来的这样一个演进过程概括成一个从信仰主义到自然

---

① 《马克思恩格斯全集》第 10 卷,人民出版社 1998 年版,第 253 页。至于这一变革和演进的更进一步的动因,我们将在下一章予以说明。

② F. Max Müller, *Lectures on the Origin and Growth of Religion*, pp.310, 380.

主义再到人本主义的过程。每一个时代的神学或宗教哲学，按照黑格尔的说法，都有一个"整个世界观据以解释"的"主导原则"。[①] 众所周知，西方中世纪的神学或宗教哲学的"主导原则"，不是别的，正是所谓"信仰"原则和"启示"至上的原则，但是，随着文艺复兴运动和启蒙运动的到来，自然原则或理性原则逐渐上升为神学和宗教哲学的支配原则。虽然西方近现代神学中有所谓"虔敬派"（Pietist）和"虔修神学"（Ascetical Theology），但"理性神学"或"自然神学"（Deism）毕竟构成了近现代西方神学和宗教哲学的主流。而理性神学或自然神学不仅涵指人们单靠理性即能认识上帝凭借理性法则创造的自然，从而认识以理性法则创造自然的上帝，而且还涵指作为信仰对象的上帝即是斯宾诺莎所昭示的"神即自然"意义上的上帝，亦即理性化的上帝。至当代，西方神学或宗教哲学所要确立的则是人的主体性原则以及与之相关的非理性原则。[②]

当代西方神学或宗教哲学，特别是第二次世界大战以来的神学和宗教哲学，虽然流派繁多，但最能体现时代精神、坚持以人的主体性原则以及与之相关的非理性的生存体验为基础的，则主要有生存神学、希望神学和激进神学。生存神学不是不讲神，但它认为神并不是外在于人和人的生存活动的"客体"，而是一个依人的生存体验且为了人的生存体验而有的东西，离开了人的生存或人的生存体验，上帝的本性或存在便得不到任何说明。英国神学教授麦奎利（John Macquarrie, 1919—2007）坚持从人的生存出发来考察神的信仰问题，把神视为作为信仰主体的人"解除生存紊乱"、"达到自我"的工具，以及人"成为你自己"的人学设定，并由此得出了一条普遍结论，这就是：神学的出发点不应该是中世纪神学或经院哲学中的神，也不应该是近现代自然神论中的自然，而应该是且只能是人，从而发出了神学研究"要转向人"的呼吁。[③] 希望神学家不仅根本否认作为客体的上帝之存在，而且还进而明确地把上帝宣布为"人的理想"或"人的希望"，从而径直把对神的信仰转换成了"对人本身的信仰"，即"人的自我信仰"。希望神学的代表人物布洛赫（Ernst Bloch, 1885—1977）直截了当地提出了"人是人的上帝"的神学公式，宣布对上帝的信仰实质上是对处于"自然局限"中的人的主体性自由的信仰，对"人类自由"和道德自律的信仰；而所谓神人合一，实际上讲的无非是人的理想、希望之实现，是人的自我实现，是"我

---

① 黑格尔：《哲学史讲演录》，第 1 卷，贺麟、王太庆译，商务印书馆 1981 年版，第 41 页。

② 参阅段德智：《试论西方宗教哲学的人学化趋势及其历史定命》，《哲学研究》1999 年第 8 期，第 43—45 页。

③ 刘小枫主编：《20 世纪西方宗教哲学文选》上卷，上海三联书店 1991 年版，第 50 页。

将成为一个我将成为的人"。① 希望神学的另一个代表人物莫尔特曼不仅用希望来界定信仰，而且还用未来来界定希望，并由此断定："以未来为其存在本性的上帝"不在我们之上，而永远是"我们前面的上帝"；我们之信仰上帝无非是个我们面向未来、用我们的理想改造现实的问题。② 激进神学，亦称"上帝已死"神学。其代表人物汉密尔顿（W. H. Hanmilton, 1924—　）曾强调指出："上帝已死"与"上帝不在"和"隐匿的上帝"不同。因为"上帝不在"还可"重在"，"上帝隐匿"仍可"重现"，唯有"上帝之死"才表明上帝是"真正的失去"，上帝之不再是件"无可挽回的事情"。③ 另一个代表人物奥尔蒂泽（Thomas J. J. Altizer, 1927—　）则进而断言：宣布"上帝之死"意味着从根本上放弃那脱离了人性的神性，"把神变成人"，实乃神学中的一个"创造性否定"。其给出的理据是："存在于基督教历史上的上帝，我们沉湎于过去一直崇仰的上帝必须死去，只有上帝死了，与现实合拍的信仰才能成为可能。"④

当代西方神学和宗教哲学既以人的主体性原则以及与之相关的生存体验原则为其主导原则，则它就势必从中世纪神学和宗教哲学的"神"的立场和近现代神学和宗教哲学的自然主义立场上根本扭转过来，以一种崭新的视角来审视传统的神学和宗教哲学问题，从而呈现出与先前阶段迥然相异的面貌和气象。例如，当代西方神学和宗教哲学讨论的"基督的上帝学"即构成了基督宗教神学领域的一个新的气象。许多当代西方神学家和宗教哲学家认为，基督宗教神学不应当像传统神学那样，以"上帝圣父"为中心，从"上帝圣父"起步，而应当"由基督学起步"，即由耶稣基督讨论上帝、认识上帝，理解上帝的存在。一些神学家不仅宣布圣子即圣父，基督即上帝，而且还进而宣布耶稣基督是"没有上帝作伴"的耶稣基督（奥尔蒂泽语），创建所谓"无上帝的基督学"（考克斯语）。不难看出，这样的"基督的上帝学说"或"基督学"，从本质上看，无非是一种关于人化了的上帝的人学。当代西方神学和宗教哲学讨论的另一个热门话题"人正论"也同样如此。关于恶的起源、存在和功用问题，传统的神学家历来从"神正论"的立场予以诠释，即把上帝所创造的世界之存在恶归因于

① 刘小枫主编：《20世纪西方宗教哲学文选》下卷，上海三联书店1991年版，第1636、1642、1644页。
② 同上书，第1795页。莫尔特曼写道："这里所说的上帝不是世界之内的或世界之外的上帝，而是'使人有盼望的上帝'，是'以未来为其存在本性的上帝'（布洛赫语），……他永远是我们前面的上帝。他在自己关于未来的许诺中同我们相遇，因此我们也不能'有'他，只能在积极的盼望中等待他。"
③ 同上书，第1809—1810页。
④ 同上书，第1823页。

上帝为了更好地彰显善（包括为了更好地彰显上帝的全善）这样一个神圣的意图。[①]
当代神学家则试图用人学的立场对之加以诠释。利科（P. Ricoeeur, 1913—2005）在
《解释的冲突》（1974 年）中鲜明地提出了"恶来自我们"的观点，宣布："没有恶存
在。只有由—我—行—恶（evil-done-by-me）"。不仅如此，他还进而把人作恶的自
主性同人的责任直接联系了起来，宣布："人是整个地负有责任的。"[②] 这是不无道理
的。因为一旦人类在自我解放进程中自己承担起自己的命运，那救世主的角色就应
当由自我拯救、自我解放的人来扮演。现在，既然是人，而不再是上帝，为历史的主体，
那么，人就不能不充当双重角色，即不仅是恶行的原告，而且也是恶行的被告；这样，
他也就必须为自己作出辩护了。于是，"神正论"也就不能不让位于"人正论"。[③]

当代西方神学和宗教哲学虽然在"唤醒人的自我意识"方面作出了重大贡献，但
自身也存在有一定的局限性。例如，它所强调的人，甚至它所强调的"个体的人"或
"孤独的个体"，一如近现代神学和宗教哲学的"自然的人"一样，依然是一种脱离了
现实社会关系和人类历史运动的人，因而归根到底依然是一种"抽象的人"，而非马
克思所说的"现实的历史的人"。再如，由于它对传统神学采取一种虚无主义的态度，
由于它片面地机械地宣布"上帝即人"或"人即上帝"，把人的主体性原则推向极致，
从而也就有可能使神学或宗教哲学失去其固有的研究对象，而蜕化成一门人文科学、
生存哲学或道德哲学，进而把神学或宗教哲学引向自我取消的绝境。由此看来，为
要解读宗教的奥秘，我们不仅需要进一步正确地理解和处理存在于宗教信仰主体和
宗教信仰对象之间、宗教信仰的超越性和宗教信仰的内在性之间以及现存的实然的
人与理想的应然的人之间的矛盾统一关系，而且还应当以更为开阔的视野对作为信
仰主体的人即对作为"人的世界"、"国家"和"社会"的"人"，亦即"现实的历史的
人"做一番具体的考察。[④] 而正是后面一点把我们引向了对宗教社会本质及二者辩
证关系的考察，亦即对宗教普遍本质的考察。

---

① 关于神正论的一般观点，可参阅莱布尼茨：《神正论》，段德智译，商务印书馆 2017 年版。
② 刘小枫主编：《20 世纪西方宗教哲学文选》下卷，上海三联书店 1991 年版，第 1471—1472 页。
③ 参阅段德智：《试论西方宗教哲学的人学化趋势及其历史定命》，《哲学研究》1999 年第 8 期，
　　第 47—49 页。
④ 《马克思恩格斯选集》第 1 卷，人民出版社 1995 年版，第 1 页。

第三章　宗教的普遍本质 I：“宗教与社会”的历时性考察

——与时俱进的人类宗教

对宗教与社会的辩证关系，可以从两个维度进行考察：既可以对之作纵向的历时性的史学考察，也可以对之作横向的共时性的逻辑考察。既然历史与逻辑的一致性总是以历史为基础的，则我们在对宗教与社会的辩证关系的考察中，从对这一关系的历时性考察起步，就是一件再自然不过的事情了。

然而，一旦我们着手对宗教与社会辩证关系进行历时性考察，我们就会发现宗教是人类社会发展到一定阶段才形成和产生的，是随着社会的发展而不断向前演进的。而宗教的与时俱进不仅鲜明地体现在其组织形态层面，而且也同样鲜明地体现在宗教意识层面，体现在神的观念及宗教哲学层面。

第一节　宗教组织形态的与时俱进

宗教的社会性首先鲜明地表现在作为一特殊社会群体的宗教组织或宗教体制对于一定社会形态的依赖性以及由此而衍生出来的它们同社会形态的与时俱进性，亦即它们随着社会形态的演进而演进的历史特征。事实上，宗教从“氏族宗教”到“民族宗教”和“世界宗教”的发展过程，就同人类社会从野蛮时期进入文明时期以及文明社会的不断演化有密切关联。

一、宗教的起源与“氏族社会”和“氏族宗教”

宗教起源是一个既相当古老又非常现代的问题。说它相当古老，乃是由于早在“轴心时代”甚至早在史前时代，我们的人类祖先就已经开始思考这一问题了。据许慎《说文解字》，“宗教”之“宗”字中，“宀”意为“房顶”，“示”意为“神主”，合指供奉神主之位的庙宇，故其意为"尊祖庙也"。这就是说，在我们的先人看来，宗教原本植根于或起源于祖先崇拜或神灵崇拜。但是，若从另外一个角度看，宗教起源又是一个非常现代的问题。这不仅是因为直到最近一二百年，宗教起源才作为一个重大问题被公开提了出来，并得到严肃而自由的讨论，更重要的还在于：只是到了近现代，随着古人类学、宗教考古学和民族学等科学门类的兴起和发展，人类对宗教起源的探究才开始真正奠放在"严格科学的以实验为依据"的基础之上，奠放在"社会科学"和"人文科学"的基础之上了。现在我们业已掌握了多种测定遥远过去年代的方法，诸如氟年代测定法、花粉分析法、荒漠岩漆测定法、热致发光年代测定法、阳离子法、地层学环境确定法以及放射性碳测定法等，尽管这些测定法也都存在有这样那样的误差，尽管我们在对所获得的有关数据的解释中依然不可避免地存在有这样那样的"主观色彩"，但是无论如何，凭借着这样一些技术手段，我们还是能够发现这样一个基本的史实，这就是：宗教是在人类从猿人、直立人进化到智人阶段，进入旧石器时代的中期和晚期，亦即进入氏族社会才开始形成和产生的。这就是说，宗教的形成和产生固然同人的脑容量的大小有关，同人的智力发展有关，但是，无论如何，同人类社会的发展状况密不可分。没有氏族社会和氏族制度的出现，宗教这一文化现象断然不可能出现。

我们知道，氏族是在原始人类进入血族群婚和族外婚之后形成的一种社会组织和社会制度。这种社会组织和社会制度不仅以血缘关系为纽带，而且还以财产公有、集体劳动、平均消费等为其基本特征。氏族宗教就是在这一社会组织和社会制度的基础上产生和发展起来的。人类学和考古学表明，人类的宗教遗迹和氏族形成遗迹是同期出现的。在欧洲，于旧石器时代的中期所出现得最早的氏族群居的遗址，同时也就是最早的宗教遗迹（原始墓葬）。我国西安半坡村和河南裴李岗的新石器时代遗址，更是典型地表明了氏族宗教与氏族制度的相关性和发展的同步性。因为在这些墓葬中，我们不仅发现男人随葬品同女人随葬品存在着差异，而且还发现小儿和成人的分区埋葬以及除伸展葬外另有伏卧葬和屈肢葬等葬法。[1] 这些不仅表明当时的人们已经有了比较根深蒂固的灵魂不死和死后生活的观念，表明宗教禁忌已经在普遍地发挥作用，而且还十分生动地表明，氏族宗教归根到底是氏族制度的一种反映。

---

[1] 据《周易·系辞传》和《孟子·滕文公上》，我们祖先在处理尸体时，曾经历了一个从"委之于壑"到"厚衣之以薪"和"掩其亲"的过程。

氏族宗教的中心内容为祖先崇拜。其原始形式为图腾崇拜。① 图腾崇拜实际上既是一种原始的自然崇拜，又是一种原始的祖先崇拜。说它是一种原始的自然崇拜，乃在于它所崇拜的无非是一些动物、植物，甚至是一些无机物和自然现象。说它是一种原始的祖先崇拜，乃在于原始人类是把这些动植物以及其他自然物体或自然力当作自己的"亲族"和"祖先"加以崇拜的。② 图腾崇拜是一种曾存在于世界各地的相当普遍的原始宗教形式。其中澳大利亚土著的图腾信仰尤为典型。③ 可以说，澳大利亚土著的氏族或部落差不多都有图腾崇拜，而且，按照这些土著的图腾信念，他们所崇拜的与其说是那些图腾动植物本身，毋宁说是与这些动植物所共有的"祖先"，而把现存的图腾动植物视作兄弟、父亲，从而把异在的自然界以图腾崇拜的形式人格化甚至同化了。《诗·商颂》中有"天命玄鸟，降而生商"。《史记·夏本纪》中有"父鲧妻修己，见流星贯昴，梦接意感，又吞神珠薏苡，胸坼而生禹"。足见我国古代也比较普遍地存在着图腾崇拜。

宗教作为上层建筑的一个极其重要的组成部分，从一个方面看，它是一种社会意识形态，而从另一个方面看，则它本身就是一种社会制度或社会制度的一个层面，就是一种社会实体。在人类社会的原始时代，图腾既为不同婚姻集团和氏族的标志，则图腾崇拜自然便成了一种无所不包的上层建筑，其本身便不仅构成了原始宗教，而且同时也就是氏族制度。宗教的社会功能在图腾崇拜中已经相当充分地体现出来了。④

图腾崇拜是祖先崇拜的原始形式。祖先崇拜的这一形式是同原始人类认识能力的相对低下和氏族制度的不充分发展相适应的。随着氏族制度的进一步发展和人类认识能力的提高，图腾崇拜便逐步让位于女性祖先崇拜（包括女阴崇拜）和男性祖先

① 西方人种学家麦克伦南在《动植物崇拜》（1869—1870年），宗教思想家罗伯特逊·史密斯在《闪族宗教》（1889年），精神分析学家弗洛伊德在《图腾与禁忌》（1912—1913年），宗教社会学家杜尔凯姆在《宗教生活的基本形式》（1912年）中都曾主张过图腾论，把图腾崇拜看作一切宗教的起点或起源。
② 图腾（Totem）一词源自美洲印第安人鄂吉布瓦人的方言，其原初意义即为"他的亲族"。它最先见于印第安语翻译家 J. 朗的 1791年在伦敦出版的《一个印第安语翻译的游历》一书中。
③ 在 J. 朗的著作出版之后的半个世纪里，图腾制度一直被认为是美洲所独有的事物。1841年，格雷在其著作《澳洲西部和西北部的两次探险记》中强调指出：澳洲也存在着图腾崇拜。此后人们才开始意识到，图腾制度具有某种普遍意义。
④ 宗教社会学家杜尔凯姆虽然把图腾崇拜宣布为"最简单的宗教"和"原始宗教"，但却坚持从图腾崇拜出发来讨论"宗教生活的基本形式"。请特别参阅杜尔凯姆：《宗教生活的基本形式》"导言"，第1卷第4章，第2卷第1—9章。

崇拜（包括且崇拜）。女性祖先崇拜和男性祖先崇拜同图腾崇拜的根本区别在于前者所崇拜的是非人形的动植物等自然物或自然力，以它们为自己的祖先，而后者则直接把自己的远祖和近祖作为崇拜的对象。当然，从女性祖先崇拜到男性祖先崇拜是一个过程，这一过程一般来说是同原始社会从母系氏族社会向父系氏族社会的过渡相一致相适应的。当然，氏族宗教也不限于上述祖先崇拜，它还包括鬼魂崇拜等宗教形态。此外，广义的氏族宗教还应当包含自然崇拜乃至精灵崇拜和魔力崇拜的种种内容。

氏族宗教作为最为原始的宗教形态，其特征从根本上说来不在于别的，正在于它的氏族性，具体说来主要表现在如下几个方面。

首先，从宗教信仰和宗教观念看，氏族宗教总是以祖先崇拜为其根本形式和中心内容。氏族制度的根本特征之一，如上所说，在于它是以血缘亲属关系为基础和纽带的。与此相适应，以神圣化氏族成员血缘亲属关系为根本内容的祖先崇拜便在所难免地构成氏族宗教或宗教崇拜的中心内容。对于作为氏族宗教原初形式的图腾崇拜是如此，对于作为氏族宗教发展了的形式的女性祖先崇拜和男性祖先崇拜也是如此。

其次，从宗教组织同社会组织的关系看，氏族宗教的特征在于它之同社会组织和社会制度的合一。同后来出现的基督宗教、佛教、伊斯兰教等宗教不同，氏族宗教并没有区别于和独立于世俗社会的宗教组织，如教会组织和寺庙机构等。而且，氏族宗教的崇拜仪式、祭祀制度、节日制度、丧葬制度以及图腾禁忌等，同时也都是具有不可抗拒的约束力的社会制度。因此，在氏族社会（特别是在早期氏族社会），氏族宗教并不是游离于氏族社会之外的东西，它也不仅仅是社会的一个方面或一个部分，而是渗透到氏族社会的所有方面，不仅是氏族社会的意识形态，而且是氏族社会的整个上层建筑，差不多制约着和规范着氏族社会的所有方面。这种社会功能是以影响"亚社会"为目标的任何现代宗教所不及的。

再次，与此相关，氏族宗教的另一个根本特征在于它的绝对的"集体性"或"无个体性"（"无我性"）。既然氏族制度的根本特征不仅在于对于氏族成员共同祖先的崇拜，而且还在于它的财产公有、集体劳动和平均消费等社会制度，在于它的氏族至上主义以及随之而来的绝对的集体主义或无我主义，则氏族宗教的"集体性"或"无个体性"就是一件十分自然的事情了。这从澳大利亚的图腾崇拜中可以明白无误地看出来。澳大利亚土著的图腾崇拜不仅把动植物看作人的同类，而且还把氏族成员的灵魂直接等同于图腾祖先灵魂。也就是说，对于澳大利亚土著来说，根本还没有独立的个人灵魂概念,他们所有的只是那种和氏族图腾紧密联系在一起的(氏族)集体灵魂的观念。例如,澳大利亚阿兰达人便相信,他们每个人都是自己图腾祖先的化身,每个氏族成员的出生并非是男女氏族成员性交的结果,而只是意味着图腾祖先灵魂的投生,而每个氏族成员的死亡也只是意味着图腾祖先灵魂向图腾圣地的返归。前苏联人类学家托卡列夫(С.А.Токарев)等在其著作《澳大利亚和大洋洲各族人民》中曾对阿兰达人对这种超个体的不死的灵魂("丘林噶")的信仰做过具体的描述。此外,著名的法国人类学家列维·布留尔(Lucien Lévy-Bruhl,1857—1939)在其著作《原始思维》第6章中,也曾对巴隆加人对超个体灵魂("穆罕蒙巴")的信仰做过生动的描述。[①] 这些都是相当典型的。

与此相关联,氏族宗教的第四个重大特征在于它的极端排他性。氏族宗教由于以氏族成员之间的血缘亲属关系为基础和纽带,因此便具有极端的排他性,不仅敌对氏族之间的信仰或保护神是有区别的和敌对的,即使友好氏族之间的神灵也只是各自保护自己的氏族而根本不具有保护其他氏族的功能。澳大利亚库尔奈部落把本部落的亡灵视为善灵,而把敌对氏族的亡灵称为恶鬼,就是一个鲜明的例证。我国古代祖先曾信仰"共工"这样一个神明。《书·尧典》有"共工方鸠人孱功"的记载,把他说成是欢兜向尧推荐的治水英雄,而《淮南子·兵略训》中则说"共工为水害,故颛顼诛之",显然把他说成一个水害之神。其实,这样一种"悖论"只要放在氏族宗教的历史背景下就容易理解了。因为奉共工为治水之神的是古代羌族的信仰,把共工认作水害之神的是夏族的信仰。共工之为善神或恶神,原来只不过是夏族和羌族的氏族信仰之间的排他性所酿成的。不难看出,氏族宗教的排他性同氏族宗教的集体性是统一的,它不仅同后者不相矛盾,反而恰恰以后者为基础和前提。

此外,氏族宗教还有一些别的特征,如氏族宗教具有自发性,属于自发宗教的范畴,而且是最为典型的自发宗教。再如,氏族宗教总具有"此世"的品格,总具有一定程度的功利性。因为作为氏族宗教根本形式和中心内容的祖先崇拜,虽然有同化自然力、缓解自然对人的异在感的心理功能,但更其重要的则在于它是人们借以祈求祖灵为子孙带来更多人间幸福(包括更多的生活资料和人身安全等)的一种手段。而与巫术相伴而行的自然崇拜、魔力崇拜等虽然在一定程度上也表达了原始人类征服自然的积极意愿,但更为直接或更为根本的则是人们想借以获取现实的利益。

---

① 参阅托卡列夫等:《澳大利亚和大洋洲各族人民》,三联书店1960年版,第275—277页;列维·布留尔:《原始思维》,丁由译,商务印书馆1986年版,第269页。

二、“古代奴隶制社会”与“民族宗教”

一如氏族宗教，顾名思义，为氏族或氏族同盟（部落）成员共同信奉的宗教一样，所谓民族宗教也无非是一定民族成员所共同信奉的宗教。然而，正如任何民族都是在先前的氏族、部落或部落联盟的基础上发展起来的一样，任何形态的民族宗教也都是一种传统宗教或祖传宗教，都是在传统的氏族宗教的基础上产生和发展起来的。

我们知道，至原始社会晚期，氏族制度发生了一系列重大变化，一方面，随着私有财产的出现，统一的氏族公社开始分化为诸多地位不等的个体家庭；另一方面，随着一个民族内部诸多氏族的兼并、联合和融合，出现了越来越大的氏族联盟或部落联盟。这样一种“分化”和“整合”显然促成了统一的古代民族社会以及古代国家的产生，从而为民族宗教的产生奠定了社会基础。因为正是在这样的“分化”和“整合”的过程中，不仅酝酿了“近祖崇拜”，酝酿了“祖先神灵”的等级分化，而且也酝酿了“地域保护神崇拜”、“高位神灵崇拜”乃至“天神崇拜”。事实上，古代民族宗教就是在这一“分化”和“整合”过程中，在原始氏族社会向古代奴隶制社会的过渡中产生和发展起来的。

古代埃及从氏族宗教向民族宗教的过渡极为典型。我们知道，统一的古代埃及王国或古代埃及民族的形成大体经历了从“村社”到“州”和“上下埃及王国”再到“早期王国时期”和“古王国时期”的演进过程。与此相适应，古代埃及宗教也经历了一个从“氏族神灵崇拜”到“州神崇拜”和“蛇神崇拜—神鹰崇拜”再到“太阳神瑞崇拜”的演进过程。至于美索不达米亚宗教，它之从氏族宗教向民族宗教的过渡一般被说成是一个从“苏美尔宗教”向“巴比伦宗教”和“亚述宗教”的演进过程。其实在一个意义下，这一过渡在苏美尔—阿卡德时代就大体完成了。因为在这一时代，虽说各个城邦都有自己的保护神，但既然作为天气神或苍天神的安努已获得万神之父或诸神之王的称号，则我们说在这个时代统一的民族信仰业已初步形成就一点也不勉强了。就印度宗教来说，它之从氏族宗教向民族宗教的过渡大体上是在公元前一千纪之后的一段时间里完成的。因为正是在这一段时间里，随着古代印度从原始社会向奴隶制社会的过渡，作为古代印度氏族宗教的吠陀教逐步为主张“婆罗门至上”的婆罗门教取代了。就古代犹太人的宗教来说，也大体经历了一个从古代希伯来宗教（亚伯拉罕时代的氏族宗教或部落宗教）向犹太教（摩西时代和后摩西时代的民族宗教）的历史演进。因为在亚伯拉罕时代甚至在早期摩西时代，犹太人不仅信仰耶和华，而且还保留着祖先崇拜（如对挪亚、亚伯兰等祖先的崇拜，即使耶和华也仅仅是"亚伯拉罕及其子孙的上帝"），甚至还有对外邦神（如巴力、埃尔等）的崇拜。[①]在我国，从氏族宗教向民族宗教的过渡则是在夏商周统一民族形成时代完成的。因为直到商周时代，才出现了全民族统一的"上帝崇拜"和"天帝崇拜"。

一如氏族宗教的根本特征在于宗教的氏族性一样，民族宗教的根本特征也正在于宗教的民族性。民族宗教虽说是在氏族宗教兼并、融合的基础之上产生和发展起来的，但是民族宗教一旦产生就成了全民族成员普遍接受的信仰。例如，太阳神瑞的原型本来是埃及希埃拉孔和埃德福地区的部落神鹰形苍天神霍鲁斯，但当这一地区的首领完成统一埃及的大业之后，霍鲁斯便从诸多部落神脱颖而出，成了埃及全民族信奉的民族之神。后来虽然古代埃及随着王朝的变迁，孟菲斯地区的地域保护神普塔（于第三王朝）和"太阳之城"赫列欧帕里斯的地域保护神阿图姆（于第五王朝）也曾先后被尊为全埃及的主神，但太阳神瑞始终保持着埃及民族神的地位（在第三王朝，它为普塔神的重要表现形式，在第五王朝，它则同阿图姆神合称为阿图姆—瑞神，依然是全民族崇拜的最高神）。在谈到美索不达米亚宗教时，虽然人们常常并谈"苏美尔宗教"、"巴比伦宗教"和"亚述宗教"，但以苍天神安努为主位神的以安努、英利尔（地神）和伊阿（水神）为三位大神的苏美尔诸神即使在巴比伦时代和亚述时代依然受到美索不达米亚人的普遍崇拜。[②]再如，作为古代印度民族宗教的婆罗门教，虽然随着雅利安人的势力扩张和佛教的兴起而一度有所衰落，但在商羯罗（Sankara，约788—820）改革之后却得到了很快的复兴。而犹太人的民族宗教的完备形态，竟然是在犹太人沦为"巴比伦之囚"及其以后的岁月里达到的，而且在其后两千多年的发展过程中，它一直是散居在世界各地的犹太人的宗教信仰。在讨论民族宗教的民族性时，有一点是需要注意的，这就是：在一定民族范围流传的宗教（例如伊斯兰教和中国的道教等）并不一定都是民族宗教。因为这些宗教所崇奉的神灵并不是所在民族的保护神。

民族宗教的第二个显著特征是宗教的国家化。民族宗教，在通常情况下，也就是相关国家的国家宗教，相关国家的君主总是同该宗教所崇奉的主要神灵建立这样那样的联系。在埃及，自上下埃及统一后，太阳神就一直是历代王朝的保护神，从旧王朝第四王朝（公元前2650年）起，埃及的国王或法老就开始自称瑞神的儿子。美索不达米亚宗教作为两河流域奴隶制国家的国家宗教也不以抬高国家保护神的神圣权威为限，它不仅常常直接神化人间统治者，把后者的祖先说成神或具有一定的神

① 参阅《创世纪》24：27、48，30：27，31：5、29，35：1—4，11：10—32。
② 例如，在巴比伦时代，人们虽然奉巴比伦的地方神马尔都克为至上神，但在《巴比伦史诗》中却仍然把它说成是苏美尔水神伊阿的儿子。

性，而且还把他们之为统治者以及他们的所有言行都归因于神意。例如，巴比伦王汉谟拉比（Ammurāpi，？—公元前 1750）就曾把他所制定和颁布的世界历史上最早的成文法典说成是法律之神沙马什亲自制定和颁布的。在我国，长期以来一直有"天子"和"奉天承运"的说法（明太祖常自称"奉天承运皇帝"）。至于古代印度的婆罗门教所主张的"婆罗门至上"更是直接维护古代印度奴隶制国家的种姓制度。宗教的民族化和国家化使得宗教获得了一定程度上的包容性和兼容性。因为一个民族内部和一个国家内部的各种宗教信仰在民族宗教和国家宗教的基础上是完全可以在无损于民族发展和政权稳定的前提下和睦相处。

民族宗教的第三个特征在于：与作为自发宗教的氏族宗教只有神话传说、宗教礼仪和宗教禁忌等不同，大多数民族宗教都逐步形成了比较系统化的教义体系和初步的神学思想，以及以祭司为核心的礼仪典章和组织体制；有些民族宗教甚至有了一些宗教典籍。宗教学家麦克斯·缪勒曾把后者称作"圣典宗教"或"圣经宗教"。按照缪勒的理解，这样的宗教共有三种，这就是雅利安人的宗教（如婆罗门教和琐罗亚斯德教等），闪米特人的宗教（如摩西教等）和中国人的宗教（如孔夫子的宗教）。[1]这是民族宗教人为性质的一个极为典型的外在表征。

民族宗教还有一个特征，这就是它的程度不同的"此世性"。同世界宗教不同，大多数民族宗教，特别是早期的民族宗教，都在一定程度上具有"入世"的品格。这不仅可以从它的宗教国家化清楚地看出来，而且还可以从它之突出强调宗教的社会功能和道德功能等方面清楚地看出来。例如，美索不达米亚宗教（包括苏美尔宗教、巴比伦宗教和亚述宗教）根本没有死后审判和死后幸福生活的观念，认为人死后将永远毫无欢乐地居住在尘埃和黑暗之中（即他们所谓"永不回返之地"）。犹太教也是以建立"地上天国"为根本宗旨。我国自古就有"神道设教"的说法，历来特别注重宗教的社会功能和道德伦理功能。至于埃及宗教、婆罗门教、琐罗亚斯德教等，虽然也讲来世生活，但差不多都是以"善恶报应"（而不是以所谓"原罪"）为基础和前提的，因而，归根到底，是一种着眼于信徒的现世的道德生活和政治生活的宗教，是一种"入世"的宗教。

三、"人类历史的世界化"与"世界宗教"

"民族宗教"，虽然同"氏族宗教"相比是一种比较高级形态的宗教，但它仍具有

---

[1]　参阅缪勒：《宗教学导论》，陈观胜、李培荣译，上海人民出版社 2010 年版，第 34—36 页。

地域的局限性和种族的狭隘性。进一步突破这种局限性和狭隘性的，则是世界宗教，这就是基督宗教、佛教和伊斯兰教。这些宗教虽然早在一、两千年前就被创建了出来，但它们却不仅至今依然存在，而且还是当今世界上影响最为深广、最有活力的宗教。诚然，它们也和民族宗教一样，孕育于某一特定的民族、国家和地区，但却很快地越过这些民族、国家和地区的地理界限，达到世界上其他的民族、国家和地区，从而成为有世界性影响的宗教。

世界宗教，作为迄今为止宗教发展的最高形态，其产生和发展绝不是偶然的。我们难以设想这样的宗教会在原始社会产生出来，我们甚至也难以设想这样的宗教会在人类奴隶制社会早期产生出来。因为当时的人们根本没有能力打破一定氏族和一定民族的"原始封闭状态"。"世界史不是过去一直存在的；作为世界史的历史是结果。"而且，按照马克思和恩格斯的理解，"各个相互影响的活动范围"在人类历史的发展过程中"越是扩大"，"各民族的原始封闭状态""由于日益完善的生产方式、交往以及因交往而自然形成的不同民族之间的分工"而"消灭得越来越彻底"，"历史也就越益成为世界历史"。[①] 所以，世界宗教只有在民族宗教的基础上才能产生和发展起来，只有当人类历史逐步具有"世界性"、开始走向"世界史"的历史时刻才有可能产生和发展起来。不仅如此，世界宗教的产生还特别地同一定形态的世界帝国相关联。离开了人类历史的"世界性"变迁，离开了世界宗教产生和发展的具体历史条件，世界宗教的产生和发展是根本不可能得到说明的。

在谈到基督宗教的前期发展时，人们往往把它看做是"米兰敕令"的结果。这是不无道理的，但却是不充分的。因为基督宗教的产生和发展的社会原因是相当复杂的，是不能"用皇帝的敕令""创造出来"的。[②] 我们知道，作为世界宗教的基督宗教是在同各种民族宗教的斗争中产生和发展起来的。首先，基督宗教是在同犹太教的种族狭隘性和地域局限性的斗争中从犹太教内部产生出来的。其次，基督宗教是在同罗马民族宗教的种族狭隘性和地域局限性的斗争中发展起来的。而且，既然如上所说，民族宗教的显著特征在于宗教的国家化，则世界宗教同民族宗教的斗争的艰巨性和残酷性就可想而知了。如果公元 394 年对于在希腊和罗马宗教圣地奥林匹亚举办奥林匹克运动会的废止，标志着作为世界宗教的基督宗教对于作为民族宗教的希腊宗教和罗马宗教（太阳神教）的最终胜利，则这一胜利的确来之不易。其

---

① 参阅《马克思恩格斯选集》第 2 卷，人民出版社 1995 年版，第 28 页；第 1 卷，人民出版社 1995 年版，第 88 页。

② 参阅《马克思恩格斯选集》第 4 卷，人民出版社 1995 年版，第 251 页。

间不仅有过所谓三次对基督宗教触目惊心的大迫害（德茨依时期，瓦利力安时期和戴克里先时期的迫害），而且即使在313年"米兰敕令"颁布之后，儒略皇帝（Flavius Claudius Iulianus，331/332—363，361—363年在位）依然企图重振罗马的多神教并企图建立拜日的一神教，罗马的行政长官西马赫还竟然于384年在元老院的会议厅里重新树立起格拉茨安于382年所撤除了的胜利女神的雕像。因此，对于作为世界宗教的基督宗教的胜利必须从更为深广的社会背景和文化背景中作出说明，必须着眼于政治上的世界主义（如横跨欧亚非三洲的罗马大帝国）、文化上的混合主义（如希伯来精神同希腊精神的结合）以及普遍的人性主义（着眼于个人道德完善的个人宗教）等多维视域。

　　同样，佛教和伊斯兰教的产生和发展也不是偶然的，也是有其深刻的社会原因和具体的历史条件的。我们知道，作为世界宗教的佛教是在同作为民族宗教的婆罗门教的斗争中产生出来并迅速地越出印度的民族范围和国界，而成为一种世界性的宗教的。这一方面固然同雅利安人的入侵特别是同雅利安人向恒河流域的扩张有着直接的关系，另一方面也同世界性帝国摩羯陀国孔雀王朝（阿育王曾皈依佛教）和贵霜王朝的强盛和世界性影响有关。如果没有地域辽阔的孔雀王朝及其向周边国家乃至向亚洲、北非和东欧诸国派遣佛教传教师，佛教是不可能如此迅速地走向世界的。如果没有强大的贵霜王朝和唐帝国的努力，小乘佛教是不可能如此迅速地流传到包括锡兰、泰国、缅甸、柬埔寨和老挝等南亚诸国，而大乘佛教也不可能如此迅速地越过崇山峻岭而进入中国大陆并传入朝鲜、日本和越南诸国。作为世界宗教的伊斯兰教的产生似乎既有别于基督宗教又有别于佛教，因为在一定意义上我们可以说，伊斯兰教是从氏族宗教直接过渡到世界性宗教的。但促成这一过渡的，除了犹太教和基督宗教的影响外，南北阿拉伯人的融合以及希贾兹国际商路的重新兴盛无疑也是一个极其重要的动因。至于它的迅速发展以及它之迅速成为一世界性宗教无疑同阿拉伯人的军事征服和对外扩张紧密相关。因为如果没有穆罕默德对信奉多神教和偶像崇拜的麦加古莱氏贵族在军事上的胜利，麦加克尔白神庙的多神殿就不可能改奉真主安拉；如果没有四大哈里发时期的军事扩张和王朝时期横跨欧亚非三洲伊斯兰帝国的建立，伊斯兰教之成为世界性宗教就几乎不可能。

　　基督宗教、佛教和伊斯兰教之所以能够超越民族宗教而成为世界宗教，上述外部条件和社会原因固然重要，但更其重要的则在于它们的内在规定性，在于它之内蕴着的区别于氏族宗教和民族宗教的诸多特征。世界宗教的规定性，它之区别于氏族宗教和民族宗教的特征，最根本的不是别的，正在于它的世界性，正在于它对氏族宗教和民族宗教在所难免的种族的狭隘性和地域的局限性的突破。具体说来,主要体现在如下几个方面。

首先,在宗教信仰方面,世界宗教所崇奉的对象具有超验性和普世性的特征。例如,氏族宗教所崇拜的神灵没有不具有直观形象的,民族宗教所崇拜的神灵(如古代埃及宗教的太阳神瑞,美索不达米亚宗教所崇拜的苍天神安努以及太阳神马尔都克,印度婆罗门教所崇拜的梵天、毗湿奴和湿婆,日本神道教所崇拜的天照大神等)虽说比氏族宗教的神灵要显得抽象些,但一般来说都尚未彻底摆脱感性的形象,因而总同一定的民族保持一定的联系。但基督宗教所信仰的上帝,佛教所信仰的佛,伊斯兰教所信仰的安拉就明显不同,它们都具有超验的品格,从而为世界宗教摆脱氏族宗教和民族宗教的种族狭隘性和地域局限性提供了可能。再者,不论氏族宗教,还是民族宗教,它们所崇拜的神灵都是某一氏族、某一民族或某一地区的保护神,从而在所难免地具有这样那样的排他性。但基督宗教的上帝,佛教的佛,伊斯兰教的安拉则不同,它们不再是某一氏族、某一民族或某一地区的保护神,而是被尊为整个宇宙的唯一的神,被认为是救赎整个人类的神,从而为世界各地居民接受它们提供了可能。

其次,在宗教理论(教义)方面,世界宗教的一个重要特征在于它着眼于宗教的个体性。如上所述,氏族宗教的根本特征在于它的氏族性,而民族宗教的根本特征在于它的民族性,因而归根到底,都是一种"集体宗教",都是一种强调氏族、民族和国家权威的宗教。而世界宗教则不同,它不是像氏族宗教和民族宗教那样的集体宗教,而是一种着眼于信徒个人救赎的宗教,因而本质上是一种"个人宗教"。这种个人宗教所强调的不再是个人同某一氏族、民族和国家在血缘上和政治上的关联,而是着眼于个人的道德完善,着眼于人的抽象的"类"的本质,着眼于人性的抽象发展。例如基督宗教不仅主张"原罪说",而且还强调"因信称义"。佛教的"四谛法轮"完全着眼于人的生存论分析,并且以个人的自我"灭欲"作为得道的根本途径。伊斯兰教也同注重集体礼拜的氏族宗教和民族宗教明显不同。它以"六大信仰"(信安拉,信天使,信使者,信经典,信前定和信后世)作为自己的根本教义,便充分表明它是一种特别注重信徒个人信仰的宗教。也许正因为如此,无论是基督宗教和伊斯兰教,还是佛教,其宗教仪式比起氏族宗教和民族宗教来说,都显得特别简单易行。其实,注重人的抽象的"类"的本质,注重信徒个人的救赎要求,注重宗教的个体性内容,以及由此所决定的对来世的普遍关注等等,世界宗教的这样一些规定性正是世界宗教得以适应不同民族、不同国家和不同时代信徒需要的重要保证。

与此相关联，世界宗教的另一个特征便在于在宗教组织和宗教制度方面，世界宗教对于一定的世俗组织和世俗制度总保持一定的间距，总具有一定的相对独立性。我们知道，氏族宗教同氏族社会和氏族制度是一而二、二而一的。民族宗教的情况虽然比较复杂，但无论是在政教合一还是在政教分离的情况下，任何国家都要求它们同自己的政治制度和政治路线保持一致并完全隶属于自己的政治制度和政治路线。世界宗教则不同，它们不仅具有相对独立的宗教组织机构，而且一般来说还总是具有一套比较严密的教阶制度。这是世界宗教能够相对独立发挥宗教的社会功能和道德功能的一个重要原因，也是它们之所以能够不以社会制度的变迁而消失的一个重要原因。此外，由于氏族宗教和民族宗教总是在一定程度上是一定地区的文化传统的产物，总是从血缘上、地缘上和文化上同某种传统保持这样那样的关联，因而总在一定程度上具有一定的“自发”的性质，都可以在一定意义上被理解成一种“祖传宗教”。而世界宗教则不同，它们不是从来就有的，而是人类宗教在发展到较高阶段的产物，因而总是具有“创建”的性质。如果说氏族宗教是人类宗教历史上最为典型的“自发”宗教的话，则世界宗教便无疑是最为典型的“人为”宗教了。

应当指出，当我们把基督宗教、佛教和伊斯兰教称作“世界宗教”的时候，我们只是在传统的意义上使用“世界宗教”这个概念的。其实，在当今时代，随着人类社会的全球化，即使一些非常典型的民族宗教，都已经在以这样那样的形式在走向世界，以一种弱化了的形式成为“准世界宗教”或“具有世界性的宗教”了。例如，既然中国的道教不仅早已走出了中国的国境进入东亚各国，而且在西方社会或西方国家也已经开始产生了一定的影响，我们怎么还坚持说道教只是一种民族宗教或国家宗教呢？而且，中国道教面对着全球化的世界大潮流，它不应该对自己的宗教观念和宗教制度来一番革新吗？“全球化道教”与“道教化全球”不应该成为当代中国道教的两项根本使命吗？[①]

第二节　宗教意识的与时俱进 I：与时俱进的神的观念

宗教组织形态的与时俱进虽然鲜明地表现了人类社会及其发展对于宗教的影响，但是无论如何，这只是人类社会及其发展影响宗教的一个维度和一个方面。人类社会及其发展对于宗教的影响还有一个重要的维度和方面，这就是宗教意识的与

[①]　参阅段德智：《“全球化道教”与“道教化全球”》，《世界宗教文化》2003年第1期，第5—6页。

时俱进,首先是神的观念的与时俱进。

一、宗教历史发展的两个维度

当年,斯宾诺莎(Benedictus Spinoza, 1632—1677)在阐释实体的属性时,一方面断言:神或唯一实体,作为"绝对无限的存在",具有"无限多"的属性,而且其中"每一属性各表示永恒无限的本质";另一方面,他在具体阐述"属性"时却又只限于讨论"广延"和"思想"这样两种属性,强调自然界中的一切事物都具有"广延"即物质性和"思想"即精神性两个方面。①

现在,我们在讨论宗教的历史发展时,也遇到了同样的问题:即一方面,宗教的历史发展有许许多多的维度,从而我们可以从不同的视角来审视宗教的历史发展。例如,我们可以从"人为"因素在宗教形成和发展中所占的比重这样一个角度来审视宗教的历史发展,从而把宗教的历史形态区分为"自发宗教"和"人为宗教",把整个宗教的历史发展规定为从"自发宗教"向"人为宗教"的发展。② 而另一方面,鉴于对宗教历史发展诸多维度的详尽讨论会使我们的讨论无穷尽地延宕下去,而使得对其他所有重大问题的讨论成为不可能,我们又不得不选择从在我们看来最为重要的维度来阐释宗教的历史发展。

由此看来,虽说宗教的历史发展有许多维度,我们可以从不同层面和不同维度来昭示宗教的历史发展,但是,在我们看来,宗教信仰和宗教组织毕竟是宗教的基本构成因素,而且,在一定的意义上,宗教信仰甚至是宗教要素中更为基本更为本质的内容。因此,当我们对宗教与社会的关系作历时性的史学考察时,就不仅应当注意到宗教的组织形态的历史发展对于社会及其历史发展的依赖性,而且还应当进而注意到对神圣者的宗教信仰的历史演绎对于社会及其历史的依赖性,从而说明下述假说:整个宗教基于社会进化的历史发展从一方面看,是一个从"氏族宗教"到"民族宗教"("国家宗教")和"世界宗教"的与时俱进的发展过程,而从另一个方面看,则又是一个从"自然宗教"到"多神教"和"一神教"的与时俱进的发展过程。

---

① 参阅斯宾诺莎:《伦理学》,贺麟译,商务印书馆1981年版,第52、42—43页。斯宾诺莎主要是从"人"的角度或"人的心灵及其最高幸福"的角度来阐释上帝属性的。既然"人是心灵和身体所组成",则"除了身体(或物体)和思想的样式以外,我们并不感觉或知觉到任何个体的事物"。从而"思想"和"广延"便是神的两个基本属性:"思想是神的一个属性,或者神是一个能思想的东西。……广延是神的一个属性,换言之,神是一个有广延的东西。"

② 参阅《马克思恩格斯全集》第19卷,人民出版社1965年版,第327—328页。

二、作为原始宗教的“自然宗教”与人类社会的原始状态

对神圣者的信仰乃宗教的根本问题和核心问题，对精神性的宗教来说是如此，对制度性的宗教来说也是如此。因此，当对宗教—社会的关系进行历时性的史学考察时，在考察了宗教组织形态的演进与人类社会发展的同步性的基础上，进而认真考察一下宗教信仰的演进与人类社会的进化的相关性和同步性，就是一件既十分自然又完全必要的事情了。

然而，当我们这样做的时候，我们发现：宗教的原初形式并非如主宗教启示说或宗教倒退论的学者所说的，是一神教，而是恰恰相反，是以自然崇拜为基本内容的自然宗教。恩格斯也正是基于同样的考虑，在 1846 年 10 月 18 日致马克思的信中以及在《〈反杜林论〉材料》(1876—1877 年) 和《路德维希·费尔巴哈和德国古典哲学的终结》(1886 年初) 中不止一次地强调指出：“最初的宗教表现是反映自然现象、季节更换等等的庆祝活动。一个部落或民族生活于其中的特定的自然条件和自然产物，都被搬进了它的宗教里。”“最初的神”是由于人们“用人格化的方法”来“同化”“自然力”，换言之，是由于把“自然力”“人格化”，才“产生”出来的。而“神的超世界的形象”或“超自然的形象”，特别是“一神教”的“唯一的神的观念”，则是在“宗教的进一步发展”中，才逐步形成的。[①]

自然宗教，作为宗教的原始形式，是那种以自然事物和自然力为崇拜对象的宗教，其根本特征在于：在这种宗教形态里，人们所崇拜的并不是什么“超自然”或“超世界”的“神灵”，而是存在于“自然界”之中或“世界”之中的自然物或自然力本身，是人们在感性的实践活动中所直接感知到或感受到的自然物或自然力。因而，自然宗教中的“自然”，既不同于斯宾诺莎的作为其泛神论公式的“神即自然”中的“自然”，也不同于西方近代作为理性神学同义语的“自然神学”中的“自然”。这是我们讨论自然宗教时必须时刻予以留意的。

自然崇拜主要表现为“大自然崇拜”、“动物崇拜”、“植物崇拜”和“图腾崇拜”等。

自然崇拜首先表现为“大自然崇拜”，如太阳崇拜、月亮崇拜、星辰崇拜、风雨雷电崇拜、土地山川湖海崇拜等。例如，缪勒在谈到古代印度人的自然崇拜时，就曾提到过“苏利耶”（太阳）、“伐由”（风）、“摩录多”（暴风雨）、“路陀罗”（雷公）和“因

---

① 参阅《马克思恩格斯全集》第 27 卷，人民出版社 1972 年版，第 63 页；《马克思恩格斯全集》第 20 卷，人民出版社 1971 年版，第 672 页；《马克思恩格斯选集》第 4 卷，人民出版社 1995 年版，第 224 页。

陀罗"(雨)等。[①]　此外,古代埃及曾有过对太阳神"瑞"(Re)的崇拜。在古代巴比伦宗教中,不仅有对作为生命与丰产象征的太阳神马尔都克(Marduk)的崇拜,还有对月神欣(Sin)及作为天气神的安或安努(An,Anu)、作为暴风雨和主管农业的神英利尔(Inlil)、作为水神的伊阿(Ea)的崇拜。在希腊宗教神话里,大自然崇拜也同样占有十分突出的地位。因为依据荷马史诗和赫西俄德《神谱》,奥林匹斯诸神中不仅卡俄斯(混沌)、盖亚(大地之神)、乌兰诺斯(天宇之神)和波塞冬(海神)等是自然神,而且即使宙斯也是一个雷电之神。在中国古代宗教中,大自然崇拜也占有相当重要的地位。例如,《山海经·大荒南经》中就有所谓"羲生十日"的神话传说,同埃及的太阳神不同的只是,中国太阳神乘坐的不是船而是所谓乌鸦(《山海经》)或马车(《淮南子》)。此外,殷墟卜辞中还有不少有关日神崇拜或拜日祭礼的记载。例如,在《佚存872》、《金璋44》和《明续338》中有"王宾日"的记载;在《佚存86》、《佚存407》和《粹编597》中有"出日"的记载;在《佚存407》和《乙2045》中,有"入日"的记载。此外,殷墟卜辞中还有"出入日,岁三牛"的有关祭日仪礼的记载。此外,中国古代也同样有月神、星官、气象诸神、地神、山神以及河川之神的崇拜。

自然崇拜还表现为"动物崇拜"和"植物崇拜"等。动物崇拜是一种相当普遍的自然崇拜。可以说,世界上所有的原始部落差不多都曾有过动物崇拜。古代埃及人曾把牛、羊、狮、虎、鳄鱼、蛇、蜜蜂和苍鹰奉为神明。从基督宗教《圣经》中可以看出犹太人的先祖曾有过对牛的崇拜。我国最早的神话《山海经》中所描写的几百种神中大多数为兽形神或半人半兽神,也足以说明我国古代曾盛行过动物崇拜。中国的动物崇拜中除对猪、马、牛、羊、犬、虎、豹、蛇的崇拜外,还有所谓龙、凤、麟、龟"四灵"的说法。这就把动物崇拜推向了极致。植物崇拜也比较普遍。据史料所载,公元前4千纪形成的上埃及王国曾以白色百合花为国徽,这说明古代埃及曾有过对白色百合花的崇拜。据缪勒对《吠陀》文献的考察,古代印度就有过对"作为半触知之物"的树的崇拜。而在我国,至今还保留有所谓"神木"的说法。

"图腾崇拜"可以看做是自然崇拜同祖先崇拜合二而一的原始宗教。据说古代埃及在埃及统一王国建立之前,各州分别奉牛、羊、狮、虎、蛇等动物为保护神,这无疑可以看作古代埃及图腾崇拜的遗迹。[②]古希腊的米尔米东族曾以蚂蚁为图腾,澳大利亚人有的曾以袋鼠为图腾,塞内加姆比亚的黑人曾以蝎子为他们的图腾。司马

---

① 参阅缪勒:《宗教的起源与发展》,金泽译,陈观胜校,上海人民出版社1989年版,第144—148页。

② 参阅黄心川主编:《世界十大宗教》,东方出版社1988年版,第3页。

迁在《史记·五帝本纪》中曾谈到黄帝曾经训练熊、罴、貔貅、貙、虎六种猛兽同蚩尤和炎帝作战。许多中国史学家（如郭沫若）认为，司马迁这里所说的六种兽名实际上乃为黄帝部落中以这些野兽为图腾的六个氏族。此外，《诗·商颂》中有"天命玄鸟，降而生商"，显然是在肯认商族祖先同玄鸟有血缘关系。

自然宗教之所以为人类宗教的原始形式绝不是偶然的，除了同原始人类认识能力的低下有关外，还有其极其深厚的生存论根源，这就是原始人类在获取必要的生活资料的过程中所产生的对自然界或自然物的极其鲜明的依赖感。应该说，原始人类所崇拜的自然物或自然力，一般来说，都同其获得生活资料的生存活动或生产活动密切相关。而且，原始人类对自然物或自然力的崇拜程度，一般来说，总是同人们在其生存活动或生产活动中对那些自然物或自然力的依赖程度成正比。恩格斯在1846年致马克思的一封信中在谈到原始人类动物崇拜的动因时，曾明确指出："人在自己的发展中得到了其他实体的支持，但这些实体不是高级的实体，不是天使，而是低级的实体，是动物。由此就产生了动物崇拜。"[1] 这是颇中肯綮的。但是，另一方面，人对自然物或自然力的认同意识，人对自然力人格化的"欲望"，无疑也是自然崇拜得以产生的又一项根本动因。因为所谓自然崇拜，无非是把人的生命、意志和能力投射给自然物或自然力，从而把自然物或自然力"人格化"。可以十分肯定地说，人既然是"我欲故我在"，[2] 他也就势必是"我欲故我信"或"我信我所欲"的。如果人类没有在极其异在的自然界面前"同化"自然力的强烈"欲望"，任何信仰、任何神灵观念，换言之，任何自然崇拜都不可能产生出来。

三、从"自然宗教"到"多神教"与社会进化

一如作为宗教原始形式的自然宗教之产生不是偶然的一样，从自然宗教向多神教的演进或过渡也不是偶然的。这首先是因为在自然宗教这一形态中，既然人们所崇拜的是其在感性的实践活动过程中所感知或感受到的自然物体或自然力，则随着人们实践活动领域的扩大，随着人们认知自然物体或自然现象的数量或深度的变化，随着人们对自然物体或自然现象的不断的人格化，一句话，随着自然宗教"一步步的发展"，人们所创造的神明便在所难免地越来越多。从这个意义上，我们完全有理由认定：从自然宗教向多神教的演进始终具有一种绝对的形而上学的必然性。

---

① 《马克思恩格斯全集》第27卷，人民出版社1972年版，第63页。
② 《费尔巴哈哲学著作选集》上卷，荣震华、李金山等译，商务印书馆1984年版，第591页。

从自然宗教向多神教的演进之所以是在所难免的，还有一个相当实际的理由，这就是原始人类"地域局限"的逐渐突破，其生存活动或生产活动范围的日益扩大。作为宗教的原始形式，自然宗教之产生或存在是基于原始人类同周围世界或自然界的极其"狭隘"的关系或联系之上的。但是，随着原始社会的进步，人类的生存空间越来越大，原始人类不断突破其原有的"地域局限"，从而造成在一个较大的社会团体或空间范围内不同地域神灵并存的局面。例如，在前王朝时期（公元前四千纪中叶以前），埃及所属各氏族或部落分别奉牛、羊、狮、虎、蛇、鹰等动物（或植物）为保护神（图腾）。但到了早期王国时期，即在美尼斯统一埃及建立第一王朝之后的很长一段时间（至少一直绵延到第四王朝和第五王朝太阳神被确立为至上神为止），在统一的埃及王国之内，便十分自然地出现了诸多保护神并存的局面。再如，在苏美尔—阿卡德时代之前，两河流域的许多城邦都有自己的地方性保护神或图腾。例如乌鲁克城的地方性保护神或图腾为天气神安或安努，尼普尔城的地方保护神或图腾为暴风雨神英利尔，埃里都城的地方保护神或图腾为水神伊阿，巴比伦城的地方保护神或图腾为太阳神马尔都克等。但是，到了苏美尔—阿卡德时代，即到了安努上升为主位神或巴比伦地方保护神马尔都克上升为至上神之时及其以后的很长一段时间，两河流域显然处于诸神并存的局面。再如，在古代中国，虽然在自然崇拜的基础上形成了一些有重大影响的神灵，诸如作为造物神的盘古，作为渔猎神的伏羲，炼石补天、抟土造人的女娲，发明农业的农神等，但是这些神灵之间似乎并无隶属关系，显然保持着一种各自独立、相互并存的局面。

促成多神教出现的另一个酵素则潜藏于宗教信仰主体形成神灵观念的"抽象化过程"之中。我们知道，神灵观念是在自然崇拜的基础之上逐渐产生出来的。然而，神灵观念的产生和发展是一个相当复杂的"抽象化过程"。这一过程一方面促成了宗教从"多神教"向"一神教"的跃进（关于问题的这一个方面，我们将在后面论述），而另一方面又促成了"二元神教"的产生。例如，随着自然宗教的进一步发展，"精灵崇拜"和"魔力崇拜"便从自然崇拜中"分解"出来或"分化"出来。这在古代中国有所谓"魂魄"的说法，而在西方，如美拉尼西亚人，则有所谓"玛纳"（Mana）的说法。可以说，"二元神教"就是在这种"抽象化过程"中衍生和发展出来的。例如，在波斯地区，人们在自然崇拜的基础上不仅形成了太阳神、风神、雨神、火神等许多神明，而且还形成了善神和恶神的概念，形成了神的两个王国：光明王国和黑暗王国。可以说，琐罗亚斯德教（我国史称"祆教"）就是在这样的宗教背景下产生出来的。诚然，琐罗亚斯德教并非一般意义上的多神教，因为它已有了自己的高位神阿胡拉·玛兹达和安格拉·曼纽。无论是阿胡拉·玛兹达还是安格拉·曼纽都有自己的神殿和僚神。例如阿胡拉·玛兹达便不仅有圣灵、善思(牛)、正义(火)、虔敬、理想国(金属)、完善(水)等一群"大天使"(神圣的不死者),而且还有诸如忠直、公正、信约、胜利、智慧、真言、日、月、火、水等"小天使"和保护神。而魔王安格拉·曼纽也有恶思、不义以及埃斯玛等许多魔众(daeva)。然而,问题在于,他们各属于一个神的王国,分别代表了光明与黑暗、生命与死亡、创造与破坏、善行与恶行、善性与恶性这样一些对立的品质或德性。再如,摩尼教显然也具有同样的"二元神教"的性质。因为摩尼教也同琐罗亚斯德教一样,把光明与黑暗看作是两种独立的存在或王国(即摩尼教教义里讲的"二宗三际"中的所谓"二宗")。光明王国中的主神在古波斯语中称察宛(arvan),有时被称为"光明之父",汉译为大明尊,为神位、光明、威力和智慧等"四大尊严"的集中体现者。其下有妙空、妙风、明力、妙水、妙火等"五明子"及十二使等无数尊神。黑暗王国则由大魔(汉译为怨贪魔王)及其所属的浓雾、熄火、恶风、毒水、黑暗等五魔管理。因此,像琐罗亚斯德教和摩尼教这样的"二元神教"是完全可以看作是自然崇拜中精灵崇拜和魔力崇拜的一种历史演绎。而且,也正是从这种意义上,我们有理由说神灵观念形成中的"抽象化过程"乃作为多神教一种形态的"二元神教"的极其重要的认识论根源。

四、从"多神教"走向"一神教"与社会进化

尽管在世界许多地区,一些"多神教"始终没有取得或达到"一神教"的形态,但是从总体上讲,多神教走向一神教的可能性却是普遍存在的。而且,在世界各地区,差不多都有一些多神教或迟或早地达到了一神教。

古代埃及至公元前四千纪中叶,开始形成了"下埃及王国"和"上埃及王国"。此时,下埃及王国以蛇神为保护神或图腾,而上埃及王国则以神鹰为保护神或图腾。这可以看作是古代埃及宗教从多神教走向一神教的极其重要的一步。至公元前3000年左右,上埃及国王美尼斯灭下埃及,埃及进入早期王国时期和古王国时期。这时,尽管不同地区仍有不同的地方神和当地的众神殿,但从整个埃及来说,太阳神瑞却明显上升到了高踞众神之上的特殊地位,受到古代埃及人的普遍崇拜,并成为历代王朝的最高保护神。可以说,至此古代埃及宗教已大体上完成了从多神教向一神教的过渡或转换。两河流域的古代巴比伦宗教至苏美尔—阿卡德时代,几个特大城邦的神灵,如乌鲁克城邦的神灵安努(天气神)、尼普尔城邦的神灵英利尔(暴风雨神和农业神)和埃里都城邦的神灵伊阿(水神)不仅已开始上升到"主神"的地位,

而且还被合称为天、地、水三位主神,足见其地位已经非一般神灵所能及。不仅如此,乌鲁克城邦的神灵安努还进而被确认为三神之中的主位神,被认为是万神之父和诸神之王,是负责处理宇宙事物的众神大会的主持者。至公元前 1758 年古巴比伦第六代国王汉谟拉比统一两河流域,建立其强大的古巴比伦王国的时候,巴比伦城邦的保护神马尔都克(太阳神)取代安努的地位,独占至高无上的尊荣地位,可以说是最后完成了古代巴比伦宗教从多神教向一神教的过渡。

按照缪勒对《吠陀》文献的研究,古代印度的宗教也经历了一个由多神教向一神教的发展过程。在这一过程中出现了一些天神或高位神。例如,阿耆尼(火神)被称作宇宙的统治者、人的主、智慧的王等。因陀罗(雷雨之神)被赞颂为最强大的神和众神中的英雄。伐楼那则被人们称作"天地之王"和"人神之王"。但是即便是这样的高位神,也不是至上的,更不是独一无二的。只是到毗首羯磨和生主出现之后,古代印度宗教才可以说是完成了从多神教向一神教的过渡。因为,古代印度人明显地赋予毗首羯磨以"万物的创造者"和"统治者"的意涵,并且宣布他是"唯一的神"。至于"生主",则不仅被颂为"宇宙的创造者""众神中的第一位神",而且还被明确宣布:"生主在这一切初始之际是唯一的。他是支撑者,因为他支撑一切","他是众神之上的唯一神","他是这个世界一切事物的主宰"。① 中国古代宗教也是如此。如上所述,中国宗教的原始形式也是自然崇拜,而中国古代的自然崇拜也是以图腾崇拜为其高级形态。例如,据说黄帝氏曾以熊为其图腾,炎帝氏曾以火为其图腾,共工氏曾以水为其图腾,大白皋氏曾以龙为其图腾,商族曾以玄鸟为其图腾,至于夏族,有说其曾以薏苡为其图腾,也有说其曾以鱼为其图腾的。但是,无论如何,至西周则已经大体完成了向一神教的过渡。因为,在殷商时期,我国就出现了上帝崇拜,开始把"帝"或"上帝"看做"管理自然与下国的主宰"(陈梦家语)。到了西周,更出现了"天"或"天帝"的崇拜。② 尽管在这里,与世界其他地区的某些一神教不同,不是把宇宙的一切权威乃至万物的创造统统交给上帝,从而从根本上消除掉了众神存在和发挥作用的前提,而是给众神的存在和功能留下了充分的余地,但是无论如何,中国古代宗教的多层次的神统毕竟是以上帝或天帝为其中心的。

---

① 参阅缪勒:《宗教的起源与发展》,金泽译,陈观胜校,上海人民出版社 1989 年版,第 204—208 页。
② 《诗经》中既有"上帝是皇"(《周颂·清庙·执竞》)的说法,又有"皇矣上帝,临下有赫。监观四方,求民之莫"(《大雅·文王·皇矣一》)的说法。这些都是殷周时代"一神教"开始形成的文字根据。

从多神教向一神教的发展是一个相当复杂的历史过程。我们不妨大体把这一过程区分为下述几个阶段。首先是众神多元并存阶段。在这一阶段里，人们在某一段时间或某一个场合里只崇拜某一个神，但他们无论如何不会同时去否定其他神灵的存在，而且在另一段时间或另一个场合他们会去崇拜另外的神。这一阶段的根本特征在于，人们尚无高位神的概念，在人们所肯认和崇拜的诸神之间并无明显的或固定的隶属关系。缪勒曾把宗教发展的这一阶段称作"宗教的方言阶段"或"单一神教"阶段，[①] 这是十分贴切的。其次是所谓"高位神"阶段。在这一阶段里，人们所信仰的诸神之间的平等地位遭到破坏，他们之间的地位出现了明显差异，其中一些神灵开始获得特别崇高的地位（即高位神的地位）。例如，古代埃及宗教中下埃及王国的蛇神，上埃及王国的鹰神；古代巴比伦宗教中，苏美尔—阿卡德时代的天、地、水三位主神；古代印度宗教中的阿耆尼（火神）、因陀罗神（雷雨之神）以及伐楼那（天地之王）等都是如此。最后是所谓至上神阶段。在这一阶段里，出现了至高无上的神灵。这一神灵是宇宙的最高主宰，甚至为宇宙的创造者（如圣经宗教中的至上神）。例如埃及宗教中的太阳神瑞、古代巴比伦宗教中的天神安努（苏美尔—阿卡德时代）以及太阳神马尔都克（巴比伦王国时代），古代印度宗教中的毗首羯磨和生主，中国古代宗教中"帝"（殷商时代）和"天"及"天帝"（西周及其以后），犹太教中的雅赫维（即基督宗教所称的耶和华），基督宗教中的上帝等，都是这样的神灵。毫无疑问，由于种种历史条件的限制，并非所有的古代宗教都顺利地走完这一过程的所有阶段的。而且即使那些走完这一过程诸多阶段的宗教，其历史形态也是多种多样和千差万别的。这些是我们在研究历史上的宗教从多神教向一神教的历史发展时应当充分留意的。

在讨论多神教向一神教的历史发展时，还有一点也是需要予以充分注意的，这就是多神教与一神教的历史性和相对性。实际上，对于许多古代宗教来说，一神教是一个非常相对的说法。例如，对于许多东方古代宗教来说，我们说它业已过渡到一神教，这仅只意味着它已经明确地确立了某一个神的至高无上的地位，而丝毫不意味着它否认其他神灵的存在，而是恰恰相反，它正是以肯认其他神灵的存在来保

---

① 参阅缪勒：《宗教的起源与发展》，金泽译，陈观胜校，上海人民出版社1989年版，第200页。缪勒把神灵观念的发展理解成一个从多神教到单一神教再到一神教的过程。在谈到单一神教时，缪勒指出："在独立的部落形成民族的过程中，单一神教表现得最为明显。如果可以这样说的话，它好像是君主制以前的无政府状态，它是和帝国宗教相区别的公社宗教。或许，最好把它描述为宗教的方言阶段。正如先有方言，然后才有民族共同语言，宗教也是这样。"

证其至上神的无限权威和至上地位的。例如，古代巴比伦宗教，在苏美尔—阿卡德时代，虽然安努被奉为主位神，但依然有天（安努）、地（英利尔）、水（伊阿）三位大神的说法。再如，在梵书、奥义书时代，吠陀万神殿中，虽然有上述生主神，但依然有三神一体的梵天（创造神，亦即生主）、毗湿奴（护持神）和湿婆神（破坏神）。再如，在古代中国的天帝崇拜中，也丝毫没有否认众神存在的意味。例如，在殷商时代的神灵崇拜中，虽然"帝"成了至上神，但他依然有"五臣"和"信使"等许多下属神。至汉代武帝时期，人们信仰的上帝竟然多达五位，即青帝、赤帝、黄帝、白帝和黑帝，而且只是觉得这有碍于信仰和思想上的"一统"，才在五帝之上外加了"太一"。[①] 而且，即使在西方古代宗教中，情况也没有什么本质的差别。例如，古代希腊宗教虽说在宗教演化史上已达到较高级阶段，但除了以宙斯为首的奥林匹斯诸神外，还另有以地母盖娅为首的提坦诸神以及酒神狄俄尼索斯、命运三女神、复仇三女神等独立神系。而且，即使在奥林匹斯神族中，宙斯虽然被确认为希腊宗教的主神，被称为"众神之父"，但这恰恰是以太阳神阿波罗、狩猎女神阿尔忒弥斯、锻冶之神赫淮斯托斯、美神阿佛洛狄忒、战神阿瑞斯、智慧女神雅典娜等奥林匹斯诸神的存在为前提的。而且，就连宙斯本身，也不过是一个主宰雷电之神，并且他的成功乃至他的存在也都有赖于提坦神王克洛诺斯和神后莉娅乃至地母神盖娅。此外，对于像琐罗亚斯德教和摩尼教这样的"二元神教"来说，虽然，就其强调存在着两个神的王国和两个神的谱系来说，我们是不可能将它们称为一神教的，但是如果我们对这两个神的王国或神的谱系分别来看，则也不妨把它们看作一种"弱一神教"。同时，既然琐罗亚斯德教主张世界历史进程四时期说，认定12000年之后救世主必将战胜并彻底肃清魔众，人类必将进入"光明、公正和真理的王国"，摩尼教也坚信"两宗三际论"，持守光明必将战胜黑暗的逻辑，并且它们都坚持崇拜善神和光明之神，则说它们归根到底是一种一神教，也不是没有道理的。

五、"庸俗的无神论"与"诚实的无神论"

既然如上所述，作为宗教信仰对象的神的观念其实只不过是作为社会的人的观念，只不过是一种随着社会的变化而变化的观念，那么，这样一种神的观念岂不是一种有可能随着社会的变化而自行消亡的观念。

这个问题不光恩格斯提出过，而且其他一些宗教思想家也都曾以这样那样的形

---

① 参阅胡适：《中国思想史长编（手稿本）》，美亚出版公司1971年版，第536—549页。

式提出过。我国汉代著名的无神论思想家王充 (27—96) 曾经提出过“疾虚妄”的口号，其锋芒所向直指种种神鬼观念。而且他用以“疾虚妄”的武器不是别的，也是一种注重“效验”的实证态度和实证精神。所谓“事莫明于有效，论莫定于有证。空言虚语，虽得道心，人犹不信”（《薄葬》），即是谓此。南朝的范缜 (约 450—515) 著《神灭论》，以“形神相即”和“形质神用”根本否认超越神灵的存在。明代罗钦顺 (1465—1547) 则从“卫道”的立场出发，或者将各种宗教统统斥为“异端”，或者将“鬼神”视为“精思而自得之”的东西。18 世纪法国启蒙思想家伏尔泰如前所述，把神和宗教看做是“最下流的无赖编造出来的最卑鄙的谎言”，[①] 而比他稍后的百科全书派的代表人物狄德罗 (Denis Diderot, 1713—1784) 用一个“假”字来概括宗教，宣称：“一切宗教”都缺乏永恒性、普遍性和明显性，因而都“三倍地被证明是假的”。[②] 另一个百科全书派的代表人物霍尔巴赫 (Paul Heinrich Dietrich d’Holbach, 1723—1789) 宣布上帝是“人的想象创造的虚构物”，宣布“神的观念”和宗教是人们“无知”的产物。[③] 而社会学的宗教社会学鼻祖孔德，如前所说，不仅把“神学”界定为“虚构”，把人类思想的“神学阶段”界定为“虚构阶段”，而且还明确地把人类思想的发展规律界定为从“神学阶段”（虚构阶段）到“形而上学阶段”（抽象阶段）再到“科学阶段”（实证阶段）。

毫无疑问，这些无神论者或传统宗教的批判者不仅富于批判精神，而且也不乏思想的深度，但是，问题如恩格斯所指出的，对于宗教，“简单地说它是骗子手凑集而成的无稽之谈，是不能解决问题的。要根据宗教借以产生和取得统治地位的历史条件，去说明它的起源和发展，才能解决问题。”[④] 就宗教的发展前景来说，任何一个思想家的一种“决断”都是不可能立即“废除”宗教的。这里有两点是不能跳越过去的。首先宗教是否一定要消亡，其次如果宗教有朝一日要消亡，那么宗教消亡的历史条件又将是什么。就第一个问题言，一些宗教思想家断定宗教既然是人类社会发展到一定阶段才形成和产生的，那么它就一定会随着社会的发展而自行消亡。但是也有一些思想家对此持有异议。至于第二个问题也是有不同看法的。例如，一些思想家认为只要进行一些理论上的批判，揭穿骗子手们的种种骗局，宗教就会销声匿

---

① 伏尔泰：《哲学通信》，高达观等译，上海人民出版社 1961 年版，第 122 页。

② 参阅狄德罗：《狄德罗哲学选集》，江天骥、陈修斋、王太庆译，商务印书馆 1999 年版，第 39 页。

③ 北京大学哲学系外国哲学史教研室编译：《十八世纪法国哲学》，商务印书馆 1979 年版，第 567 页。

④ 《马克思恩格斯全集》第 19 卷，人民出版社 1965 年版，第 328 页。

迹了。但是，另外一些思想家则认为，宗教的消亡是需要一定的社会条件和历史条件的。马克思就不止一次地强调指出了这一点。例如，他在《论犹太人问题》中就曾经指出：宗教是可能被"废除"或"根除"的，"但是，这只有通过废除私有财产、限定财产最高额、没收财产、实行累进税，通过消灭生命、通过断头台，才能做到。"[①] 后来，他在写作《资本论》时又强调指出："但是，这需要有一定的社会物质基础或一系列物质生存条件，而这些条件本身又是长期的、痛苦的发展史的自然产物。"[②] 至少就我们当前所处的历史时代来说，奢谈宗教消亡总难免带有几分乌托邦的色彩。我们之所以强调宗教存在的长期性，强调宗教存在的长期性乃我们宗教观中的一项基本内容，其根本理据正在于对人类社会当前阶段的这样一种清醒的估计。

如果从这样一个高度来考察一下宗教学奠基人缪勒的"诚实的无神论"与"庸俗的无神论"是不无意义的。缪勒在《宗教的起源与发展》中区分了两种无神论：其中一种他称之为"庸俗的无神论"，而另一种他则称之为"诚实的无神论"。所谓"庸俗的无神论"是指那种以自己的神的观念为标尺或"法印"的"无神论"。这种无神论把那些凡不符合自己的神的观念的宗教都统统宣布为"无神论"。例如，"婆罗门眼里，佛陀是个无神论者。"而"在雅典法官的眼里，苏格拉底是个无神论者。"此外，教父神学家亚大纳西则把雅利安人称作"无神论者"。17 世纪的异教创始人瓦尼尼则由于被谴责为"无神论"而于 1619 年被判处割去舌头后被活活埋掉。缪勒坚定地反对了这样一种宗教迫害，宣布：这是一种"走向死亡的无神论"。[③] 需要强调指出的是：缪勒在这里所强调的，并不仅仅是一种宗教宽容，而是有其更深一层的含义的。这就是：他在这里是在阐述一条宗教发展的"基本规律"，这就是：宗教的根本生命在于"自否定"，即一种永远对先前的对信仰对象的认识持一种不断超越的态度和立场是任何一种宗教得以存在和发展的根本缘由。在缪勒看来，人类宗教之所以能够从他所谓的"单一神教"（Henotheism）走向"多神教"（Polytheism）然后又走向"唯一神教"（Monotheism），最根本的就在于它始终坚持了"自否定"的原则，即人类对自己对宗教信仰对象的认识不断否定、不断超越的原则。正因为如此，他把简单的"他否定"称作"死亡的无神论"，而把坚持"自否定"原则的"无神论"称作"一切真正信仰的生命之血"。对于这样一种无神论，缪勒不无激情地写道：

① 中共中央马克思恩格斯列宁斯大林著作编译局：《马克思恩格斯列宁斯大林论宗教和无神论》，人民出版社 1999 年版，第 238 页。

② 马克思：《〈资本论〉第一卷》，见《马克思恩格斯选集》第 2 卷，人民出版社 1995 年版，第 142 页。

③ 缪勒：《宗教的起源与发展》，金泽译，上海人民出版社 1989 年版，第 213—215 页。

　　这是一种力量，它使我们在最美好、最诚实的时刻，放弃了我们不再相信其为真实的东西。这还是一种准备，准备用虽为当时社会所憎恶但却是完美的东西，代替虽当时为社会视为神圣但却是不完美的东西。这是一种真正的自我牺牲，这是信仰中最真实的依赖，是最真实的信仰。没有这种无神论，宗教早就变成一种僵化的虚伪。没有这种无神论，就不可能有新的宗教或宗教改革，我们任何人都不可能获得新生。[①]

应该说，缪勒的这样一种观点是十分深刻的。但是，我们还是应当指出：尽管如此，缪勒的观点也依然有其肤浅和片面的一面。因为他过分强调了宗教信仰的"自否定"，而没有进一步深究宗教信仰的这样一种"自否定"何以可能这样一个重大的问题。其实，宗教信仰的"自否定"依然需要某种"被动"的因素，需要一种客观的基础，这就是人类社会的内部矛盾运动及其发展，舍此，宗教信仰方面的任何一种"自否定"都是不可能得到充分说明的，甚至是根本不可能出现的。人类对宗教信仰对象认识的与时俱进，即人类的神的观念的与时俱进，固然从表现形式方面看，是一种不断的"自否定"，但是，就其深层的动因看，则始终是以人类社会的内部矛盾运动及其发展为基础和背景的。这就是我们对缪勒的"诚实的无神论"的一种根本性的补充或修正，这也就是我们在本节中所要阐明的关于宗教社会性的一项根本原则。

　　缪勒关于"庸俗的无神论"与"诚实的无神论"之争的论断的理论意义最根本的就在于他在事实上提出了宗教存在的长期性问题。其实，"庸俗的无神论"不仅古代和近代有之，而且即使在当代，主张"庸俗无神论"的也大有人在。前苏联不是在20世纪30年代和50年代末—60年代初先后两次开展了大规模的"消灭宗教"运动？[②]在1967年11月，阿尔巴尼亚政府不是就宣布"一切宗教及其团体均为非法"、阿尔巴尼亚已经成为"世界上第一个无神论国家"了吗？在我国，即使在新中国成立初期，不是就有一人试图用行政命令手段或"无神论宣传"的手段来"削弱宗教"、"打倒宗教"、"消灭宗教"吗？[③]真正说来，宗教存在的长期性之争归根到底是一个是否承认和重视宗教及其信仰的"奥秘"问题。"庸俗的无神论"者之所以否认宗教存在的长期性，说到底就在于他们否认宗教及其信仰的"奥秘"，否认宗教信仰与其他社

① 缪勒：《宗教的起源与发展》，金泽译，上海人民出版社1989年版，第213页。
② 参阅段德智等：《境外宗教渗透论》，经济科学出版社2016年版，第184—185、186—187页。
③ 中共中央统战部研究室编：《历次全国统战工作会议概况和文献》，档案出版社1988年版，第185页。

会意识形态的本质区别，否认宗教组织与其他社会组织的本质区别，从而采取了将宗教信仰还原为一般社会意识形态、将宗教组织还原为一般社会组织的理路。从这个意义上，我们不妨说，"庸俗无神论"者事实上采取的就是主张"还原主义"、力图将宗教社会学建设成社会学分支学科的社会学家的理论。然而，正如所有的"消灭宗教"运动最后都无疾而终一样，"庸俗无神论"也势必为"诚实无神论"所取代，社会学的宗教社会学也势必为宗教学的宗教社会学所取代（尽管社会学的宗教社会学在宗教学的学科发展中也发挥了非常积极的作用）。

中国马克思主义者，作为"诚实的无神论"者，历来正视宗教及其信仰的"奥秘"和特殊性，注重宗教及其信仰同一般社会组织和一般社会意识形态的区别，反对形形色色的"社会还原主义"，对社会主义社会宗教能否长期存在这个问题作出了斩钉截铁的回答。1956 年 2 月 12 日，毛泽东在同藏族人士的谈话中，曾针对宗教工作中的"简单急躁"或"急躁冒进"的做法，强调指出：

> 宗教信仰自由，可以是先信后不信，也可以是先不信后信。在中国，信仰宗教的人不少。信耶稣教的有八十万人；信天主教的有三百万人；信伊斯兰教的有一千多万人；信佛教的更多，有几千万人；还有信道教的，数目也很大，约有一千多万人。人们的宗教感情是不能伤害的，稍微伤害一点也不好。除非他自己不信教，别人强迫他不信教是很危险的。这件事不可随便对待。就是到了共产主义也还会有信仰宗教的。[①]

1957 年 8 月，周恩来总理在全国人民代表大会民族委员会召开的民族工作座谈会上发表讲话，从政治（政治上层建筑）与思想（意识形态和思想观念）的差异的理论高度阐述了宗教存在的长期性，回应了宗教界对"社会主义消灭宗教"谣言的担心。周恩来（1898—1976）针对宗教界人士的担心，说道：

> 有的宗教界朋友担心，既然经济基础的改革会影响到思想方面，那么，是否也会影响到宗教呢？经济基础的改革，对思想方面有影响是必然的。但是，思想方面的变化，不会像政治制度的改革那样发展。思想方面的变化是最慢的。

---

① 毛泽东：《同藏族人士的谈话》（1956 年 2 月 12 日），见《毛泽东文集》第七卷，人民出版社1999 年版，第 4 页。

信仰宗教的人，不仅现在社会主义的国家里有，就是将来进入共产主义社会，是不是就完全没有了？现在还不能说得那么死。①

显然，周恩来在这里所表达的正是1956年2月毛泽东同藏族人士的谈话的根本思想。应该说，毛泽东和周恩来关于“就是到了共产主义也还会有信仰宗教的”论断充分考虑到了宗教的特殊性，是相当大胆的，是前无古人的，是对马克思主义宗教理论的一个重大发展。②

第三节　宗教意识的与时俱进Ⅱ：与时俱进的宗教哲学

宗教意识的历史发展同人类社会历史发展的同步性不仅鲜明地表现在神的观念的与时俱进方面，而且还鲜明地表现在宗教哲学的与时俱进方面。

要讨论与时俱进的宗教哲学，首先就需对宗教哲学有一个初步的认识和界定。一般说来，特别是从当代宗教哲学的眼光看来，宗教哲学是人们对宗教现象和神学理论的哲学思考。它原则上属于哲学，而不属于神学。谢扶雅先生（1892—1991）在谈到“宗教哲学之意义”时，曾经讲道：

> 宗教哲学者，宗教之哲学的研究（Philosophical Study of Religion）也，宗教本身，决非哲学。但从哲学的立场，研究及批判人生宗教的活动（指广义的而言，包涵宗教思想，宗教意识，宗教行为），即为宗教哲学。③

这可以说是一个广义的宗教哲学的概念。但是，也有人从作为宗教学的分支学科的角度来界定宗教哲学。例如，赵敦华先生（1949—　）就曾断言：“宗教哲学是结合哲学和宗教学而形成的一门学问。”④由此看来，宗教哲学具有明显的两重性质：一方面它可以作为哲学的一个分支学科，另一方面它又可以作为宗教学的一个分支学科。

---

① 《周恩来统一战线文选》，人民出版社1984年版，第383页。
② 关于宗教存在的长期性，尤其是社会主义社会宗教存在的长期性，请参阅段德智：《宗教学》，人民出版社2010年版，第409—428页。在其中，笔者对该问题做了比较全面、比较系统、比较深入的阐述。
③ 谢扶雅：《宗教哲学》，山东人民出版社1998年版，第1页。
④ 参阅迈尔威利·斯图沃德编：《当代西方宗教哲学》，周伟驰、胡自信、吴增订译，北京大学出版社2001年版，第1页。

关于宗教哲学的第一个定义显然更多地是着眼于宗教哲学之为哲学的一个分支学科的，而关于宗教哲学的第二个定义则显然更多地着眼于宗教哲学之为宗教学的一个分支学科的。但是，如果我们用当代的眼光看问题，则我们是可以同时把它理解为两者的。

宗教哲学，作为哲学的一个分支，同神的观念一样，也具有明显的社会性和历史性，也是随着人类社会的发展而不断向前演进的。在两千多年的历史发展中，在人类社会不断发展的基础上，宗教哲学经历了一个和一般哲学大体同步的发展过程。就西方宗教哲学看，它同西方哲学一样，也是一个包含古代希腊、中世纪、近代和现当代四个阶段在内的发展过程。

一、古代希腊宗教哲学：作为"第一哲学"的神学

古代希腊时期是西方宗教哲学在哲学中的地位渐次明晰且得到确认的时期。虽然早在古希腊奴隶制形成时期，泰勒斯、阿那克西曼德、毕达哥拉斯、色诺芬尼、巴门尼德、赫拉克利特等哲学家就曾对宗教进行过哲学思考，但是，直至亚里士多德（Aristotle，公元前 384—前 322），神学（即宗教哲学）才被确认为哲学的一个分支学科。

依照亚里士多德的科学分类法，哲学作为理论科学，包含三个分支学科，这就是数学、物理学（自然哲学）和第一哲学。后人曾把亚里士多德的第一哲学称作"物理学之后"，即形而上学，其意思是说，物理学即自然哲学，所探讨的是自然界的万事万物运动和变化的本原和原因，而第一哲学则要在更深的层次上探讨事物运动和变化的本原和原因：它要探究的是事物运动和变化的"最后"的"根本原因"，即"不动的实体"或"第一推动者"。但是，亚里士多德本人却并没有使用过"形而上学"这个字眼，他径直将他的第一哲学称作"神学"。这是因为在他看来，既然第一哲学是一门研究万物的"为什么"，即"根本原因"的学问和"不动的实体"的学问，既然神是"万物的原因，而且是本原"，是"永恒的不动的实体"，则第一哲学之为神学或之为"关于神的学问"，就是一件顺理成章的事情了。①

亚里士多德既然把他的第一哲学称作神学，则神学在亚里士多德的学科谱系中所处的地位自然就十分重要了。首先，神学是哲学的一个分支学科，是一个同数学、

---

① 北京大学哲学系外国哲学史教研室编译：《西方哲学原著选读》上卷，商务印书馆 1981 年版，第 120 页。

物理学这些理论科学相并列的一个分支学科。其次，神学在亚里士多德的学科谱系中不仅是哲学的一个分支学科，而且是一个高于所有其他分支学科的分支学科。既然亚里士多德把神学称作“第一哲学”，这就足以表明神学在亚里士多德学科谱系中的至上地位了。这也是十分自然的。因为既然在亚里士多德看来，哲学是一门“探究原因的学术”或“一门研究原理与原因的学术”，[①] 而神是万物的最后的原因，则作为“关于神的学问”的神学之为第一哲学就没有什么不可理解的了。最后，亚里士多德有时径直将哲学称作神学。这是因为在亚里士多德看来，哲学这门学术不同于“制造学术”，人间没有比哲学更为“光荣”的学术了。

> 因为最神圣的学术也是最光荣的，这学术必然在两方面均属神圣。于神最合适的学术正应是一门神圣的学术，任何讨论神圣事物的学术也必是神圣的；而哲学却正如此：(1)神原被认为是万物的原因，也被认为是世间第一原理。(2)这样的一门学术或则是神所独有；或则是神能超乎人类而所知独多。所有其他学术，较之哲学确为更切实用，但任何学术均不比哲学为更佳。[②]

亚里士多德虽然把“第一哲学”定义为“关于神的学问”或“神学”，但是他对神的理解却是理性主义的。他不仅把神看做“思想的思想”，而且有时还直接把“神”叫作“努斯”（nous，即理智）。这一时期的其他哲学家，虽然也可能有少数几个例外，但多数与亚里士多德的理性立场是十分接近的。泰勒斯（Thales of Miletus，其鼎盛年为公元前585）这位西方历史上的第一位哲圣，是在“水是万物的本原或始基”这一哲学命题的前提下谈论“万物都充满着神灵”的，[③] 其意思无非是说万物内都内蕴着一种“活动的原则”和“生命的原则”。[④] 赫拉克利特（Heraclitus of Ephesus，？—公元前480年以后）虽然讲神“统治一切”，但他所谓的神却是意指那“永恒的流转着的火”，尤其是意指那“创造万物的逻各斯”。[⑤] 由此可见，古希腊时期的宗教哲学至少就其主流看，是理性主义的，而不是启示主义的和信仰主义的。

---

① 亚里士多德：《形而上学》，吴寿彭译，商务印书馆1981年版，第4—5页。
② 同上书，第5—6页。
③ 北京大学哲学系外国哲学史教研室编译：《古希腊罗马哲学》，商务印书馆1982年版，第5页。
④ 同上书，第17页。
⑤ 同上书，第21页。

二、中世纪宗教哲学：启示主义与信仰主义

但是，随着西方社会由希腊罗马奴隶制向中世纪封建制的过渡，这种理性主义就逐渐让位于启示主义和信仰主义。

中世纪的宗教哲学的基本形态只有一个，这就是基督宗教哲学，亦即教父哲学和经院哲学，其代表人物主要有德尔图良、奥古斯丁、安瑟尔谟、托马斯·阿奎那等。可以说，中世纪宗教哲学的启示主义和信仰主义有两种形态：其中一种可称之为强启示主义和信仰主义，以德尔图良和达米安为主要代表人物，另一种可称之为弱启示主义和信仰主义，以奥古斯丁、安瑟尔谟和托马斯·阿奎那等为代表。

德尔图良和达米安为了宣扬启示主义和信仰主义，都表现出了一种轻视和敌视理性和哲学的态度和立场。德尔图良是第一位拉丁教父，其主要著作有《申辩篇》、《反异教的信条》、《论基督肉身》等。在《申辩篇》中，他认为罗马统治者应该加以迫害的是哲学家，而不是基督宗教信徒。这是因为在德尔图良看来，虽然哲学家和基督宗教信徒都反对罗马宗教，但是他们的动机却迥然有异。因为哲学家之所以反对罗马宗教乃是出于不敬神的态度，而基督宗教信徒之所以不信罗马宗教乃是出于对真正的神的虔诚。在《反异教的信条》中，德尔图良反对了当时流行的用神人关系来解读神学和哲学的关系的做法，他不仅把哲学称作"人的学说"，而且还进一步把哲学称作"魔鬼的学说"，其理据在于"异端是哲学教唆出来的"。他举例说，否定信仰的诺斯替派（Gnosticism）瓦伦提诺属于柏拉图派，否认《旧约》的马谢安派（Marcionism）源于斯多葛派。他的《论基督的肉身》中有一句名言："唯其不可能，我才相信。"他的这句话是针对那些为基督被钉死在十字架上面而感到羞耻的人说的。他说："上帝之子被钉在十字架上，我不感到羞耻，因为人必须为之感到羞耻。上帝之子死了，这是完全可信的，因为这是荒谬的。他被埋葬又复活了，这一事实是确实的，因为它是不可能的。"[①] 达米安（Peturs Damiani，1007—1072）有一句名言："哲学应当像婢女服侍主人那样为神圣的经典服务。"[②] 他的真正的意思是说，哲学若要作神学的侍者，它就必须遵守一定的规矩，而当时的以辩证法身份出现的哲学恰恰是因为其不符合这样的规范而不可能服务于神学，从而连作神学的"婢女"的资格也没有。这是因为在达米安看来，辩证法的根本缺陷就在于它不依赖天启和信仰，

---

① 德尔图良：《论基督肉身》，第 15 章。Cf. *The Anti Nicene Fathers*, Vol.III, ed. by A.Roberts and J. Donaldon, Buffolo, 1885, p.246.

② D. Knowles, *The Evolution of Medieval Thought*, London, 1962, p.96.

而只是依照逻辑规则独立运用理性的方法。

需要指出的是: 即使在中世纪,像德尔图良和达米安所极力倡导的这样一种极端的启示主义和信仰主义也并未构成基督宗教神学的主流。德尔图良到最后竟加入了一个异端组织孟他努派(Montarism)。而达米安的名言"哲学应当像婢女服侍主人那样为神圣的经典服务"也被人改写为"哲学是神学的婢女"(Philosophia ancilla theologiae)。人们用"是"字置换掉那个"应当"这样一种做法可以说是理性辩护主义对极端信仰主义的一个矫正。而托马斯·阿奎那提出"双重真理论"则进一步表明到最后还是理性辩护主义占了上风。[①] 因为在这里,哲学不仅是神学的"婢女",而且在一定意义上,业已成了神学的"主妇"。[②]

中世纪以理性辩护主义为主流的宗教哲学即教父哲学和经院哲学所取得的一项令人瞩目的成就在于: 它终于消除了在亚氏哲学里所形成的抽象思辨的傲气和养尊处优的习性,而屈身对基督宗教神学的理论和宗教信条做起具体的哲学论证来了: 不仅对上帝的存在作出了著名的"本体论证明"(安瑟尔谟)和"宇宙论证明"(托马斯·阿奎那),而且还对作为终极实在的上帝的神性——单纯性、完善性、无限性、不变性、单一性以及上帝的理智、意志、知识、爱、正义、生命等作出了系统的哲学论证;最后,终于形成了一个囊括本体论、认识论、伦理学、政治学、社会历史观的通常称作"自然神学"的博大体系,并集结在托马斯·阿奎那的《神学大全》和《反异教大全》这两部皇皇巨著中。中世纪的宗教哲学至少就其丰富的内容和系统的形态看,是仅仅宣布宗教哲学是哲学之一分支学科这样一个抽象信念的古代希腊宗教哲学不能望其项背的。

但是,中世纪宗教哲学却是以放弃哲学尊严、放弃古代希腊宗教哲学理性基础为代价来取得这一历史性进步的。尽管中世纪宗教哲学家用理性,用"自然之光"为基督宗教神学作出了种种论证,尽管他们中有人(如托马斯·阿奎那)甚至承认有所

---

① 托马斯·阿奎那主张"双重真理论",认为在"信仰真理"(veritas fidei)之外还另存在有"理性真理"(veritas rationis),他甚至认为即使我们关于上帝存在的真理也是如此。他写道:"在关于上帝我们所信仰的东西中,存在着真理的两种样式(duplex veritatis modus)。有些关于上帝的真理是超乎人的理性的整个能力之外的。上帝既为三个又为一个(trinum et unum),即是这种类型的真理。但是,也存在着一些真理,是人的理性所能企及的。上帝存在,上帝独一等等,即是这样类型的真理。事实上,关于上帝的这样一些真理,哲学家们藉推证已经证明过,而这种推证则是在自然之光(naturalis lumine rationis)的指导下进行的。"(托马斯·阿奎那:《反异教大全》第1卷,段德智译,商务印书馆2017年版,第64页)

② 参阅段德智:《中世纪哲学研究》,人民出版社2014年版,第74—84页。

谓自然神学即"哲学中的神学"(托马斯·阿奎那语),但是,他们还是宣布唯有靠上帝的天启,唯有藉上帝的"永恒之光",才能认识全部神学真理。例如,中世纪经院哲学的集大成者托马斯·阿奎那虽然反复强调我们可以用理性的方法认识许多神学真理:例如我们可以藉由果溯因的后天演绎推理认知上帝的存在,可以藉"否定的方法"或所谓"去障之路"去认知上帝的本质,可以藉"类比的方法"或所谓"卓越的方法"去认知上帝的诸多属性等,但是,他还是强调说启示神学仍然是不可或缺的,甚至是第一位的。他在回应"除哲学外,我们似乎不再需要任何进一步的知识"这样一种意见时,非常鲜明地指出:

> 在由人类理性所探究的哲学学科之外,另有一门源自神的启示的学问,对于人类救赎是必要的。这首先是因为,人之指向上帝,即是指向一个超出人的理性理解范围的目的:"眼睛从未见过,啊!上帝,除你之外,还有一个神对依靠自己的人如此行事的"(《以赛亚书》64:4)。然而,这一目的必须事先为人们所认知,他们才能够将他们的思想和行为指向这一目的。因此,一些超乎人的理性的真理之通过上帝的启示为人类所认知,对于人的救赎就是一件不可或缺的事情了。而且,即使有些上帝的真理,人的理性能够发现,人藉上帝的启示受到教诲,也还是必要的。因为理性所能发现的关于上帝的真理,只有极少数人才能够认知,而且要花费很长的时间,并且往往还同许多错误混杂在一起。可是,世人的得救在于上帝,从而也就完全依赖对这一真理的认识。因此,为了使世人的得救更为容易也更有把握,人们藉上帝的启示来领悟上帝的真理就非常必要了。①

这样看来,无论如何,信仰的原则、启示至上的原则始终是中世纪宗教哲学的不容置疑的至上的原则。

三、近代宗教哲学与自然神论

信仰的原则和启示的原则虽然支配了西方宗教哲学长达一千多年,但随着文艺复兴运动和启蒙运动的到来,这一原则逐渐丧失了其支配地位,理性原则又重新成了宗教哲学的支配原则。

---

① 托马斯·阿奎那:《神学大全》第1集,第1卷,段德智译,商务印书馆2013年版,第3—4页。

　　在近代宗教哲学中，尽管马丁·路德发出过“理性娼妓”的咒语，尽管有雅格·波墨（Jakob Böhme，1575—1624）这样的“信仰哲学家”，尽管晚期谢林（Friedrich Wilhelm Joseph von Schelling，1775—1854）主张“天启哲学”，但笛卡尔以来的绝大多数哲学家却基本上持理性主义的立场。笛卡尔（Descartes，1596—1650）既然一方面把上帝宣布为“绝对实体”，另一方面又把实体定义为“能自己存在而其存在并不需要别的事物的一种事物”，① 这就意味着上帝对他来说，是一个可以定义、可以理解的“事物”；斯宾诺莎不仅把上帝宣布为“唯一绝对必然的实体”，而且还进而把他宣布为“自然”，宣布为人们为了达到“至善”而必须认知的对象（亦即他所谓“至善在于知神”）；② 莱布尼茨（Gottmed Wilhelm Leibniz，1646—1716）把上帝理解为创造其他单子的最高级的“单子”，他虽然认为上帝也有意志，但却认为上帝的自由选择总是“基于符合他的智慧的选择理由”的。③ 康德要阐明的宗教，如他自己所说，是“在理性界限内的宗教”。④ 黑格尔的上帝，如费尔巴哈所说，无非是绝对精神的化身，他的整个哲学或宗教哲学，“是神学的最后的避难所和最后的理性支柱”，其本身也无非是“理性化了的神学”。⑤

---

① 笛卡尔：《哲学原理》，关文运译，商务印书馆 1959 年版，第 20 页。

② 参阅斯宾诺莎：《伦理学》，贺麟译，商务印书馆 1981 年版，第 175 页。斯宾诺莎写道：“心灵的最高的善是对神的知识，心灵的最高的德性是认识神。”

③ 与以往的哲学家不同，莱布尼茨不仅将矛盾原则视为哲学的基本原则，而且还将充足理由原则说成是哲学的基本原则。他写道：“存在有两项伟大的原则，这就是同一原则或矛盾原则以及充足理由（la raison suffisante）原则；前者说的是，在两个矛盾的命题中，其中一个为真，另一个为假；后者说的是，任何一个陈述，尚若其理由不能为一个具有为完全理解它所必备的所有知识的人看到，那就不可能成为真的。这两项原则都必定既对必然真理有效，而且也对偶然真理有效；凡没有充足理由的事物都没有其存在这一点甚至是必然的。”（莱布尼茨：《神正论》，段德智译，商务印书馆 2016 年版，第 544 页）他甚至将他所倡导的充足理由原则说成是“整个哲学的最好部分”。他写道：“我将……更充分地谈谈关于一切事情都需要一条充足理由这一大原则的坚实性和重要性，推翻这条原则就会推翻整个哲学的最好部分。”（《莱布尼茨与克拉克论战书信集》，陈修斋译，商务印书馆 1996 年版，第 59 页）

④ 康德在谈到他的哲学计划时，曾经说道：“在纯粹哲学的领域中，我对自己提出的长期工作计划，就是要解决以下三个问题：1. 我能（kann）知道什么？（形上学）2. 我应（soll）作什么？（道德学）3. 我该（darf）希望什么？（宗教学），接着是第四个、最后一个问题：人是（ist）什么？（人类学，二十多年来我每年都要讲受一遍）。现在给您的著作《在理性界限内的宗教》实现了我的计划的第三部分。在这一部著作中，我不是要蒙蔽良知和取消对基督教的崇高尊敬。当然这种尊敬必须要以一个适当的思想情感的表达自由作为指导原则。我的目的是公开表明，我怎样相信是找到了宗教和纯粹实践理性的可能结合。”（康德：《未来形而上学导论》，庞景仁译，商务印书馆 1978 年版，第 204—205 页）

⑤ 《费尔巴哈哲学著作选集》上卷，荣震华、李金山等译，三联书店 1959 年版，第 115 页。

理性主义宗教哲学不仅在近代哲学界居主导地位，而且在近代神学界也有广泛市场。它的一个重要表现形式便是所谓自然神学或自然神论。近代自然神学与托马斯的自然神学不同，它不再隶属于启示神学，反成了根本排除启示神学的东西。依照自然神学的观点，上帝仅仅依据可为人类了解的理性法则创造世界，而且世界一旦造就，上帝就既不能干预自然进程，也不干预人类行为。因此，天启就变成无需存在的东西了。人们只要依靠理性就可以认识上帝依照理性法则创造的自然和依照理性法则创造自然的上帝，从而获得全部宗教知识。反对信仰主义和启示主义是近代西方宗教哲学的一面旗帜。

自然神论在17、18世纪的欧洲，特别是在英国和法国，都有很大的影响。其主要代表人物在英国有约翰·托兰德和马修·廷德尔，在法国有伏尔泰。约翰·托兰德的第一部也是其最重要的一部著作是《基督教并不神秘》。他的这部著作从标题看是接着洛克的《人类理解论》和《基督教的合理性》讲的。因为按照洛克在《人类理解论》和《基督教的合理性》中的观点，启示与理性的关系在于：(1) 启示可以"合乎理性"；(2) 启示也可以"高于理性"；(3) 启示不可能"违反理性"。[①] 而托兰德对此作出的唯一修正在于：根本不存在"高于理性"的启示。这就是说，凡启示都是"合乎理性"的，因而是既不可以"违反理性"又不可以"高于理性"的。换言之，托兰德的努力在于：他通过取消启示具有"高于理性"的可能性而从根本上取消了启示和信仰的所有种类的"神秘性"。他给自己的著作取名为《基督教并不神秘》，即是谓此。当然，托兰德也并没有因此而否认信仰和启示的必要性，他只是想对信仰和启示作出合乎理性的说明。他解释说：

> 另一些人会说，对信仰的这种看法会使启示变得无用。但是，请问怎会如此呢？因为现在问题并不是，我们能否凭借推理发现我们信仰的一切对象；与此相反，我已经证明了任何事实离开了启示就不能认识。但是，我断言，任何一经启示了的东西，我们就必须像我们了解世界上其他事实一样去了解它，因为启示只是用以告知我们，而对其主题的证明却能说服我们。于是，他们答辩说，理性比启示更崇高。我回答说，这正如一部《希腊语法》胜于《新约全书》一样；因为我们利用语法来了解《新约》的语言，而且利用理性来理解其意义。但是，总而言之，我看没有必要作此比较，因为理性和启示同样是来自上帝的；理性就

---

① 参阅洛克：《人类理解论》下册，关文运译，商务印书馆1981年版，第688—696页。

是上帝安放在每一个进入人间世界的人中的灯塔、向导和法官。①

由此看来,理性和启示的关系在托兰德这里存在有两个维度,这就是:一方面,凡可能由启示给出的合理的事实或真理,都可以由我们自己发现,也可以由他人的证实而显现给我们,从而就绝不是神秘的或不可理解的,另一方面,倘若没有启示也就不会有进入我们的视野或我们的经验的那样一类事件。

17 世纪末期和 18 世纪早期的大多数自然神论者都力图表明,上帝的完善性,必然意味着一种对全人类开放的拯救之路,而局限于特定时间的特定的人群的历史性启示,则缺乏普遍性。真正的宗教 应该是人类的自然理性在任何时间任何地点都同样容易接近的。对于这种自然神论观点的最完备的解释,是由马修·廷德尔在《基督教与创世同样古老》一书中完成的。这本书被视为英国自然神论富于建设性的阶段的顶峰,并且被称为"自然神论者的圣经"。马修·廷德尔是在其 75 岁高龄时出版了他的这部重要著作的。廷德尔的自然神论是基于下述两条先验原则的。其中一条是关于上帝的,讲上帝是永恒不变的、有无限智慧的和无限良善的。另一条是关于人性的,讲人性的同一性和永恒不变性。其结论是:关于上帝的宗教是绝对完善的、普遍的和不变的,它必然向一切时代的一切人平等地施与它的真理。不难看出,按照廷德尔的这样一个结论,宗教真理除具有明显的普遍有效性外,而且还具有明显的永恒不变性。既然廷德尔用《基督教与创世同样古老》这样一个书名,其强调宗教真理永恒不变性的用心也就昭然若揭了。值得注意的是,廷德尔还特别地强调了宗教真理的道德性。廷德尔是从上帝的良善性出发来解说宗教真理的道德性的。既然上帝是无限良善的,则上帝创世的目的就不是为着自己的荣耀或利益,而是为着他所造的事物的幸福。因此,上帝要求于人的,就仅仅是有助于人类的完善和幸福的东西。正是在这个意义上,廷德尔宣布"人类的福祉"和"社会的福祉"是"至高的法则",宣布宗教活动归根结底是一种道德实践。他写道:

> 只要人们相信,社会的福祉是至高的法则,他们就会把受此法则管辖视为自己的职责。而且,相信上帝并不要求他们任何东西,而仅仅要求人类的福祉,这将把他们的宗教整个地置于善行之中。②

---

① 托兰德:《基督教并不神秘》,张继安译,商务印书馆 1982 年版,第 881 页。

② 詹姆斯·C. 利文斯顿:《现代基督教思想》上卷,何光沪译,四川人民出版社 1999 年版,第 46 页。

　　自然神论虽然起源于英国，但是却在法国得到了普及。法国自然神论的最重要的代表人物就是本书一开始提到的伏尔泰。伏尔泰的宗教信念长期以来一直是学者们争论不休的问题。有人说他是一个很好的罗马天主教徒，也有人说他是一个无神论者。通观伏尔泰的一生，我们不妨称他是一位信仰含糊的、神秘的甚至是感情用事的自然神论者。早期的伏尔泰坚决相信牛顿力学的宇宙论证明。他在《形而上学论》中从设计论出发，在上帝和钟表匠之间作了类比：

　　　　当我看见其指针表明了时刻的钟表的时候，我的结论是，有一个理智的存在物安排了这个机械的发条，于是它的指针可以表明时刻。因此，当我看见人体的发条时，我的结论是，有一个理智的存在物安排了这些器官，使之在母腹中得到九个月的孕育和滋养；于是为了看而赋予眼，为了抓而赋予手，如此等等，但是仅仅根据这一个论据，我只能限于得出这样的结论：可能有一个理智的、更高的存在物，非常巧妙地准备并造成了这样的事情。①

伏尔泰在这篇短著中所得出的结论是："在'上帝存在'这种观点中，存在着难题，但在相反的观点（即上帝不存在——引者注）中，则存在着荒谬。"② 众所周知，后来伏尔泰向传统的天主教传统发动了措辞激烈的愤世嫉俗的进攻，但是，伏尔泰的目的并不在于消灭宗教，而在于改进宗教，即用一种新的大众化的自然神论来取代基督宗教。据说，老年时代的伏尔泰曾于1774年的一个早晨登上费尔尼附近的一座小山之巅观看日出。当太阳喷薄欲出的时候，辉煌的晨曦令他倾倒，他摘下帽子，跪了下来，大声喊道："我相信，我相信你，全能的上帝啊，我相信你！"然后，他站起来又说："至于圣子先生和他的母亲夫人，那是另外一个故事！"③
　　由此看来，西方宗教哲学，在其两千多年的漫漫历程中，大体经历了一个由理性主义过渡到信仰主义和启示主义，再由信仰主义和启示主义过渡到理性主义的否定之否定的过程。

---

① 詹姆斯·C.利文斯顿：《现代基督教思想》上卷，何光沪译，四川人民出版社1999年版，第51页。
② 同上书，第52页。
③ 詹姆斯·C.利文斯顿：《现代基督教思想》上卷，何光沪译，四川人民出版社1999年版，第60页。

四、现当代宗教哲学与人的生存体验原则

近代宗教哲学虽然打出的旗帜是理性主义，但其更深层更本质的东西却是自然主义。“Deism”这词一般不译作“理性神论”而译作“自然神论”，其玄机正在于此。诚然，“Deism”确实涵指人们单靠理性就能认识上帝凭借理性法则创造的自然，从而认识以理性法则创造自然的上帝，但它的更深层的意涵则在于斯宾诺莎所昭示的“神即自然”。这就是说，近代宗教哲学与中世纪不同，它所信仰的不再是人格化的神，而是理性化了的自然。近代宗教哲学如此标榜理性主义和自然主义这对批判中世纪以神为中心的信仰主义和启示主义无疑有十分积极的作用。但是，它既恪守自然主义和以自然主义为基础的理性主义，则它就势必不能彻底消除信仰主义而只能以对自然、自然物、自然力的信仰取代对神的信仰。现当代宗教哲学及其主导原则正是在对近代宗教哲学的这种不彻底性的反思中建构或确立起来的。

应当指出，对近代宗教哲学的批判性反思并非始自 20 世纪，而是在此之前很久就已经开展了的。例如，费尔巴哈早在 19 世纪中叶就提出了“神的主体是理性，而理性的主体是人”的著名论断，从人本主义的立场对近代宗教哲学即理性神学提出了批判。甚至在他之前的康德，就已经以其“纯粹理性批判”否定了上帝存在理性证明的任何可能性，把上帝宣布为主观自生的“先验概念”或“先验幻相”，给了“形而上学”的“理性神学”以致命一击。他还进而把上帝存在宣布为“实践理性”的“道德公设”，宣布为实现人的至善理想的一项必要假设。这就在一定意义上把上帝宣布为依人而在的东西，依人的希望而在的东西，以道德的人而在的东西；从而在宗教哲学中初步确立了人的原则。[①] 但是，无论是费尔巴哈，还是康德都未曾在宗教哲学中把人的原则真正建立起来。这是因为在费尔巴哈那里，人不仅是片面的“理性”的人，而且还是“自然”的人。而在康德那里，虽然他所谓的人不只是自然的人，而主要是道德的人，但毕竟还只是个片面的理性的人，而且还是个与现实自然处于抽象对立的人。把人的原则在宗教哲学中确立起来，并使之成为宗教哲学的基本原则，这一步是由现代宗教哲学家迈出的。

每个时代的神学或宗教哲学，按照黑格尔的说法，都有一个“整个世界观据以解释”的“主导原则”。如果说中世纪宗教哲学的主导原则是神的原则以及与之相关的

---

① 康德在 1793 年 5 月致卡·弗·司徒林的信中谈到他自己的工作计划时曾指出：“宗教学”（即他的宗教哲学）所要解决的问题是“我该（darf）希望什么？”参阅前面有关注释。

启示至上原则，近代宗教哲学的主导原则是自然的原则以及与之相关的理性至上原则，则现当代宗教哲学所要建立的则正是人的主体性原则以及与之相关的非理性原则。因为既然人成了人自己的信仰对象，则对人的信仰的确立，便既用不上启示，也用不上逻辑推证，唯一有用的便是人自己的非理性的生存体验了。现当代宗教哲学诸流派差不多都是奠放在人的内在生存体验这一基础之上的。

现当代西方神学或宗教哲学，特别是第二次世界大战以来的神学和宗教哲学，虽然流派繁多，但最能体现时代精神，坚持以人的主体性原则以及与之相关的非理性的生存体验为基础的，则主要有生存神学、希望神学和激进神学。生存神学不是不讲神，但它认为神并不是外在于人和人的生存活动的"客体"，而是一个依人的生存体验且为了人的生存体验而有的东西，离开了人的生存或人的生存体验，上帝的本性或存在便得不到任何说明。其代表人物主要有英国神学教授麦奎利等。希望神学的代表人物布洛赫直截了当地提出了"人是人的上帝"的神学公式；而另一个代表人物莫尔特曼则将上帝界定为"我们前面的上帝"。激进神学，亦称"上帝已死"神学。其代表人物汉密尔顿和奥尔蒂泽等。他们不仅宣布"上帝之死"，而且还宣称要"把神变成人"。①

现当代西方神学和宗教哲学既以人的主体性原则以及与之相关的生存体验原则为其主导原则，则它就势必从中世纪神学和宗教哲学的"神"的立场和近代神学和宗教哲学的自然主义立场上根本扭转过来，以一种崭新的视角来审视传统的神学和宗教哲学问题，从而呈现出与先前阶段迥然相异的面貌和气象。例如，现当代西方神学和宗教哲学讨论的"基督的上帝学"即构成了基督宗教神学领域的一个新的气象。现当代西方神学和宗教哲学讨论的另一个热门话题"人正论"也同样如此。关于恶的起源、存在和功用问题，传统的神学家历来从"神正论"的立场予以诠释，但当代神学家，如《解释的冲突》一书的作者利科，则试图从人学的立场对之加以诠释，从而尝试着用"人正论"取代传统的"神正论"。②

五、宗教哲学应然的"研究域"

现当代西方神学和宗教哲学虽然在"唤醒人的自我意识"方面作出了重大贡献，但自身也存在有一定的局限性。

---

① 关于生存神学、希望神学和激进神学的进一步内容，请参阅前文。
② 关于"基督的上帝学"和"人正论"的进一步内容，请参阅前文。

例如，近代宗教哲学坚持以自然的原则以及与之相关的理性至上原则为其主导原则，主张"神即自然"，无疑有理论的片面性。因为一旦自然，亦即绝对的自然必然性，成为终极实在，成为人的信仰的最高对象，则人的自主自由也就荡然无存了。因此，现当代宗教哲学对它做一番批判性考察无疑是必要的。但是，许多现当代西方哲学家在批判近代宗教哲学时不是采取积极的扬弃态度，而是采取完全拒斥的态度，简单地以人的原则取代传统的自然原则，以人的非理性的生存体验原则取代传统的理性至上原则，结果非但不能真正克服近代宗教哲学的上述弊端，反而重蹈覆辙，跟后者一样不能达到人的原则与自然的原则、理性原则与非理性原则、自然主义与人本主义之间的应然的和谐，一样不能达到人的现实的自主自由原则。

再如，与近代宗教哲学家片面地强调人对自然界的依存性和不可分割性、强调人的自然属性，且把"人的本质理解为'类'，理解为一种内在的、无声的、把许多个人纯粹自然地联系起来的共同性"不同，[①] 现当代宗教哲学则片面地强调人对自然界的超越性，强调人的纯粹精神性（非理性的欲望、情绪或激情），强调人的个体性。但是，现当代宗教哲学所强调的"个体的人"或"孤独的个体"，一如近代神学和宗教哲学的"自然的人"一样，都还是一种脱离了现实社会关系和人类历史运动的人，因而归根到底依然是一种"抽象的人"，而非马克思所说的"现实的历史的人"。

此外，现当代西方宗教哲学和近代西方宗教哲学还有一个通病，这就是它们都有可能把宗教哲学引向自我取消的绝境。这是因为既然近代西方宗教哲学宣布"神即自然"，以自然原则为其中心原则，这就有可能使宗教哲学失去其固有的研究对象，而蜕化为一门自然科学或自然哲学。而现当代宗教哲学既然宣布"上帝即人"或"人即上帝"，以人的主体性原则以及与之相关的生存体验原则为其中心原则，既然它因此而对传统神学采取一种虚无主义的态度，把人的主体性原则推向极致，从而也就有可能使神学或宗教哲学失去其固有的研究对象，而蜕化成一门人文科学、生存哲学或道德哲学，进而也同样把神学或宗教哲学引向自我取消的绝境。看来，基要派反对以人的主体性原则为其中心原则的现代西方宗教哲学，也不是没有其缘由的。

由此看来，现当代西方宗教哲学所面临的亟待解决的紧迫任务，就是要在实现对传统宗教哲学超越的同时进一步实现自我超越。这是一项更为根本的超越，一项

①　马克思：《关于费尔巴哈的提纲》，见《马克思恩格斯选集》第 1 卷，人民出版社 1995 年版，第 56 页。

若不完成便不可能真正实现对传统宗教哲学超越的超越。从整个西方宗教哲学史看,尤其是从中世纪以来的西方宗教哲学史看,西方宗教哲学的发展差不多可以看作是一部以一种片面性原则取代另一种片面性原则的历史。近代宗教哲学以自然原则以及与之相关的理性至上原则取代了中世纪的"神的原则"以及与之相关的启示至上原则,而现当代宗教哲学迄今为止所做的也无非是以人的主体性原则以及与之相关的非理性的生存体验原则取代近代宗教哲学视为中心原则的自然原则和理性至上原则。因此,现当代西方宗教哲学的下一个目标将不应当再是以一种新的片面性原则来取代另一种片面性原则,而应当是以一种相对全面的原则来取代先前阶段的诸多片面性原则。它将不应当再简单地或片面地以神或自然或人作为自己的中心原则,而应当以神—自然—人的整个三角关系或三角结构作为自己的"研究域"(domains),努力发展成一种较为健全、较少片面性弊端的宗教哲学。这也是一项更为艰难的超越,一项现当代西方宗教哲学唯有对整个西方传统宗教哲学(包括近代、中世纪和古代宗教哲学)采取积极的扬弃态度或辩证综合立场,并对东方宗教哲学和马克思主义宗教哲学取更为积极的借鉴态度才有望实现的超越。"不管未来世纪的西方宗教哲学会呈现什么样的具体形态,它都应该也都有可能朝这一方向迈出一步,这差不多可以说是现代西方宗教哲学的历史定命。"①

---

① 段德智:《试论当代西方宗教哲学的人学化趋势及其历史定命》,《哲学研究》1999 年第 8 期,第 50 页。

第四章　宗教的普遍本质 II："宗教与社会"的共时性考察：宗教的社会本质与社会功能

既然如上所述，历史与逻辑的一致性是以历史为基础的，则我们在初步完成了对宗教与社会的辩证关系的历时性的史学考察之后，就有可能对它们之间的辩证关系做进一步的共时性的逻辑考察了。在这一章中，我们将依次考察宗教的社会本质、社会功能以及与之相关的宗教的世俗化问题。

第一节　宗教的社会本质

宗教的社会本质和社会功能虽然逻辑地看构成了两个不同的话题，但是在它们之间却存在有密切的逻辑关联。如果从宗教社会性的角度审视问题，宗教的社会本质一般地属于宗教的二级本质，更多地关涉到宗教自身的社会性，从而更多地关涉到宗教社会学的神学维度，而宗教的社会功能则属于宗教的初级本质，更多地关涉到宗教同世俗社会的关系，从而更多地关涉到宗教社会学的社会学维度。既然在本章中，我们主要着眼于对宗教与社会的关系作共时性的逻辑考察，那我们就将首先从宗教本身出发考察宗教的社会本贡，尔后再从宗教同世俗社会的关联入手来考察宗教的社会功能以及与之相关的宗教世俗化问题。

关于宗教自身的社会性问题，涉及宗教意识、宗教行为和宗教组织三个方面，但是考虑到宗教行为的社会性已经受到过比较认真的考察，特别是已经受到社会学的宗教社会学家的比较认真的考察，在本节中我们将着力考察宗教意识和宗教组织方面的社会性。

一、宗教之为一社会群体：宗教的社会特征

宗教之具有社会本质或社会性质，首先就表现为宗教本身即为一社会群体，换言之，它本身即为一种社会。人们常常把宗教（神圣）与世俗对置起来，把"宗教世界"或"宗教社会"同"世俗世界"或"世俗社会"对置起来，然而，我们必须看到：一方面它们之间的对立只具有相对的性质，另一方面，不管它们如何对立，它们同为一种社会群体（并非说它们是同一种社会群体），同为社会的下位概念则是毋庸置疑的。

按照系统论的观点，人类社会是一个由许多社会群体或亚社会单位构成的系统。而社会群体一般具有如下几个要素或特征：首先，是成员以及成员之间的互动关系。其次，是活动的共同目标。第三，是共同的规范。第四，是角色问题。第五，是地位体系问题。第六，是"认同感"。[①]

不难看出，宗教，作为一种特殊的社会群体，同其他社会群体一样，明显地具有这六个要素或特征。首先，凡宗教都是由一定的成员即宗教徒组成，而且一个宗教组织中的成员之间在一定范围内和一定程度上也都是相互认识，并且存在着这样那样的互动性。例如犹太教总是由犹太教徒组成，天主教总是由天主教徒组成，伊斯兰教总是由伊斯兰教教徒组成，佛教和道教总是由佛教徒和道教徒组成。尽管有所谓个人宗教和私人宗教的说法，但是，无论如何，由孤独个人组成的宗教在人类历史上是不曾存在过的。

其次，任何宗教都有其活动的共同目标，尽管各宗教在活动目标方面存在着极大的差异，但是，无论如何，个人救赎和社会救赎都构成其基本的目标。希克曾断言：轴心时代之前的宗教，如原始社会的宗教，主要旨在"维持宇宙秩序和社会秩序"，而轴心时代之后的宗教所追求的则主要是个人的"拯救或者解脱"。[②]虽然我们可以对此作出这样那样的批评，但是，他的论断也还是向我们表明：任何具体形态的宗教，在任何时候、任何情况下，都要具有这样那样的为其成员所认同的活动目标。

任何宗教既然都有这样那样的共同目标，自然也就应当具有并且事实上也就都具有这样那样的共同规范。这样一类规范不仅表现为宗教禁忌、宗教戒律或宗教礼仪，而且也表现为对信仰对象的任何解释和任何活动。也就是说，我们可以把这样

---

① 参阅罗纳德・L. 约翰斯通：《社会中的宗教》，尹今黎、张蕾译，四川人民出版社 1991 年版，第 13—17 页。

② 希克：《宗教之解释》，王志成译，四川人民出版社 1998 年版，第 25 页。

的宗教规范划分为两种：一种为行为规范，另一种为信仰规范。这样，不仅各种高级形态的宗教，如基督宗教、佛教和伊斯兰教等，都以其复杂的信条、教义和形形色色的神学巨著，清楚地包含了内容广泛的规范体系，而且，较多地强调宗教仪式一类行为的"原始"宗教，也都同样十分注重和强调规范，只不过它们特别强调的是正确的行为规范而不是正确的信仰规范罢了。

角色问题同样是任何宗教组织都存在的问题。因为正如各宗教既然都有这样那样的目标，自然也就应当都具有并且事实上也都具有这样那样的规范一样，各宗教既然都有这样那样的目标和规范，自然也就都应当安排并且事实上也就都安排了这样那样的角色来实施这样一些规范和目标。事实上，每一个宗教组织都给自己的宗教徒安排了一定的角色，要求每一个宗教徒履行一定的义务，发挥一定的作用。各宗教群体不仅设置了祭司、萨满、拉比、宗教教师（印度宗教）、先知、主教、神父、牧师这样一些领导人，而且还设置了舞蹈者、领唱员、巫师、唱诗班、乐师、司库、襄礼员、教会执事、寺庙妓女、神学教授、传教士、招待员等角色。显然没有这样一些宗教角色，任何宗教都不可能卓有成效地依照宗教规范开展各项宗教活动，达到近期或远期的目标。

由于宗教角色的专门化，构成一宗教群体的宗教徒之间在其所属的宗教群体中也就出现了地位上的差别，从而也就使得每一个宗教都有一个与其集体功能相一致的地位体系。一般来说，各宗教组织的领袖人物、协调人、发言人和宣讲宗教真理的教师要比一般的信徒有更高的地位、更高的威望，受到更多的尊敬；他们也总是具有较大的权威，拥有较大的权力，甚至享有较多的财富与闲暇。等级森严的教阶制度虽然在当代的许多宗教组织中已不复存在，但是，宗教的地位体系却依然是存在于各种宗教中的一个普遍现象。即使像一些基督教（新教）组织中的理事会也依然是教阶制度的一个重要表征。

与这种宗教地位体系相对应、与这种宗教地位差异观念相联系和一致的是宗教徒对该宗教群体以及该宗教教阶体制的认同感。诚然，在一宗教群体中，宗教徒对该宗教团体的认同感是有差别的。而且，一般说来，一个宗教组织的规模越大，其宗教徒对该宗教群体的认同感的差别也就会越大。但是，无论如何，宗教徒对其所属宗教群体的认同感都是该宗教群体得以维系和发展的一个必要条件。

尽管许多宗教都以这样那样的形式宣称：它们所信仰的对象是一种超越尘世的力量，它们的目标在于来世、彼岸和永恒的至福，它们的种种规范和等级制度都出自神意或神的启示，但是，只要宗教群体组织起来开始从事它们自己认为应当从事的任何事情时,它们便会立即展现出任何社会群体所具有的上述那些共同的要素和特征。从它们的组织和结构来看,它们同所有其他的社会群体毫无二致。尽管在目标、规范、角色和地位体系等因素方面,宗教的确有其区别于所有其他社会群体的特殊的内容和规定性,但是,任何宗教群体都只有在具有所有这些为所有其他社会群体所共有的诸多因素的前提下,才有可能把自身的特殊内容实现出来。诚然,正如政党的运作方式虽然不同于家庭和俱乐部,但是却同后者的运作方式有一些相似性一样,宗教作为一种特殊的社会群体,其运作方式虽然同所有其他的社会群体也有这样那样的区别,但是,无论如何,它们之间也存在有一定的相似性,至少存在有维特根斯坦所说的那样一种"家族相似性"。

总之,宗教,同家庭、俱乐部、政府和政党一样,也是一种社会群体,尽管它是一种以宗教信仰为中心点和出发点的特殊的社会群体。

二、宗教群体的组织类型与宗教的社会本质

尽管我们从上述六个方面讨论了宗教之为一社会群体这样一个问题,但是作为社会群体的宗教的最显著的特征还是首先和直接藉宗教的组织形式表现出来。

宗教组织对于宗教之成为一社会群体绝对必要。宗教,作为一种社会组织或社会群体,同其他社会组织和社会群体一样,其重要任务之一就是"保持秩序",即一方面推动其成员在利用和恪守群体规范的前提下去追求该群体的共同目标,另一方面又要承担其协调与监督其成员的使命。很显然,如果没有宗教组织,任何一个宗教都不可能作为一个整体在社会的政治、经济和文化活动中发挥作用,都不可能有效地履行它的作为一社会群体应当承担的上述任务。即使在原始社会里,各种史前宗教或自然宗教也都有自身的宗教组织,只是当时的宗教组织所取的是一种隐性状态,而非显性状态而已。至古代社会,随着各种系统宗教的发展,"科层制",作为宗教组织中的一种权威性的等级制度,达到了登峰造极的地步。在近现代社会,中世纪普遍存在的教阶体制虽然受到了极大的冲击,但是,科层制,作为任何一种社会组织的"韧带",在各宗教组织中依然以这样那样的方式在发挥着作用。

宗教组织虽然有各种各样的形式,但是,从宗教社会学的立场上,我们不妨依照宗教组织的存在形态以及宗教组织对一般社会组织的关系对各种宗教组织的类型作出如下说明。

首先,我们可以依据宗教组织对一般社会组织的关系将各种宗教组织区分为隐

型宗教与显型宗教。所谓隐型宗教是指那些隐藏在一般社会组织之中的宗教组织。例如，古代的原始宗教以及当代残存的民族宗教就属于隐型宗教组织。在原始社会，由于原始宗教同氏族社会关系特别密切，宗教组织同氏族组织和部落组织常常融为一体。恩格斯在《路德维希·费尔巴哈和德国古典哲学的终结》中指出："每个有血统关系的民族集团所共有的这些最初的宗教观念，在这些集团分裂以后，便在每个民族那里依各自遇到的生活条件而独特地发展起来。"[①] 这也就是说，那时的宗教组织隐藏在社会组织之中，尚未独立显露出来。而显型宗教指的则是那些具有独立形态的明显区别于其他社会组织的宗教。例如，坚持主教制教会管理体制的天主教教会就是一种相当典型的显型宗教。

其次，我们还可以依据宗教组织的存在形态及其同一般社会组织的关系将各种宗教组织区分为制度型宗教与弥散型宗教。所谓制度型宗教指的是那些拥有自身的行为规范、组织系统和宗教体制，并独立于其他世俗建制的宗教。它们本身即构成一种社会制度。而弥散型宗教所指的则是那些拥有与世俗建制以及社会秩序的其他方面密切结合在一起的神学理论和组织体系的宗教。与制度型宗教不同，弥散型宗教将其宗教信仰、行为规范和组织系统视为有组织的社会范式的一个有机部分，其本身并无独立的存在。也就是说，制度型宗教作为一种独立的社会系统发挥功能，而弥散型宗教则是作为世俗社会制度的一个部分发挥功能。在我国，佛教和道教可以视为制度型宗教的主要代表，祖先崇拜、社区神崇拜以及伦理—政治神崇拜则属于弥散型宗教的范畴。[②] 而儒教则可以视为我国弥散型宗教的典型，它的以"敬天法祖"为核心内容的神学体系和弥散生的宗教组织显然都同前现代中国社会的宗法性质分不开。

最后，我们还可以依据宗教组织的存在形态，亦即宗教组织形式本身的特征将各种宗教组织区分为教堂寺庙型宗教与协会型宗教。教堂寺庙型宗教以教堂寺庙为基本单位管理有关宗教活动、经济活动、行政事务和仓库、厨房等；而协会型宗教组织则是那种将分散的宗教徒和分散的教堂寺庙横向联合起来的组织机构，通常在主席、主任或会长主持下设立秘书处、办公室、宣传部、研究部等部门。教堂型宗教与协会型宗教虽然可以理解为两种宗教组织的类型，但在现实的宗教生活中，它们之

---

① 《马克思恩格斯选集》第 4 卷，人民出版社 1995 年版，第 250 页。

② C.K.Yang, *Religion in Chinese Society: A Study of Contemporary Social Function of Religion and some of Their Historical Factors*, The Regents of the University of California, 1961, pp. 20–21, 294–295.

间却并非一种不相容关系,而是可以具有相容关系或主从关系的。对宗教组织的这样一种分类显然比较贴近现当代宗教的状况。

综上所述,隐性宗教与显性宗教以及制度性宗教与弥散性宗教的区分主要是就宗教组织对一般社会组织的关系而言的,而教堂寺庙型宗教与协会型宗教的区分则主要是就宗教组织形式本身的特征而言的;换言之,前者主要是着眼于宗教组织与一般社会组织的关系来显示宗教组织的社会性,而后者则主要是着眼于作为社会群体的宗教组织本身的特征来显示宗教组织的社会性。[①] 这就说明,所有形式的宗教组织无一不显示出其社会性质或社会特征。

三、"宗教皈依"与宗教的社会化:宗教群体与一般社会群体之间的一种互动

宗教的社会本质还十分鲜明地表现在"宗教皈依"或"成为宗教徒"这样一种社会现象中。宗教之所以为一社会群体,最直接的原因就在于它是一个由宗教徒组合而成的团体。但是,宗教群体的成员,无非来自两个方面:或是出生在这一社会群体之中,或者是在其生命的后来阶段参加进去的。然而,无论在何种情况下,他或她之成为一个宗教徒都是"宗教皈依"或宗教社会化的结果。因为人们的宗教观念、宗教情感和宗教行为并不是与生俱来的,也不是潜在地存在于人们的心灵中的,而完全是后天习得的结果。而这样一种学习的过程,从本质上说,便是一个宗教社会化或作为社会组织的宗教内在化的过程。

在原始社会或史前社会里,宗教社会化基本上是非正规的。孩子们是逐渐从他们同其长辈的谈话中,从他们听到的英雄传奇或神话故事中学会信仰并理解自己的群体以及与之相关的宗教实践活动的。尽管如此,原始的宗教社会化也依然有一定的组织和计划。例如,原始宗教一般都有一种从生活的一个阶段到另一个阶段的过渡礼仪(如青春期礼仪或成人礼仪),或者是部落的图腾仪式。崇拜活动和礼仪性聚会,也往往是原来不信教的人皈依宗教,使新入教者增强自己的宗教信仰,这是宗教社会化的又一个维度。系统化的宗教教育是宗教社会化的一个相当正规的方法。宗教教育的方式可以多种多样:它可以是一个印度教的教师集合一部分人在他的周围进行训示,也可以是一个福音传教士站在一个树桩上布道,也可以是犹太教成年仪式(巴尔·米赤瓦)预备班或基督宗教的主日学校,也可以是教

[①] 在一定意义上,我们可以把"制度性宗教—弥散性宗教"理解为一种介乎"隐性宗教—显性宗教"和"教堂寺庙型宗教—协会性宗教"之间的一种"中间类型"。

区附属学校（包括小学、中学和大学）。宗教群体一旦创立起来，就需要不断地用正规的和非正规的种种方法把宗教创办者或领导人的思想、信念、实践传布给准备入教的人或新的成员，使他们成为合格的宗教徒。这也是宗教社会化或宗教化社会的根本目标。

如果从宗教教育的角度来考察宗教皈依这一社会现象，我们马上就会看到宗教教育的两极：教育和受教育；并且，因此，如果我们从教育者的立场看问题，我们就会把宗教皈依的过程理解成宗教的社会化过程；然而，如果我们从受教育者的立场看问题，我们就会把它理解成作为社会组织的宗教的内在化过程。因为一个人成为或成长为一个宗教徒，也就是在接受宗教教育的过程中，不断地认同和接受他或她所接触到的宗教观念、信仰规范、行为规范，并在自己的宗教活动中把它们逐步实现出来，从而也就是宗教上的自我的一个不断发展的过程。

因此，宗教皈依或成长为一个宗教徒是一个施行和接受宗教教育的过程，它包含两个维度，即一方面是作为社会组织的宗教的社会化过程，另一方面是作为社会组织的宗教的个人化过程，这既是一个逆向的过程，也是一个同步的过程。尽管宗教皈依与成为一名技术工人在教育和接受教育的具体内容方面有很大的差异，但是，就其基本程序说来，则没有什么本质的区别。这就是：一方面通过一个具有一套规范的社会群体进行的社会化，提供出一系列意义和解释，另一方面，接受教育的个人则将这些意义和解释内在化并使之同他或她掌握的具有别的意义的更大一套规范联系起来。然而，在这两种情况下都可以把宗教皈依看做是宗教群体与一般社会群体之间的一种互动。

四、宗教意识与宗教的社会本质："宗教世界"与人类社会的"二重化"

宗教的社会本质不仅表现为宗教本身即为一社会群体或社会组织，表现为各种类型的宗教组织以及宗教皈依，而且还集中地表现为宗教意识的社会内容，表现为"宗教世界"本身即是人类社会"二重化"的一个结果。如果说问题的前一个方面着眼的主要是宗教组织或作为社会群体的宗教，那么问题的后一个方面着眼的则主要是宗教观念，或作为意识形态的宗教。

从宗教观念的角度看，所谓宗教世界无非是人类社会或世俗世界二重化的一个结果。这是马克思主义宗教观的一项基本内容。如上所述，在《〈黑格尔法哲学批判〉导言》中，马克思在把"国家、社会"宣布为"颠倒了的世界"的同时，又把宗教宣布为"颠倒的世界观"或"颠倒的世界意识"。他的这种做法表明：他是从宗教观念的角度来谈论宗教的。① 一年以后,马克思在重申费尔巴哈的宗教观时又进一步明确指出,费尔巴哈的出发点为"世界被二重化为宗教世界和世俗世界"这样一个事实,而他自己所做的工作则在于"把宗教世界归结于它的世俗基础"。②30 年后,恩格斯在阐述马克思的这一宗教观时,又突出地强调了宗教世界与世俗世界的"反映"与"被反映"的关系,指出:"一切宗教都不过是支配着人们日常生活的外部力量在人的头脑中的幻想的反映,在这种反映中,人间的力量采取了超人间的力量的形式。"③ 可见,按照马克思和恩格斯的观点,宗教的本质内容,不是别的,正是世俗社会。

宗教观念,说到底,是关于宗教信仰对象即神圣者的观念,然而,从宗教社会学的观点看,宗教信仰对象的实质性内容,不是别的,正是"人的社会"。在原始社会里,人们对氏族神和部落神的崇拜,说到底是对氏族社会和部落社会的崇拜。宗教社会学家杜尔凯姆在谈到"图腾"崇拜时曾经强调指出:人们往往以为原始人类在图腾崇拜中崇拜的是种种图腾,是一种鸟、一种野兽、一种植物,其实他们崇拜的并不是这些对象本身,而是这些图腾所"代表"的东西。鉴此,他强调说,"图腾首先是一种符号,一种别的事物的物质的表达"。那么,图腾作为"符号",它所"代表"和"表达"的是"别的"什么"事物"呢? 杜尔凯姆回答说:"它明显地是以符号来表示着两类不同的事物。首先,它是以外在的和可见的形式来表示我们称之为图腾原则或神的东西,但它也是表示被称为部落的那种特定社会的符号。"杜尔凯姆的结论是:"部落神、图腾不过是部落本身。"④ 至于人们对民族神的崇拜,说到底,也就是对这一民族神所象征的那个民族的崇拜。犹太人之所以奉雅赫维(JHWH)为"唯一真神",不仅是因为唯有犹太人才是雅赫维的特选子民,而且还因为唯有他才差遣弥赛亚(Messiah)作为遭受异族蹂躏的犹太人的"复国救主"。即使世界宗教的信仰对象也具有同样的性质。基督宗教教徒之所以崇拜"三位一体"的上帝,乃是因为唯有信仰上帝,他们才能够脱离世俗之城,而进入"天国"(美好的社会),进入"上帝之城"。而且,正如托马斯·阿奎那所指出的那样,如果从上帝为爱的三位一体的意义上看,上帝本身即是一个社会。因为上帝的爱既要求有爱的对象,也要求有爱的活动,而

---

① 《马克思恩格斯选集》第 1 卷,人民出版社 1995 年版,第 1 页。

② 同上书,第 55 页。

③ 《马克思恩格斯选集》第 3 卷,人民出版社 1995 年版,第 354 页。

④ Émile Durkheim, *The Elementary Forms of the Religious Life*, trans. Joseph Ward Swain, New York, 1961, p. 236.

上帝本身即是爱、爱的对象和爱的活动的三位一体。[①] 世界宗教的信徒对神圣者的崇拜，所表达的不只是一种崇高的人生境界，更重要的是他们对理想的人类社会的向往。

任何宗教信仰对象，不论是有位格的还是无位格的，都是以社会属性为基础的自然属性和社会属性的统一，换言之，都是以社会本质为基础的自然本质和社会本质的统一。毫无疑问，任何神圣者，作为宗教信仰对象，都有其自然属性或自然本质。图腾首先是一种自然物，而基督宗教信仰的上帝首先是一个创世者或造物主。也有一些宗教，如一些东方宗教，其信仰对象虽然可能与上帝不同，不是什么创世者或造物主，但是，无论如何，它们之具有自然属性或自然本质依然是显而易见的。例如，佛教把"法"（Dharma）理解为"轨持"，有所谓"色法"、"心法"、"一切法"、"三世诸法"诸多说法。至于中国的道教，更有"道法自然"之说。[②] 然而，无论如何，神圣者的社会属性或社会本质毕竟是第一位的。因为图腾的秘密首先就在于它们不只是一种普通的生物，它们所表征的本质上是氏族或"部落本身"；而基督宗教所信仰的上帝的秘密也在于他不只是一个造物主，而且还是一个救世主。佛教虽然也讲"色法"，把 Dharma 理解为"一切法"，但是，其着眼点始终在摆脱"五道轮回"，在人从现世的解脱。因为佛教之所以强调觉悟"诸行无常"的必要性，无非是由于非如此不足以达到"诸法无我"、"涅槃寂静"境界的缘故。正因为如此，我们在考察作为宗教信仰对象的神圣者的属性或本质时，不仅应当看到它的自然属性或自然本质，更应当看到它的社会属性或社会本质。恩格斯在《反杜林论》中曾经对他那个时代的神话学做过尖锐的批评，指出神话学陷入混乱的原因之一就在于它忽略了神圣者的社会

---

① 托马斯·阿奎那在讨论圣三位一体时曾反复区分了"唯独"和"孤独"。托马斯强调说，上帝虽然是"唯独"的，但却不是"孤独"的，这不仅是因为有具有灵魂的人与上帝同在，不仅有作为纯粹精神实体的天使与上帝同在，而且还因为上帝本身即有多重位格，他既是圣父又是圣子和圣灵。正是在这个意义上，托马斯把上帝理解成一个社会（a society），强调三个位格的一致性或伙伴关系。他强调说："'孤独'这个词是应当避免使用的，以免我们取消了这三个位格的一致性或伙伴关系（consortium）。"他还引用奚拉里在其著作《论三位一体》中的话说：我们既不承认"多个上帝"，也不承认"孤独"。其意思无非是说：上帝的社会性是内在的和实质性的，而不是外在的和形式上的。托马斯·阿奎那把上帝理解成一个社会关系的思想是相当经典的。（参阅托马斯·阿奎那：《神学大全》第1集，第2卷，段德智译，商务印书馆2013年版，第67、70页）

② 参阅《道德经》第25章。该章说："有物混成，先天地生。寂兮寥兮，独立而不改，周行而不殆，可以为天地母。吾不知其名，强字之曰道，强为之名曰大。大曰逝，逝曰远，远曰反。故道大，天大，地大，人亦大。域中有四大，而人居其一焉。人法地，地法天，天法道，道法自然。"

属性或社会本质，没有看到神圣者不仅具有"自然属性"，"反映"了"自然界的神秘力量"，而且，也具有"社会属性"，也"反映"了"社会的力量"，也是"历史力量的代表者"。①

需要强调指出的是：当我们从宗教观念的角度来考察宗教的社会本质时，并不只限于把宗教世界同世俗世界的关系简单地理解为"反映"与"被反映"的关系。其实，宗教的社会本质的更为根本的内容恰恰在于宗教信仰表达出来的是一种远远高于现实社会的理想社会。而且，各种宗教的这样一种社会理想多半是以末世论的形式表达出来的。"末世论"（eschatology）主要有下述三种形式：弥赛亚论、千禧年论和启示论。弥赛亚（Messiah）原义为"受膏者"或达到上帝的祝福的意思。古代以色列民族是一个长期遭受异族蹂躏的多灾多难的民族，他们呼求上帝给他们派遣一位"受膏者"来拯救、复兴并永恒治理他们的国家。可见，对于犹太人来说，弥赛亚论所表达的无非是他们的一个社会理想，即独立富强的以色列王国：被分散的以色列人将重新统一在一起，他们的家园将像天堂一般，"那里的荒野将成为伊甸园，那里的沙漠将成为上帝的花园。其中必有欢乐和愉快，有赞美和感谢的歌声"。② 基督宗教也有所谓它自己的"弥赛亚论"。与犹太教不同的只是：基督宗教徒所信仰的弥赛亚是作为圣子的耶稣基督，而耶稣基督所救赎的也不只是一个犹太民族，而是整个人类或人类社会。但是，基督宗教的"弥赛亚论"所表达的同样是他们的社会理想：一个由得救的信徒组成的与上帝同享永福的天国或天堂。"千禧年"（Millennium），亦称"千年王国"，意指耶稣基督复临并在世界建立和平与公义的国度一千年。因此，所谓"千禧年论"（Millennism）表达的无非是潜存于宗教徒心中的一个人类"终将"实现的社会理想或理想社会：一个"不再有死亡，也不再有悲哀、哭号、疼痛"的"新天新地"，亦即所谓"锡安"。③ "启示论"（Apocalypticism）期望世界末日很快到来，不义之人在一次吞没大地的涤罪性灾难中遭到最后毁灭，正义之人则复活，进入圣洁的极乐世界。一般认为，此说起源于琐罗亚斯德教的创始人古波斯宗教神学家琐罗亚斯德（Zarathustra，约公元前 628—约前 551）。他虽然主张善恶二元，但是，他坚信，善者终将进入天国，从天堂的善思天进入善语天、善行天，最后达到"无始的光明天"，亦即极乐世界。而《新约圣经》中的《启示录》则对这种末世论思想作出了更为系统的发挥。

---

① 《马克思恩格斯选集》第 3 卷，人民出版社 1995 年版，第 666—667 页。
② 《以赛亚书》51：3。
③ 《启示录》21：1—4。这种"新天新地"或"锡安"在 19 世纪中期为洪秀全诠释为"太平天国"。

　　宗教的社会理念或末世论是所有宗教观念中最有望获得"激励性的和批判的意义"的内容，因为它鲜明地表达了宗教徒心中的理想社会同作为他们生存处境的现存社会之间的差距或张力，从而有望以这样那样的形式成为宗教徒变革现存社会的动力。正因为如此，希望神学的代表人物莫尔特曼在谈到末世论的积极意义时，强调指出：末世论绝不意味着宗教信仰要"逃避世界"，而只是意味着宗教信仰"冲破和超越界限"，"追求未来"。[①] 人们往往把末世论理解成"关于世界最终事件的学说"，其实，末世论的积极意义正在于它表达着身处现实处境的始终不肯轻言放弃的宗教徒潜藏在内心深处的对理想社会的憧憬以及变革现存社会的要求，它是宗教信仰中最有活力的内容，也是激活宗教组织的最具生命力的思想。离开了末世论，离开了超越现存社会的社会理想，任何一个宗教组织都会因此而缺乏活力，并且因此而不可能在人类历史中作出任何有重大意义的活动。从这个意义上，我们可以说，末世论不只是宗教的一个因素，它是或者它应当是宗教信仰中最具生命力的内容，是宗教观念、宗教行为和宗教组织中据以定音的基调。凡是有所作为的宗教神学都应当面向未来，以未来为目标来建设，都应当面向作为理想社会的"末世"而存在和运作，也就是说，都应当成为末世论的。末世论不应当只是宗教神学的"编后记"，它首先应当成为它的"卷首语"。

　　在谈论宗教的社会本质时，还有一个问题是不能回避的，这就是所谓"出世宗教"的问题。当我们谈论"宗教组织"时，往往喜欢将宗教二分为"入世宗教"和"出世宗教"，把"出世宗教"界定为"完全抛弃现世生活，以'天上天国'为唯一归宿的宗教"，并且视印度的古婆罗门教、佛教以及基督宗教的隐修院和托钵僧团为出世宗教的典型。应该指出的是：我们对宗教的这样一种二分只具有一种相对的意义，只有在一定意义上并且从一定的层面看问题才可以对出世宗教作出这样的理解。如果我们从另外的层面看问题，我们所列举的这些出世宗教也就都成了入世宗教。印度古代的婆罗门教虽然标榜"遁世"为修行的最高和最后阶段，但是，它既然实行严格的种姓制度，既然只把婆罗门（祭司）、刹帝利（王侯、武士）、吠舍（农民和工商业者）三个种性称作"再生族"，如果我们从这个角度看问题，那我们就很难把它列入出世宗教了。对中古时期的修道主义，我们也应当作具体分析。我们知道，中古前期的修道主义虽然表现为对个人灵修的追求，但它却是在反对教会腐败的过程中产生和发展起来的。10世纪以后，以克吕尼运动（Cluny Movement）为代表，修士们积极参

---

① 刘小枫主编：《20世纪西方宗教哲学文选》下卷，上海三联书店1991年版，第1778页。

与教会改革,甚至试图影响世俗政治生活和其他生活过程,日渐构成教权主义的滥觞。12 世纪以后,他们虽然标榜绝财、绝色和绝意,但却开始占有大量产业和财富。13 世纪初出现的方济各会和多明我会标榜效忠教皇,甚至主持异端裁判所的审判。至于佛教,既然它以"涅槃寂静"为法印,则它的出世性质就是显而易见的了。但是,佛教毕竟是在反对印度古婆罗门教的种姓制度的基础上产生并发展起来的,它的"一切众生皆有佛性"的思想显然是针对当时印度社会的种姓制度提出来的。它的教义也无不透露出佛教徒悲天悯人的救世情怀。大乘佛教提倡菩萨行,强调"大悲"、"大愿"、"大行"与"大智"的统一,发誓"地狱未空,誓不成佛"(地藏菩萨)。中国近现代佛教强调"法住于世",倡导"人间佛教"。由此可见,佛教本身也潜在地具有一种入世的品质。其实,如果从宗教发生学的立场看问题,出世宗教之具有入世的品格实在是一件非常自然的事情。因为出世宗教之所以要出世,一方面是因为它们对现世持有一种比所谓入世宗教还要尖锐的批评态度,另一方面是因为它们持有一种它们自认为比所谓入世宗教还要崇高的社会理想。就此而言,它们的理想社会同现存社会的反差更大,其间的张力也当更大些,从而也就有可能以这样那样的方式对现存社会的变革产生这样那样的影响。在这个意义上,我们可以说,出世宗教也具有明显的入世性质,也是一种入世宗教。

第二节　宗教的社会功能

功能(function)一词,在西语中,源于拉丁词 functio,意指一件事物在一个系统中的活动、作用、功用或能力。从系统论和整体论的观点看问题,一个系统或整体中的部分与整体总处于互存互动的关系之中,即一方面各个部分的活动往往受到整体的决定,另一方面各个部分的活动对整体的存在和发展也有积极的影响。而且,这种影响往往又表现在两个方面:一是一个部分对它作为其一部分的那个整体有能动作用,二是一个部分对它作为其一部分的那个整体的其他所有部分具有能动的作用。因此,宗教的社会功能也就内蕴着两个层面的内容:一个是作为一种亚社会(社会群体或社会组织)的宗教对社会共同体的能动作用,另一个是作为一种亚社会(社会群体或社会组织)的宗教对构成社会共同体的所有其他部分或亚社会的能动作用。在本节中,我们将着力讨论第一个层面的内容,同时兼及第二个层面的内容。

一、宗教之为一社会意义系统

我们在前面曾经援引了马克思在《〈黑格尔法哲学批判〉导言》中的一段话。在这段话中，马克思一方面强调指出：是"社会"创造了宗教，另一方面又强调指出：宗教是世俗世界的"总理论"，是它的"包罗万象的纲要"，它的"具有通俗形式的逻辑"，它"借以求得慰藉和辩护的总根据"。①他的这段话差不多可以看作是对宗教的社会功能的一个经典说明。

宗教的社会功能，从根本上说，不是别的，正在于它们能够以世界观或宇宙论的形式为社会共同体提供一个普遍的宗教性的解释体系或意义系统。"宗教是人建立神圣宇宙的活动。"②不仅高级形态的宗教如基督宗教、伊斯兰教和佛教等有自己的宇宙学（这在基督宗教和伊斯兰教中是所谓"创世记"，在佛教中有所谓作为"轨持"的"法"），而且即使在图腾崇拜和远古时代的神话故事中也有自己的宇宙学。希腊宗教，按照赫西俄德（Ἡσίοδος，公元前8世纪）所著《神谱》的说法，有"混沌"生"地母神"盖娅，盖娅生"苍天神"乌拉若斯，盖娅与乌拉诺斯生提坦诸神的宇宙演化学说。古代埃及宗教也有自己的宇宙演化学说，按照古代埃及的神谱，宇宙起源于太阳神拉，太阳神拉创造天的双生子舒（空气神）和特夫努特（雨神），舒和特夫努特又生了一对双生子，即大地神盖布和苍天神努特。在我国古代也有所谓盘古开天辟地的宇宙神话。然而，人类之所以在宗教或神话中建立"神圣的宇宙"，其目的无非是把自己创建的社会秩序置放进一个宏观的意义系统或解释体系中，使自己创建的社会秩序获得合理的解释，并因此而消除掉人们对其所固有的相对性或不稳定性可能产生的怀疑，获得一种绝对性和神圣性，用当代宗教社会学家贝格尔的话说，就是给人们创建的社会秩序罩上"神圣的帷幕"。这就是说，宗教"宇宙学"的实质性内容不是别的，正是宗教性的"社会学"。

然而，在从宗教的"宇宙学"向宗教性的"社会学"的演绎过程中，有一个问题无论如何是不能回避的，这就是：既然宇宙是神圣者创造的，既然神圣者的本质规定性之一即是它的全善性，则它所创造的宇宙和人类社会何以会存在有恶或苦难呢？这个难题其实也就是所谓"神正论"问题。西方近代著名哲学家莱布尼茨曾经写了

---

① 《马克思恩格斯选集》第1卷，人民出版社1995年版，第1页。

② 彼得·贝格尔：《神圣的帷幕：宗教社会学理论之要素》，高师宁译，上海人民出版社1991年版，第33页。按照贝格尔的说法，关于宗教的这个定义来源于奥托和埃利亚德。在该著的附录中，贝格尔又更简洁地把宗教界定为"神圣宇宙之设置"。

一部题目即为《神正论》(Essais de Theodicée)的专著,其副标题为"论上帝的善、人的自由和恶的起源",其意思是说:恶的存在不仅无碍于上帝的善,反而使人获得了选择的自由。[①] 至现代,韦伯、贝格尔和牛津大学的斯温伯纳(Richard Swinburne, 1934—)等宗教社会学家和宗教哲学家都曾对这个问题做过比较深入的研究。哈特霍恩(Charles Hartshorne, 1897—2000)、魏曼(Henry Nelson Wieman, 1884—1975)、考伯(John Cobb Junior, 1925—)和格利芬(David Ray Griffin, 1939—)等在怀特海(Alfred North Whitehead, 1861—1947)过程哲学的基础上进一步提出了所谓"过程神正论"。[②] 神正论所要解决的是传统的宗教神学在恶的问题上所遭遇的意义危机问题,是一个如何为那些现实存在的、威胁到宗教性意义系统的恶或苦难等无秩序现象提供宗教性解释的问题。

其实,神正论是宗教神学中一个非常古老的问题,各种宗教都曾经给出过不同的解说。我们可以将各宗教的神正论概括为下述几个类型。[③] 首先是无我型神正论。这种类型的神正论强调个人与集体之间的绝对同一性,强调个人对集体的无条件从属。在这种神正论中,个人的所有不幸都由于被理解为个人与之等同的那个集体乃至整个宇宙的连续史的短暂插曲而获得了意义。贝格尔认为,这种类型的神正论是所有神正论中非理性主义色彩最重的,在原始宗教中我们可以发现其原型,在中国的农民和儒家士大夫以及各种宗教神秘主义中也能够发现同样的信念。其次,是末世论型神正论。这种类型的神正论是藉对无秩序现象的补救投射到未来(从现世角度去看的未来)而创立起来的。按照这种神正论的说法,一旦时机来临,在神的干预下,受难者就将得到安慰和幸福,而不义者就将受到惩罚。也就是说,眼下的苦难和

---

① 莱布尼茨从哲学使命的角度和高度,指出他的《神正论》旨在解决几乎困扰着整个人类的"自由与必然的大问题",从"恶的起源"入手探讨上帝的善和人的自由。他写道:"有两个著名的迷宫(deux labyrinths famoux),常常使我们的理性误入歧途:其一关涉到自由与必然的大问题,这一迷宫首先出现在恶的产生和起源的问题中;其二在于连续性和看来是其要素的不可分的点的争论,这个问题牵涉到对于无限性的思考。第一个问题几乎困惑着整个人类,第二个问题则只是让哲学家们费心。……如果连续性的知识对于思辨的探索是重要的,则必然性的知识对于实践运用便同样重要;而必然性的问题,连同与之相关的其他问题,即上帝的善,人的自由与恶的起源,一起构成本书的主题。"(莱布尼茨:《神正论》,段德智译,商务印书馆2017年版,第61—62页)

② 参阅唐逸:《过程神正论》,《哲学研究》1995年第9期,第66—72页;1995年第10期,第69—73页。

③ 在对各种神正论分类时,我们特别参照了彼得·贝格尔《神圣的帷幕:宗教社会学理论之要素》中"神正论的问题"一章。

不义，是可以参照它们将来的有序化或法则化而得到合理的解释。我们前面谈到的宗教上的各种形式的弥赛亚主义、千禧年主义，包括苏丹的马赫迪（Mahdi）运动和我国的太平天国的反抗运动，都可以列入这一范畴。第三，是所谓"业报"型神正论。业报型神正论宣扬的实际上是一种来世补偿的思想。因为这种神正论认为人们在今生今世所作的"业"，无论善恶，在来世都能够得到报应，而且，总是善有善报，恶有恶报。佛教的"三世流传"或"五道轮回"说是这种类型的神正论的典型形式。韦伯在《经济与社会》中，贝格尔在《神圣的帷幕》中都曾断言佛教彻底理性化了业报神正论或羯磨（Karma）—轮回体系。最后，是命定型神正论。基督宗教中有所谓恩典说或前定说，近代加尔文教把这种神正论发挥到了极致。此外，伊斯兰教中也有前定的思想。我国古代典籍中有"天命之谓性，率性之为道，修道之谓教"（《中庸》），君子"畏天命"（《论语》）和"死生有命，富贵在天"（《论语》）的说法。[1] 这种天命观显然是一种中国版的命定型神正论。

　　神正论是一种特殊形式的宗教性意义系统。其特殊性在于：它不是对有序社会现象的合理化论证或"辩护"，而是对无序社会现象的合理化论证或"辩护"，把种种无序事件、种种恶或苦难"整合"进"既定的法则"中，"整合"进普遍的"宇宙学"中，从而使这些无序事件或种种恶或苦难获得一种普遍的意义或价值，分享一种神圣性。由此看来，既然人类社会永远不可能完全避免恶或苦难，则神正论作为宗教性意义系统中一项不可或缺的内容就将永远存在下去，尽管其形式会随着时代的变迁而发生这样那样的变化。

二、宗教与社会的维系

　　宗教作为一种社会意义的系统，不仅具有解释性功能，而且还具有规范性功能。也就是说，宗教既然把社会秩序置放进普遍的神圣化了的宇宙秩序之中，它们也就使社会秩序合理化、合法化和神圣化，并因此获得一种不可冒犯的规范性，它也就因此而承担和履行了维系社会的职能。

　　对宗教维系社会的功能可以做多方面的分析。整合社会是宗教的一项极其重要的维系社会的功能。按照完形哲学（Gestalt Philosophy）的观点，每个社会都应当成为一个有机整体，而构成一社会共同体的各个部分之间也应当存在有一种有机的联

---

[1]　儒家关于君子"畏天命"的思想，请参阅《论语·季氏》。其有关原文是："君子有三畏：畏天命，畏大人，畏圣人之言。小人不知天命而不畏也，狎大人，侮圣人之言。"

系。但是，由于人类所建社会的人为性或相对性，由于社会各阶层之间的种种冲突，社会共同体的整体性及其各个部分相互关联的有机性往往遭到人们的怀疑和破坏，鉴于这样一种情况，整合社会就成了维系社会的一项不可或缺的工作了。而在这项工作中，宗教神学显然可以扮演一个特别重要的角色。这是因为宗教神学，如前所述，是可以通过用它的"宇宙学"规范它的"社会学"，把社会共同体作为一个整体"整合"进宏观的宇宙秩序之中，把社会共同体作为一个整体合理化、合法化和神圣化，而消除掉社会共同体作为一个整体的相对性和不稳定性，从而发挥其维系社会的历史作用。其次，宗教信仰及其神学，既然如上所述，是一种综合的世界观，是世俗社会的"包罗万象的纲领"，则它之推动宗教组织及其成员（宗教徒）对社会共同体之具有一种高度的认同感和归属感，激发各宗教组织及其成员（宗教徒）超越普通世俗群众的狭隘眼界，着眼于人类社会整体的维系和发展，献身于人类共同事业，就是一件既可望又可即的事情了。第三，从宗教信仰及其神学的社会本质看，宗教意识既然首先表现为"个人中心"的消除，表现为一种"集体意识"或"社会意识"，则宗教就有可能在不同范围和不同层次上发挥其凝聚社会的积极作用。杜尔凯姆把宗教视为社会的凝聚剂的说法是有一定的道理的。社会整合包括许多方面：首先是社会制度的整合（包括模式—规范系统、组织系统和设备系统），其次是组织层面的整合，再次是舆论层面的整合。① 不难看出，既然宗教区别于其他意识形态和社会群体的重大特征即在于它的"终极性"和"神圣性"，既然宗教神学是一个以神圣化了的终极实存（或神圣者）为终极目标的"指向系统"，则它在所有这些层面的整合中发挥作用，便是一件完全可能的事情。

宗教维系社会的功能还表现在它之有助于社会控制这样一个方面。社会控制从消极方面说，表现为对社会行为的约束，从积极方面说，表现为对社会各要素或部分之间关系的协调。宗教在社会控制的这两个方面无疑都有可能发挥积极作用。这是不难理解的。因为宗教既然如上所述，能够通过它的宇宙学将社会共同体及其各个部分的有机关联合理化、合法化和神圣化，则它就势必对诸社会要素或部分关系的协调有一种宏观的调节和控制作用。而且，既然作为一社会成员的个体或作为一社会部分的亚社会群体由于宗教信仰的缘故而对整个社会有一种认同感和归属感，而这又必将有助于对其所扮演的社会角色的认同，从而也就势必有助于他们或它们对

---

① 关于"整合性"（einheit）概念，请参阅格奥尔格·西美尔：《宗教社会学》，曹卫东译，上海人民出版社 2003 年版，第 16—22 页。

其行为的自规范或自约束，达到高度的自律。宗教的这样一种功能，不仅在宗教体制与社会体制合而而一的原始社会里，在教权至上的中世纪欧洲社会里，在一些至今仍实行政教合一、国教制的和民族宗教的较为单一的社会里，有着相当鲜明的体现，而且，即使在现当代大多数国家中，宗教的这种功能都依然存在，只是其表现的形式有所隐蔽罢了。

　　宗教维系社会的功能还表现为它之有助于社会调适这样一个方面。宗教不仅具有整合功能和控制功能，而且还具有调适功能。宗教的调适功能虽然同宗教的整合功能和控制功能有内在的关联，却也有它自己的特殊性。如果说宗教的整合功能和控制功能着眼的是宗教意识的思想层面，那么，宗教的调适功能着眼的则主要是宗教意识的心理层面。宗教的调适功能无疑根源于对宗教性的意义系统的肯认和对社会共同体及其各个部分的认同感，就此而言，这同宗教的控制功能没有什么不同，不过，当我们从宗教调适功能的角度来谈论这种认同感的时候，我们所强调的却是社会共同体对社会行为主体的内在化，是一种基于宗教感情的对社会共同体的一种准宗教性的"敬畏"情感。在这种情感支配下，我们对社会规范的适应和遵从，我们的合群态度，便都有可能变成一种高度自发或高度自觉的相当自律的习性。即便我们遭遇到种种苦难，即便我们偶尔也会滋生出这样那样的怨恨，但是，只要我们对社会共同体有一份准宗教性的"敬畏"情感，只要我们能够凭借神正论的宗教意识把这些无序现象及时地"整合"进神圣的社会秩序和宇宙秩序之中，那就有望化解我们心中的各种疑惑和愤懑心情。

三、宗教与社会的创建

　　宗教的社会功能不仅表现为社会的维系，而且还表现为社会的创建。这是因为各种宗教神学所提供的宗教性的意义系统不仅有适应社会共同体或现实社会的一面，而且还有高于社会共同体或现实社会的一面。也就是说，各种宗教性的意义系统或解释系统，不仅要说明现实社会何以是其所是，而且还应当说明现实社会何以应当不是其所是。康德 1793 年在致卡尔·弗里德利希·司徒林的一封信中，曾经用"我该（darf）希望什么？"来概括宗教学的内容。[①] 这是很有深意的。因为如我们在前面已经指出的那样，"希望"乃宗教信仰中最能动、最具生命力的内容，是宗教得以创建社会的内在动因。而这种对理想社会的"希望"无疑是各宗教性意义系统或

---

① 康德：《未来形而上学导论》，庞景仁译，商务印书馆 1978 年版，第 205—206 页。

解释体系中一项不可或缺的内容。

其实，各种宗教在人类社会的历史发展中都曾发挥过积极的作用。例如，在文明社会初期，各种民族—国家宗教的出现对于奴隶制取代原始社会的氏族—部落制度，无疑起了巨大的推动作用。再如，人类社会在从封建制向资本主义制度的过渡中，宗教或宗教改革运动也发挥了非常积极的作用。例如，17世纪路德和加尔文的宗教改革运动对于资本主义制度在欧洲的确立和巩固的进步作用就不容低估。在我国，东汉末年的黄巾起义无疑是《太平经》中的社会理想激发起来的。既然"太者大也，平者正也"，[1]则"太平"的社会理想对于身受政治经济压迫的中国农民就不可能没有号召力。19世纪，"拜上帝会"的关于"天国"的社会理想，无疑是太平军"创建义旗、扫平妖孽"、创建"太平天国"的精神资源。[2]

韦伯在谈到宗教创建社会的积极功能时，把宗教的社会理想称作宗教的"世界形象"，非常中肯地强调指出：虽然归根到底是物质与精神的利益，而不是思想，支配着人们的行动，但是，各种宗教所设计的理想社会或"世界形象"却能够像扳道工一样，决定着行为为利益动机推动而沿着它前进的轨道，决定着人们"希望将要'从什么地方'得救和'为什么'得救并且能够得救"这样一些非常现实的问题。[3]宗教的社会理想或"世界的形象"在人们创建世界的活动中的功能是应当受到重视的。

四、宗教社会功能的二律背反：宗教的正功能与负功能

当我们说宗教有维系社会和创建社会的功能时，我们对宗教的社会功能作出的只是一个"事实判断"，而并非"价值判断"。一旦我们试图对宗教的社会作用做进一步的价值判断时，我们便立即发现宗教社会功能的二律背反，即宗教对社会不仅具有积极的正功能，而且还具有消极的负功能。

首先，就宗教的维系功能来说，宗教社会功能的二律背反性质显而易见。这是因为：第一，且不要说宗教究竟能够在什么程度上达到维系社会的目标，即使就宗教维系社会的努力本身，就可能具有两种相反的意义。如果它维系的是一种进步的适合生产力发展、符合人类根本利益的社会制度，则它的这种维系功能就是积极的，就是一种正功能。如果它所维系的是一种落后的阻碍生产力发展、违背人类根本利益

---

[1] 王明：《太平经合校》，中华书局1960年版，第148页。

[2] 参阅牟钟鉴、张践：《中国宗教通史》下册，社会科学文献出版社2003年版，第1007—1008页。

[3] Max Weber, *The Protestant Sects and the Spiritsof Capitalism*, in Gerth and Mills, From Max Weber: *Essays in Sociology*, London: Kegn Paul, Trench, Truber & Co.Ltd, 1947, p.280.

的社会制度，则它的这种维系功能就是消极的，就是一种负功能。第二，即使对一个宗教在一特定的历史条件下所发挥的特定的维系社会的历史作用，一个社会的不同阶层的人们也会对之作出不同的判断。例如，统治阶级认为是一种正功能的，被统治阶级则有可能认为它是一种负功能。第三，宗教使社会秩序合理化、合法化和神圣化，虽然有助于维系现存社会，但另一方面又会因此而对社会的任何变革运动形成障碍和阻力。第四，宗教虽然对社会有一定的整合功能，能够促成社会的稳定，但是，宗教又往往因其社会理想与现实社会相左而酿造出诸多社会冲突，从而从根本上破坏掉社会的稳定。第五，宗教的控制功能和调适功能一方面有助于现存社会的维系，但是，另一方面，又有可能因此而成为"人民的鸦片"（马克思语）。如果从各种宗教的神正论的意义系统看问题，宗教的"鸦片"功能便相当普遍和非常明显。第六，宗教维系社会在通常情况下是宗教有生命力的表现，但是，由于它是藉把现存社会秩序神圣化来达到维系社会的目的的，则它对现存社会的维系本身就有可能使之因此而丧失掉其适应社会变革的能力和机遇。

其次，就宗教的创建功能来说，宗教的社会功能的二律背反的性质也同样显而易见。首先，宗教之所以具有创建社会的功能，如上所说，最根本的就在于它的宗教性的意义系统中内蕴着一种社会理念或社会理想（正因为如此，宗教的创建功能总是同所谓"先知功能"联系在一起），但是，由于它的这种社会理念或社会理想总不免具有这样那样的超验性质和出世品格，当运用于具体的社会运作时，也就总难免具有乌托邦性质。这种情况不仅把在这些社会理念指导下的社会运动每每引向失败，而且还有可能干扰甚至阻挠一些切实可行的社会变革运动，从而对现实的社会变革产生这样那样的负面作用。其次，宗教的维系功能同宗教的创建功能这两个方面即构成了宗教的最内在、最基本的二律背反。因为宗教既然是通过把现存社会秩序合理化、合法化和神圣化，既然是通过社会整合、社会控制和社会调适来达到维系现存社会的目的的，则宗教对社会的这样一种维系，如上所述，在社会发展的一定阶段也就有可能成为障碍社会变迁的阻力。

由此看来，宗教社会功能的二律背反，特别是宗教的维系功能同它的创建功能的二律背反，不是偶然的，归根到底是由宗教的内在矛盾决定的。宗教，作为宗教，必定有超越的、出世的或神圣的一面，然而，作为现实的宗教，作为社会群体和社会组织的宗教，它就势必要有内在的、入世的或世俗的一面。而宗教所固有的这样一种两面性，一方面保证了宗教有望既具有维系社会又具有创建社会的功能，另一方面又不仅有可能使宗教的维系功能与宗教的创建功能形成背反，而且还有可能使得宗教在发挥其维系功能或创建功能的同时又都各自引发出相反的结果。而且，事情很可能如奥戴 (Thomas F. O'Dea) 在其《宗教社会学》一书中所指出的那样：宗教社会功能的二律背反的特殊形式和内容，在不同的文化背景下虽然是不同的，但是，

> 由于它们并不仅仅只是一些问题，所以才是张力的内在根源，并被准确地称作二律背反。问题是可以解决的，但二律背反却是无法摆脱的悖论。我们必然会遇到它，而且必须得以某种方式来对付它，但决不可能把它消除掉。①

宗教与社会的关系本身，无论从社会方面看，还是从宗教方面看，都是一个"巨大的二律背反"。这个二律背反始终以这样那样的形式不但在其张力和冲突的具体根源中，而且在我们所考察过的那些比较特殊的二律背反中体现自己。人类面临的一项重要任务，一如怀特海在其名著《宗教与近代科学》中所强调指出的，就是妥当地与世俱进地处理好宗教与社会、宗教与科学的关系。而宗教的世俗化就是其中的一个重大问题，一方面是一个宗教必须面对并妥当解决的大问题，另一方面也是一个人类社会必须正视并妥当解决的大问题。由于详尽地讨论和阐述这一问题需要极大的篇幅，我们也就只好就此搁笔了。

既然宗教的社会功能具有二律背反的性质，那就向宗教和社会两个方面尖锐地提出了如何妥当对待宗教的社会功能问题。从宗教方面来说，如果宗教要想更好地发挥自身的积极功能，那它首先就必须从根本上解决审时度势、与世俱进的问题。人类社会在大多数情况下，总是遵循"稳定发展→社会危机→社会变革→稳定发展→社会危机→社会变革→……"这样的发展范式向前运行的。这样一种发展范式自然要求宗教在社会"稳定发展"的阶段，努力发挥自身的社会整合、社会控制和社会调适的功能，亦即维系社会的功能，而当社会运行到"社会危机"和"社会变革"阶段时，又能不失时机地发挥其"创建社会"的功能。其次，宗教还必须顺应历史潮流进行宗教改革，不失时机地修订自己的教义和礼仪。在西方，路德和加尔文在近代发动的宗教改革，20世纪60年代天主教在"梵二"会议后进行的诸多改革，都具有这样的性质。我国自20世纪初开始的"人间佛教"运动以及以"自治"、"自养"和"自传"为中心内容的基督教（新教）的"三自爱国运动"，也都具有同样的性质和意义。

---

① 托马斯·F.奥戴、珍尼特·奥戴·阿维德：《宗教社会学》，刘润忠等译，中国社会科学出版社1990年版，第206页。

第三，宗教在开展各项具体的宗教活动过程中，还必须结合社会运动的具体情况，以一系列切实可行的举措，努力最大限度地发挥宗教的正功能或积极影响，最大限度地降低宗教的负功能或消极影响。从社会方面看，为了充分发挥宗教维系社会和创建社会的积极功能，至少应当做到下述几点：（1）对宗教的社会性质、社会地位和社会功能有一个妥当的看法。虚无主义的态度是不恰当的，但是，看不到宗教社会功能的负面影响也是不恰当的，也不利于宗教和社会的发展。（2）在运筹各项社会活动时，对宗教的社会作用应当有一个比较切合实际的估价。既要看到宗教的正功能对社会运作的积极影响，也要看到宗教的负功能对社会运作的消极影响，看到正负功能抵销之后的净值。当然，计算宗教功能的净值将会面临许多技术问题，是一件操作难度极大的事情。但是，为了成功地运筹任何一项重大的社会活动，甚至像一个国家的总统选举这样的事情，都是需要充分考虑到宗教因素的。（3）积极引导宗教与社会相适应，不仅引导宗教与现存的社会制度相适应，还要引导宗教与社会的变革活动相适应，努力坚持依法治理宗教，引导宗教在各项社会活动中最大限度地发挥其维系社会和创建社会的正面功能。

我们在具体探讨和评估宗教的社会功能时，还有一点需要注意，这就是宗教的显性功能和隐性功能的问题。诚然，宗教同其他亚社会系统一样，其社会功能，在一些情况下，是以直接的显而易见的方式，呈现出来的。但是，在大多数情况下，它却是以隐性的方式呈现出来的。从宗教自身的本质看，这主要是由于宗教作为一种意识形态明显地具有超越性、超验性、彼岸性和终极性的缘故。从社会结构的角度看，这主要是由于宗教，作为社会的一种特殊形态的上层建筑，作为一种"更高地悬浮于空中的意识形态的领域"，如恩格斯所强调指出的，并不构成社会经济基础的"近枝"，而只是它的"远蔓"，因而它对社会经济基础的能动作用便往往不是直接地而是间接地，也就是说，往往是通过许多"中间环节"实现出来的。而且，宗教在通过这许多中间环节对社会经济基础发生作用的过程中，也往往是在与其他亚社会系统形成"合力"（或恩格斯所说的"平行四边形"）的情况下发挥其功能的。[1] 这样，我们在分析社会现象时，特别在分析当代社会现象时，就很难把某一社会现象简单地或单纯地归因于宗教。但是，在这种分析过程中，完全排除掉宗教因素的影响，也是不恰当的。在现当代社会里，无论过高地还是过低地估计宗教的社会作用，都是不符

---

[1] 《马克思恩格斯选集》第3卷，人民出版社1995年版，第717页；第4卷，人民出版社1995年版，第703页。

合历史事实的，并且因此是有害的。

五、宗教与各亚社会系统之间的互动（上）：宗教与政治

宗教的社会功能不仅，如上所述，体现为作为一种亚社会系统（社会群体或社会组织）的宗教对整个社会共同体的能动作用，而且还体现为作为亚社会系统的宗教对构成社会共同体的所有其他部分或亚社会系统的能动作用。既然我们在前面已经对宗教对整个社会共同体的能动作用做了一番初步的考察，则我们现在就有必要依据社会结构的一般框架，对宗教同构成社会共同体的两个特别重要的亚社会系统即政治、经济的关系做一番简要的说明。

我们首先来看看宗教与政治的关系。宗教与政治的关系这个话题的内容是多方面的，不仅涉及宗教与政治制度的关系问题，而且还涉及宗教影响政治的多种途径问题。

宗教与政治制度的关系无非有两种基本类型，这就是政教合一制和政教分离制。而且，一般说来，在前现代社会，政教合一是世界各国、各地区处理宗教与政治制度的主要模式，在现当代社会中，政教分离则构成世界各国、各地区处理宗教与政治制度的主要模式。政教合一制主要有下述几种类型。（1）政教一体制。例如，在原始社会的氏族和部落里，宗教体制与政治体制浑然一体，氏族和部落的管理权和教权往往集中在一个人身上。（2）教国制。这种制度的根本特征在于教会组织直接为世俗社会的掌权机构。中世纪的罗马教皇国和哈里发帝国都是这种制度的典型形态。所谓"神权政治"（theocracy）意指的就是这种教国制度。（3）国教制。国教制度与教国制度不同，不是以教会而是以国家作为统治主体，该国家虽然规定某一宗教为国教，但是此教会只是该国家的从属机构，国教有权干涉其内部事务。例如，在查理曼大帝时代，法兰西帝国实行封建神权制度，奉基督宗教为国教，不仅比较重要的宗教会议须由皇帝主持，凡宗教会议的决议都须以皇帝《通令》的形式予以颁布，高级神职人员都须经皇帝任命，而且一切有关教会行政事务和教义论争都须有皇帝来裁决。这事实上是一种典型的极权制度。（4）混合制。这是一种专指中国历史上处理宗教与政治关系的模式。就中国历史上长期实行君主专制制度、皇权支配教权、宗法性传统宗教或儒教在各宗教中始终具主导地位而言，中国的政教关系类似于国教制。但在中国，其他宗教，如佛教、道教等，同政治的关系有时也相当密切，其社会地位有时甚至与儒教不相上下，而且，这些宗教在一些情况下还享有参政议政的特殊权力。这些又使得中国的政教关系区别于国教制。鉴此，我们把中

国历史上的政教关系处理模式称作混合型的，显然，这是一种弱国教制。至近现代，宗教与政治制度关系的处理模式发生了很大变化，政教分离制成了主流模式。政教分离作为一种原则似乎很早即被人们提了出来。《马太福音》中就有所谓"凯撒的归凯撒，上帝的归上帝"的说法。[①] 但是，作为一种实践原则直到近现代才在事实上实现了出来。例如，在中国则是在民国时期才开始实行政教分离制度的。政教分离制度虽然以政治与宗教的分离为其根本特征，但是这种分离同时也要求政治与宗教之间建立一种合理的关系，这就是：一方面要求国家和政府承认其领土内存在的各种宗教并保护其信仰自由，另一方面又要求各宗教在国家的宪法和其他法规允许的范围内开展其活动。需要指出的是，政教分离之为近现代各国处理宗教与政治关系的主流模式只是一种相对的说法。这是因为即使在近现代社会，许多国家依然在实行一种弱化了的政教合一制度。例如，玻利维亚、西班牙等国依然以天主教为国教，丹麦、瑞典、挪威等国家依然以福音派路德教会为国教，伊朗、阿富汗、巴基斯坦等国家依然以伊斯兰教为国教，希腊依然以希腊正教为国教，泰国依然以佛教为国教。其次，即使实行政教分离制度的国家，其政治与宗教之间也以这样那样的方式存在着一定的互存互动的关系。宗教与政治绝对分离、毫不相干的现象在任何国家都不存在。

与上述情况相一致，宗教影响政治的途径也是多种多样的。宗教直接掌握国家权力机构是宗教影响政治的最有力的途径。例如，在教国制的情况下，宗教的影响就特别直接和重大。其次，宗教参政议政也是宗教影响政治的一种常见的方式。例如，中国南北朝时期，史称"黑衣宰相"的僧人慧琳和史称"山中宰相"的道士陶弘景（456—536）都曾积极地参与了国事。宗教领袖人物参与国事，一方面是国家政要或国君的需要，另一方面也是宗教本身存在与发展的需要。中国东晋高僧道安（312—386）就曾明确说过："不依国主，则法事难立。"再次，是藉宗教教义和神学理论直接服务于政治。例如在历史上，君权神授说就成了神化国家政权的一个非常重要的工具。再如，14世纪欧洲的基督宗教的反对派领袖人物奥卡姆的威廉（约1285—1349）宣传皇权高于教权的理论，直接为世俗君权服务。据说他在投靠巴伐利亚国王时，曾经对国王说过："你用剑保护我，我用笔保护你。"第四，通过参与社会政治活动影响政治。在现当代社会中，参加选举活动和立法活动是宗教影响政治的比较常见的形式。而一些宗教为了便于参加社会政治活动，它们甚至组织起宗教性政党。

① 《马太福音》22：21。

这些政党也有不同的类型。它们或者是公社式的（其典型例子是班达拉奈克领导的斯里兰卡自由党），或者是以教派为基础的（如北苏丹的乌玛党），或者是意识形态型的（如智利的基督教民主党和印度尼西亚的玛斯祖米党）。^①第五，组织政治反对派和反抗活动。例如，在欧洲，7至9世纪拜占庭帝国发生的保罗派农民运动，12—13世纪发生的以法国南部为中心的华尔多派（"里昂穷人派"）和纯洁派（卡塔尔派）运动，在西亚，9—11世纪发生的阿拉伯人为反对阿巴斯王朝组织的卡尔玛特派和新伊斯玛仪派，都属于异教异端和政治反对派范畴。此外，我国东汉末年的黄巾起义和19世纪洪秀全（1814—1864）领导的太平天国运动，德国16世纪闵采尔（Thomas Münzer，1489—1525）领导的农民战争等都是打着宗教（道教和基督宗教）旗帜的人民起义。人民起义之所以要"打着宗教旗帜"，"披上宗教外衣"（恩格斯语），其原因是多方面的，但无论如何宗教性的社会理想对民众的吸引力或号召力或宗教在社会上的合法地位和广泛影响无疑是其中重要的因素。因此，恩格斯在谈到中世纪的政治运动时强调指出：既然中世纪把意识形态的其他一切形式——哲学、政治、法律，都合并到神学中，使它们成为神学中的科目，则中世纪的任何政治运动，便都"不得不采取神学的形式"，"披上宗教的外衣"。^②

六、宗教与各亚社会系统之间的互动（下）：宗教与经济

经济生活和经济制度是社会生活和社会制度的基础部分，因此，我们讨论宗教同社会的关系时不能不讨论宗教与经济的关系。然而，宗教与经济的关系问题对宗教来说实在是一个相当棘手的问题。因为宗教同世俗社会的根本区别即在于它对世俗生活的超越性，对世俗生活和财富的漠视和对彼岸生活的渴求。基督宗教的《圣经》里所说的"骆驼穿过针眼比财主进天国还容易"，^③实在是一般宗教教义对财富一般态度的表达。然而，宗教在任何情况下，都不是一种完全自主、自足的社会群体，甚至也称不上"半自动"的社会群体。因为如果它脱离了社会经济体制，没有一点经济实力，它就不仅不能够开展任何宗教活动，而且甚至一天也不可能存在下去。正是在这个意义上，约翰斯通才强调指出："虽然宗教经常被看作是一个半自动的与其他社会制度和社会机构相平行的社会系统（社会制度和机构），但是，从许多方面来

① 参阅约翰斯通：《社会中的宗教》，尹今黎、张磊译，人民出版社1991年版，第190—192页。
② 《马克思恩格斯选集》第4卷，人民出版社1995年版，第255页。
③ 参阅《马可福音》10：24—25。耶稣对其门徒说："小子，倚靠钱财的人进上帝的国，是何等的难哪。骆驼穿过针的眼，比财主进上帝的国，还要容易呢！"

看，它自身却是社会包罗万象的经济体系的一个部分。"①

　　凡宗教都不仅拥有一定的财富和经济实力，而且往往本身即是一个经济实体或经济机构。据记载，古代埃及寺院经济就有相当大的规模，各寺院不仅拥有耕地、果园、牲畜，而且还拥有船舶和造船厂。当时埃及有三大宗教中心，即底比斯、赫利奥波利斯和孟菲斯，它们的祭司都是有名的大财主。古代苏美尔和巴比伦的神庙不仅有农场、牧场，雇佣大批农民、牧民、纺织工和建筑工，而且神庙的祭司还兼行税吏的职能，要求农民向神庙缴纳一定的谷物。古代中国的教团经济或寺院经济的规模有时也相当大。中国的寺院经济肇始于东晋后期，至南北朝时期便达到相当规模，开始成为封建经济中的一个重要组成部分。这些以寺院为核心的封建庄园不仅采取"寺院自营"和"寺内奴隶佛图户经营"的方式，而且还采取"租佃农民经营"的方式，以致导致"黄服之徒，数过于正户"的社会现象。至唐代，更出现了寺院荫占"膏腴上土数千顷"的严重状况，直接威胁到世俗经济的存在和发展。中国佛教史上有北魏太武帝、北周武帝、唐武帝和后周世宗的"灭佛"事件，史称"三武一宗"，其原因固然很多，但经济方面的原因毕竟是基本的。中世纪欧洲寺产远远超出古代中国的寺院经济的规模。开初，基督宗教教会的经济来源主要依靠信徒的奉献，321 年君士坦丁大帝 (Constantinus Magnus, 272—337) 许可将财产捐赠给教会，教会开始拥有大量土地，并积蓄财富；尤斯替尼大帝 (公元 6 世纪) 时代，盛行向教会捐赠遗产，更促进了教会财富的暴增；公元 6 世纪后，修道院迅速发展，使教会经济臻于顶峰。教会经济逐步由农业扩展到手工业和商业，甚至经营抵押和放款事业。教皇不仅向各国征收什一税，而且还向英国、葡萄牙等教皇侍从国每年勒索巨款 ("彼得辨士")。据统计，教皇每年收入比欧洲各国国王每年收入的总和还要多。至现当代，各国教会虽然失去了过去时代曾经享有的一些经济特权，但是，随着宗教的不断世俗化和商业化，教会经济在社会经济中的地位在许多国家不仅没有削弱，反而有所增强。例如，当代美国教会实际上变成了一个庞大的商业机构，不仅建造公寓、办公楼、停车场、工厂，而且还拥有股票和债券，每年可分配的资金达数十亿。

　　宗教不仅有自己的经济结构，为一种相对独立的经济实体，而且还对社会经济系统产生相当积极的影响。宗教对社会经济的影响主要是通过对经济态度和经济行为的塑造实现出来的。宗教的这样一种塑造功能主要表现在下述几个方面：第一，以宗教伦理道德塑造生产者和商人。诚实、公正、守信等美德在经济生活中至关紧要。

---

① 参阅约翰斯通：《社会中的宗教》，尹今黎、张磊译，人民出版社 1991 年版，第 194 页。

就宗教成功地把这些美德灌输给自己的信徒并对普通社会成员造成一些影响而言，宗教便对社会经济活动产生了影响。第二，宗教有时刺激消费。宗教节日，特别是一些已经同民风民俗结合在一起的节日，如圣诞节等，会对相关物质产品的生产有比较直接的拉动作用。第三，宗教往往神圣化人们的日常工作。许多宗教强调人们的工作是"神召"，赞美并抬高人们的职业劳动，提升人们的工作的责任感和使命感。第四，宗教明确支持某种经济体制或某种经济或商业活动。例如，一些宗教团体为了加强传统的道德价值观念往往试图禁止某些"不道德"书刊的销售，参与一些禁酒立法活动。在突出和强调宗教对经济活动的正面影响方面，韦伯的《新教伦理与资本主义精神》具有广泛的影响。韦伯认为，作为神学信仰体系的加尔文教和路德教对作为一种经济组织形式的资本主义的产生和发展有相当积极的影响。在韦伯看来，加尔文教和路德教神学的基本内核，即"神召"、"荣神"和"前定"这样三个概念，不仅造就了一批批自愿接受严格纪律约束的工作者或资本家，另一方面还推动了资本主义经济关系和经济制度的发展。

但是，需要指出的是，一般来说，宗教对经济的影响往往是间接的，而且通常也不是决定性的或革命性的。即使韦伯本人也曾警告说，没有人会愚蠢地认为，资本主义或资本主义精神只是宗教改革的直接产物。同时，韦伯还认为，宗教对资本主义精神和经济的发展也有两重性，即一方面它促进资本主义精神和经济的滋生和发展，另一方面它又有可能阻碍它的产生和发展。而且，总的说来，如许多人所指出的，宗教与经济之间主要的或最常见的关系还是经济影响宗教。宗教的发展规模总的来说是同社会的经济状况相适应的。大多数宗教组织虽然也可能对支持占统治地位的经济规范和制度模式发表这样那样的看法，但是，从根本上说来，都以这样那样的方式对之表示支持的。而且，一般说来，一个国家的宗教也往往是随着该国家的社会经济的兴旺和发展而繁荣的。在这个意义上，马克思关于宗教归根到底反映着社会经济因素和经济关系并为后者所决定的观点，是不无道理的。

此外，宗教与道德伦理的关系在宗教同其他亚社会系统的所有关系中占有非常突出的地位。道德伦理历来是宗教信仰中的一项根本内容。基督宗教视"爱主你的神"为"最大的诫命"或"第一诫命"。[1] 基督宗教虽然有所谓"信"、"望"、"爱""三超德"的说法，但它还是宣称"爱"是这三样东西中"最大"的。[2] 事实上，不仅宗教

---

[1] 《马太福音》22：37—38。

[2] 参阅《哥林多前书》13：13。

信仰，而且宗教戒律说到底也都同道德伦理有关。例如，佛教的戒律，虽然见仁见智，但其本质内容却不过是一个善恶而已。因为佛教的戒律，从负的方面或"止"的方面看，无非是"不杀生"、"不偷盗"、"不邪淫"、"不妄语"、"不饮酒"、"不两舌"、"不恶口"、"不绮语"、"不瞋恚"、"不邪见"等；而从正的方面或"行"的方面看，则无非是"放生"、"布施"、"恭敬"、"实语"、"和合"、"软语"、"义语"、"修不净观"、"慈忍"、"皈信正道"等。因此，佛教的戒律，倘若从正的方面看，是一个"行善"的问题，倘若从负的方面看，便是一个"勿行恶"的问题，因而，归根到底，是一个善恶问题或道德伦理问题。

宗教不仅同上层社会相关，同社会的政治法律制度和经济制度相关，同社会的道德伦理相关，而且也同下层社会相关，同民风民俗相关。民风民俗是一个涵盖面极广的概念，不仅关涉到人们的衣食住行、婚丧嫁娶，而且也关涉到各行各业的行规、禁忌、组织，乃至人们的思想意识、生活习惯和信仰意识。人们一般把民俗分为口头传说类、习惯行为类、物质文化类和文艺类。可以说，这些种类的民俗没有一种是同宗教完全没有关系的。例如，许多口头传说类或文艺类的民俗都同宗教神话故事有关，而许多习惯行为类的民俗同宗教信仰的关系更为密切。农村的源远流长的庙会，清明节扫墓的习俗，中秋节吃月饼的习俗，农历十二月初八吃腊八粥的习俗，圣诞节期间寄贺卡的习俗，过春节时贴画有钟馗像的门对的习俗，所有这些都同宗教信仰，特别是民间宗教信仰有这样那样的关联。对宗教同民俗的关系的研究，对宗教性的民风民俗的研究，也是宗教学的一项值得重视的任务。

第三节　宗教的世俗化与宗教的发展前景

宗教的社会本质以及宗教与社会之间的互存互动关系在宗教的世俗化现象中得到了相当充分的显示。在现当代宗教问题中，宗教的世俗化无疑是为数不多的最重大、最热门的话题之一。一些思想家，如马克斯·韦伯等，甚至视之为社会现代化的一项根本指标以及现代社会的一项主要特征。然而，宗教的世俗化，并不是如一些人所设想的，只是一个现当代宗教方遭遇到的重大问题，而是一个同宗教的社会性紧密相关的问题，是一个不仅应当归因于宗教社会功能的重大问题，而且也是一个应当归因于宗教社会本质的重大问题。因此，唯有不仅立足于时代的高度，而且着眼于宗教的社会性，立足于宗教的社会本质、社会功能这样一种理论高度，才可能对宗教的世俗化作出比较深入和中肯的说明。

一、宗教世俗化与宗教神圣化的张力

宗教的世俗化虽然至现当代才获得了长足的进展,才拥有了其特别典型的表现形式,然而,无论如何,它并不只是一种至现当代社会才出现的宗教现象和社会现象,而是一种我们可以一直上溯到古代宗教和古代社会的文化现象,甚至是一种我们可以在宗教的社会性和神圣性中发现其理论源头的文化现象。

通常认为,"世俗化"(secularization)这个字眼在欧洲语言中最早出现在作为"三十年战争"结束语的由交战双方于 1648 年签署的威斯特伐里亚和约里。发生在 1618—1648 年期间的三十年战争是欧洲历史上第一次大规模的国际战争。其结果,众所周知,以瑞典、法国和德国新教诸侯的胜利而告终,不仅使加尔文教徒享有了与路德派教徒同等的权利,而且原先由天主教会控制的大片土地被迫转交给了瑞典、法国和德国新教诸侯(如勃兰登堡、萨克森、巴伐利亚等地的新教诸侯)手里。由此看来,和约所意指的世俗化现象虽然以宗教改革为背景,但其本质内容却在于表明土地所有权从教会权利向世俗权力的转让或过渡。由此也不难看出,宗教的世俗化要告诉人们的无非是两个方面的内容:首先它所表达的是一种关系,而构成该关系的两个关系项则分别是教会组织和世俗权力机构,因而归根到底它所表达的是宗教组织同世俗权力机构或社会权力机构的一种关系,简言之是宗教同社会的一种关系;其次,宗教的世俗化既然是"宗教"的世俗化,也就毕竟是以宗教的神圣化为前提的,因而归根到底是一种相对于宗教的神圣化而存在的东西,是一种同宗教的神圣化相对相关的东西,离开了宗教的神圣化,原本是无所谓宗教的世俗化的;第三,因此,宗教世俗化所表达的归根到底是宗教同社会、宗教组织同社会组织之间的一种张力结构或张力关系:如果说所谓宗教的神圣化所意指的无非是宗教藉神圣者观念赋予社会组织一种超越的超自然的意义,那么,所谓宗教的世俗化所意指的便无非是社会组织的为宗教所赋予的超越意义的褫夺,因而归根到底是一种"非神圣化"或"去神圣化"。

当代宗教现象学的著名代表人物伊利亚德(Mircea Eliade,1907—1986)在《神圣与世俗》一书中曾藉"神圣是世俗的反面"这样一个定义突出地强调了世俗与神圣的相对相关性质。按照伊利亚德的理解,神圣既不只是一种玄学,也不是像奥托所设定的那样,只是一种非理性的心理体验,而且还是并且首先是人类的一种存在样式。人类是藉神圣的自我表征,即藉显圣物(hierophany),感受到神圣的存在的。一个显圣物,可以是道成肉身的耶稣基督,也可以是一棵大树或一块石头,一种非常

普通的“自然存在”，但是，藉着神圣的表征，它们的当下的存在就被转化成了某种“别的东西”，某种全然不同于自然存在的“超自然存在”。因此，任何一种显圣物，就其作为神圣的一种自我表征而言，它具有神圣性，属于一种超自然存在，但是就其作为一棵树、一块石头或一个有血肉之躯的个体的人而言，它依然是一种全然世俗的东西，一种极其普通的自然存在。从这个意义上说，显圣物即是自然物，超自然存在即是自然存在，神圣即是世俗，而神圣和世俗这两种存在样式也无非是世俗社会或尘世的一种“二重化”。①

　　人们既然把世俗世界二重化，既然把神圣和世俗理解为两种不同的存在样式，也就赋予了它们不同乃至截然相反的意义。然而，即使宗教的人（homo religiosus）对它们的这样一种区分同样也悖论式地蕴含了它们之间相互依存的内在关联性质。例如，在宗教的人看来，神圣空间（神圣世界或天国）明显地区别于世俗空间（世俗世界或人间），而神圣空间的神圣性或天国的神圣性正是藉着这样一种区分或区别显示出来的。诚然，为了表达这种区分的根本性质，人们往往求诸于“空间连续性的中断”（a solution of continuity）。然而，无论如何，神圣空间的神圣性质还是唯有藉同世俗空间的比较方可彰显出来、被体认出来。离开了世俗空间，我们便不可能言说、甚至不可能想象神圣空间。再如，神圣时间同世俗时间也有“本质上的不同”。例如，神圣时间，作为“一种被显现出来的原初神话时间”，在一定程度上，“是可逆的”，是可以藉着宗教体验、宗教节日和宗教仪式，“无限制地重新获得”和“无限制地重复”的。然而，且不要说神圣时间的“可逆性”毕竟是相对于世俗时间的“不可逆性”而言的，即使对神圣时间的“重新获得”这一说法本身也必定是以世俗时间的存在为前设的。也正是在这个意义上，伊利亚德才强调说，“宗教徒总是生活在两种时间之中。”②

　　既然存在于神圣和世俗之间的是这样一种相对相关的关系，则人们之用否定的或消极的方式来界定世俗化，宣布所谓世俗化即是“非神圣化”或“去神圣化”，就不难理解了。然而，也有一些思想家试图用肯定的或积极的方式来界定世俗化，宣布所谓世俗化即是所谓“理性化”。这显然是就人们不再用神学的方法来解释世界，转而用理性的逻辑的方法来解释世界而言的。然而，在界定世俗化的这样两种方式之间似乎也没有什么本质上的区别。因为，“理性化”的过程，如我们在下面将会看到

---

① 参阅米尔恰·伊利亚德：《神圣与世俗》，王建光译，华夏出版社2002年版，“序言”第2—3页。
② 参阅上书，第32—33页。

的,在一定意义上,也就是一种"非神圣化"或"去神圣化"的过程。

世俗化的内容是相当丰富的,差不多涉及到人类生活的方方面面,不仅关涉人类的经济生活,而且也关涉人类的政治生活和文化生活。而且,世俗化的表现形式也多种多样,既关涉社会的种种变化,也关涉宗教本身的变化,不仅关涉宗教仪式和宗教组织的变化,而且也关涉宗教观念的变化;虽然,宗教本身的变化过程与社会的变化过程往往是同步的和一致的。任何把宗教世俗化简单化的企图和努力都是不恰当的。

二、宗教世俗化的历史维度:从神圣化世俗到世俗化神圣

既然我们初步了解了神圣与世俗、宗教神圣化与宗教世俗化的相对相关性质,我们也就不难理解宗教世俗化的历史维度了。

如果我们对宗教世俗化作一番长时段考察的话,我们就会发现:人类所经历的首先是随着宗教产生而出现的所谓宗教的神圣化,尔后才有所谓宗教的世俗化的。在前宗教时代,根本不存在什么宗教的世俗化问题。因为,那个时候,人类既然没有神圣或神圣者观念,也就根本没有神圣化问题,从而也就没有什么去神圣化问题。但是,随着氏族宗教或自然宗教的出现,宗教的神圣化便逐步演绎成了人类社会中一个极其普遍的文化现象。我国《尚书》中所谓"绝地相通"的说法,即是谓此。而且,这种视世俗为神圣的现象不仅存在于原始社会或上古时代,而且还以一种弱化了的形式存在于整个"前现代社会"(premodern societies)。伊利亚德在谈到这种文化现象时曾经非常中肯地指出:"古代社会中的人们倾向于尽可能地生活于神圣之中,或者尽可能地接近已被奉为神圣的东西。这种心理倾向是十分容易理解的。那是因为,正像前现代社会中的人一样,对于早期人类而言,神圣就是力量,而且归根到底,神圣就是现实。这种神圣被赋予现实的存在之中。神圣的力量意味着现实,同时也意味着不朽,意味着灵验。"[1]

但是,无论如何,随着人类文明社会的确立,随着氏族宗教向民族—国家宗教的演进,宗教的世俗化问题毕竟逐步演绎成了一个非常现实、非常突出的问题。据《国语》和《尚书》载,我国历史上在颛顼时代和帝尧时代曾先后两次发生过"绝地天通"的宗教改革事件。虽然这种说法在一定程度上具有神话性质,但它毕竟以一种形式报道了我国历史上确实存在过的"民神杂糅"现象开始消除、宗教世俗化开始启动这

---

[1] 参阅米尔恰·伊利亚德:《神圣与世俗》,王建光译,华夏出版社2002年版,第4页。

样一种历史事件。[①] 否则,《诗经》中所说的"溥天之下,莫非王土;率土之滨,莫非王臣"的社会现象是断然不可能出现的。[②] 而作为犹太教这一民族—国家宗教的根本典籍(同时也是基督宗教的根本典籍)的《旧约圣经》无疑是宗教本身开始世俗化的又一个重要佐证。当代著名的宗教思想家弗里德利希·戈加登 (Friedrich Gogarten, 1887—1967) 于 1955 年就在其著作《非神圣化与历史》中率先将人类生存的世俗化或历史化的源头上溯到《旧约圣经》,宣称：早在以色列人那里,自然与社会秩序的"神圣化"就已经被打破,人类切底的世俗性或历史性就首次得到了肯定。十年后,《世俗之城》一书的作者哈维·考克斯 (Harvey Cox, 1929—   ) 更为具体更为细致地刻画了圣经信仰同世俗化的内在关联。他断言：圣经信仰主要有三个核心要素,这就是"创世神话"、"出埃及记"和"登山宝训";其中,"创世神话"开启了"自然的祛魅",即自然的"非神圣化"或"世俗化","出埃及记"开启了"政治的非神圣化"或"世俗化",而以"禁止偶像崇拜"为重要内容的"登山宝训"则开启了价值的"非神圣化"或"世俗化"。[③] 紧接着,宗教社会学家贝格尔于 1967 年在其名著《神圣的帷幕》中针对把世俗化等同于现代化的流行意见,尖锐地提出了"关于新教世俗化的能力是一种新产生的东西呢,还是渊源于圣经传统更早的因素之中"这样一个问题,并且坚定地回答说："事实上,世俗化的根子可以在古代以色列宗教最早的源泉中发现。换言之,我们可以断言,'世界摆脱巫魅'在《旧约》之中就开始了。"[④]

　　在讨论宗教世俗化的历史维度时,有一个难题是不能回避的,这就是中世纪的宗教世俗化问题。尽管在中世纪,在一个较长的历史时期内,那种成为欧洲主导力量的基督宗教形式非但没有促进宗教的世俗化,反而增强了宗教的神圣化势头。但是,整个来说,宗教世俗化并没有因此而中止。一方面,基督宗教神学即经院哲学的系统化过程同时也就是一种理性化过程。当经院哲学的最重要代表人物托马斯·阿奎那宣布理性为上帝的本质属性、强调自然神学的重要作用时,他就在事实上把古代理性主义推向了一个高峰。以至于当代存在主义思想家威廉·巴雷特针对"从中世纪过渡到现代是用理性观点取代宗教观点"的说法,坚定地反驳说："事实正好相

① 参阅《国语·楚语下》《尚书·吕刑》。其中,《国语》谈到颛顼为了消除"民神杂糅""民神同位"现象,"乃命南正重司天以属神,命火正黎司地以属民,使复旧常,无相侵渎,是谓绝地天通"。《尚书》说帝尧以"苗民弗用灵"为口实,"乃命重、黎绝地天通"。

② "溥天之下"句出自《诗经·小雅·谷风之什·北山》。

③ Harvey Cox, *The Secular City*, The Macmillan Company,1965, pp. 21–36.

④ 贝格尔：《神圣的帷幕：宗教社会学理论之要素》,高师宁译,上海人民出版社 1991 年版,第 135 页。

反，整个中世纪哲学，如怀特海非常贴切地评论的，比之现代思想是一种'无限制的理性主义'……对阿奎那说来，整个自然界，尤其是把上帝看作第一因的自然界，是可以清楚明白地为人类理性所了解的；而对在启蒙世纪悲凉末叶从事哲学著述的康德来说，人类理性的范围却从根本上大大缩小了。"[1] 此外，基督宗教还有一个核心特征，也可以不自觉地为世俗化过程服务，那就是"基督宗教教会的社会形式"。从比较宗教社会学角度来看，基督宗教教会代表着"宗教制度专门化"的一种不寻常的情况，这是一种与"其他一切社会制度"对立的"专门关注宗教"的制度。而"把宗教活动和象征集中在单一的制度范围内"这样一种做法，事实上也就把"社会的其余部分"定义为"这个世界"，把它们说成一个"至少相对脱离神圣者管辖范围的世俗领地"，从而也就从神学上赋予了"这个世界"的"自主性"，大大加速了"这个世界"的"世俗化"。因此，事情正如奥戴所说，在复杂的世俗化过程中，基督宗教教会所扮演的角色是"多变的、多面的和矛盾的"：它既是"世俗化的反对者"，又是"世俗化的倡导者"。[2]

我们不仅能够从宗教本身的历史演绎中发现世俗化的历史之维，而且还可以从社会本身的演进中发现世俗化的历史之维。神权和政权的世俗化始终是欧洲中世纪世俗化历史进程中一个最引人注目的问题。按照教皇党"两把刀"的理论以及"王权来自教皇"的理论，教皇或教会不仅应当掌握神权这把刀，而且还应当随时掌握政权这把刀。因此，神权和政权的世俗化实质上是一个神权和政权的归属问题。这差不多构成 11 世纪以后中世纪政治生活的中心问题。如果说 1077 年神圣罗马帝国皇帝兼德意志皇帝亨利四世 (Heinrich IV, 1050—1106) 雪地赤脚悔罪的"卡诺莎 (Canossa) 事件"是教权对世俗权力的胜利的话，则 1309—1414 年期间发生的"阿维农之囚"事件和"西方教会大分裂"则无疑是世俗权力对教权的胜利。中世纪欧洲世俗化的另一个重要向度是城市化以及伴随着城市化而出现的新的社会阶层，即中产阶级。城市社会所从事的"完全是现世的活动"，明显地表现出了一种"非宗教"的，甚至是"逆宗教"的发展趋势。[3] 城市社会的发展不仅意味着商业和工业的发展，不仅意味着新的世界观的酝酿，而且还意味着资本主义和资产阶级的崛起，意味着整个社会的高度理性化。因为资本家是由于具备创业和算计头脑而从封建社会脱颖

---

[1] 巴雷特：《非理性的人》，段德智译，陈修斋校，上海译文出版社 1992 年版，第 27 页。
[2] 参阅托马斯·F.奥戴、珍妮特·奥戴·阿维德：《宗教社会学》，刘润忠等译，中国社会科学出版社 1990 年版，第 176 页。
[3] 参阅上书，第 173—174 页。

而出的；为了获得收益高出支出的有利可图的盈余，它们"必须理性地组织生产"，而资本主义社会的一切也都是"随着这种为追求效益而合理组织经济企业的必要性而来的"。[①]

三、宗教世俗化的现当代维度：现代化与"世界祛魅"的等式

虽然我们可以把宗教的世俗化的源头一直上溯到中世纪和古代社会，但是，宗教世俗化全面持久地开展真正说来还是一件现当代的事情。可以说，自宗教改革、文艺复兴运动和启蒙运动以来，宗教的世俗化就一直以空前的速度和空前的规模在向前推进着，以至于许多思想家把现代化理解为世俗化的同义语，理解为"世界的祛魅"或"世界祛除魔力"。

对于现当代社会的世俗化，我们可以从经济制度的世俗化、政治制度的世俗化、文化层面的世俗化和"意识"层面的世俗化来理解和解释。现代意义上的世俗化最初发生在经济领域，尤其是那些由于资本主义过程和工业过程而形成的经济部门。现代经济过程，即工业资本主义运动，作为中世纪城市化运动的一种继续和提升，构成了现当代世俗化运动的"载体"，有力地推动了现当代世俗化运动。在现当代经济活动面前，自然界近乎完全地丧失了它的宇宙"巫魅"性质或宇宙神圣性质，差不多恢复了它的"自然"真面目，它不再构成人类的膜拜对象，相反，它开始成为人类或科技理性的近乎疯狂的不顾一切地征服对象。结果，现代社会的各个方面，根据它们与现代经济过程的远近程度，都受到了现当代世俗化运动的多少不等的影响，很少有什么部门能够逃避。在受到现当代经济制度世俗化影响的各社会部门中，政治制度或政治部门无疑首当其冲。虽然，那种把社会经济现代化和政治世俗化之间的关系简单化的做法不能接受，但是，我们仍然可以说，随着现代工业化发展而自然出现的政治秩序世俗化的倾向确实存在。无论如何，政教分离的倾向在现当代社会中普遍存在。许多国家相继摆脱了宗教制度的控制，或者摆脱了关于政治行为的宗教理论的支配。即使那些"古风犹存"的国家，如英国和瑞典，也发生了重大变化，尽管传统的政教合一的象征依然存在，但是，政治上的世俗化依然是一个不争的事实。政教分离的最重要的结果之一在于：国家不再代表曾占统治地位的宗教制度的强制力量，而是充当了相对独立于处于竞争状态的各宗教团体的角色，很有点类似于国家在自由资本主义经济体制中所充当的角色：基本上是在各个独立的、不受强制的

---

① 巴雷特：《非理性的人》，段德智译，陈修斋校，上海译文出版社1992年版，第30—31页。

竞争对手之间充当公正的秩序保护者的角色。随着政教分离政策的贯彻，不断发展的社会组织的理性化几乎达到了无孔不入的程度，这不仅表现为基本结构层次上的理性化，而且还表现为意识层次上的理性化，不仅表现为高度理性化的官僚政治的建立和完善，而且还表现为用以维系这类高度理性化的官僚政治的合理化论证。经济制度的世俗化以及与之相关的政教分离政策的贯彻，不仅促成了政治制度和政治社会的世俗化或理性化，而且也促成了文化层面的世俗化或理性化。在现当代社会，对教育和文化机构的垄断，不再是教会的特权，相反，它们主要地成了世俗政府和世俗社会管理和控制的部门。不仅如此，由于高科技的武装，许多文化部门和文化设施，包括现代大众传媒，逐步成了推进社会世俗化的重要工具。而且，现当代世俗社会的所有这些层面的世俗化，包括经济制度的世俗化、政治制度的世俗化和文化层面的世俗化，都伴随有"意识"层面的世俗化或"世界观"层面的世俗化。"社会—结构"层面上的世俗化被人称作"客观的世俗化"，而"意识"层面的世俗化则被人称作"主观的世俗化"，在一定意义上是世俗化的一个更内在、更本质的方面。对于现当代人类来说，至少在上述公共领域，他们已不再习惯于用宗教的"宇宙学"或"世界观"来"观"自然界和人类社会了；相反，他们大多数倒是比较习惯于用理性、用世俗的科学知识来"观"自然界和人类社会，甚至习惯于用"僭越"的科技理性或理性主义和科学主义来"观"自然界和人类社会，致使自然界和人类社会都成了理性主义或科学主义施虐的领域。

现当代宗教的世俗化在宗教本身也有相当全面的表现。无论是 16 世纪的（抗议宗的）宗教改革运动，还是 20 世纪的（天主教的）宗教改革运动，都具有双重的意义和价值，即一方面可以看作是宗教对处于变革状态中的社会的一种适应，另一方面又可以看作是宗教本身的一种世俗化。16 世纪的宗教改革运动不仅为社会的世俗化开辟了广阔的空间，而且也把宗教本身的世俗化提升到了一个全新的阶段。首先，从神学理论方面来说，无论是路德的"因信称义"说和加尔文的"恩典前定"说，还是近代和现代的"自然神论"，无论是 19 世纪以来的种种自由主义思潮，还是当今时代的种种生存神学和世俗神学，都不仅为传统宗教对社会公共领域的淡出，为宗教的私人化开辟了道路，而且其本身都差不多成了一种为宗教世俗化辩护的理论。当朋霍费尔（Dietrich Bonhoeffer, 1906—1945）在二战结束前夕在狱中宣布应当建立一个"非宗教的基督教"的时候，当第二届梵蒂冈公会议把"人类的种种胜利"视为上帝"神秘计划"的"轰轰烈烈实现"的时候，对于现当代宗教来说，还有什么世俗内容不能加以接纳呢？其次，现当代宗教在宗教组织和宗教仪式方面世俗化的步子迈得同样很大。既然“称义”只是一个个人信仰的问题，既然教会组织和仪式活动在这方面都根本无所作为，则传统教会的那种等级森严的僧侣制度以及传统宗教仪式方面的所有繁文缛节便都成了某种没有必要的纯粹形式的东西了。教会组织的社会化和民主化，宗教仪式的简单化成了现当代宗教的一个相当普遍的现象。许多教会更多地充当了社区社交活动的场所，它们面向社会开办老人俱乐部、婚姻咨询处、母亲育儿班等，组织各式各样的社会活动。即使被认为向来对世俗化反应迟钝的天主教，第二届梵蒂冈公会议以来在世俗化方面也取得了重大进展。宗教世俗化在当今时代成了一种全球范围内出现的现象，不仅西方的基督宗教本身存在有世俗化问题，而且世界范围内的其他宗教也都在一定程度上存在有世俗化的问题，例如我国佛教界人士提出的“人间佛教”思想即是现当代佛教世俗化的一个表征。

现当代宗教本身的世俗化区别于传统社会宗教本身世俗化的一系列特征往往来自于现当代社会“一个国家里各宗教多元并存”或贝格尔所谓的“多元主义”这样一种局面。在古代社会和中世纪，一个国家或一个地区往往为一个宗教组织所垄断，而在现当代社会，一个国家或一个地区往往是多个宗教组织或宗教派别并存。“非垄断化”这种宗教现象并不是一个简单的宗教传播问题，也不简单是宗教地理学所讨论的问题，而是一个关乎现当代宗教存在方式和活动方式的问题。第一，宗教的“非垄断化”标志着现当代宗教同宗教的传统任务的“彻底决裂”。垄断性的传统宗教的基本任务，如上所述，在于对关乎整个国家、整个社会和整个宇宙提供一套完整的解释，为社会所有成员提供一个共同的意义世界。但是，在现当代社会里，随着一个国家里多个宗教组织或教派的并存，各宗教组织或教派建造世界和维系世界的力量和功能便被限制于一个“亚世界”，甚至是一个完全私人化的意义世界。第二，现当代宗教在一个国家里的多元并存把各宗教组织或宗教派别置放进相互竞争的处境，一方面是各宗教组织或宗教派别之间的相互竞争，另一方面是各宗教团体在解释世界方面同各非宗教力量之间的相互竞争。第三，宗教多元化以及与之相关的宗教私人化，迫使各宗教团体“进入市场”，各宗教团体的宗教制品不得不被“卖”给不再被强迫去“买”的顾客。“多元主义环境首先是一种市场环境。在这种环境中，宗教机构变成了交易所，宗教传统变成了消费商品。总之，在这种环境中的大量宗教活动，逐渐被市场经济的逻辑所支配。”[①] 第四，宗教机构的官僚化。宗教团体从垄断集团变

---

① 贝格尔：《神圣的帷幕：宗教社会学理论之要素》，高师宁译，上海人民出版社 1991 年版，第 163 页。

成彼此竞争的交易所以及宗教活动的市场化要求宗教组织结构进一步理性化。因为唯其如此,各宗教团体才有可能在市场环境条件下,赢得大量的消费者,获取较好或最好的效果。而宗教机构的官僚化无疑是宗教组织结构理性化的主要标志。宗教机构的官僚化一方面要求宗教机构按照官僚程序来管理,其日常运转也由官僚制的典型问题和"逻辑"所控制,另一方面又要求宗教机构通过典型的官僚体制相互作用的方式彼此之间打交道,并与其他社会机构打交道。与消费者建立"公共关系",进行政治方面的游说,向政府机构和私人机构"筹集资金",对世俗经济进行各色各样的干预,宗教机构为了获得理想的"效果",在其"传教"活动的所有这些方面,都非常合理地采用了十分类似于社会其他官僚机构处理同样问题时所采用的方法。最后,多元环境以及由此引起的宗教活动的市场化造成的另一个重大结果是宗教内容的主观化:由"宇宙学"演变成了"心理学"。既然随着宗教的市场化,"宗教再不能强加,而只能够出售",则宗教机构就不能不考虑消费者的"爱好"和他们对商品的"要求";这就使宗教内容在双重意义上被"主观化"了:一方面,它们的"实在性"变成了个人的"私事",变成了个人的爱好和需要,从而丧失了自明的主观际的"看似有理性"品格;另一方面,它们的"实在性",就其仍然为个人所维持而言,又被理解为是扎根于个人意识之中,而不是扎根于外部世界(外部宇宙)的任何事实性之中。于是,宗教也就不再涉及宇宙或历史,而只是涉及个人的生存处境或心理状态。[①]

四、宗教的世俗化与宗教的发展前景:宗教会因此而消亡吗?

面对全球范围内的汹涌澎湃的世俗化浪潮,人们不能不思考这样一个问题:随着宗教和社会的世俗化、"去神圣化"或"非宗教化",宗教的社会功能是否会在最近的将来丧失殆尽,宗教是否会因此而在最近的将来完全"消亡"?一些宗教思想家,如贝格尔等,曾对此作出过比较悲观的估计。但是,如果我们做一番较为深入考察的话,我们就会发现,这样一种担心的根据似乎并不充分,也无必要。

首先,虽然在现当代,宗教在世界各地的发展极不平衡,各宗教团体之间的发展也很不平衡,但是,从世界范围看,各宗教信众的增长率与世界总人口的增长率基本持平,甚至略高于世界总人口的增长率。例如,据《1980年大英百科年鉴》的统计,当时全世界的人口总数为42.88亿,而各教教徒总数则为25.78亿,不到全世界人口

---

① 贝格尔:《神圣的帷幕:宗教社会学理论之要素》,高师宁译,上海人民出版社1991年版,第176—177页。

总数的 62%。然而，据《1990 年大英百科年鉴》的统计，当时全世界的人口总数上升到 50 亿，而各教教徒总数在全世界人口总数的比率则上升到 75%。

其次，在现当代社会，宗教的世俗化总是同宗教的神圣化结伴而行，也就是说，在现当代社会，在一些传统宗教世俗化的潮流之外，还存在着一种"逆世俗化"运动或"非世俗化"运动。这一运动声势很大，以至于乔治·威格尔（George Weigel，1951—　）视之为"20 世纪末与主导地位的社会事实之一"。[①] 一般说来，这种"逆世俗化"运动由宗教复兴运动、新兴宗教运动和公民宗教运动三个方面构成。尽管这三个方面的运动在对待世俗社会的态度方面不尽一致，但是，在推进宗教神圣化方面，倒是基本一致的。

宗教复兴运动是一种旨在恢复传统宗教早期阶段所特有的宗教信仰纯洁性和宗教生活出世性的宗教运动。参与这种运动的宗教组织往往以新的教派的形式出现。这些新的教派虽然在宗教信仰、基本教义、宗教仪式和组织机构方面，并未完全脱离其母体（业已世俗化的教会组织），但是却往往不齿于所在母体的种种"俗气"，而不惜为恢复其原初本性而另立山头。宗教复兴运动在基督宗教系统里，比较典型且影响较大的有所谓于 19 世纪末叶发源于美国的基要派。[②] 基要派作为新教（基督教）组织中一个新的教派，针对宗教的世俗化潮流，曾提出坚信《圣经》无谬误、童贞女生子、基督肉身复活、基督将亲自复临等一系列口号。20 世纪初期出现的伊斯兰复兴运动标榜回到《古兰经》和圣训上去，要求恢复伊斯兰教在政治生活、经济与日常生活中的支配地位。20 世纪 70 年代伊朗全面复活政教合一的神权统治，是这一运动的一项标志性成就。[③]20 世纪 50 年代以来，印度、斯里兰卡、日本等亚洲国家出现的佛教复兴运动，也是宗教复兴运动的一项主要内容。此外，20 世纪 80 年代以来，基督宗教（主要是东正教和天主教）在前苏联和东欧的复兴，也可以看做现当代宗教复兴运动的一项内容。

如果说宗教复兴运动旨在恢复传统的宗教信仰，其特征在于一个"旧"字的话，那么新兴宗教运动的目标便在于创造在信仰上同传统宗教相别的新的宗教组织，其特征便在于一个"新"字。对于后者，我们不妨把它们区别为两种：其中一种可称作

---

① George Weigel, "Religion and Peace: An Argument Complexified", *Washington Quarterly*, 14 (Spring 1991), p.27.

② 美国的基要派发轫于 19 世纪末叶，于斯科普斯的"猴子案"发生的 1925 年臻于鼎盛。20 世纪 40 年代后，一些基要派神学家改称新福音派。

③ 参阅塞缪尔·亨廷顿：《文明的冲突与世界秩序的重建》，周琪、刘绯、张力平、王园译，新华出版社 2002 年版，第 110—123 页。

信理型，另一种则可称作膜拜型。信理型的新兴宗教旨在教义的革新。例如，由美国人约瑟夫·史密斯 (Joseph Smith, 1805—1844) 于 1830 年创立的摩门教，即"耶稣基督后期圣徒教会"，在其经典之一《摩门经》中就接纳了一些科学常识。再如，1879 年由玛丽·贝克·艾蒂 (Mary Baker Eddy, 1821—1910) 创立的基督教科学派，虽然也承认《圣经》的权威，但是却把艾蒂的著作《科学与健康》宣布为最高真理。该派否认基督宗教各派所宣讲的创世说、原罪说、耶稣基督复活说和救赎论，却把拥有健康的身体看成一件特别重要的事情。至于膜拜型的新兴宗教则差不多就是一种"膜拜团体" (cult)。这类膜拜团体的数量很大，在世界范围内，每年都以新增近百个的速度增长。倘若以其对世俗社会的态度为尺度，我们可以把它们区分为下述三类：第一类可称作"拒斥类"。这类宗教通常把现存社会看作腐败堕落的社会，故而对之采取否定或敌视的态度，甚至以相当怪诞偏激的方式与之对抗。例如，我们在前面提到的安曼门诺派、胡特尔派以及大家所熟知的人民圣殿教都属于这一类型。第二类是"适应型"或"肯定型"的。例如创价学会和巴哈依教都是积极涉世的宗教。第三类是"灵修派"。这类新兴宗教专注于灵性修炼。新五旬节派、新灵恩派即属于这类新兴宗教。膜拜型的新兴宗教往往处在社会中占统治地位的宗教体系的主流之外，其教义常常是神秘主义的和秘传式的。它比其他类型的宗教群体更可能以卡里斯玛式的领袖 (Charismatic leader) 为中心，这种人被认为由神授予了特殊的启示或知识，他有能力为后来加入宗教组织的人打开通向真理的大门。这些宗教团体，除其中的少数过渡到教派或教宗外，大多数都是短命的，只要其卡里斯玛式的领袖一死或失去信任，它们就会土崩瓦解。我们现在所说的"邪教"一般都属于新兴宗教的范畴，但是，无论如何，我们不能把新兴宗教同邪教等同起来。新兴宗教，包括膜拜型新兴宗教，在今天，被人说成是一种"最有生命力"的宗教现象。[①] 尽管约翰斯通的这个说法有待商榷，但是，低估新兴宗教社会意义的做法无论如何是不恰当的。

公民宗教是当代"逆世俗化"运动的又一项重要内容。与政治和国家的"去神圣化"相反，公民宗教的目标在于将政治和国家重新神圣化，使一个国家的一组信念、仪式和标志重新获得神圣的意义，并且使一个国家的全体公民都尊崇这一神圣性。美国当代宗教社会学家贝拉 (Robert Neelly Bellah, 1927—2013) 在其《美国的公民宗教》一书中曾断言，美国自成立之日起即有一组信念、符号和仪式被赋予神圣

---

① 约翰斯通：《社会中的宗教》，尹今黎、张蕾译，袁亚愚校，四川人民出版社 1991 年版，第 145 页。

的意义并且被制度化了。① 其实，公民宗教，作为宗教普泛化的一种形式，不只美国存在，而是在包括许多亚洲国家在内的世界很多国家内也都存在。

再次，宗教功能的分化和隐伏。在考察宗教的世俗化时，还有一点需要特别予以注意，这就是宗教功能的分化和隐伏。在上古时代，宗教与社会、神圣与世俗是一而二、二而一的。从这个意义上，我们可以说，宗教是一种无所不包的社会体系。但是，在后续的发展中，随着宗教组织的专门化，宗教与社会、神圣与世俗逐步分化，原来归属宗教神圣体系之中、为宗教神圣帷幕所包裹着的公共生活领域逐步从其中游离了出去，这也就是所谓世俗化的过程。但是，由此导致的并不是宗教功能的失效和引退，而只是宗教功能的专门化和隐伏。因为宗教本来所能满足的也只是作为属灵的人的精神需求，而作为自然存在和社会存在的人的其他方面的需求本来应当、实际上也是通过其他途径得到满足的。因此，世俗化虽然也导致了教会社会功能和政治功能的丧失，但却使教会能够更加专注于发挥其核心功能和特殊职责，专注于为群体和个人提供同终极关怀相关的意义系统，专注于调节个人信仰与社会公共价值之间的动机平衡。而且，宗教在人类公共领域的这样一种退却，并不意味着它对这些领域的完全放弃和它的影响在这些领域的完全丧失，而往往意味着它影响这些领域的方式的根本性变更，意味着它潜入到了这些领域的深层。宗教的神圣因素在人类公共领域依然发挥着它的作用，只不过是以一种“无意识”或“潜意识”的方式在发挥作用罢了。事情正如伊利亚德所指出的：一个“纯粹”的非宗教徒，即使在最世俗化的现代社会中，相对说来也是“比较罕见”的。大多数的“无宗教信仰者”仍然有着宗教的行为和举止，即使他们并没有清楚地意识到这一点。伊利亚德是用人类的历史性来解说这一点的：既然“世俗的人是由宗教的人蜕变而成的，所以他不能消灭自己的历史，也就是说，他不能彻底地清除他信仰宗教的祖先的行为，正是这种宗教的行为造就了今天的他。”伊利亚德把这种现象称作人类的“第二次堕落”。然而，正如，人类在“第一次堕落”之后，其宗教感虽然因此而降到了“被分裂的意识”的层次上，但人类却还是“保留”了“足够的智力”使他能够重新发现尘世中可见的上帝的痕迹一样，人类在第二次堕落之后，虽然下降得更深，甚至堕落进了“无意识的深渊”，但是，“在他最深层的存在之中，他仍然保有对宗教的记忆”。② 《马太福音》中早就说过：“凯撒的归凯撒，上帝的归上帝。”正是在这个意义上，当代宗教学家哈

---

① 参阅段德智等：《境外宗教渗透论》，经济科学出版社 2016 年版，第 123—165 页。
② 伊利亚德：《神圣与世俗》，王建光译，华夏出版社 2002 年版，第 118—125 页。

维·考克斯在《世俗之城》中,对世俗化和宗教功能的分化或专门化表示欢迎,把它看做是《圣经》主题和源泉的实现。他把世俗化和宗教功能的专门化称作"解放",把它看做是一种"把人从宗教与形而上学的保护下"拯救出来的"解放",一种"把人的注意力从彼岸世界移到此岸世界来"的"解放"。①

最后,世俗化之所以并不意味着宗教的消亡,还有一个根本的理据,这就是:正是世俗化在不断地酿造着宗教滋生或再生的土壤。一些学者,如斯塔克(Rodney Stark)和班布里奇(William Sims Bainbridge)在讨论"世俗化的自我限制特征"时往往停留在"宗教复兴"和"宗教创新"这样一些宗教现象上,而没有进一步追问宗教复兴和宗教创新何以可能这样一个更为基本的问题。其实,宗教复兴运动、新兴宗教运动以及我们前面谈到的公民宗教运动在现当代社会存在和蔓延的最深刻的原因之一即在于世俗化运动的反弹这样一种历史现象。② 事情正如巴雷特(WilliamBarrett,1913—1992)所昭示的:世俗化意味着人对自然的控制和征服、传统宗教的衰微和社会的理性安排,然而在所有这些方面都导致了人的异化。现代社会是人的历史上的世俗阶段。他曾带着支配周围世界力量的冲动和愿望踏进现代社会,但是,他所依仗的科学却把一个"以其浩瀚与力量对人类目的是中性的和异在的宇宙"展现给他自己。在此之前,宗教曾是包容整个人类生活的机构,使人类得以表达自己达到精神整体的渴望,然而,随着这种包容机构的丧失,"人不仅成了一个被逐出家门的,而且也成了一个片段的存在"。随着社会的理性安排,经济的合理组织业已大大增强了人支配自然的力量,从政治上看,社会也已更加合理,更加讲究功利,更加民主,并且也造成了物质的丰富和进步。但是,随着人类社会的理性化,人类理性开始受挫于它的对立面,"受挫于层出不穷又预料不到的实际事物":世界战争和局部冲突、经济萧条和危机以及连续不断的政治动乱等。再者,"在一个官僚化的、非个人的大众社会里,人的无家感和异化感更趋强烈。"这样,现当代人便被"三重"地异化了:"不仅对于上帝,对于自己是个陌生人,而且对于提供他物质必需品的

---

① 哲学也经历了一个漫长的分化和专门化的过程:从亚里士多德时期的"百科全书"式的学问变成了一种本体论和方法论。然而,哲学的这样一种分化,并不意味着哲学功能的丧失,相反,意味着哲学终于回到了它本身,它现在终于可以以本来意义上的哲学方式展开自己的工作,并以自己的方式对人类生活的各个领域发挥自己的功能。宗教的命运也是如此。

② 事情正如亨廷顿所指出的:"全球性宗教复兴最明显、最突出也是最强有力的原因,恰恰是那些被认为会引起宗教消亡的东西:20世纪后半叶席卷世界的社会、经济和文化现代化进程。"这里所说的其实也就一些学者所说的"世俗化的自我限制特征"。(亨廷顿:《文明的冲突与世界秩序的重建》,周琪、刘绯、张力平、王园译,新华出版社2002年版,第95页)

庞大社会机构也是个陌生人。"① 在现当代社会中,弥漫于社会各阶层的普遍存在着的宗教情绪正是从这种异化感中滋生出来的。显然,只要人类的异化现象存在一日,只要社会各阶层的宗教情绪存在一日,各种不同的宗教组织也就会以这样那样的形式存在一日。

自人类进入现当代社会以来,宗教消亡就一直是宗教思想家的一个热门话题。实证哲学家孔德提出了著名的"思想发展三阶段论",宣称人类思想要经过"神学阶段"(虚构阶段)、"形而上学阶段"(抽象阶段)和"科学阶段"(实证阶段),把宗教神学宣布为过去了的东西。宗教人类学家弗雷泽(James George Frazer, 1854—1941)在其 1900 年出版的名著《金枝》里则把人类理智发展的三阶段概括为"巫术"、"宗教"和"科学"。然而,不难看出,这种用"科学"取代"宗教"或"神学"的假说,归根到底不过是现代人类的一个"迷信"或"乌托邦"。科学,这里首先是自然科学,长期以来一直被视为人类理性主义的最高成就和中心堡垒,然而,在其发展中也遭遇到了自身的有限性或局限性。一方面,科学主义在其发展中不断地遭到致命的打击,先是作为实证主义的科学主义遭到逻辑主义的挑战,随后是遭到证伪主义的挑战,最后是遭到历史主义或"方法论上的无政府主义"的挑战。另一方面,甚至科学本身在其发展过程中也在不断地暴露人类理性的不确定性、局限性或有限性。如果说海森伯(Werner Heisenberg, 1901—1976)的"测不准定理"和玻尔(Niels Bohr, 1885—1962)的并协原理从根本上破坏了物理学的确定性,那么哥德尔(Kurt Gödel, 1906—1978)的证明则无疑宣布了构建一个完全系统化的数学体系的不可能性,从而也就从根本上宣告了理性万能神话的破灭。事情正如马克思所指出的:宗教的消亡是"需要有一定的社会物质基础或一系列物质生存条件"的,在缺乏这些条件的情况下,人为地"废除宗教"和"根除宗教"是不可能的。② 只要人类一天不从根本上摆脱自然和社会的奴役状态,不从根本上消除掉自身的有限性,他就一天不可能从根本上清除掉自己身上的宗教情结,他就一天不可能彻底消除宗教世俗化和宗教神圣化之间的张力,宗教都会以这样那样的形式持续存在下去。毛泽东和周恩来关于即使阶级和国家消亡以后,即使到了共产主义,宗教也可能继续存在的论断是有其历史根据和逻辑根据的。宗教存在的长期性是我们必须正视的一个社会事实。

---

① 巴雷特:《非理性的人》,段德智译,陈修斋校,上海译文出版社 1992 年版,第 36 页。
② 《马克思恩格斯选集》第 2 卷,人民出版社 1995 年版,第 152 页。

第五章　宗教对话与国际政治和人类文明

宗教的社会性或社会本质不仅在世俗化方面有比较充分的体现,而且在国际政治方面也有相当充分的表现。因为宗教特别是诸宗教组织之间的关系问题不仅仅是一个宗教问题,而且还是一个同构建国际社会和谐秩序、维护世界和平、推进人类文明密切相关的大问题。长期以来,宗教对话与宗教多元主义之所以构成现当代宗教问题中又一个重大的热门话题,受到国际社会的普遍关注,究其深层次的原因,正在于:在当今时代,随着人类历史世界化或全球化程度的高速度提升,宗教对话和宗教多元主义越来越不仅是一个关乎宗教何以更其充分地发挥其社会功能的大问题,而且还是一个直接关乎国际政治、世界和平和人类进步的大问题。

第一节　宗教地理学、宗教冲突与国际政治

宗教对话首先是一个由宗教冲突提出来的问题。而宗教冲突虽然是一个同宗教的特殊本质(即宗教信仰及其神秘性和超越性)直接相关的问题,但在人类的历史发展过程中又是一个同宗教的地理分布和空间传播密切相关的问题。因此,在讨论宗教对话之前,先行地考察一下宗教的地理分布和空间传播以及与之相关的宗教冲突这样一个宗教地理学问题是必要的。

一、宗教的地理分布与人类古代文明

宗教乃人类文明的一个重要因素。种族、语言、生产技术、生活方式等,都是人类文明中不可或缺的因素,但是,宗教无疑是其中一个比较根本、比较核心的因素。"伟大的宗教是伟大的文明赖以建立的基础。"[1] 道森 (Christopher Dawson, 1889—

---

[1]　Christopher Dawson, *Dynamics of World History*, LaSalle, IL: Sherwood Sugden Co., 1978, p.128.

1970）的这句话虽然不应当被视为绝对真理，但同人类文明的历史和现状却也是大体一致的。

　　从宗教地理学的角度看，宗教的地理分布同古代人类文明的分布大体上是相称的和对应的。人类文明史上素有五大文明之说。但是，所有这些文明，无论是埃及文明、巴比伦文明、印度文明和中国文明，还是希腊文明，都是有其特定的宗教形态的。例如，古代埃及文明的孕育和演进同古代埃及宗教及其国家化或民族化就密不可分；离开了对作为生命之神的太阳神瑞和作为死亡之神的冥王神奥西里斯的崇拜，无论对古代埃及的金字塔文化，还是对古代埃及法老的政治权威，都不可能作出恰当的说明。同样，古代巴比伦文明的演进也是同古代巴比伦宗教的演进同步的；离开了苏美尔人、阿卡德人和巴比伦人对原来作为天气神的安神（An）和原来作为表示生命和丰产的太阳神马尔都克（Marduck）的崇拜，我们就不仅不能够充分地解兑苏美尔—阿卡德社会和巴比伦社会的政治结构，也不可能充分地解说巴比伦王国的兴起。同样，离开了婆罗门教及其"三大纲领"（"吠陀天启"、"祭祀万能"和"婆罗门至上"），古代印度文明也不可能得到充分的说明。就中国古代文明而言，无论它的形成和发展，显然也都同以"天帝崇拜"、"社稷崇拜"和"祖先崇拜"为中心内容的"宗法性传统宗教"密切相关。离开了作为中国民族—国家宗教的"宗法性传统宗教"，不仅古代中国的宗法性社会体制的构建得不到合理的解释，而且，整个中国古代文化也不可能得到本真的理解。至于古代希腊文明，包括它的戏剧、雕塑、绘画，乃至它的道德观念和政治体制，没有什么同它的古代宗教没有关联。对于古代希腊人来说，以地母盖娅为首的提坦诸神，以宙斯为首的奥林匹斯诸神以及酒神狄俄尼索斯、命运三女神、复仇三女神等，并不仅仅是一些神话故事中的人物，而且还是积淀在其文化深处中的东西。

　　年鉴学派的主要代表人物费尔南·布罗代尔（Fernand Braudel，1902—1985）曾把文明界定成"一个空间，一个'文化领域'"。[1] 按照布罗代尔的这个观点，至少从早期人类文明社会的情况看，宗教的地理分布和人类文明的地理分布大体上一致。在那个时候，埃及人、巴比伦人、印度人、中国人和希腊人，不仅在世界宗教史这一伟大戏剧中扮演了"主要角色"，而且在世界文明史这一伟大戏剧中也扮演了"主要

---

[1]　转引自亨廷顿：《文明的冲突与世界秩序的重建》，周琪、刘绯、张立平、王圆译，新华出版社2002年版，第25页。

角色"。[①]

二、宗教的空间传播与宗教冲突

一般来说，宗教的空间传播和宗教冲突自宗教产生以后就一直存在，只不过在前现代社会，其传播和冲突的空间范围比较狭小罢了。

在原始社会，宗教传播和宗教冲突主要在氏族和部落之间进行，范围极其狭小。民族—国家宗教产生后，宗教传播和宗教冲突的空间范围有了明显的扩展，但是在很长一段时间内，宗教传播和宗教冲突基本上是区域性质的，是囿于一个文明空间范围之内的，至少世界范围的宗教传播和宗教冲突并不存在。例如，古代埃及从血缘社会向地缘社会、从分散地区向统一国家的过渡虽然始终伴随着宗教的空间传播和宗教冲突，但是，其空间范围却基本上囿于尼罗河流域。同样，从苏美尔城市国家向阿卡德王国和古巴比伦王国的历史演进虽然始终伴随着宗教的传播、融合和冲突，但是，无论如何，宗教的这种传播、融合和冲突基本上是在西亚两河流域（幼发拉底河和底格里斯河）范围内进行的。

但是，随着各国奴隶制度的发展和奴隶制帝国的出现，宗教传播、融合和冲突的范围便有了更进一步的扩展，开始越出本己的文明空间范围，延伸到别的异质文明的空间中。例如，公元前9—前7世纪亚述帝国的兴起无疑在短期内促成了以作为战神的亚述神崇拜为中心内容的亚述宗教的传播，不仅酿造了亚述宗教同巴比伦宗教的冲突和融合，而且还酿造了亚述宗教同埃及宗教及其他宗教的冲突和融合。公元前6—前4世纪，波斯帝国对欧亚非三洲的征服无疑在短期内促成了琐罗亚斯德教的传播，并酿造了琐罗亚斯德教同埃及宗教、巴比伦宗教、婆罗门教和希腊宗教的冲突和融合。公元前4世纪马其顿—希腊的东侵以及亚历山大帝国的统治促成了希腊宗教的传播，也酿造了希腊宗教同埃及宗教、巴比伦宗教、亚述宗教、波斯宗教和印度宗教的冲突和融合。公元前3世纪—公元5世纪期间，罗马向东方的扩张及罗

---

① 参阅缪勒：《宗教学导论》，陈观胜、李培荣译，上海人民出版社2010年版，第34—35页。缪勒写道："让我们看看在我们称之为世界历史的这一伟大戏剧中扮演两个主要角色的两个种族吧，也就是雅利安人和闪米特人。我们将发现这两个种族各有两个成员才有资格宣称拥有圣典。在雅利安人中的是印度人和波斯人；在闪米特人中的是希伯来人和阿拉伯人。雅利安族系的印度人和闪米特族系的希伯来人，各产生了两种有圣典的宗教。印度人产生了婆罗门教和佛教，希伯来人产生了摩西教和基督教。……除了雅利安和闪米特族系以外，只有一个国家能说它有一个甚或两个有经典的宗教，那就是中国。中国产生了两个宗教，各以一部圣典为基础——即孔夫子的宗教和老子的宗教，前者的圣典是《四书》、《五经》，后者的是《道德经》。"

马帝国对所征服的土地的长期统治，无疑在一个相当长的时间里促成了罗马宗教的传播，同时也酿造了罗马宗教同希腊宗教、埃及宗教、波斯宗教、犹太教乃至基督宗教的冲突和融合。

然而，宗教的传播和冲突随着世界宗教的出现，无论在性质方面，还是在空间范围方面都发生了重大变化。世界宗教，无论是佛教，还是基督宗教和伊斯兰教，都是在同其他宗教的冲突中产生出来的。例如，佛教是在反对维护种姓制度的古印度婆罗门教的过程中于公元前 6 世纪酝酿产生出来的；基督宗教是在反对犹太教"撒都该派"（the Saducees）和"法利赛派"（the pharecees）的过程中于公元 1 世纪创建出来的；伊斯兰教是在同信仰多神的氏族部落宗教及种种偶像崇拜的斗争中于公元 7 世纪创建出来的。不仅如此，世界宗教也是在反对其他宗教传统的斗争中逐渐传播和发展起来的。佛教从一个区域性宗教升格为世界性宗教，显然是随着摩羯陀国孔雀王朝（公元前 4—前 2 世纪）及随后贵霜帝国（公元 1—3 世纪）对周边国家和地区的征服而传播到周边国家和地区的；佛教在这种传播过程中，虽然也常常借鉴和吸收印度的婆罗门教、波斯的琐罗亚斯德教和希腊宗教等相关宗教的一些内容，但对后者的排拒则是在所难免和显而易见的。基督宗教也同样是在同其他宗教的冲突中不断为自己的发展开辟道路的。可以说，基督宗教的世界化过程的每一个阶段都充满了矛盾、冲突和斗争。在从西亚走向罗马帝国的阶段里，基督宗教先是受到传统犹太教的敌视，接着是受到信奉罗马宗教的罗马当局的多次"迫害"。[①] 而基督宗教本身也正是在公元 391 年东西罗马皇帝颁布敕令、禁止一切异教崇拜的前提下被正式确定为罗马帝国的国教的。并且，在后来的传播和发展中，同种种"异教"的斗争差不多始终是基督宗教及其神学的一项中心内容。自 1096 年开始的"十字军东征"，历时近 2 个世纪，是中世纪规模最大的宗教冲突和宗教战争之一。至近代，基督宗教更是在西方资本主义殖民侵略者炮火的掩护下在同种种"异教"的斗争（有时表现为所谓"礼仪之争"）中逐步从欧洲和地中海沿岸地区传播到全世界各大洲的。在历史上，伊斯兰教的传播差不多同阿拉伯人的军事扩张同步进行。无论是在"四大哈里发时期"（7 世纪），还是在阿拉伯帝国时期（7—13 世纪）和奥斯曼帝国（连同

[①] 从 1 世纪中叶至 4 世纪初，基督宗教先后遭受了 10 次来自罗马当局的迫害，史称"十大迫害"。其中最早的一次发生在公元 64 年尼禄在位期间。当时，尼禄以纵火罪名逮捕一大批基督徒，其中数以百计的人被残酷处死。最后一次发生在 303—304 年戴克里先皇帝在位期间。罗马当局同样以纵火罪名迫害基督徒。宫廷凡信基督宗教的官员和太监一律处死，同时下令各地拆毁基督教堂，烧毁圣经，逮捕教会首领，强迫基督徒（包括罗马主教在内）祭祀罗马诸神，抗拒者一律处死，教徒与教会的财产悉数没收充公。

萨法维帝国和莫卧尔帝国) 时期 (13 世纪末—20 世纪初), 阿拉伯人走向世界的过程同时也就是伊斯兰教走向世界的过程。毫无疑问, 伊斯兰教也是在同种种"异教"的冲突和斗争中逐步走向世界的。离开了伊斯兰教同种种"异教", 特别是同基督宗教和婆罗门教的冲突和斗争, 伊斯兰教在小亚细亚、巴尔干半岛、比利牛斯半岛、北非及南亚次大陆的传播是不可设想的。

三、当代的宗教分布与地区冲突或"断层性战争"

至 20 世纪, 世界各大宗教, 首先是三大世界宗教, 经过几千年的努力, 其空间传播业已达到了相当高的层次。基督宗教、伊斯兰教、佛教和印度教在各大洲都有一定数量的信徒。据 1980 年《大英百科年鉴》统计, 全世界基督宗教信徒共 9.98 亿, 其中欧洲有 3.42 亿, 北美洲有 2.35 亿, 南美洲有 1.77 亿, 非洲有 1.29 亿, 亚洲有 0.95 亿, 澳洲有 0.18 亿; 全世界伊斯兰教信徒共 5.87 亿, 其中亚洲 4.27 亿, 非洲 1.45 亿, 欧洲 0.14 亿, 北美 31 万, 南美 25 万, 澳洲 8 万; 全世界佛教信徒共 2.54 亿, 其中亚洲 2.54 亿, 南美和欧洲各 19 万, 北美 17 万, 澳洲 3 万, 非洲 1 万多; 全世界印度教信徒共 4.75 亿, 其中亚洲 4.73 亿, 非洲 107 万, 南美 84 万, 澳洲 49 万, 欧洲 35 万, 北美 8 万多。这就是说, 虽说基督宗教的信徒主要集中在欧洲和北美洲, 但在南美洲、非洲和亚洲也有不少信徒, 虽说伊斯兰教的信徒主要集中在亚洲和非洲, 但在欧洲也有一定数量的信徒, 虽说佛教和印度教的信徒主要集中在亚洲, 但在其他各洲也有一定数量的信徒。而且, 世界各大洲 (除南极洲外) 也都有了相当数量的宗教信徒。其中, 亚洲约 15 亿, 欧洲约 3.6 亿, 非洲约 2.7 亿, 北美洲约 2.4 亿, 南美洲约 1.8 亿, 澳洲约 0.18 亿。在这样一种格局下, 一般来说, 传统的群体皈依型的宗教空间传播方式已不再可能继续成为宗教发展的主要形式或主要手段, 而一个国家或一个地区人口的自然增长倒成了影响宗教发展规模的越来越重要的因素了。希克曾经强调指出: "很明显, 在大约 99% 的情况下, 一个人所承认以及他／她所坚持的宗教依赖于出生的偶然性……当然, 也有从一种信仰到另一种信仰的改宗, 但就世界各大宗教而言, 与每一个宗教在它自己的人口中从一代到下一代的广泛传递相比, 它们处在边缘位置。"[①] 例如, 据统计, 伊斯兰教信徒 1900 年在世界人口中的比例为 12·4%, 而 1980 年在世界人口中的比例则上升到 16·5%。这与伊斯兰教世界人口的高增长率密不可分。[②]

---

① 希克:《宗教之解释》, 王志成译, 四川人民出版社 1998 年版, 第 2 页。

② 参阅亨廷顿:《文明的冲突与世界秩序的重建》, 周琪、刘绯、张立平、王圆译, 新华出版社 2002 年版, 第 55 页。

宗教分布或宗教人口分布的这样一种格局一方面极大地方便了宗教之间的相互借鉴、相互吸收和相互融合，另一方面又加剧了宗教之间的相互摩擦和相互冲突。而各宗教之间的相互摩擦和相互冲突向来都是当代地区冲突或局部战争（亦即亨廷顿所谓"断层性战争"）乃至当代世界政治关系中一个相当重要的酵素。如所周知，20世纪末叶，中东、巴尔干半岛（波斯尼亚）、克什米尔等都是地区冲突和局部战争的频发地区。毫无疑问，这些地区的冲突和战争的成因相当复杂。但是，无论如何，宗教之间的相互摩擦和相互冲突无疑是诸多成因中的一个原因，至少是这种摩擦和冲突的一个诱因。在中东，巴勒斯坦的犹太人和阿拉伯人之间的冲突可以一直追溯到犹太人在该地区建国之日。为此，它们之间不仅发生了四次战争，而且还发生了无穷无尽的摩擦和冲突。既然它们双方都提出了耶路撒冷（圣地）的归属问题，看来要在短期内解决它们之间的矛盾似乎不大可能。在波斯尼亚（巴尔干半岛），信奉伊斯兰教的穆族同信奉东正教的塞族人的战争、同信奉天主教的克族人的冲突，显然都有其宗教冲突的背景。联系到14世纪奥斯曼帝国对巴尔干半岛的占领，这种推测不无缘由。南亚次大陆克什米尔地区的连绵不断的冲突和战争显然同伊斯兰教同印度教之间的摩擦和冲突直接相关。至于斯里兰卡的泰米尔叛乱，菲律宾的摩洛人的起义，高加索地区亚美尼亚人同阿塞拜疆人之间的冲突，埃塞俄比亚奥罗莫人的暴动以及苏丹的大规模的内战，都毫无例外同宗教之间的摩擦和冲突有关。

在考察上述地区冲突或地区战争时，需要强调指出的是，这些冲突或"断层性战争"之所以很难在短时期内从根本上加以解决，首先就在于：这些冲突或战争虽然乍一看是地区性的或局部性的，但却往往同更大的文明集团之间的冲突有着千丝万缕的关系，因而往往具有跨地区、跨文明的世界性质。例如，巴勒斯坦地区以色列人同阿拉伯人之间的冲突，便一方面关涉整个西方世界，关涉整个犹太教—基督宗教文明集团，另一方面又关涉到整个阿拉伯世界，关涉到整个伊斯兰教文明集团。既然如此，中东问题就不可能是一个单纯的地区性问题了。其次，这样一类问题之所以很难在短期内从根本上予以解决，还有一个深层的原因，这就是：这样一类冲突或战争往往以这样那样的宗教冲突为背景的。例如，巴勒斯坦地区以色列人同阿拉伯人之间的冲突显然以犹太教与伊斯兰教的冲突为背景，波斯尼亚地区的冲突或战争显然以东正教、天主教与伊斯兰教之间的冲突为背景，克什米尔地区的冲突显然以伊斯兰教同印度教的冲突为背景。但是，既然宗教构成了一种文化或一种文明的深层维度，既然文化认同又往往以宗教认同为基础和前提，则只要这些宗教之间的矛盾或冲突在这些地区存在一日，这样一类地区冲突或局部战争的可能性也就存在一日。

由此看来,正确处理各宗教之间的关系,及时缓解各宗教之间的紧张关系和冲突,实在是实现区域和平乃至世界和平的一项根本举措,是一件当代人类需要进一步正视并予以认真践履的大事情。

四、宗教冲突与"世界秩序的重建":对亨廷顿"文明冲突论"的一个批评性考察

著名的国际与地区问题研究专家、哈佛大学教授塞缪尔·亨廷顿(Samuel P. Huntington,1927—2008)1993 年在美国《外交》杂志上发表了一篇题为《文明的冲突?》的文章,引起了广泛的争论。据该杂志的编辑讲,这篇文章在发表后三年内引起的争论,超过了他们自 20 世纪 40 年代以来所发表的任何一篇。三年后,亨廷顿又出版了《文明的冲突与世界秩序的重建》一书,同样引起了广泛而激烈的争论,并很快被翻译成 20 多种不同的文字;举世震惊的"9·11"事件使得他的这部著作进一步升温,持续列《华盛顿邮报》图书排行榜非小说类榜首。而亨廷顿的文章或著作的根本努力即在于从重建世界秩序的高度审视宗教冲突问题。因此,在探讨宗教对话问题的时代意义时,具体而深入地讨论一下亨廷顿的这部著作十分必要。

按照亨廷顿的说法,我们现在已经进入了"世界政治"的一个"新时代",亦即一个以"文化范式"解释世界政治的时代。随着冷战时代的结束,在国际关系中,意识形态的差异已经不再重要,文化或文明的差异或冲突的作用越来越突出。围绕着这一基本思想,亨廷顿着重阐述了下述几个观点。首先,当今世界是一个"多极的和多文化的世界"。这是亨廷顿国际政治学说的基础。这一命题旨在强调当今世界不再是由美苏两个超级大国主宰的两极世界,也不会是一个由美国或西方国家主宰的一极世界,或一个由 100 多个国家主宰的无极世界,而是一个由 7—8 个文明世界组成的"多极"世界:一个由"中华文明"、"日本文明"、"印度文明"、"伊斯兰文明"、"西方文明"、"拉丁美洲文明"、"东正教文明"以及"非洲文明"组成的"多极世界"。其次,各种文明力量的对比发生了重大变化:一方面相对于 20 世纪 20 年代,西方世界在领土、人口、经济产值、军事能力诸方面开始衰落,另一方面,亚洲通过经济增长、伊斯兰文明通过人口增长开始挑战西方世界。第三,全球政治结盟的基础由意识形态认同转向文化认同,转向以文化认同为基础的比较全面的文化与经济合作和经济一体化(其主要标志为"自由贸易区"、"关税同盟"、"共同市场"和"经济联盟");每个文明都是一个以一个或多个核心国家为圆心、以多少不等的成员国为同心圆所组成的文化共同体;正在形成的世界政治秩序实质上是一个以诸文明的关系为基础的

文化秩序,而首先是一个以主要文明核心国家的关系为基本内容的文化秩序。第四,在当今世界中,属于不同文明的国家和集团之间的关系常常是对抗性的;文明间的冲突有两种形式:在全球或宏观层面上核心国家的冲突发生在不同文明的主要国家之间,首先是发生在伊斯兰社会和亚洲社会与西方社会之间;在地区或微观层面上,主要表现为"断层线冲突",这种情况主要发生在属于不同文明的邻近国家之间以及一个国家中属于不同文明的集团之间;而断层线战争的动因主要在于文化认同和宗教认同。第五,抑制文明冲突、避免文明核心国家之间的战争的可能性依然存在,这就是积极开展"文明间的对话",并在这种对话中努力坚持"避免干涉原则"、"共同调解原则"以及"求同存异原则"或"共同性原则"。①

平心而论,亨廷顿的国际政治学说中包含着许多积极的内容。例如,他明确地否认了西方文明的普世性,断言西方文明的价值并不在于它的所谓普世性,而在于它的独特性。他明确地批驳了把现代化混同于西方化的观点,并且因此而批评了"接受现代化又接受西方化"的基马尔主义,肯认了"接受现代化拒斥西方化"的"改良主义"。② 再如,他依据比较翔实的史料,承认并且论证了西方世界在领土、人口、经济产值和军事能力诸多方面表现出来的相对衰弱。他作为一位国际政治专家,并不是就国际政治关系来谈国际政治,而是从文明间的冲突来理解国际政治冲突,从宗教间的冲突来理解文明间的冲突。他不仅提出了他所谓世界政治的"文化范式",而且还提出了抑制文明间的冲突、开展文明间的对话的上述三"原则"。

但是,亨廷顿的国际政治关系学说也确实存在有一些重大的甚至是致命的缺陷。第一,他在论证和强调国际政治关系的文化范式时,过多地渲染了地区冲突,并从根本上否认了建立一个"相对和谐"的"世界新秩序"的可能性,从而使他的政治学说在整体上表现出一种悲观的格调。第二,他在批评国家主义范式时,过分地渲染国际秩序的多层次性,过重地强调国际机构及次国家的地区实体对国家职能和权力的蚕食,从而使他的国际政治学说带有一定的主观主义色彩。第三,亨廷顿国际政治学说的核心观点在于把国际政治关系还原为文明关系,并进而把文明关系还原为宗教关系;这样一来,一些大政治家们固然可以获得一张"非常简化但也非常有用"的

---

① 参阅亨廷顿:《文明的冲突与世界秩序的重建》,周琪、刘绯、张立平、王圆译,新华出版社2002年版,第370页。

② 亨廷顿虽然肯定了穆斯塔法·基马尔(1881—1938)的历史功绩,说他"在奥斯曼帝国的废墟上创建了一个新的土耳其",但是,对基马尔的"全盘西化"主张却也提出了批评,说他"使土耳其成了一个'无所适从的'国家"。并且,断言这是一个"文明转变失败"的一个例证(参阅上书,第65、146—160页)。

"政治地图"，但是，这样一种还原主义显然是把国际问题过分简单化了。如果说把文明关系和宗教关系作为思考和理解当代国际政治关系的一个视角是思想深刻的一种表现的话，那么把国际政治关系完全归结为文明关系和宗教关系，则无疑是一种"片面"或"偏见"。第四，宗教问题不仅有一个宗教复兴问题，而且还有一个宗教世俗化问题，不仅有一个宗教冲突问题，而且还有一个宗教宽容和宗教融合问题。亨廷顿这样一味地强调宗教复兴和宗教冲突，闭口不谈宗教的世俗化和宗教融合，很难说他的国际政治学说没有"片面性"或"极端性"之嫌。在谈到波斯尼亚的宗教状况时，亨廷顿本人也承认："历史上，社区认同在波斯尼亚并不强烈，塞尔维亚族、克罗地亚族和穆斯林作为邻居和平地生活在一起，相互通婚很普遍，宗教认同也很弱。穆斯林被称作不去清真寺的波斯尼亚人，克罗地亚族是不去天主教堂的波斯尼亚人，而塞尔维亚族则是不去东正教堂的波斯尼亚人。"[1] 既然如此，则他把宗教问题简单地归结为宗教冲突就不仅是不恰当的，而且也是蓄意的。不仅如此，既然宗教问题不仅有一个宗教冲突的问题，而且还有一个宗教宽容问题，既然宗教冲突能够通过文明进步、政治努力和宗教的世俗化等手段而得到一定程度的化解，既然该地区的宗教认同，如亨廷顿所承认的，在 20 世纪 90 年代是由别的因素激发出来的，则宗教冲突也就不可能成为政治冲突、文明冲突的终极基础。第五，也是最后，是亨廷顿国际政治学说逻辑上的不彻底性。如前所述，亨廷顿国际政治学说的根本努力在于把国际政治关系归结为文明关系以及把文明关系归结为宗教关系，那么，既然他强调文明对话，强调文明对话对于缓解政治冲突的重要意义，他也就应当进而明确提出并强调宗教对话，强调宗教对话对于缓解宗教冲突，从而对于缓解文明冲突乃至政治冲突的重要意义。虽然我们不可能奢望通过宗教对话解决所有的文明冲突和政治冲突，但是，无论如何，宗教对话也是实现文明对话和政治和解的一项重要举措，至少会对实现文明对话和政治和解产生积极的影响。亨廷顿的国际政治学说未能明确地提倡和强调宗教对话，不能不被看做是他的国际政治学说的一项重大缺陷。

第二节　宗教对话与世界和平

我们前面在讨论宗教社会功能时曾经指出：宗教的社会功能具有明显的二律背

---

① 参阅亨廷顿：《文明的冲突与世界秩序的重建》，周琪、刘绯、张立平、王圆译，新华出版社 2002 年版，第 304 页。

反性质,不仅具有积极的正功能,而且也具有消极的负功能,如果从国际政治关系的角度看问题,我们同样可以看到宗教功能的这样一种两重性:它既可以如上所说,成为文明冲突和地区战争的重要动因,但同时也可以成为维系世界和平的重要力量。宗教对话的意义正在于此。真正说来,宗教对话对于当代人类来说,不仅是一个理论问题,更重要的是一个生存处境问题和实践问题。既然在当今时代,宗教愈加成为诸民族和文明之间张力和冲突的"关键力量","宗教足以让我们彼此憎恨却不足以让我们相爱",既然面对"暴力"和"战争事业","宗教若成为不了解决办法的一部分,则必定会成为问题的一部分",则包括宗教界人士在内的所有进步人士除了倡导和推进宗教对话,竭力把宗教变成爱和合作而不是憎恨和暴力的资源,把宗教变成维系世界和平的重要力量而不是把它变成酿造文明冲突和地区战争的重要动因,便无任何更为妥当的抉择。[①]

一、宗教对话的三种模式:排他主义、兼容主义和多元主义

宗教对话的模式问题,其实也就是处理诸宗教之间关系的方式问题。宗教之间的关系问题虽然是一个由来已久的问题,但是,随着宗教地理分布的变动,至当今时代,作为人类生存处境中的一个基本因素,它终于演绎成了一个相当现实、相当紧迫、影响整个人类生存和世界和平的特别重大的问题。哈佛大学教授威尔弗雷德·坎特韦尔·史密斯早在20世纪60年代在谈到这个问题时,就曾经对"诸宗教"或"宗教关系"问题之渗透进当代人类生存处境之中作了特别的强调,指出:

> 从现在起,如果人类的生活终究能生存下去的话,那么它将在宗教多元论的处境中……主张其他信念的人不再只处于周边或者远方,不再是旅行家故事中所说的那些让人好奇的懒人。我们越是警觉,越是卷入生活,就越会发现他们是我们的邻人、同事、对手、伙伴。儒教徒、印度教徒、佛教徒和穆斯林不仅在联合国,而且在街上和我们在一起。不仅我们文明的命运越来越受他们行动的影响,而且我们也和他们个人在一起喝咖啡。[②]

---

① 参阅 Jonathan Sacks, *The Dignity of Difference: How to Avoid the Clash of Civilizations*, New York: Continuum, 2002, pp.4, 9；保罗·尼特:《宗教对话模式》,王志成译,中国人民大学出版社 2004 年版,"作者致中国读者"第 2—3 页。

② Wilfred Cantewell Smith, *The Faith of Other Men*, New York: Harper & Row, 1962, p.11.

也正是在这个意义上，尼特把"诸宗教"宣布为"新近经历的实在"。① 既然如此，诸宗教问题或宗教关系问题也就成了当代人类无论如何都无法回避的问题，成了当代人类必须正视并予以认真处理的问题。

我们不妨把当代人类处理宗教关系的方式区分为下述三种，这就是：排他主义，兼容主义和多元主义。

所谓排他主义，意指的是这样一种宗教立场和宗教态度：它把自己所属的宗教宣布为唯一的"真宗教"，而把所有别的宗教统统宣布为"伪宗教"或者是仅仅具有"暂时性价值"的宗教。这是一种典型的"自我中心主义"，一种"托勒密主义"。在这样一种模式下，所谓宗教对话，实质上是一种宗教置换，即以自己所属的宗教来置换所有别的宗教。从宗教历史上看，基督宗教长期持守的就是这样一种模式。它不仅强调唯独恩典和唯独信仰，而且还以保罗和奥古斯丁为样板，强调"教会之外无拯救"。就当代宗教来说，各种类型的基要派及其变种所持守的也是这样一种模式。当代排他主义的最为著名的代表人物是卡尔·巴特。他的观点概括起来就是人们常说的"四个唯独"："唯独依靠恩典"，"唯独依靠信仰"，"唯独依靠基督"以及"唯独依靠《圣经》"。在巴特看来，这"四个唯独"既是我们"使上帝成为上帝"的"唯一之道"，也是我们人类得救的"唯一之道"。② 诚然，巴特也呼吁基督宗教尊重其他宗教信徒的善良意志、真诚和宗教自由，但是，既然他强调"四个唯独"，既然耶稣基督这个太阳只照耀这一个宗教而且也只存在于这一个宗教之中，既然人们只有在这个太阳下才能依靠"信仰"在"恩典"中生活并且"得救"，那么，在基督宗教和其他宗教之间也就没有任何"接触点"。因此，如果在它们之间有什么对话的话，那么，这样一种对话的目标也只有一个，这就是用基督宗教置换所有其他宗教，让所有其他宗教信徒像保罗和奥古斯丁那样"皈依"基督宗教。鉴此，基督徒所能做的唯一一件事情便是：充满爱心地、恭敬地宣布福音，让基督的光取代没有基督而存在的黑暗。③

排他主义虽然捍卫了基督宗教信仰的纯洁性，但是却难免同基督宗教的普世主义和上帝普遍临在的理念相抵触。为了缓解这样一种矛盾，一些基督宗教思想家便试图以"部分置换"模式来取代巴特的"全部置换"模式。著名的新教神学家保罗·蒂利希强调上帝的普遍临在，宣称：只要我们发现自己"被一种终极关切所抓

---

① 保罗·尼特：《宗教对话模式》，王志成译，中国人民大学出版社 2004 年版，第 5—8 页。

② Karl Barth, *Church Dogmatics*, vol.2, part 1, Edinburgh: Clark, 1956, paragraph 17. 但巴特有时甚至仅仅强调"唯独依靠恩典"，把整个宗教视为"恩典的造物"。

③ 保罗·尼特：《宗教对话模式》，王志成译，中国人民大学出版社 2004 年版，第 28—38 页。

住"时,我们就会感受到了上帝的临在。[1] 另一个著名的新教神学家沃尔夫哈特·潘能伯格 (Wolfhart Pannenberg, 1928—2014) 则进一步明确指出:整个历史的进程就是上帝对人类言说的舞台,"诸宗教的历史就是神圣奥秘显现的历史",而且,"这奥秘"就被"预设为处于人类生存的结构之中"。这就是说,上帝不仅通过基督宗教,而且也通过所有其他宗教对信徒们说话。上帝的普遍临在或普遍启示,不仅可以使其他宗教徒意识到神的存在,而且还可以使他们意识到他们所意识到的神就是一个"你"——人格的、爱的呼唤的"你"。[2] 然而,需要指出的是:这些福音派神学家虽然肯认上帝临在的普遍性,但他们所说的普遍性仅限于肯认上帝启示的普遍性,而对其他宗教的拯救功能却予以否认。也就是说,其他宗教虽然通过普遍启示知道上帝的存在和爱,尽管它们具有善良意志和真诚的努力,但它们却缺乏拯救的功能,因为"除耶稣基督之外别无拯救"。因此,福音派神学家,到最后,就同基要派神学家一样,依然持守着本己宗教的优越感,依然奉行着以本己宗教置换所有其他宗教的实施宗教兼并的"帝国主义"策略。这样,福音派神学家的努力非但没有消解存在于排他主义与基督宗教的普世主义之间的内在矛盾,反而进一步表明:只要持守本己宗教的优越感,只要持守巴特的"四个唯独"的立场,只要固守着排他主义的宗教兼并的帝国主义策略,这种矛盾就永远不可能从根本上得到解决,而富有成效的宗教对话就永远不可能实现出来。

可以说,兼容主义就是为破除本己宗教的优越感,缓解排他主义的这一内在矛盾,进一步推进宗教对话而设计出来的。兼容主义同排他主义的根本区别在于它对本己宗教优越感的破除上,以及对所有其他宗教启示功能和救赎功能的肯认上。20世纪最有影响力的天主教神学家卡尔·拉纳 (Karl Rahner, 1904—1984) 即是著名的兼容主义的神学先驱。与执着于本己宗教的排他主义神学家不同,拉纳把眼光转向了"非基督宗教",并且明确地肯认了非基督宗教的启示和救赎功能,宣布"诸宗教"都可以成为"拯救的道路"。在拉纳看来,我们每一个人,就本性而言,不仅是"自然"的,而且都是"超自然"的,都是"受到恩典"的。上帝不仅通过基督宗教,而且也通过印度教、佛教、伊斯兰教和本己宗教的信念和实践把人们引向他自己,用拉纳自己

---

[1] Paul Tillich, *Christianity and the Encounter of World Religions*, New York: Columbia University Press, 1963, p.4; Tillich, *Systematic Theology*, Chicago: University of Chicago Press, 1951–1963, V1, pp.153–155.

[2] Wolfhart Pannenberg, ed., *Revelation as History*, London: Macmillan, 1968, pp.3–21, 125–158; Pannenberg, *The Idea of God and Human Freedom*, Philadelphia: Fortress Press, 1973, pp.111–115.

的话来说，所有非基督宗教都可以成为"一种获得与上帝的正确关系因而获得拯救的积极方法"。这就是说，一个伊斯兰教徒或一个印度教徒、佛教徒的"得救"并不是像排他主义者所宣称的那样，是一件与他们的伊斯兰教、印度教或佛教"无关"的事情，而是恰恰"因为"他们自己是伊斯兰教、印度教或佛教信徒的缘故，恰恰是因为伊斯兰教、印度教或佛教的缘故。[①] 但是，拉纳毕竟是一位基督宗教神学家，作为一位基督宗教神学家，他始终没有完全摈弃"唯独基督"的立场，因此，他虽然肯认了其他宗教的救赎功能，但他只是从可能性的层面上讲的，而且，在他看来，如果要把这种可能性实现出来，就非通过耶稣基督的恩典及基督宗教教会不可。不过，在拉纳看来，非基督宗教徒要做到这一步并不难。因为既然这些非基督宗教信徒在历史中，在推进他们的信仰的共同体中也同样能够发现耶稣基督的不断临在和力量，既然他们的经验是基督宗教徒经验到的经验，并且都指向基督宗教徒在耶稣基督里拥有的经验，则他们在事实上也就是基督宗教徒了。这样，这些在他们的宗教中并通过他们的宗教"接受恩典"的人，到头来，便都会自然地指向耶稣基督和基督教会。但是，考虑到非基督宗教徒对自身所拥有的宗教经验缺乏明确的意识，故而他们还是那种没有基督徒之名的基督徒，因而只能算作是"匿名基督徒"。而宗教对话的根本任务便在于澄清他们的"匿名基督徒"的身份，最终实现或"成全"各非基督宗教的"救赎功能"。

由此看来，兼容主义区别于排他主义的地方，最根本的在于排他主义刻意强调的是本己宗教同其他宗教的差异性及本己宗教的优越性，而兼容主义强调的则是本己宗教同其他宗教的共同性和一致性，从而为卓有成效的宗教对话提供了较大的可能性。然而，既然兼容主义所强调的本己宗教同其他宗教的共同性和一致性终究是以本己宗教为参照系和标准的，既然兼容主义最后还是以本己宗教为其他宗教救赎功能实现的必要条件和基本前提，则兼容主义到最后就同排他主义一样，依然是一种宗教自我中心主义，依然难免有把宗教对话演绎成宗教兼并之嫌，并依然最终有可能演绎成一种障碍宗教对话的模式。因此，为了给真实而卓有成效的宗教对话开辟道路，就必须从根本上彻底破除宗教自我中心主义，从而既超越排他主义，也超越兼容主义。多元主义就是基于这样一种设想提出来的。宗教多元主义的根本努力正在于从根本上解构宗教自我中心主义，彻底破除人们对本己宗教的优越感。既然排他主义的宗教自我中心主义，如上所述，是以强调宗教的差异性为基础的，那宗教多元主义因此也就把自己的宗教对话模式奠放在宗教的共同性或普遍性的基础之上；

---

① Karl Rahner, *Foundations of Christian Faith*, New York: Crossroad, 1978, pp.178–203, 318.

既然兼容主义虽然也强调宗教的共同性或普遍性,但它所强调的宗教的共同性或普遍性毕竟还是以某一具体宗教为参照系和标准的,因而它所强调的共同性或普遍性到头来还是作为其参照系和标准的某一宗教的特殊性或独特性,则宗教多元主义为要从根本上避免宗教自我中心主义,它就不能像兼容主义那样,从某一具体宗教之中来寻求宗教之间的共同性或普遍性,而是到别的地方来寻求这种共同性或普遍性。与兼容论者不同,宗教多元论者不仅不是在某一宗教之中,而且甚至也不是在所有宗教之中,来寻求宗教的共同性或普遍性,而是到所有宗教之后来寻求这种共同性或普遍性。他们把他们寻求到的存在于所有宗教之后的东西称之为"绝对"、"神圣者"、"实体"或"终极实存",并把它们看做是比各宗教信仰对象更实在、更本原的东西。换言之,在他们看来,诸宗教无非是这些超宗教的东西的显现或现象。这样,所有宗教的信仰对象的终极地位也就都因为"终极实存"的"设定"而丧失了,它们也都因此而统统被降格为终极实存的显现或现象这样一个层面了。但是,无论如何,在作为终极实存的显现或现象这样一个层面上,诸宗教的优越性或不平等性就从根本上解构掉了,它们之间的平等地位也就因此而被原则地确定下来了。凡真实的和卓有成效的对话都应当是基于对话各方地位平等的对话。既然诸宗教在作为终极实存的显现或现象这样一个层面上地位是完全平等的,则宗教多元主义所开辟的宗教对话的前景,至少逻辑地看,就将极其美妙了。

二、希克的宗教多元主义神话

宗教多元主义最为著名的代表人物是约翰·希克(John Hick, 1922—2012)。他是逐渐走上多元主义道路的。希克早年曾是一位"具有强烈福音派倾向的、实际上是基要主义类型的基督徒"。1967年,当他在其家乡伯明翰参加政治活动时,对其他宗教信仰有了新的认识,开始"诧异"于"明显的启示之差异",并在这种"诧异"中发动了他自称的"哥白尼式的革命",开始了他的走向宗教多元主义的征程。希克的目标不仅仅在于超越基要派的排他主义,也不仅仅在于超越福音派的排他主义,而是要进一步超越拉纳,超越兼容主义。拉纳所论证的其他宗教是在耶稣基督里引向成全的"拯救道路",在希克看来,只不过是"在可接受的旧观点和正在出现的新观点之间的一座心理之桥"罢了,而希克的目标显然在于"走过这桥并走到另一边"。[1]

---

[1] John Hick, "Whatever Path Men Choose", in *Christianity and Other Religions*, ed. John Hick and Brian Hebblethwaite, Philadelphia: Fortress Press, 1980, pp.180–181.

希克所宣布的哥白尼式的革命集中到一点,就是对耶稣基督中心论的彻底破除,对"四个唯独"论的彻底破除。他的最初的努力即在于用上帝中心论取代耶稣中心论或基督中心论。他在 1973 年出版的《上帝与诸信仰世界》中宣布:宗教世界的中心至少对于我们这个星球上的人类来说不再是教会和耶稣,而是上帝。他写道:

> 在我们关于信仰世界以及我们自己在其中的位置的观念中,包含了一种……根本的转变……它要求一场范式的转变,信仰世界的模式要求从基督教中心或者耶稣中心转向上帝中心。于是人们看到了,世界各大宗教作为人类对唯一的神圣实在的不同回应,体现了在不同历史和文化的环境中形成的不同知觉。[①]

但是,既然像佛教和道教一类宗教甚至根本不谈上帝或者一种神圣的存在,则希克使用"上帝中心"这样一个范畴便难免带有"基督教制造"的嫌疑。为了避免这样一种嫌疑,或者说为了从根本上消除这样一种嫌疑,他在后来的著作中,例如在 1989 年出版的《宗教的解释》一书中,便使用了"超越者"、"实体"、"实在者"或"真正的实在者"这样一类措辞。[②] 真正说来,他并不是在寻求什么概念或范畴,而是想藉此指出一点什么;他的确是在寻求一个措辞,但这个措辞的语义或功用并不在于表明那个中心究竟是什么,而只是想用来表明有那么一个中心,它构成了所有宗教的终极本原,尽管人们对这个中心永远不可能有完全明晰的认知:不仅对这个中心的意涵缺乏明晰的知识,而且对于这个中心的存在也缺乏确然的知识。但是,正如希克所反复强调指出的,这样一种设定是非常必要的。这是因为,只有从存在于宗教之后、之上的"超越者"或"真正的实在者"的深度和高度出发,我们才有望把诸宗教置放到同一个实在层面上,从而从根本上消解掉宗教自我中心主义和宗教优越感,消解掉存在于宗教对话中的所有形式的殖民政策或帝国主义企图,使宗教对话成为一种身份平等的诸宗教之间的对话。同时,这样一个设定不仅给出了宗教对话的理论视角和理论高度,而且还提供了保障宗教对话的话语系统和游戏规则。如果诸宗教缺乏共同的本原或目标,那么它们就不仅会说不同的话语而且还会走向不同的方向,一句话,它们就会玩不同的游戏,从而使宗教对话的游戏流产。

---

① John Hick, *God and the Universe of Faiths*, New York: St. Martin's Press, 1973, p.131.

② 《宗教之解释》一书的副标题即为"人类对超越者的诸回应"(Human Responses to the Transcendent)。

希克认为，宗教多元主义虽然只是一个假说，但也是有其历史依据的。这就是，至少自所谓的轴心时期（公元前800—前200）开始，可以说绝大多数在那个时期开始成形的宗教传统都实施了从"自我中心"向"实在中心"，向"上帝、梵、法、空和道"的"转变"，尽管"这种转变在每一个伟大传统中都采取了不同的具体形式"。[1] 哲学家完全有理由据此推断，在这些进行同向历史运作的诸宗教大树的下面，极有可能拥有共同的根。为了对滋生这些宗教大树的共同的根作出定性的说明，希克区分了两种"神性"：其中一种是"超越人类的经验和理解的、处于它自身无限深度中的神性"，另一种则是"为人类有限地经验到的神性"；前一种"神性"即是构成所有宗教大树的根，即是处于所有宗教之后、之下或之上的"实在"或"终极实存"，后一种"神性"则是作为我们在宗教经验中经验到的作为"次终极实存"的"上帝、梵、法、空和道"。在希克看来，宗教多元主义不仅有其历史的依据，而且还有其认识论和本体论上的依据，这就是康德的二元论和不可知论或曰批判实在论。按照康德的观点，在我们面前存在有两个世界，一个是现象世界，一个是本体世界。我们经验到的只是事物的现象，而不是事物的本身（即物自体）。我们虽然能够经验到事物，但是，我们绝对不可能直接经验到事物本身，就像镜子虽然能够反映事物，但镜子所反映的事物并不是事物本身一样。因此，我们所有的经验都是"经验为"，我们所认知到的始终只是事物的现象，而不是事物的本质——物自体（das Ding an sich）。当他把康德的认识论用到他的宗教多元主义时，希克解释说：尽管宗教人士确实经验到了"实在者"，但是，他们只是以他们特定的历史、社会和心理范畴的形式认识到它们的，也就是说，他们认识到的只是实在者的"现象"，只是诸如上帝、梵、法、空、道这样一类信仰对象，而不是这些信仰对象的本质，即实在者本身。这样，诸宗教所构成的就只是"经验、认识终极神圣实在并生活在与它的关系之中的不同方式"，而不是这"终极神圣实在"本身，因为"这个终极实在是超越我们所有有关它的认识"的。[2]

然而，本质和现象的关系亦即"一"和"多"的关系。因此，神圣的本质（实在者）是一，宗教的现象是多；诸宗教无非是唯一实在者的多种文化表达而已。而且，由于诸宗教文化处境的差异，它们对唯一实在者的表达很不相同，甚至可能完全对立。例如，实在者既可以表达为或象征化为人格的形式，如圣父、圣母或湿婆，也可以表达为或象征化为非人格的形式，如空、道或者力量。在有些宗教中，人被理解为将活

① 参阅希克：《宗教之解释》，王志成译，四川人民出版社1998年版，第23—65页。
② John Hick, *An Interpretation of Religion*, New Haven: Yale University Press, 1989, pp. 235–236.

到永远的个体自我,在其他宗教中,人则被理解为能量的汇合,通过最终消失在实在者的海洋里才能找到它自身的存在。但是,宗教之间的这样一种差异或对立并不妨碍它们在救赎功能和社会功能方面的一致性或同等有效性。相反,希克反复强调说,诸宗教在激励、指导它们的信徒改变他们的生活,从自我中心向他者中心(Other-centeredness)的转移中都同样有效,不管他们是使用人格的象征还是非人格的象征来表示实在者或人类的终极目的,都是如此。①正因为如此,不仅宗教研究专家之间能够进行有组织的对话,而且,诸宗教信徒之间也"盛行一种隐式的宗教多元主义",从而能够和平共处,相安无事。固然,当今时代,在许多地方,宗教分歧都在强化着政治冲突,由福事变成祸因,例如,在两伊战争、波斯尼亚—塞尔维亚之间的战争、印度的印度教徒—穆斯林教徒之间的冲突、北爱尔兰共和党和统一党之间的冲突、以色列和巴勒斯坦之间的冲突以及其他许多地方的冲突中,事情就是这样,但是这只是一些年轻人把本己宗教信仰"绝对化"的结果,一旦这种绝对化的认识为宗教多元主义所取消,所有这样一类的冲突就都可以幸免。这是因为,"如果这一绝对性为这样的认识所取消,即自己的宗教是人类对神圣者几种有效回应之一,那么宗教就会成为世上治疗性而非分裂性力量。"②

毫无疑问,希克的多元主义假说,作为一种宗教哲学理论,是具有说服力的。但是,不幸的是,宗教同哲学虽然有关联,却并非一回事。希克多元主义假说的根本缺失就在于它混淆了哲学理论与宗教信仰,脱离了宗教的历史形态和历史发展,具有明显的抽象性、非历史性或超历史性,因而具有明显的乌托邦性质。首先,希克对人类所经验到的实体和实体本身的严格划界,其本身具有明显的人为性质。这是因为,希克通过这一严格划界,把人们在宗教经验中所体验到的上帝、安拉、梵、空和道统统放到了现象界,这就使这些宗教信仰对象失去了其应有的实在性,特别是失去了其应有的终极实在性,从而也就从根本上剥夺了或消解了宗教信仰对象的超越性和神圣性。而且,希克的"实体本身"概念也实在让人费解。既然按照希克的观点,宗教信念都是建立在宗教经验的基础之上的,则他的这个超出宗教经验范围的"实体本身"因此也就成了无本之木和无源之水,成了他自己杜撰出来的脱离世界各大宗教传统和历史发展的纯逻辑性的抽象概念了。黑格尔在《法哲学原理》和《哲学史讲演录》等著作中曾不止一次地强调指出,宗教与哲学的根本区别在于:在宗教中,

---

① 参阅希克:《信仰的彩虹:与宗教多元主义批评者的对话》,王志成译,江苏人民出版社1999年版,第89—94页。
② 同上书,第150—151页。

是"感情和表象",在哲学中,则是"概念"和"思想"。① 这样看来,希克所谈论的"实体"或"实体本身"显然是一个哲学家或宗教哲学家的概念,绝非世界各大宗教传统所指涉的观念。这样一种哲学范畴或哲学概念,确实如希克所期望的,会有助于"宗教研究专家间有组织的对话"。但是,对它能否有助于各宗教信仰之间的对话,则是大可怀疑的。② 其次,希克的多元论假说尽管为了确保诸宗教之间的"平等地位"而把诸宗教放到同一个实在层面(即"实在的现象"或"次终极实存"层面),但是,他在这样做时所运用的思维模式即是一种典型的西方式的逻辑思维模式,这同注重直觉的东方思维模式大异其趣。③ 他的这样一种做法显然是在把西方世界的东西强加给东方世界,是一种变相的或潜在的"帝国主义"。托马斯·阿奎那在许多世纪之前就曾简洁有力地说道:"根据认知者的模式,所认识的东西就在认知者之中(Cognita sunt in cognoscenti secundum modum cognoscentis)。"④ 保罗·尼特据此在批评宗教多元论的"宗教自我中心主义"和"潜在的帝国主义"时,曾经深刻地指出:宗教多元论同排他论和兼容论一样,归根到底也是一种"宗教自我中心主义"和"宗教帝国主义"。因为无论我们取排他论和兼容论的立场,还是取多元论的立场,我们都是通过自己的文化透镜来看待其他宗教,我们都是"根深蒂固地、无可救药地从我们自己的宗教观点去看待、聆听和理解其他宗教的"。所不同的只是:排他论者之所以要用本己的宗教置换所有别的宗教,乃是因为在他们看来,唯有他们自己所属的宗教才是"唯一的真宗教";兼容论者之所以要成全其他宗教,帮助其他宗教实现其"救赎"功能,这一方面是因为在他们看来所有其他宗教都有同本己宗教的某些相似性,另一方面乃是因为,在他们看来,这样一种成全恰恰彰显了本己宗教的普世性和优越性;而多元论者之所以坚持从诸宗教之后、之上来看待诸宗教,乃是因为他们在本己的文化中和宗教中感受到了某种高于诸宗教的东西,从而努力从这样的高度来鸟瞰所有其他宗教。因此,在这个意义上,我们能够像尼特那样说,多元论者同排他论者和

① 参阅黑格尔:《法哲学原理》,范杨、张企泰译,商务印书馆 1979 年版,第 351 页;《哲学史讲演录》第 1 卷,贺麟、王太庆译,商务印书馆 1981 年版,第 62—91 页。

② 参阅段德智:《试论希克多元论假说的乌托邦性质》,见《基督宗教研究》第 4 辑,卓新平、许志伟主编,宗教文化出版社 2001 年版,第 42—50 页。

③ 参阅段德智:《试论希克多元论假说的乌托邦性质》,见《基督宗教研究》第 4 辑,卓新平、许志伟主编,宗教文化出版社 2001 年版,第 50—55 页。冯友兰曾用以"假设的概念"为出发点的"正的方法"和以"直觉的概念"为出发点的"负的方法"来概括东西方形上学方法的差异。也请参阅冯友兰:《中国哲学简史》,北京大学出版社 1996 年版,第 293—295 页。

④ Aquinas, *Summa Theologica*, II—II, q. 1, a. 2.

兼容论者一样,都是从本己宗教开始,而以"他者""非他化"告终,因而,也在所难免地要成为宗教帝国主义者。[1]

三、作为通向世界和平之路的宗教对话

当我们套用西方学者的说法,说上述宗教对话模式都程度不同地或隐或显地具有宗教帝国主义性质的时候,并不是在对它们的社会功能作出终极的评价,而是在强调这些宗教思想家在这些模式的设定和阐述中有意无意地践行了他们本己宗教的话语霸权。如果说包括各种宗教文本在内的宗教话语或宗教语言构成了具体宗教的本质规定性的话,那么,它更其构成了宗教对话中的一个首要问题。宗教信仰层面的直接对话之所以难以开展,一个重要原因即在于诸宗教语言在一定程度上的"不可通约性"或"不可译性"。应当承认,诸宗教语言之间确实在一定程度上存在着"不可通约性"或"不可译性",但是,对于我们当前讨论的话题来说,问题在于究竟在什么层面上我们才可以讨论这种"不可通约性"或"不可译性"以及这种"不可通约性"的绝对性和相对性。如果这种不可通约性在任何意义上都是绝对的,那至少在宗教信仰层面就根本不存在进行对话的任何可能性,那宗教语言或宗教文本就果真成了没有任何窗户的"单子"(莱布尼茨语),成了禁锢宗教信徒的"监狱"(尼特语)。[2]因此,为要使宗教对话成为可能,我们就必须把这种不可通约性理解成相对的东西。

对诸宗教信仰之间的不可通约性的相对性,我们也可以做多方面的理解,例如,我们可以从宗教对话的层次性(宗教信仰层面的间接对话与宗教文化层面的直接对话)角度加以理解,关于问题的这一层面,我们将在下一节里进行讨论,但是,无论如何,从人类的生存论处境进行理解,则既是非常必要的,又是顺理成章的。这是因为,宗教信仰虽然对于一个宗教信徒之为某一宗教的信徒来说是绝对的,但是倘若就宗教信仰终究是由人的生存处境生发出来的这样一个维度看,则它就成了派生的和相对的东西了。在这个意义上,我们可以说,虽然宗教对话模式的选择对于宗教对话也相当重要,虽然宗教兼容主义和宗教多元主义或许是当代宗教界人士推进宗教对话的更为恰当的选择,但是,着重从当代人类生存处境入手来探讨宗教对话的可能性和现实性,或许是一项更为恰当的选择。因此,我们的任务并不仅仅是在诸宗教传统之中、之后或之下来寻求它们全都分享的共同经验或者滋养所有宗教的唯

---

[1]　参阅尼特:《宗教对话模式》,王志成译,中国人民大学出版社 2004 年版,第 202—208、275—278 页。

[2]　参阅上书,第 284—289 页。

一的地下资源，而是在诸宗教周围寻找所有宗教都身处其中并且时时面对的东西，即那种比希克的"真正的实在者"更为直接也更为紧迫的东西，这就是人类生存处境中的苦难问题。这种苦难包括贫困、伤害、暴力等，也包括地球和地球上生物的苦难，如臭气层中的窟窿或全球变暖等问题。如果人类的这样一些苦难能够构成所有宗教都可以体验到的共同经验，并在这样一类经验中培育出一种基于全球责任的全球伦理，那么，同心协力引导人类摆脱这类苦难、拯救遭受威胁的、濒临毁灭的地球的实践活动，则很有可能构成宗教对话和宗教合作非常现实的基础。其实，如果在宗教世界里找不到解决宗教世界的矛盾或冲突理想的钥匙的话，我们不妨遵照马克思的指导，到宗教世界同世俗世界的关联中去尝试一下，到世俗世界中和世俗实践活动中去尝试一下，这也许是个不错的抉择。当代许多西方宗教思想家宗教对话理论的一个重要缺陷恰恰在于他们忽视或无视了这一点。希克曾经于 2003 年在我国出版的《理性与信仰——宗教多元论诸问题》的中译本序中对我国传统宗教的宽容精神大加赞扬，说："在中国历史上，儒佛道三大宗教事实上被理解成互相融会的精神力量，而非互相排斥的社会—宗教实体；据此，我认为中国历史上早已产生宗教多元论思想。"[1] 但是，殊不知中国儒释道"互相融会"的最深层的动因并不在这些宗教本身，而在于产生这些宗教及其"合流"倾向的在中国历史上长期存在的中国大一统的宗法社会制度和政治制度。

然而，需要特别强调指出的是：在当代人类遭遇到的诸多苦难中，最紧迫、最致命的是暴力冲突和地区战争问题。既然事情如一些学者所指出的那样，随着科学技术的发展，人类已经把自己完全置到了为自己所制造的核武器完全毁灭的境地，既然在暴力冲突和地区战争中人类所遭遇到的是人类是存在还是不存在这样一个问题，则暴力冲突、地区战争和世界和平问题就成了当代人类所遭遇到的第一个重要的问题。从全球范围来看，宗教之间的竞争最根本的就是在推动世界和平方面的竞争。很难设想，一个对于暴力冲突和战争无动于衷的宗教能够赢得广大信众。然而，为要有效地抑制暴力冲突和战争，开展广泛的宗教对话和宗教合作十分必要。"没有宗教之间的和平就没有国家之间的和平。没有宗教之间的更大对话就没有宗教之间的和平。"[2] 不管人们对孔汉思（Hans Küng, 1928—　）的宗教哲学作出什么样的

---

① 希克：《理性与信仰：宗教多元论诸问题》，陈志平、王志成译，四川人民出版社 2003 年版，"作者致中国读者"，第1—2 页。

② 参阅孔汉思："世界宗教议会宣言《全球伦理》图解"，见孔汉思、库舍尔编：《全球伦理：世界宗教议会宣言》，何光沪译，四川人民出版社 1997 年版，第 170 页。

评价,他的这句话都应当被看做至理名言。至少从国际政治学的角度看,维系世界和平是诸宗教应当承担的一项最为基本的社会责任。尽管历史上许多宗教曾经在圣战的名义下为暴力冲突和流血战争做过辩护,但是,当代宗教应当永远拒绝这样的辩护,应当永远成为世界和平的卫士。"和平是一趟旅程——一个永无尽头的进程。"(潘尼卡语)不懈地为维护世界和平而斗争,实在是诸宗教通过宗教对话和宗教合作努力实现的一项义不容辞的历史使命。

第三节　宗教对话的层次性与现实途径

我们既然已经初步了解了宗教对话的重大意义,那么,我们接着需要讨论的便是如何现实地卓有成效地开展宗教对话的问题了。这个问题虽然涉及面很宽,但归根到底是一个宗教对话的层次性和基本中介问题。一旦我们对宗教对话的层次性和基本中介有了真切的了解,宗教对话的现实途径也就昭然若揭了。

一、宗教对话的层次性与平面化

宗教对话,如上所述,不仅是一个关乎当代人类社会进步和当代人类文明健康发展的大问题,而且也是一个关乎到切实改善人类的现实生存处境、当代宗教和平乃至当代世界和平的大问题,因而长期以来一直受到宗教思想家们的普遍关注。但是,在当前有关宗教对话的讨论中有一种忽视宗教对话的层次性从而把宗教对话平面化的倾向,如果任其发展下去,不仅有可能使我们或者坠入盲目的乐观气氛中,或者坠入消极的悲观气氛中,而且还有可能使我们的讨论误入华而不实的歧途。

其实,现实的宗教对话有不同的层次或不同的层面。例如,当代持守排他主义的基督宗教思想家(如巴特等),强调"唯独依靠恩典"、"唯独依靠信仰"、"唯独依靠基督"、"唯独依靠《圣经》",就是从宗教信仰层面来理解基督宗教同其他宗教的关系和宗教对话的;而那些主张从宗教哲学(如约翰·希克)、普世伦理或全球伦理(如孔汉思)的角度来理解宗教之间的关系从而持守多元主义立场的宗教思想家,则显然是从文化层面来理解宗教对话的。

宗教对话的这样一种层次性不是偶然的,而是根源于宗教结构的层次性并且是由后者决定的。诚然,人们对宗教内容有许多不同的理解,从而提出了所谓"二要素说"、"三要素说"或"四要素说"、"五要素说"等。但是,有一点大家还是会认同的,这就是任何宗教都内蕴有"宗教信仰"和"宗教文化"这样两个层面。哈佛大学教授威尔弗雷德·坎特维尔·史密斯在《宗教的意义与目的》中曾把宗教的内容划分为"信仰"和"信仰的表达"两个层面，以为宗教信仰是宗教的非历史的彼岸的、不可观察和不可定义的神圣层面，而信仰的表达则属于宗教的历史的、可以观察和可以定义的尘世层面。[①] 蒂利希在《新教时代》中也从两个维度来界定宗教，其中一个为"神秘因素"，他称之为宗教的"纵向坐标"，另一个为"文化因素"，他称之为宗教的"横向坐标"；而且，按照蒂利希的理解，所谓"神秘因素"，亦即"信仰因素"，涵指宗教中的永恒意义和"超越"因素，而所谓"文化因素"，则是涵指宗教永恒意义在尘世和时间中的实现。因此，蒂利希的"文化因素"和史密斯的"信仰的表达"并无二致，所意指的也就是我们通常所说的宗教文化层面。[②] 不难看出，宗教对话的上述层次性跟史密斯和蒂利希这里所说的宗教结构的层次性是相互对应的。

现在，既然我们了解了宗教结构和宗教对话的层次性，则我们也就不难看出希克宗教多元主义的症结所在，也就是说，我们会因此而明白：希克宗教多元主义的根本弊端不是别的，正在于混淆宗教信仰层面的对话和文化层面的对话，并且因此而把宗教对话完全还原为文化层面的对话，甚至还原成为世俗文化层面的对话，从而使宗教对话平面化。因为构成希克多元主义理论基础的不是别的，正是他的所谓在宗教"救赎功能"和"伦理功能"方面的"同等有效性"假说。按照希克的逻辑，既然世界各大宗教在救赎功能和伦理功能方面具有同等效用，则对它们就应当一视同仁，它们之间也自然会彼此认同，宗教多元主义也就顺理成章了。但是，问题在于：即使事情如希克所说，世界各大宗教的确在救赎功能和伦理功能方面"同等有效"，他所幻想出来的宗教之间的平等对话也难以实现，宗教多元主义也依然只是希克自己的一厢情愿。这是因为宗教的救赎功能和伦理功能总是对宗教信仰的一种表达，总是宗教信仰的一种社会功能和伦理功能，因而总是一种受宗教信仰支配和制约的社会功能和伦理功能。如果混同宗教功能和宗教信仰，如果仅仅从宗教功能方面来理解宗教和宗教对话，则人们所谈的宗教对话就再也不是严格意义上的宗教对话，而是已经被降格为一种非宗教对话了。

真正说来，无论是希克的"救赎论"标准还是他的伦理标准都不可能构成对他的宗教多元主义的任何支持。这是因为，宗教救赎的根本维度不是别的，正在于宗教信仰。基督宗教中有所谓"因信称义"之说，这是具有普遍意义的。因为世界上没有

① Wilfred Cantwell Smith, *The Meaning and End of Religion*, New York: The Macmillan Company, 1963, pp. 119–192.

② Paul Tillich, *The Protestant Era*, Chicago: The University of Chicago Press, 1948, pp. 185–191.

一个宗教会讲一个宗教徒对其所信仰的神圣者不信即可获得救赎或解脱的。但是，问题在于：宗教信仰之间具有明显的"不可通约性"，宗教信仰的根本特征之一即在于"排他性"。例如，《新约》中"因信称义"中的"信"所具体意指的自然只能是信耶稣基督（上帝），而不可能是信安拉。同样，伊斯兰教信仰所意指的首先便是"信安拉"，而不可能是信耶稣基督（上帝）。"伦理标准"也是如此。这是因为，宗教伦理虽然包含有人际伦理，如希克所说的"仁爱"和"仁慈"等等，可是，毋庸讳言，宗教伦理还有一个维度，这就是神人伦理，而且，这是一个更为根本的维度。因为"宗教伦理"框架中的"人际伦理"之根本特征正在于它是以"神人伦理"为前提和基础的，质言之，它是以宗教信仰为前提和基础的。《马太福音》虽然以"爱主"和"爱人"这"两条"诫命为律法和先知"一切道理的总纲"，但仍然突出地强调"爱主"乃"第一"诫命，[①] 即是谓此。至于把"仁爱"和"慈悲"规定为伦理标准的基本内容，更有混淆"宗教伦理"与"世俗伦理"之嫌。这是希克把宗教对话"平面化"的一个典型表现，也是他把宗教对话平面化的一个必然结果。应该指出，希克从"同等有效性"出发讨论宗教对话问题这一事情本身就有毛病。因为仅仅从"功能"和"效用性"方面看待宗教和宗教对话，便势必会把宗教还原成一个世俗社团，把宗教对话还原成为宗教文化层面乃至世俗文化层面的对话，从而把宗教对话完全"平面化"。这可以说是宗教功能主义者的一个通病。而希克之所以误入把宗教对话平面化的道路，其症结可以说是在于他的宗教观察中的"错觉"或"视觉错位"，即仅仅站在宗教之外来看待宗教之中和宗教之间的问题，也就是说，是他坚持宗教功能主义立场的一个必然结果。[②]

不仅多元主义在宗教对话问题上犯有忽视宗教对话的层次性从而把宗教对话平面化的错误，而且排他主义和兼容主义也犯有类似的错误。排他主义和兼容主义的根本洞见在于肯认和强调诸宗教之间的差异性，肯认和强调宗教信仰之间的不可调和性以及由此决定的宗教信仰层面对话的不可能性。尼特曾强调指出：

> 每一个宗教都有它自己的没有商量余地的信念。在所有基督徒与其他信徒进入更深层的对话时，这里另有一个重要教训。似乎有某些确信、价值或者信念就在所有宗教人士心灵的深处，不能简单地把它们放在对话桌上以供可能的

---

① 《马太福音》22：3—40。
② 参阅段德智：《试论宗教对话的层次性、基本中介与普遍模式》，见《武汉大学学报》2002 年第 4 期，第 424—425 页。

质疑。尽管他们想做，但他们不能做。尽管他们可能在头脑里告诉自己，对话是要求质疑一切的，但在心里他们知道有些东西是在需要受到特别保护的地方的，不可能被触及。我们在谈论规定宗教人士之身份的确信或者委身。质疑它们就是质疑那人本身以及那人要成为的人。我们大多数人不能那样做，如果我们对自己诚实的话。[1]

显然，尼特这里所说的每一个宗教所具有的"没有商量余地的信念"，从根本上讲，就是宗教信仰。对于基督徒来说，这种没有商量余地的信念必定同耶稣基督有关，对于伊斯兰教信徒来说，这种没有商量余地的信念必定同安拉有关。就此而言，排他主义和兼容主义并没有什么过错。排他主义者和兼容主义者的根本缺陷在于：他们未能超出宗教信仰层面去进一步思考宗教对话问题，未能从文化层面，从改善全人类的生存处境的共同实践活动层面去思考宗教对话问题，从而把宗教对话理解成了宗教竞争和宗教兼并。

二、宗教对话的可能性与基本中介

宗教要素的层次性是宗教对话中的一个根本问题。因为它不仅决定着和制约着宗教对话的层次性，而且还决定着和制约着宗教对话的具体方式。从宗教要素的层次性出发思考问题不仅有助于我们思考和理解宗教对话究竟在什么层面是可能的以及在什么层面上是不可能的，而且还有助于我们思考和理解即使同一个层面的宗教对话在什么意义上是可能的，又是在什么意义上是不可能的。例如，宗教信仰层面的直接对话是否可能，如果不可能的话，那这种对话通过一定的中介是否可能等等。

首先，我们从宗教要素和宗教对话的层次性观点出发来看一下宗教对话的不可能性问题。在我们的语境下，所谓宗教对话的不可能性无非是指宗教信仰层面直接对话的不可能性。而宗教信仰层面直接对话的不可能性则根源于宗教信仰的本质规定性，即绝对排他性。宗教信仰的非他性之形式虽然会发生变更，但排他性的本质却从未丧失，也不可能丧失。因为宗教信仰排他性的丧失，同时即意味着宗教信仰乃至宗教本身的自我丧失。在原始社会里，宗教信仰的排他性表现为氏族宗教信仰或部落宗教信仰的排他性。在宗教的后来发展中，宗教信仰的排他性表现为民族宗教信仰或国家宗教信仰的排他性。世界宗教出现后，这种排他性又表现为世界宗教

---

[1]　尼特：《宗教对话模式》，王志成译，中国人民大学出版社 2004 年版，第 133 页。

信仰的排他性。至少就高级宗教而言,一个对信仰对象持超然态度的宗教就不再是宗教,一个对信仰对象持超然态度的人就不再是一个宗教徒了。因此,在信仰对象方面,是根本不存在直接对话的任何可能性的。因为宗教信仰层面对话的不可能性,如上所述,是根源于宗教信仰的本质规定性的。宗教信仰层面对话的不可能性之根源于宗教信仰的本质规定性,还有一层意思,这就是宗教信仰的不可言传性。信仰是一种关系,是神人之间的一种面对面的关系。而言传出来的"信仰"所表达出来的已经不再是神人之间的这样一种面对面的关系,而降格为一种人际关系。而且,在这种场合下,神或神圣者也不再构成人的信仰对象,而降格为一种话语对象了。

然而,宗教信仰层面直接对话之不可能性并不意味着宗教对话的完全不可能。这是因为宗教信仰层面的直接对话虽然不可能,但是这并不排除通过某些中介进行宗教信仰之间的间接对话的可能性。因此,当我们讨论宗教对话时,具体地讨论一下"对话中介"是非常必要的。宗教对话的中介虽说形形色色,但归结起来,无非是两种:一是文化中介,二是个人生存体验中介。

"文化中介",顾名思义,意指宗教或宗教信仰之间的对话以文化为其"中介";因此,它所关涉的自然也就是以"文化"为中介的宗教或宗教信仰之间的间接对话。文化是一个相当宽泛的范畴,不仅有所谓器皿文化,制度文化,而且还有精神文化。但是,如果从宗教对话的角度看问题,我们不妨把文化二分为宗教文化和世俗文化。无疑,在这种文化框架下,宗教对话首先关涉的自然是宗教文化。而宗教文化,若从史密斯的观点看问题,其实质便为"信仰的表达"。宗教文化,作为信仰的表达,自然具有从属于宗教信仰的精神品格。就这个意义上讲,以文化为中介的宗教对话也并非一件轻而易举之事。但是,宗教文化,既然为"信仰的表达",也就必然具有有别于"宗教信仰"本身的规定性,也就必然具有某些世俗内容。史密斯在《宗教的意义与目的》中在谈到作为"信仰表达"的文化时,曾经强调说:信仰本身所关涉的是"不可观察"的"彼岸世界"或"超越世界",而"信仰表达"所关涉的则是"可观察"的"此岸世界"或"世俗世界"。用他自己的话来说,前者关涉的是宗教生活的"超越因素",而后者所关涉的则是宗教生活的"尘世因素"。[①]而蒂利希,如上所说,在界定宗教时,曾用几何坐标图来十分形象地刻画宗教的两重内容;他在把信仰理解为宗教的纵向坐标的同时,把文化理解为宗教的横向坐标,把前者理解为宗教的神圣的或永恒的

---

① Wilfred Cantwell Smith, *The Meaning and End of Religion*, New York: The Macmillan Company, 1963, pp.119–169.

内容,而把后者理解为宗教的世俗的变动的内容。[1] 事实上,正是宗教文化的这样一种世俗性品格或维度,为宗教对话提供了种种可能性。当然,作为"信仰表达"的宗教文化之"世俗性"并不仅仅表现在它的内容方面,而且还表现在它的形式方面,即它的语言方面。因为宗教语言总是要借用世俗语言,借用世俗的语词或范畴,而且即便使用非日常语言中的语词或范畴,它也必须使用尘世语言的语法。[2] 因此,离开了宗教文化和世俗文化,我们就根本不可能谈论宗教对话。就此而言,希克从宗教的文化层面或功能层面来讨论宗教对话或宗教多元主义,不是没有其理由的。因此,我们之所以批评希克,倒不是因为希克从宗教文化层面讨论了宗教对话的可能性问题,而毋宁是因为希克本人对宗教信仰层面对话和宗教文化层面对话尚未作出区分,尚未清醒地认识到自己仅仅是从宗教文化层面来讨论这一问题,并且因此而误认为自己已经是在宗教信仰层面处理这一问题了。

宗教对话除文化中介外,还有一个重要中介,这就是个人的生存体验。如果说文化中介所关涉的主要是宗教组织或宗教团体之间对话的话,则生存体验中介所关涉的便主要是个体的宗教皈依问题。个人的宗教皈依自然关涉到个人同神圣者的面对面的关系,但这样一种关系的建立无疑是个人宗教皈依的一个结果,而非原初的动因。作为其原初动因的东西不是别的,正是个人的生存体验。"皈依",梵文为"Sarana",英文为"conversion",其基本意思无非是"宗教信奉"或"宗教信仰"及其萌生和转变。因此,"皈依"无非有两种形式:一种是从无宗教信仰到有宗教信仰,再一种是从一种宗教信仰转向另一种宗教信仰。但是无论取何种形式,个人的生存体验都是其原初的动因。没有身处"边缘处境"的亲身经历,不曾遭遇虚无和陷于绝望,任何形式的宗教皈依都是不真实的、形式的和表面的。柳巴 (James H. Leuba, 1868—1946) 在其博士论文"宗教现象的心理学研究:论皈依"中曾用"伦理—宗教"概念来概括"皈依体验",虽然也有一定理据,但是似乎并未抓住问题的中心。因为个人的宗教皈依虽然同伦理问题相关,但却不是一个普通的伦理问题,而毋宁说是一个对普通伦理的超越问题。克尔凯郭尔在界定"宗教的人"时,不仅把"宗教的人"理解为对"美学的人"的超越,而且还理解为对"伦理的人"的超越。这是很有道理的。因为若不超越"伦理的人"他便绝对不可能建立起他与神圣者的面对面的关系,从而真正成为一个"宗教的人"。

---

[1] Paul Tillich, *The Protestant Era*, Chicago The University of Chicago Press, 1948, pp.185–191.

[2] Wilfred Cantwell Smith, *The Meaning and End of Religion*, New York: The Macmillan Company, 1963, pp.170–192.

我们知道，奥古斯丁本人是有过皈依经验的。他原本是一个摩尼教徒，后来于386年秋（一说387年秋）皈依基督宗教，成了一名基督宗教徒。而促成他的这一转变的，虽然也有"阅读"柏拉图著作以及其他方面的原因，但其中最为重要的则是他本人的生存体验。而且也正是他的生存体验，一种感到"绝望"、感到自己身陷"危险"处境的亲身经历，才使他走进教堂，接受米兰主教安布罗斯（Ambrose SAINT，340—397）的洗礼；而且也正是由于他对"边缘处境"的人生体验，才使他在皈依基督宗教后，获得了一种"一个绝望的灵魂从重大的危险中获得救援"的心情和感受。[①]帕斯卡尔对基督宗教的虔诚信仰，按照他自己的说法，也同他自己的生存体验紧密相关。帕斯卡尔本人曾有过两次深刻的宗教体验。其中一次同他认为一次疾病奇迹般地痊愈有关。他感受到这次神恩的影响极其强烈，以至于他身不由己地对这一经历作了笔记，并且把它缝进了衣服里，仿佛是他的一个秘密，必须尽可能把它珍藏，永志不忘。《非理性的人》一书的作者威廉·巴雷特说帕斯卡尔的这种体验或经历"属于生命本身的而非理性神学的层次"，是颇中肯綮的。还有一次强烈的体验，对帕斯卡尔的体验同样是决定性的。一天，他正沿着塞纳河驱车前行时，他的马车突然转向，离开道路，车门蓦地开了，帕斯卡尔被一下子掀了下去，几乎摔死在河堤上。"这次切身事故的任意性和突然性对他成了另一道启示的闪光。"[②]

毫无疑问，文化中介和生存体验中介是相互关联的。因为进行生存体验的人总是生活在一定的文化形态中，用海德格尔的话来说，就是凡"此在"总要"在世"。而人所体验的"边缘处境"无非是一种文化状态或生存处境。而且，既然文化，包括宗教文化和世俗文化，一般来说，都是具有这样那样的普遍性，总是可以通过这样那样的理性的或逻辑的形式表达出来，则以文化和生存体验为中介的间接形式的宗教对话便总是可能的。[③]

三、宗教对话的现实途径：从文化对话到宗教信仰层面的对话

既然我们已经讨论了宗教对话的层次性、不可能性、可能性和基本中介，则我们就有可能来进一步讨论宗教对话的现实途径了。

---

① 参阅奥古斯丁：《忏悔录》第8卷第3—12节。
② 参阅威廉·巴雷特：《非理性的人》，段德智译，陈修斋校，上海译文出版社1992年版，第119—120页。
③ 参阅段德智：《试论宗教对话的层次性、基本中介与普遍模式》，《武汉大学学报》2002年第4期，第425—426页。

对宗教对话的现实途径我们既可以作先验的论证,也可以作后验的论证。[①] 所谓对宗教对话"现实途径"的先验论证,指的无非是由宗教对话的"基本中介"说推证出宗教对话的"现实途径"。这是不难理解的。既然我们前面已经把宗教对话从两个层面作了区分,认为宗教对话不仅关涉到宗教信仰之间的对话,而且还关涉到宗教文化层面的对话,即一种以文化和生存体验为中介的间接对话,这便在事实上提出了一个宗教对话的现实途径问题。因为"直接对话"和"间接对话"的提法本身便意味着宗教对话一般遵循的道路和模式在于从宗教文化层面的对话进展到宗教信仰层面的对话。

至于对"宗教对话""现实途径"的后验论证,本文拟从"中国礼仪之争"这一有重大影响的历史大事件来讨论宗教对话的"现实途径"问题。"中国礼仪之争"不仅是中国宗教对话史上的一个大事件,而且是世界宗教对话史的一个大事件。因为中国礼仪之争如果从龙华民 (Niccolo Longobardi, 1559—1654) 在利玛窦 (Ricci, 1552—1610) 去世后接任耶稣会中国会长之日算起,到 1939 年罗马传信部发布教皇庇护十一世 (Pope Pius XI, 1922—1939 年在位) 教谕时为止,长达 340 年之久,即使从 17 世纪 30 年代方济各会和多明我会开始同耶稣会发生争执时算起,也绵延了三个世纪。这一事件不仅牵涉到当时在中国传教的耶稣会、方济各会和多明我会等诸多基督宗教传教团体,而且还牵涉到罗马教廷,牵涉到教皇亚历山大七世 (Alexander Ⅶ, 1655—1667 年在位)、克雷芒十一世 (Pope Clement XI, 1700—1721 年在位) 和教皇庇护十一世,牵涉到中国皇帝康熙 (1662—1722 年在位)、雍正 (1722—1735 年在位)、乾隆 (1736—1796 年在位) 诸位皇帝,不仅牵涉到中国一大批教内外士大夫,而且还牵涉到欧洲一大批知识分子精英,如莱布尼茨、沃尔夫 (Christian Wolff, 1679—1754)、伏尔泰和孟德斯鸠 (Baron de Montesquieu, 1689—1755) 等。这一争论虽然涉及面很广,但从宗教对话的角度看问题,主要是西方基督宗教和中国传统宗教的一个对话问题。虽然由于耶稣会对中国传统宗教取比较同情的立场,中国学者一般在情感上容易倾向于耶稣会传教士,但是,如果从宗教对话的角度看问题,如果从宗教学的立场看问题,则耶稣会和多明我会处理这一对话的方针应该说是各有千秋的。

多明我会等天主教组织的传教士虽然对中国传统宗教持排斥的立场,因而往往

---

① 参阅段德智:《试论宗教对话的层次性、基本中介与普遍模式》,《武汉大学学报》2002 年第 4 期,第 427—428 页。

遭到中国学者的非议，但是平心而论，他们反对中国基督徒"敬天"、"祭祖"和"祀孔"，强调中国传统宗教与基督宗教在宗教信仰层面的差异和对立，并不是完全没有道理的。有谁能说，中国传统宗教与基督宗教在宗教信仰层面不存在什么差异乃至对立呢？因此，多明我会等天主教组织的传教士的错失与其说在于肯认中国传统宗教与基督宗教在宗教信仰层面的差异和对立，倒不如说在于他们没有找到消解这一差异和对立的正确途径。而耶稣会传教士在后一个方面显然要比多明我会传教士高明得多。

基督宗教之传入中国，虽然并非如《利玛窦中国札记》中说，始自公元 1 世纪，但也绝不是从 19 世纪中叶由于鸦片战争才开始的。因为至少至唐朝初年，基督宗教作为景教便已经传入中国了。因为有"大秦景教流行中国碑"可以作证。至 13 世纪，基督宗教作为也里可温教二度入华。而由耶稣会传教士肇始的基督宗教于晚明时期的传教活动可以说是基督宗教的三度入华。但是，正如我国著名史学家朱维铮（1936—2012）先生所说，在基督宗教的中国传教史上真正有大建树并"留下较明显印记"的则是晚明三度入华的基督宗教。而耶稣会传教士之所以能够有如此建树也绝不是偶然的，而是由他们的比较妥当的对话策略和对话路线决定的。人们常常用"适应"策略来概括耶稣会传教士的对话策略和对话路线。其实，所谓"适应"策略，无非是一种注重从宗教文化层面进行对话的策略。例如，利玛窦在其《天主实义》中大量引用周公、孔子、孟子的话，引用《论语》、《孟子》、《尚书》、《诗经》的话，这一方面是耶稣会士从宗教文化层面展开对话的一个结果，另一方面，又不妨看做是耶稣会传教士注重宗教文化对话的一个样本。诚然，利玛窦的一些作法兴许也存在有许多容易引起误解的地方。例如，他用"天主"、"国君"和"家君"构成的"三父之论"来解释基督宗教的"圣父"、"圣子"、"圣灵"所构成的"三位一体"说，初听起来，是许多基督宗教徒难以接受的。但是，这种让西方基督宗教徒一下子难以接受的说法，只是说明了宗教信仰层面对话的艰难性或几乎不可能性，并不能由此完全否认这样一种解释的合理性或积极意义。因为恰恰是这样一种解释为长期生活在中国文化传统中的中国人理解和接受基督宗教教义提供了种种可能。而且中国礼仪之争的历史过程还告诉我们，不积极开展宗教文化层面的对话而只是一味消极地偏执于宗教信仰方面的差异和对立，除了给宗教对话带来麻烦乃至酿成宗教纷争外，似乎并不能给宗教对话带来什么积极的影响。因为宗教文化的对话不仅意味着宗教信仰主体对对方宗教文化的理解和认同，还意味着不同宗教文化以及与之相关的世俗文化的相互沟通和相互趋同。例如，中国礼仪之争中关于"敬天"、"祭祖"和"祀孔"

为什么从 17 世纪起尽管有皇帝和教皇的干预，也不能最终解决问题，只是到了 1939 年这一争论才随着教皇庇护十一世的"教谕"而基本告结了呢？之所以能够如此，究其深层次的原因，并不在于教皇庇护十一世的"权威"，而在于中国社会和西方社会的变动以及它们之间在一定范围内的趋同（从一个意义上说，社会也是一种文化形态）。就中国社会方面言，一方面随着封建制度的覆灭，皇帝祭天是否具有宗教性的讨论已经不再具有任何现实意义；另一方面，随着 1906 年"科举制度"的废除以及 20 世纪初期以"打倒孔家店"为重要内容的"新文化运动"的开展，"祀孔"至少在中国人们的现实生活中业已失去了先前的重要性和必要性。至于"祭祖"，随着宗法制度在我国社会制度和社会生活中的逐步"淡出"，其社会意义自然也会发生这样那样的变更。在这种情况下，20 世纪 30 年代的中国，以"祭天"、"祭祖"和"祀孔"为争论焦点的中国礼仪之争便十分自然地失去了它们在 17—18 世纪曾经拥有过的文化意义、社会意义和宗教意义。由此看来，从宗教文化层面入手开展宗教对话，逐步达到宗教信仰层面的间接对话，实在是宗教对话能够采取的唯一可行的对话途径。当然，从宗教学的观点或比较宗教学的观点看问题，耶稣会传教士的宗教对话的策略和路线是否有可批评之处，也是一个可以讨论的问题。例如，利玛窦用"三父之论"解释"三位一体"，乃至取代"三位一体"的做法之是否恰当，以及他宣布中国先秦哲学乃至《尚书》、《诗经》中的"天"、"帝"或"上帝"、"天帝"即为基督宗教所信仰的"Deuse"等，就很有讨论的余地。他们为了实现宗教文化层面的对话和认同而蓄意抹杀宗教信仰之间的差异和对立的做法，受到多明我会等天主教团体传教士的批评，是不可避免的，也并非一件不可理解的事情。但是，无论如何，他们注重开展宗教文化层面的对话，并力求通过宗教文化层面的对话达到宗教信仰层面的间接对话的用心和做法却都是有其值得称道之处的。[1]

_____

① 段德智：《从"中国礼仪之争"看基督宗教的全球化与本土化》，《维真学刊》2001 年第 2 期，第 22—32 页。

第六章　中国宗教与全面建成小康社会

当我们讨论宗教与社会的关系以及宗教的社会本质和社会功能这样一类话题时，作为人类中的一员，我们会非常自然地考虑到宗教同国际政治和人类文明的关系问题，同样，作为一位 21 世纪的中国人，我们会非常自然地考虑到中国宗教同中国社会，尤其是中国宗教同全面建成小康社会的关系问题。从一个层面看，这里谈的是中国宗教的中国化问题，亦即中国宗教与中国社会相适应的问题，从另一个层面看，则是如何动员一切可能动员的力量，如期"全面建成小康社会"，乃至如期"全面建成社会主义现代化强国"、最终实现中国梦的问题。[①] 在本书的这一部分，我们要讨论的正是这样一个话题。由于无论如何，我们都处于传统和历史之中，则为要更好地讨论当代中国宗教与全面建成小康社会的关系，我们就需要从讨论中国传统宗教与前现代社会的关系入手。

第一节　中国传统宗教与前现代中国社会

中国传统宗教与前现代中国社会的关系问题从本质上讲是一个中国传统宗教的中国化问题。这是一个很大的题目。在本节中，我们将努力从中国传统宗教的特殊性入手，从中国传统宗教与前现代中国社会的关系的特殊性入手，在兼顾事情普遍性的前提下，着力扼要地刻画中国传统宗教以及中国传统宗教同前现代中国社会的关系的特殊本质，努力从中国传统宗教与中国前现代社会相适应的角度勾勒出中国传统宗教中国化的概貌。

---

① 参阅习近平：《决胜全面建成小康社会，夺取新时代中国特色社会主义伟大胜利——在中国共产党第十九次全国代表大会上的报告》，人民出版社 2017 年版，第 29 页。

一、与时俱进的中国传统宗教：中国传统宗教与中国前现代社会发展的同步性

中国宗教，自远古时代伴随着我国氏族组织和氏族制度产生之日起，就同中国社会和中国文明同步发展。在几万年的历史演进中，虽然在一定程度上也表现出了这样那样的相对独立性，但是却始终保持了同中国社会发展大体上的同步性。而且，中国传统社会虽然也同世界各国一样，总的来说，也经历了一个从原始社会开始中经奴隶社会发展到封建社会这样一个发展过程，但是，由于马克思所说的区别于西方古代所有制形式的"小亚细亚所有制形式"的缘故，[①] 无论在其总体上还是在其各个发展阶段都表现出了一些明显区别于西方社会的一些特征，致使中国传统宗教无论在其总体上还是在其各个阶段也都表现出了一些区别于西方宗教的特征。

例如，上古时期的中国社会，自远古时代始至战国时代止，虽然也经历了一个从原始社会到奴隶社会的发展过程，相应地，中国宗教也经历了一个从原始宗教（自然宗教）向民族国家宗教的发展过程。但是，无论是从转变的形态看，还是就原始宗教和民族国家宗教的形态看，都表现出了一些区别于西方宗教的特征。首先，就原始宗教来说，虽然中国的原始宗教也同西方宗教一样，明显具有自然宗教的特征，也具有自发性、氏族性等特点，但由于中国原始社会农业经济相对发达，中国原始宗教中农业祭祀和祖先崇拜以及与之相关的圣贤崇拜便较西方宗教为盛。其次，相应地，三代时期（夏商周）中国的民族国家宗教，较之西方国家的民族宗教，天神崇拜更为突出。例如，周朝就直接称至上神为"天"，也有称作"昊天上帝"或"皇天上帝"的，但都少不了一个"天"字。值得注意的是：在中国宗教中，"天"不仅是至上神，不仅是人间君王权利的授予者，而且还是人间君王的祖先。三代时期的中国民族国家宗教的这样一种天神崇拜显然同中国原始宗教中的自然崇拜和祖先崇拜有着极其明显的承继性。而且，三代时期的中国民族国家宗教的这样一种状况，显然也同中国社会在从原始社会向奴隶制社会的过渡中在很大程度上保留了原始社会的一些特征有着极其重大且极其内在的关联。

再如，按照雅斯贝尔斯（Karl Jaspers，1883—1969）的观点，人类文明都普遍经历了一个奠定其文明基础的时期，也就是他所谓的"轴心时期"，按照西方社会发展

[①]　参阅《马克思恩格斯〈资本论〉书信集》，人民出版社1976年版，第80、81页。马克思在谈到东方生产方式与西方生产方式的根本区别时，强调指出："东方一切现象的基础是不存在土地私有制，这甚至是了解东方天国的一把真正的钥匙。"恩格斯也回应道："不存在土地私有制的确是了解整个东方的一把钥匙。这是东方全部政治史和宗教史的基础。"

的一般模式，人们便把春秋战国时期设想为中国历史上的"轴心时期"，但是，由于中国原始社会的浓重积淀，中国的轴心时期便在事实上被向后拖延了下来，拖延至秦汉至魏晋时期。中国社会发展的这样一种情况便使得中国宗教的轴心时期也相应发生了变化。众所周知，正是在这一历史时期，作为宗法性国家宗教的儒教完成了它的历史转型，也正是在这一历史时期，中国佛教和道教才初具规模。换言之，中国传统宗教的"儒佛道三元一体"的大格局是在这一历史时期奠定下来的。①

而且，不仅在前轴心时期（上古时期）和轴心时期中国宗教的发展轨迹同中国社会的发展轨迹保持了其大体的同步性并且明显地打上了中国社会的烙印，而且即使后轴心时期的情况也大体如此。因为正如隋唐以后中国社会进入了历史上的繁荣期一样，中国宗教也相应地进入了历史上的繁荣期或鼎盛期：在儒教儒学方面出现了宋明儒学，在佛教方面出现了禅宗，在道教方面出现了内丹学。

由此看来，中国传统宗教在漫漫的历史演进中虽然也有一定的相对独立性，但是，总的来说，和中国前现代社会的发展大体同步，深深地打上了中国前现代社会的历史烙印。离开了中国前现代社会的历史发展，中国传统宗教的历史发展和历史特征都不可能得到充分说明。

二、中国传统宗教的宗法性质与前现代中国社会

中国传统宗教及其历史特征既然植根于前现代中国社会，则它势必具有一些明显区别于西方传统宗教的历史特征。在这些特征中，宗法性无疑是特别显著的一种。

中国传统宗教的宗法性质首先在作为中国民族国家宗教的儒教中有其典型的表现。与西方大多数民族和国家的民族国家宗教明显地属于创生性宗教这样一种类型不同，中国的民族国家宗教即儒教同原生性宗教也有不可分割的联系。我们知道，我国早期的氏族宗教曾有过自然崇拜、鬼魂崇拜、生殖崇拜、图腾崇拜等多种神灵崇拜，其中除了龙、凤等重要图腾崇拜升华为中华民族文化的吉祥表征和灵物崇拜外，自然崇拜、鬼魂崇拜和祖先崇拜都在作为民族国家宗教的儒教中相当完整地保存了下来。事实上，作为宗法性民族国家宗教的儒教的基本内容没有别的，无非是皇权同原生性的天神崇拜、祖先崇拜、社稷崇拜结合的产物。而"祭政合一"和"祭族合一"一方面是作为民族国家宗教的儒教的根本特征，另一方面又显然属于氏族部落宗教的基本规定性。

① 参阅段德智：《中国宗教的"轴心时代"》，《世界宗教研究》2004年第2期，第149—150页。

中国传统宗教的宗法性质不仅在作为民族国家宗教的儒教方面有典型的表现，而且且不要说作为中国本土宗教的道教，即使在作为创生性的中国化了的佛教等宗教方面也有明显的表现。中国宗教思想史上有所谓"三教合流"或"三教合一"的说法，但是，三教合流或三教合一的实质正在于合乎或统一于作为民族国家宗教的儒教，合乎或统一于中国的宗法社会。我们知道，儒教非常重视孝道，把它视为宇宙秩序和政治秩序的"大本"，而在这一方面，中国化了的佛教几乎毫无二致。唐代宗密在《佛说盂兰盆经疏》中开头就说："始于混沌，塞乎天地，通人神，贯贵贱，儒释皆宗之，其为孝道矣。"[1] 明代智旭更是明确地把孝提升为佛教的主旨，宣布："世出世法，皆以孝顺为宗。"[2] 又讲："儒以孝为百行之本，佛以孝为至道之宗。"[3] 更有一些学者用"无常"来解读佛教的"五戒"。例如，北齐的学者颜之推（531—约590年以后）就曾经说过：

> 内外两教，本为一体。渐汲为异，深浅不同。内典初门，设五种禁，外典仁义礼智信，皆与之符。仁者，不杀之禁也；义者，不盗之禁也；礼者，不邪之禁也；智者，不淫之禁也；信者，不妄之禁也。[4]

甚至传入中国的基督宗教为要真正在中国扎根，也不能不披上宗法性的外衣。一如我们在前面说到的，利玛窦在其著作《天主实义》中就曾经提出过著名的"三父之论"，就曾用中国的孝道来诠释基督宗教的"圣三位一体"理论，断言：

> 大西圣人言不孝之极有三也：陷亲于罪恶，其上；弑亲之身，其次；脱亲财物，又其次也。天下万国，逼以三者为不孝之极。至中国，而后闻无嗣不孝之罪，于三者犹加重焉。吾今为于定孝之说。欲定孝之说，先定父子之说。凡人在宇内有三父，一谓天主，二谓国君，三谓家君也。逆三父之旨者，为不孝子矣。[5]

在利玛窦看来，中国比世界上所有其他国家都更加重视孝道，更加重视血缘关系或

---

[1]　宗密：《盂兰盆经疏》卷上，《大正藏》第39卷，第505页。

[2]　智旭：《孝闻说》，《灵峰蕅益大师宗论》卷4之2，第4页。

[3]　智旭：《题至孝回春传》，《灵峰蕅益大师宗论》卷7之1，第14页。

[4]　颜之推：《颜氏家训·归心第十六》，中华书局1954年版，第29页。

[5]　利玛窦：《天主实义》，见朱维铮主编：《利玛窦中文著译集》，复旦大学出版社2001年版，第91页。

"宗法"。他把对上帝的信仰奠基于每一个中国人都能够接受的孝道上，亦即血缘关系上或"宗法"上，既可以视为他的"适应策略"的一个典型表达，也可以视为基督宗教中国化的一个典型例证。[1]

需要强调指出的是，中国传统宗教之具有如此明显的宗法性质不是偶然的，归根到底，是由中国的特殊国情决定的，具体地说，是由前现代中国宗法性的社会结构决定的。首先，中国传统宗教所依托的社会结构与西方不尽相同。在西方，当民族国家宗教兴起的时候，希腊社会（首先是雅典），随着梭伦改革和克利斯提尼改革的胜利推进，比较彻底地完成了从以亲缘关系为基础的氏族制度向以私有制为基础的奴隶制社会的过渡。反之，在中国，当民族国家宗教即儒教产生和形成的时候，以亲缘关系为基础的氏族制度虽然受到过打击，发生了某些变化，但变化的更多的与其说是这种制度本身，毋宁说是这种制度的形态。在当时，不仅土地公有（国有）、集体耕作的制度依然存在，而且以亲缘关系为基础的宗法性组织——宗族或家族依然存在，且继续构成中国社会的基础。正如原始社会中的氏族组织具有行政组织职能和宗教组织一样，进入文明社会的宗族或家族在很大程度上依然发挥着行政组织和宗教组织的职能。其次，中国传统宗教所依据的社会结构的特殊性还表现在这种以亲缘关系为基础的宗法性组织——宗族或家族组织成了中国古代社会国家权力机构的原型。一如宗族或家族团体既是准行政组织又是准宗教组织一样，国家同样也是行政组织和准宗教组织的一种合体。在中国历史上，供奉祖先神主之位的太庙或宗庙与象征国土的社稷之所以一向被视为王室和国家的象征，严格的嫡长子继位制和严格的宗庙祭祀制度之所以一直是维系历代封建王朝的基本制度，其原因均在于此。这种"家国同构"现象（原始氏族制度的遗产）是中国古代社会的一项本质特征。可以说，中国传统宗教的宗法性质就是由前现代中国社会的这样一种宗法性质派生出来的。[2]

马克思在写作《资本论》的过程中，曾集中考察过"资本主义生产以前"的"各种"所有制"形式"，提出并讨论了"亚细亚的所有制形式"的问题。马克思在谈到亚细亚所有制形式同西方古代所有制形式的区别时，曾经突出强调了亚细亚所有制形式的宗法性质。他一方面强调指出：亚细亚所有制形式的"第一个

① 参阅段德智：《从"中国礼仪之争"看基督宗教的全球化与本土化》，《维真学刊》2001 年第 2 期，第 26 页。

② 参阅段德智：《简论中国传统哲学的准宗教性格》，见吴根友、邓晓芒、郭齐勇主编：《场与有》（四），武汉大学出版社 1997 年版，第 57—59 页。

前提"是"自然形成的共同体",即以血缘为基础的"家庭"或"扩大成为部落的家庭",[①] 另一方面他又强调指出,亚细亚所有制形式的另一个本质特征在于:凌驾于一切小共同体之上的总合的统一体,表现为世袭的占有者,表现为社会财产的真正所有者,表现为作为许多共同体之父的专制君主。[②] 可以说,在前现代中国社会,虽然从总体上讲奴隶主所有制和封建主所有制在一定程度上取代了原始社会的公有制,但是,构成原始社会基础的氏族血缘关系以及与之相关的"亚细亚所有制形式"一直在漫长的前现代中国社会发挥着作用。前现代中国社会在很大程度上即是一个以男性血缘为纽带的宗法等级社会,虽然这样一种等级社会在一千多年的发展中经历了从宗法制与政治体制的"整体结合"(三代)到"部分结合"(汉代至元代)再到"重心下移"(明清时代)这样一个演绎过程。如果我们了解了中国前现代社会的宗法性质,了解了中国前现代社会的"亚细亚所有制形式"这样一种社会特征,对中国传统宗教的宗法性质也就不难理解了。因为中国传统宗教的宗法性质无非是它们中国化的一种表征而已。

三、以"神化王权"为基本使命的中国传统宗教的政治情结

如果我们了解了中国前现代社会的宗法性质,了解了中国前现代社会的"亚细亚所有制形式"这样一种社会特征,我们就不仅能够对中国传统宗教的宗法性质有一种深层次的理解,而且也能够对中国传统宗教的以"神化王权"为基本使命的极其浓重的政治情结有一种深层次的理解。

我们知道,在西方中世纪社会,长期以来,一直存在有教权主义与王权主义的对抗;而且,在相当长的一个历史阶段,教权对于王权往往享有支配和控制的特殊地位。但是,在长期的前现代中国社会中,这种状况却不曾存在过。虽然由于"君权天授"的天神即是宗法性传统宗教所信奉的"天",前现代中国的国家政权所依赖的神权从形式上出自宗法性传统宗教,但是,在长期的前现代中国社会里,不仅只有皇帝才有权被称作"天子",与"天神"保持"血缘关系",而且,也只有皇帝及其家族才享有"祭天"的特权。[③] 在这样一种格局下,任何一种形态的宗法性国家宗教的教权事

---

① 马克思:《经济学手稿(1857—1858年)》,《马克思恩格斯全集》第46卷(上),人民出版社1979年版,第472页。

② 参阅吕世荣:《马克思社会发展理论研究》,中国社会科学出版社2001年版,第291—310页。

③ 我国《礼记》上规定:"天子祭天地,祭四方,祭山川,祭五祀,岁偏。诸侯方祀,祭山川,祭五祀,岁偏。大夫祭五祀,岁偏。士祭其先。"(《十三经注疏》上,上海古籍出版社1997年版,第1268页)

实上都是一种为皇帝所独享的权力,都只能是一种受皇权支配且为皇权服务的权力。而且,既然在宗法社会和"亚细亚所有制形式"下,"每一个单个的人"都只不过是社会共同体的"一个肢体",则所有的宗教组织,包括颇有影响的佛教和道教教团也只能将自己视为皇权的工具,隶属于皇权,并接受皇权的管辖。在这样的政体下,宗教领袖固然也可以封官晋爵、参政议政,但是,却永远不可能形成一种独立于或凌驾于皇权或政权之上的力量。"中国历史上没有教皇,只有教臣",[1] 这种情势正是前现代中国的宗法性质以及马克思所说的"亚细亚所有制形式"的一种必然结果。

事实上,也正是在这样一种社会环境下,中国传统宗教才滋生或培育了对于皇权或政权的极其强大的依赖意识和服务意识,极其强烈的"神化王权"的使命意识和承担意识,以及由此编织而成的极其浓重的政治情结。

东晋高僧道安(314—385)曾师事西域名僧佛图澄,后被前秦符坚迎请至首都长安(今西安),并被赐予"国师"号。道安不仅积极为符坚提供政事咨询服务,而且还极力迎合、鼓吹统治者的宗教政策,曾深有感触地说:"不依国主,则法事难立。"[2]

如果说东晋高僧道安还是以皇帝或国王临时赐予的"国师"的身份服务皇权的话,此后不久随着僧官制度的创建和完善,一些宗教界名士便以僧官的身份服务皇权了。《魏书·释老志》中就已经有了僧官的最早记录:

> 初,皇始中,赵郡有沙门法果,诚行精至,开演法籍。太祖闻其名,诏以礼征赴京师。后以为道人统,绾摄僧徒。[3]

按照这一记载,道人统乃北魏僧官最早的名称,而法果(具体生卒年月不详)则是在396—398 年左右担任此职的。[4] 从这些话中,我们对当时僧官体制的具体机构虽然不甚了了,但对于其依附政权、"绾摄僧徒"、服务政权的性质和功能还是可以清楚看到的。当南方僧人与官方为沙门要不要礼拜王者而争论时,法果在北方却非常明确地宣布说:

---

① 牟钟鉴、张践:《中国宗教通史》下册,社会科学文献出版社 2003 年版,第 1250 页。
② 释慧皎:《高僧传》第 5 卷,汤用彤校注,汤一玄整理,中华书局 1992 年版,第 200 页。
③ 《魏书·释老志》。
④ 据专家考证,法果于 396—398 年左右担任道人统是我国见于文献记载的最早的僧官。之后,道人统又改称为沙门统、大统;在南朝,则被称作僧正或僧主。(参阅任杰、梁凌:《中国的宗教政策——从古代到当代》,民族出版社 2006 年版,第 96—98 页)

太祖明叡好道,即是当今如来,沙门宜应尽礼,遂常致拜。谓人曰:'能弘道者,人主也,我非拜天子,乃是礼佛耳。[①]

法果的这一言论显然是在神化王权或皇权。

需要强调指出的是:法果是在沙门敬王之争的大背景下说出这番话的。沙门敬王之争对于我们眼下这个话题具有特别重要的意义。争论从时间上看,发生在东晋,即佛教入土中华的初始阶段;争论从主体方面看,表现为儒、佛两家;争论从内容上看,表现为宗教与政治、教权与王权的关系问题,即宗教要不要服从政治,教权至上还是王权至上。从本质上看,这场争论所关涉的归根到底是佛教传入中土后要不要入乡随俗,要不要本土化,要不要适应以王权至上为中心内容的中国宗法制度这样一个问题。我们知道,在印度,佛教徒享有很高的社会地位,他们只礼拜佛祖释迦牟尼,而对任何俗人,包括帝王和父母都不跪拜,甚至还可以接受在家父母的跪拜。这种教仪与我国"祭族合一"和"祭政合一"的宗教传统大相径庭,从而不可避免地要发生对抗和冲突。东晋成帝时有两位大臣辅政,一个叫庾冰(296—344),一个叫何充(292—346),前者反佛,后者崇佛。庾冰曾代皇帝下诏,令沙门跪拜王者,认为名教不可弃,礼典不可违,礼敬乃"为治之纲",不许域内有不敬王者的不臣之民。又说"王教不得不一,二之则乱"。何充却认为沙门虽然礼仪有殊,但是这却不意味着沙门因此而不尊重王权,既然"寻其遗文,钻其要旨,五戒之禁,实助王化",那就不必过分勉强出家人一定要礼拜三者。因为,与其"今一令其拜,遂坏其法,令修善之俗,废于圣世",不如"因其所利而惠之",发挥其辅助治国的社会功能。结果,庾冰议寝,沙门竟不施拜。东晋安帝时,桓玄(369—404)总理国事,他曾下令沙汰沙门,并勒令和尚跪拜王者。在他看来,沙门既然沾受国恩就当恪守国制,故而不应废其敬王之礼。

还需要注意的是,在这场沙门敬王之争中始终存在一个政治底线,这就是即使反对敬王者,也不是像西方中世纪基督宗教的教权至上主义者那样,要求王权服从教权,而是始终认为,教权应当尊重、服从和服务王权。例如,在我们刚刚谈及的反对沙门敬王的何充也特别强调了佛教"劝王化"的社会功能和政治功能,而且,沙门只要严格实施"五戒之禁",便是实实在在地在"助王化"了。其后,针对桓玄的批评,把何充的这一观点做了更其充分的发挥的是慧远。净土宗始祖慧远(334—416)曾

---

① 《魏书·释老志》。

著《答桓太尉书》和《沙门不敬王者论》，系统阐述了佛教辅翼王化的作用。他首先反驳了所谓佛教不讲"忠孝"的说法，强调"忠孝"为佛教经典中的重要内容，至少尽忠尽孝当为"处俗弘教"的佛教徒（居士）必须恪守的义务：

> 佛经所明，凡有二科：一者处俗弘教，二者出家修道。处俗则奉上之礼、尊亲之敬、忠孝之义表于经文，在三之训彰于圣典，斯与王制同命，有若符契。①

其次，在反驳沙门徒沾恩惠而不施礼敬的批评时，慧远从神圣化世俗（即"变俗"）、变革或矫正社会的高度，突出强调了宗教"协契皇极，大庇生民"的社会功能和政治功能：

> 凡在出家，皆隐居以求其志，变俗以达其道。变俗服章不得与世典同礼，隐居则宜高尚其迹。夫然故能拯溺族于沈流，拔幽根于重劫，远通三乘之津，广开人天之路。是故内乖天属之重而不违其孝，外阙奉主之恭而不失其敬。……如今一夫全德，则道洽六亲，泽流天下。虽不处王侯之位，固已协契皇极，大庇生民矣。②

就沙门敬王之争这一事件本身论，慧远的努力在一定意义下还是获得了成功。因为正是由于他的努力，桓玄不仅收回礼敬王者的成命，而且在沙汰沙门令的末尾加上了一笔："唯庐山道德所居，不再搜简之列。"但是，无论如何，正是在这一争论中，尊重、服从和服务王权的原则在宗教方面获得了确认，并逐步成了相当一部分宗教名流的处世原则。

南朝宋时僧人慧琳（具体生卒年月不详）"善诸经及庄老，俳谐好语笑，长于制造"，曾著《白黑论》，抨击宗教脱离世事，强调宗教为政治服务，"与周孔并力致教"，深得宋文帝赏识，常常参与国事，被时人称作"黑衣宰相"。慧琳对当时的一些佛教派别的抨击甚激，积怨甚深，但是由于受到宋文帝的庇护，得免于波罗夷（逐出僧团）。而宋文帝之所以庇护慧琳，也并非出于私人情感，而是出于维护和巩固政权的考虑。宋文帝本人深谙宗教特别是佛教的教化功能。他曾经说过："明佛法汪汪，尤

---

① 慧远：《答桓太尉书》。
② 同上。

为明理，并开奖人意。若使率土之滨，皆纯如化，则吾坐致太平，夫复何事！"①

　　齐梁时著名的道教理论家陶弘景（456—536）出身士族，青年时代曾入仕途，历任诸王待读之类闲曹，未见重用，36 岁辞官归隐。齐武帝永明二年（484 年），从陆修静（406—477）弟子孙游岳（上清派第八代宗师）学习符图经法。后游茅山，得杨羲、许谧、许翙手迹，成为道教上清系重要传人。从此在茅山建华阳馆，自号华阳隐居，不复出山，后半生 40 余年皆修行于此，把茅山建成上清系的修习中心，以致道教上清系日后也被称作"茅山宗"。陶弘景虽然归隐，但却依然关心政治。齐梁之际肖衍（464—549）发兵起事，他派遣弟子献表拥戴。肖衍"革命"成功，朝中议论国号未定，陶弘景援引图谶及齐末童谣，以"梁"字为应运之符，遂定为国号。梁武帝对陶弘景深信不疑，屡屡以重礼相聘，皆为陶婉拒，但是，梁武帝每逢吉凶大事，仍遣人入山咨询，故而时人对陶有"山中宰相"之称号。梁大同二年，陶弘景卒于茅山，诏赠中散大夫，谥号贞白先生。

　　明清之际被誉为"学通四教（佛教、儒教、道教、伊斯兰教）"的伊斯兰教学者王岱舆（约 1570—1660）曾就职于回回钦天监。他在其代表作《正教真诠》中"以儒解回"：他一方面宣扬"三纲"思想，提倡"人生在世有三大正事，乃顺主也，顺君也，顺亲也；凡违兹三者，则不忠、不义、不孝矣"，强调说："忠于真主，更忠于君父，方为正道也"，另一方面，又用作为民族国家宗教的儒教的"五常"来诠释伊斯兰教的"五功"：念经不忘主则具仁心，施真主之赐于穷者为义，拜真主与拜君亲为礼，戒自性者为智，朝觐而能守约为信。他的这样一种努力受到儒家的欢迎，以至于有儒学家认为王岱舆在《正教真诠》中所阐述的伊斯兰教教理可以用来补充儒学，云："独清真一教，其说在于本，理宗于一，与吾儒大相表里"，"其教众不废君臣、父子、夫妇、兄弟、朋友之序，而洁己好施更广吾儒所不足"。②

　　外来宗教中，除佛教、伊斯兰教外，基督宗教也曾面临尊重、服从和服务王权的问题。前面我们已经谈到耶稣会士利玛窦曾经提出过"三父之论"，把"国君"和"家君"同"天主"相提并论，用"圣三位一体"来解读"天主"同"国君"和"家君"之间的关系，无疑是耶稣会会士适应中国国情，推行尊重、服从、服务王权路线的重要表征。此外，耶稣会会士的政治情结还可以从他们在"中国礼仪之争"的立场看出来。在从清朝初期开始的长达几个世纪的"中国礼仪之争"中，从表面上看，耶稣会同方

---

① 僧祐：《弘明集》卷一一。
② 参阅牟钟鉴、张践：《中国宗教通史》下册，社会科学文献出版社 2003 年版，第 844 页。

济各会和多明我会争论的是中国社会的民风民俗问题，但倘若从实质上看问题，我们就会发现，他们争论的根本问题在于教权与王权的关系问题，换言之，是基督宗教在中国的传教权要不要隶属于中国的政权和王权的问题。我们知道，在中国礼仪之争中，争论最为激烈的问题是所谓"敬天"问题。这是不难理解的。因为既然"王权神（天神）授"和"祭政合一"，既然皇帝即为天子（天的儿子），则敬天的问题归根到底就是一个"敬王"的问题。激怒康熙皇帝"龙颜"的第一个重大事件就是 1693 年当时作为罗马教廷代牧主教主持福建教务的阎当（Charles Maigrot，1652—1730）下令在其所辖教区严禁中国礼仪，把所有挂在教堂内显要位置的仿制的康熙皇帝赐给汤若望（1592—1666）的"敬天"大匾统统摘去。当时深谙中国国情的耶稣会会士便借机大做文章，曾拟一"请愿书"呈康熙帝。请愿书一事有下述几点值得注意：首先，请愿书是以"远臣"的名义写的，并呈给"皇上"康熙的，这意味着耶稣会士闵明我（Domingo Fernández Navarrete，1610—1689）、徐日升（Thomas Pereira，1645—1708）、安多（Antoine Thomas，1644—1709）和张诚（Gerbillon Jean Franois，1654—1707）等同康熙的关系是明确的君臣关系；其次，该请愿书明确地将"敬天"同"敬王"关联起来：

> 至于郊天之礼典，非祭苍苍有形之天，乃祭天地万物根源主宰，即孔子所云"郊社之礼，所以事上帝也。"有时不称"上帝"而称"天者"，犹如"主上"不曰"主上"，而曰"陛下"，曰"朝廷"之类。虽名称不同，其实一也。前蒙皇上所赐匾额，亲书"敬天"之字，正是此义。①

再次，该请愿书特别提及康熙所赐"敬天"匾额，一方面表明闵明我等在有意向康熙提起阎当撤匾之事，另一方面也足见闵明我等对"敬王"这样一条中国传统宗教政策的重视。最后，康熙在收到请愿书的当天，就加以朱批，并明确地将"敬天"同"事君"联系起来：

> 这所写甚好，有合大道。敬天及事君、亲敬师长者，系天下通义。这就是无可改处。②

---

① 李天刚：《中国礼仪之争：历史、文献和意义》，上海古籍出版社 1998 年版，第 50 页。
② 同上。

事实上，耶稣会在华传教之所以在传教以及在"中国礼仪之争"方面取得成功，在很大程度上得益于它的传教士深谙中国国情，谨守中国传统宗教尊重、服从和服务王权这一基本规矩。

四、小康、大同的社会理想与中国传统宗教的社会功能

中国传统宗教还有一个重要特征，这就是它的极其鲜明的入世品格和极其强烈的世俗化倾向。中国的传统宗教，虽然也有个人信仰的一面，但是无论是政治统治者还是宗教领袖，特别注重的还是宗教维系社会、创建社会、教化民众的社会功能。中国很早就有"神道设教"的说法。《中庸》开门见山地宣布："天命之谓性，率性之谓道，修道之谓教。"至于《大学》，更有所谓"三纲""八目"之说。"大学之道，在明明德，在亲民，在止于至善"，即是人们所说的"三纲"。而"格物"、"致知"、"诚意"、"正心"、"修身"、"齐家"、"治国"和"平天下"，即是人们所说的"八目"。这里需要强调指出的是：古代中国人是从"平天下"或"天下平"的社会理想作为其政治哲学的总纲领的。在《大学》中有两个逆向的推理程序专门用来昭示"八目"之间的辩证关系。其中一个方向的推理程序是：

> 古之欲明明德于天下者，先治其国；欲治其国者，先齐其家；欲齐其家者，先修其身；欲修其身者，先正其心；欲正其心者，先诚其意；欲诚其意者，先致其知。致知在格物。[1]

接下来的一个推理程序为：

> 物格而后知至，知至而后意诚，意诚而后心正，心正而后身修，身修而后家齐，家齐而后国治，国治而后天下平。[2]

由此看来，"平天下"或"天下平"实在是"八目"的中心点：不仅构成了"八目"的逻辑起点，而且还构成了"八目"的逻辑终点。

诚然，不"修身"就不可能达到'平天下'或"天下平"，故而《大学》强调："自天

---

[1] 《大学》经一章。
[2] 同上。

子以至于庶人，壹是皆以修身为本。"但是，《大学》之谓"修身"并不是一种狭隘的"洁身自好"，而是着眼于"平天下"或"天下平"这样一个大目标的。正因为如此，《中庸》里把"修身"理解为"修道"，① 把"致中和"，即把体悟"天下之大本"和"天下之达道"、构建和谐的社会秩序和宇宙秩序，实现"天地位焉，万物育焉"作为修身的最后标杆。当然，无论在《中庸》里，还是在《大学》里，"修身"与"平天下"都互存互动、相互渗透、相互贯通，因为所谓"平天下"一如《大学》中所说，无非是"明明德于天下"。

那么，"天下平"的具体指标又有哪些呢？首先，是"唯民所止"这一条。也就是说要"安居"，人人在精神上都要有所安顿，就像小鸟安居在大山弯里一样，社会也会因此而达到"至善"（所谓"止于至善"）：

> 《诗》云："邦畿千里，唯民所止。"《诗》云："绵蛮黄鸟，止于丘隅。"子曰："于止，知其所止，可以人而不如鸟乎！"《诗》云："穆穆文王，於缉熙敬止。"为人君，止于仁；为人臣，止于敬；为人子，止于孝；为人父，止于慈；与国人交，止于信。②

但是，要实现"唯民所止"，就必须做到以德治国，而实现以德治国的关键又在于领导者或统治者本身要有"道德"，否则，治国平天下都将流于空谈。这首先是因为领导者或统治者"有德"，有"示范作用"，群众才能够"有德"。所谓"君子有絜矩之道"，即是谓此：

> 所谓平天下在治其国者：上老老而民兴孝，上长长而民兴弟，上恤孤而民不倍，是以君子有絜矩之道也。③

其次，只有领导者或统治者"有德"，才能真正代表人民群众，得到人民群众的拥护：

> 《诗》云："乐之君子，民之父母。"民之所好好之，民之所恶恶之，此之为民

---

① 《中庸》里的"修道"是"一心开两门"：一扇门朝着"修身"（个人，内圣），另一扇门朝着"天下"（社会、宇宙、外王）。多年前，当我与时为武汉大学宗教学系硕士研究生的段淑云谈到这一点时，她认为这也就是中国哲学史上所谓"内圣"与"外王"的关系。她的这一见解不无道理。
② 《大学》，传之三章。
③ 同上书，传之十章。

之父母。①

在《大学》的作者看来，统治者是否"有德"，能否得到人民的拥护，是一个关乎国家兴亡的大事情。殷商的教训正在于此。因此，"道得众则得国，失众则失国"，"有国者不可以不慎，辟则为天下僇也。"②

在讨论中国古代的社会观或政治观时，有一点需要强调指出，这就是：古代中国人的社会观或政治观总是以这样那样的形式同宗教观或天命观密切联系在一起。《中庸》从"天命之谓性"开始有关讨论，而《大学》显然也是把"明明德"和"治国平天下"同天命观紧密地联系在一起。《大学》不仅曾引用过"顾諟天之明命"的说法来解释"明明德"，不仅用殷商的历史教训来强调"峻命不易"，而且还引用"唯命不于常"来说明"以德配天"的必要性。

《中庸》和《大学》的思想虽然非常深刻，但是，它们所讨论的毕竟主要是为何要构建美好的和谐社会以及何以构建美好的和谐社会的问题，对美好和谐社会的具体图景则尚未给出具体的描述。而《礼记》则对美好和谐社会即"大同社会"和"小康社会"做了比较详尽的具体描述，展示给世人一幅动人的画面。在谈到"大同社会"时，《礼记》给我们描述道：

> 大道之行也，天下为公。选贤与能，讲信修睦。故人不独亲其亲，不独子其子。使老有所终，壮有所用，幼有所长，矜、寡、孤、独、废、疾者皆有所养。男有分，女有归。货恶其弃于地也，不必藏于己；力恶其不出于身也，不必为己。是故谋闭而不兴，盗窃乱贼而不作。故外户而不闭，是谓大同。③

在这幅画面中，不仅关涉到《大学》和《中庸》中强调的道德指标，而且还关涉到政治指标、经济指标、社会指标（包括就业及社会保障等问题）、民风民俗等多项内容，也就是说，不仅关涉到精神文明，而且还关涉到物质文明和政治文明。然而，所有这些都以"大道之行也，天下为公"为前提和先决条件。一旦"大道"隐去，"天下为家"，便出现了"各亲其亲，各子其子，货力为己"的局面。在这种情况下，我们不得已而求其次，只能先行建设"小康社会"了：

① 《大学》，传之十章。
② 同上。
③ 《礼记·礼运》，见《十三经注疏》上，上海古籍出版社1997年版，第1414页。

> 大人世及以为礼，城郭沟池以为固，礼仪以为纪。以正君臣，以笃父子，以睦兄弟，以和夫妇，以设制度，以立田里，以贤勇知，以功为己。故谋用是作，而兵由此起。禹、汤、文、武、成王、周公，由此其选也。此六君子者，未有不谨于礼者也。以著其义，以考其信，著有过，刑（彰）仁讲让，示民有常。如有不由此者，在执者去，众以为殃，是谓小康。①

同样，小康社会作为一种社会理念或社会理想也不仅关涉到道德层面，也关涉到政治层面、经济层面和社会层面。人类社会既然已经由"大同社会"退步到"天下为家"的乱世，则我们能够作的便是构建小康社会，为将来重返大同社会做必要的铺垫。

在谈论中国宗教的社会功能时，人们往往太多地关注其维系社会的社会功能，而对其创建社会的社会功能多所忽视，究其原因，在很大程度上同对中国传统宗教的这一社会理念缺乏必要的认识有关。其实，中国传统宗教在漫长的中国社会的演进中不仅发挥着稳定社会的社会功能，而且还特别地发挥着改良社会和变革社会的积极功能，而中国传统宗教的这样一种功能显然同它们所具有的超越世俗社会的社会理念密切相关，因为正是存在于中国传统宗教所具有的这样一种社会理念与现存的世俗社会之间的这种张力以这样那样的形式推动着各种传统宗教从事各种各样的社会改革活动，多多少少地推动中国社会向前运行。

东汉末年的黄巾起义就是在道教的旗帜下进行的。起义的主要领导人就是太平道的创立者和奠基人张角（？—184）。太平道及其领导的黄巾军所提出的最震动人心的口号为"苍天已死，黄天当立，岁在甲子，天下大吉"。这既是一个改天换地的革命政治口号，也是一个充分表达太平道宗教信仰及其所具有的创建社会功能的口号。苍天指的是授予汉帝君权的传统天帝，太平道认为这位至上神要灭亡了，黄天要取而代之。太平道用黄老的观念看待天神，故称"黄天"。黄主土据中央，"黄天当立"显然含有夺取中央政权而具有天下的意义。而且，《后汉书·襄楷传》在谈到《太平经》时说"后张角颇有其书"，由此可知黄巾军同《太平经》也有某种关联。而《太平经》作为道教的早期最重要的经典之一，从宗教社会学的角度看，最引人注目的贡献即在于明确提出了"太平"的社会理想："太者大也，乃言其积大行如天"，"平者乃言其至太平均，凡是悉理，无复奸私也"，"太者大也，平者正也"。②这些思想同《礼记》

---

① 《礼记·礼运》，见《十三经注疏》上，上海古籍出版社1997年版，第1414页。
② 王明：《太平经合校》，中华书局1960年版，第148页。

中的"小康"和"大同"思想也有某种类似之处。应该说，作为中国最道地的本土宗教的道教在中国传统诸宗教中不仅最典型不过体现了中国人民千百年来胸怀的"小康"和"大同"理想，而且也典型不过地说明宗教既具有维系社会的功能，同时也具有创建社会的功能。

五、对佛教中国化的进一步考察

在前面，我们对中国传统宗教与中国前现代社会的关系问题做了扼要的考察。从这种考察中不难看出，中国传统宗教与中国前现代社会的关系问题说到底是一个中国传统宗教与中国前现代社会相适应的问题，质言之，是一个中国传统宗教中国化的问题。应该说，中国传统宗教，首先是外来宗教（如佛教、伊斯兰教和基督宗教），都自觉不自觉地适应中国前现代社会的国情，走在中国传统宗教中国化的正确道路上。但相形之下，中国传统佛教在中国化的道路上似乎走得更远。

诚然，宗教中国化涉及许多方面的内容，既涉及宗教行为和宗教活动，也涉及宗教组织和宗教制度。但是，既然宗教最内在的规定性或真正的奥秘在于宗教信仰，在于由宗教信仰直接生发出来的宗教观念以及宗教情感和宗教体验，则权衡中国传统宗教中国化的最根本的考量便在于神学理论的构建。而恰恰在这一方面，中国传统佛教无疑走在中国诸传统宗教的前列。

如所周知，佛教自两汉之际传入中土后，便先后形成了许多宗派，如天台宗、三论宗、三阶教、唯识宗、华严宗、禅宗、律宗、净土宗和密宗等。应该说，佛教的这些宗派在中国化方面都作出了程度不同的努力，但在中国化方面成就最为显著者，莫过于禅宗。禅宗的神学理论在中国的佛教经典中应该说是最有创见的，也是最富中国特色的，在中国佛教史上，乃至在世界佛教史上都享有崇高的地位。慧能的作品被称作《坛经》这一事件本身的意义就非同寻常。因为在中国佛教徒写出的多如牛毛的佛教著作中，唯有禅宗的《坛经》被人尊称为"经"。中华书局在其于2010年出版的《佛教十三经》中，《坛经》作为中国人写出的唯一一部"经"收录其中，很有见地。禅宗之所以能够享有这样一种崇高的地位最根本的就在于它植根于中国文化的沃土之中，广泛地借鉴和吸收了儒家儒教和道家道教的精神资源。例如，禅宗的"心即真如"的本体论就不仅借鉴和吸收了道家道教的"静观"、"玄览"、"坐忘"、"朝彻"和"见独"的养分，而且还借鉴和吸收了儒家儒教的"为仁由己"、"存诚尽性"、"尽心知天"和"万物皆备于我"的思想。再如，它的"凡夫皆佛"的思想显然借鉴和吸收了儒家儒教的"出世"思想。印度佛教的一项根本特征即在于它对"出世"的片面强调，而禅宗的根本努力则在于对印度佛教这样一种出世思想的消解，用中国儒家儒教的"出世"思想取而代之。我们知道，儒家儒教出世思想的根本特征在于它既非一种简单的出世思想，也非一种简单的入世思想，而是一种"不出而出"和"出而不出"的出世思想。① 在一个意义上，我们可以说，禅宗所讲的"凡夫即佛"和"担水砍柴，无非妙道"既是一种极高的佛学佛教意境，又是一种极高的儒学儒教意境。这就说明了，禅宗成功或者说《坛经》成功的秘诀正在于它植根中土，广泛借鉴和吸收了中国本土文化的精神资粮。

然而，越是本土的东西越是能够流传万世，越是能够声名远扬。我国当代的佛学泰斗释印顺（1906—2005）曾给禅宗和《坛经》以极高的历史地位。他在谈到禅宗在我国佛教史上的历史地位时，说"慧能开百世之风，为唐宋来佛教所宗归"。② 在谈到禅宗的广泛影响时，他又强调指出：

> 《坛经》，尊称为"经"当然是出于后学者的推崇。为什么成为"坛"——大梵寺说法部分，被称为"坛经"呢？这是由于开法传禅的"坛场"而来。如《传法宝记》说："自（法）如禅师灭后，学徒不远万里，归我法坛。"③

诗佛王维（701—761，一说699—761）在谈到禅宗的广泛影响时，更加具体地写道：

> 既尔道德遍覆，名声普闻。泉馆卉服之人，去圣历劫；涂身穿耳之国，航海穷年。皆愿拭目于龙象之姿，忘身于鲸鲵之口。骈立于门外，趺坐于床前。故能五天重迹，百越稽首。④

这就是说，不仅百越（浙东、闽、粤、越南等）氏族，连印度、南洋群岛，都远来岭南这一偏僻荒蛮之地礼敬请益。由此足见当时禅宗影响之广泛。

释印顺虽然看到了禅宗的深广影响，但他对其成因的看法却有待商榷。因为他仅仅从佛教学统整合的角度来审视禅宗的成功。在他看来，禅宗之所以能"开百世

① 参阅段德智：《"不出而出"与"出而不出"——试论孔子死亡哲学的理论特征》，《武汉大学学报》1997年第6期，第3—8页。
② 释印顺：《佛教史地考论》，中华书局2011年版，第39页。
③ 释印顺：《中国禅宗史》，中华书局2010年版，第232—233页。
④ 同上书，第208—209页。

之风，为唐宋来佛教所宗归"，其原因正在于慧能对当时佛教南北学统的整合。他写道：

> 慧能开百世之风，为唐宋来佛教所宗归。论其天竺之源，本诸达摩；论其流行于中国，则上承北土。南土本证空以融妙有，北方本真常而阐唯心：此两大学统，相掺杂而究异其致。以此论南禅，则虽曰兼治南风，而不失真常唯心之本，乃北学大成于南方，非自南朝学统中来。[1]

应该说，慧能和禅宗之所以能够成功，与慧能博采佛学众家之长不无关联。但有所关联是一回事，事情的根本成因则是另一回事。倘若将慧能和禅宗仅仅归因于此，则未免有失狭隘和偏颇。

在这个问题上，冯友兰先生似乎略胜一筹。冯友兰与释印顺一样，也充分肯认禅宗在我国佛教史享有崇高地位。冯友兰为了说明禅宗在中国佛教史的特殊地位，他提出了"中国的佛学"和"在中国的佛学"两个概念，断言中国的诸佛教宗派中有"中国的佛学"和"在中国的佛学"之分，其分野在于它们是否与"中国的宗教和哲学传统"发生过"接触"，是否适应和接纳了"中国的宗教和哲学传统"，换言之，在于它们究竟是否中国化了。因此，在冯友兰看来，所谓"在中国的佛学"就是那些"规定自己只遵守印度的宗教和哲学传统，而与中国的不发生接触"的中国佛教宗派。他以"相宗"或"唯识宗"为例来解说这种佛教宗派。他写道：

> 相宗是著名的到印度取经的玄奘（596—664）引进中国的。像相宗这样的宗派，都只能叫做"在中国的佛学"。它们的影响，只限于少数人和短暂的时期。它们并没有进入广大知识界的思想中，所以在中国的精神的发展中，简直没有起作用。[2]

反之，禅宗却不是这样，因为它不仅与"中国的宗教和哲学传统"相"接触"，而且正是在同"中国的宗教和哲学传统"的"结合"和"相互作用"中形成和发展起来的的，从而是一种真正的"中国的佛学"。他写道：

---

[1]　释印顺：《佛教史地考论》，中华书局 2011 年版，第 39 页。
[2]　冯友兰：《中国哲学简史》，北京大学出版社 1996 年版，第 207 页。

"中国的佛学"则不然,它是另一种形式的佛学,它已经与中国的思想相结合,它是联系着中国的哲学传统发展起来的。往后我们将会看到,佛教的中道宗与道家哲学有某些相似之处。中道宗与道家哲学相互作用,产生了禅宗。禅宗虽是佛教,同时又是中国的。禅宗虽是佛教的一个宗派,可是它对于中国哲学、文学、艺术的影响,却是深远的。[1]

应该说,冯友兰先生的这一见解颇有见地。但冯友兰先生,作为一位新儒学大师,在考察禅宗的成因时竟然没有论及作为宗法性中国传统社会主要代言人的儒家儒教对禅宗的影响,不能不说是一种缺憾,尽管这一点并不妨碍他对禅宗中国化的理解和阐释。

由此可见,中国化不仅是中国传统宗教的生存之道,而且也是中国传统宗教的发展之道。离开了中国化,任何传统宗教,作为一种"在中国的宗教",都只能像"唯识宗"一样成为过眼云烟,不可能长久存在和发展下去。这样一个历史教训是任何一位宗教界人士都应当认真汲取的。

第二节　中国近代宗教的转型与中国近代社会的变革

在上一节,我们扼要地论述了中国传统宗教与中国前现代社会的关系,说明中国传统宗教的中国化乃其存亡盛衰的一个根本问题。在这一节,我们将进一步扼要论述中国近代宗教的转型与中国近代社会的变革,以期围绕随着中国近代社会的变革中国近代宗教的转型这一问题,进一步论述中国宗教中国化的历史进程和历史意义。

1840 年开始的鸦片战争是中国历史上一个极其重要的事件:一方面,它使中国由过去的闭关锁国的封建社会转变成了半殖民地半封建社会;另一方面,它又使中国进入了"中国人民反对外国侵略者和反对国内的反动封建统治者的伟大斗争的时代"(毛泽东语),一个以"民族救亡"为中心内容的"时代"。这样一个"时代"一方面使得中国传统宗教的存在和发展变得异常艰难,另一方面却又推动并加速了中国传统宗教的中国化进程。

---

① 冯友兰:《中国哲学简史》,北京大学出版社 1996 年版,第 207 页。

一、佛教的革新运动与中国近代社会的变革

我们首先来谈谈佛教的革新运动。在这一时间段里，中国佛教开展了以"民族救亡"为中心内容的"革新"运动。

在清末民初，被力主"变法""维新"的梁启超（1893—1929）誉为"我国佛教界第一流人物"的释宗仰（1865—1921）不仅追随孙中山积极参与辛亥革命和反袁斗争，而且还大力呼吁佛教革新运动。他从"以佛法救世"的高度，提出了"僧俗一体"的观念。他写道：

> 窃念僧俗一体，同处积薪，未有薪燃而火不及者；共巢危幕，未有覆而卵独完者，与其薪燃幕覆，而灾及其身，何如猛发慈悲，以利济斯世？世运虽不以佛运为转移，而佛法自可挽世运之末劫。①

无论如何，释宗仰将"僧"与"俗"联系起来，将"佛运"同"世运"联系起来，至今都还有借鉴意义。

民国初期，太虚大师（1890—1947）高举佛教改革大旗，宣称：

> 中国向来代表佛教的僧寺，应革除以前在帝制环境下所养成流传下来的染习，建设原本释迦佛遗教，且适合现时中国环境的新佛教。②

为此，他提出了史称"三大革命"的"教理革命"、"教制革命"和"教产革命"。尽管由于佛教内部传统势力的阻挠，他的革命理想终究未能付诸实施，但他的以人生佛教建设中国僧寺制和建设中国大乘人生信众制的革命理想在后来的佛教改革中还是产生了深远影响。

在抗日救亡运动中，中国佛教领袖和广大佛教徒发扬爱国爱教的优良传统，用鲜血和生命在中华民族的抗战史上写下了光辉的一页。弘一法师（1880—1942）在闻知七七事变消息后，慷慨陈词："吾人所吃的是中华之粟，所饮的是温岭之水，身为佛子，于此之时，不能共纾国难于万一，为释迦如来张点体面，自揣不如一只狗子，

---

① 沈潜、唐文权编：《宗仰上人集》，华中师范大学出版社2000年版，第39页。
② 《太虚集》，黄夏年主编，中国社会科学出版社1995年版，第406页。

狗子尚能为主守门,吾人一无所用,而犹腼颜受食,岂能无愧于心乎!"①他大声疾呼:"念佛不忘救国,救国必须念佛",并解释说:"佛者,觉也。觉了真理,乃能誓舍身命,牺牲一切,勇猛精进,保卫国家。"②其爱国之心,溢于言表!

太虚大师于"九一八"事变后,发表了为沈阳事件告我国台湾、朝鲜、日本四千万佛教民众书,呼吁东亚佛教徒谨记佛教宗旨,奋起反抗侵略。1938年,他与藏传佛教爱国僧人章嘉七世(1890—1957)等在重庆发表《通告全国佛教徒加强组织以抗倭书》,获得全国各地佛教会的拥护,并主持筹办僧众救护队、伤病慰劳队,募捐救济流亡难民。1939年秋,组成国际佛教访问团,赴缅甸、印度、锡兰、新加坡、马来西亚、越南等地访问,宣传中国抗日救国国策,赢得了这些国家,尤其是这些国家的佛教徒和爱国华侨的同情和支持。

赵朴初居士(1907—2000)本着"报国土恩"的精神,积极联合佛教界人士成立"中国佛教徒护国和平会",并出任总干事。他还出任"上海慈善团体联合救灾会"常委,并兼任战区难民委员会收容股主任,据不完全统计,经他统筹收容的难民达50多万人。他还组织青壮年进行军事训练,先后将多批青壮年难民送到新四军军部参加抗战。

法尊法师(1902—1980)强调爱国爱教、护国护教的统一性,他发表《致各地同学书》号召僧众投身抗日救亡运动:

在眼前我们的国族碰到非常的暴寇,真是生死存亡在呼吸的关头。我们假想国族若灭亡,中国的佛教也必遭摧毁!所以,在这民族斗争的当口,我们有两种危险和责任:一种是亡国的危险,责任是如何去护国?一种是毁教的危险,责任是如何去护教?③

总之,中国近代佛教在抗日救亡运动中爱国爱教、护国护教,为我国的抗日救亡大业作出了彪炳史册的贡献。

二、伊斯兰教的革新运动与中国近代社会的变革

随着鸦片战争的爆发,中国进入了半封建半殖民地社会,这种情势一方面开启

① 《弘一大师永怀录》,上海弘一大师纪念会编,上海科学技术文献出版社2014年版,第251页。
② 高志林:《弘一大师抗日救国轶事》,《人民日报海外版》2005年8月18日,第7版。
③ 《致各地同学书》,《海潮音》1938年第19卷第2号。

了中国近代伊斯兰教反对封建帝制、革除封建旧习的运动，另一方面又进一步激发了中国近代伊斯兰教的政治热情，积极投身于辛亥革命和抗日救国运动。

首先，中国近代伊斯兰教开展了影响甚广的文化复兴运动。其内容主要有伊赫瓦尼的兴起、西道堂的兴起和新式教育等。

19世纪末，我国西北地区出现了一个"新教"组织——伊赫瓦尼。伊赫瓦尼针对中国封建社会时代门宦（教派）林立的弊端，提出了"革除教派"、"打倒门宦"的口号，致力于统一中国伊斯兰教。伊赫瓦尼谴责门宦悖逆伊斯兰教义，是一种"歪教"、"外道"，进而提出"凭经立教"、"遵经革俗"的口号。伊赫瓦尼运动的创始人马万福（1859—1937，一说1853—1934）为了具体落实"凭经立教"、"遵经革俗"的改革主张，提出了俗称"果园十条"的十大纲领。其具体内容包括要求端正教乘与道乘的关系，恢复正确的天命五功制度，革除偏离伊斯兰教教法的礼俗，废止繁杂的宗教仪式，减轻穆斯林的经济负担，摆脱门宦制度的人身束缚等。[①]

接踵而至的是西道堂。西道堂，作为一个新的伊斯兰教派，为马启西（1857—1917）1909年在甘肃创建，因重视汉学，又被称作"汉学派"。马启西自幼熟读"四书"、"五经"，1880年中秀才后开办私塾，不仅注重向回汉学生讲授伊斯兰教教理，而且还注重向他们讲授儒家典籍。1901年，他脱离原属的北庄门宦，在家设帐讲学，称作"凤山金星堂"。1909年，更名为"西道堂"。马启西创建西道堂的目的在于改革和振兴伊斯兰教。西道堂在宗教信仰方面以五项基本宗教义务为全功，不重道乘修炼。在宗教体制上，强调教主一职不子孙世袭，也不私相授受，而由全体教民推选贤能者担任。在宗教组织和宗教活动方面，主张教众以道堂为家，集体生活。西道堂不仅讲学传道，而且还积极组织经营农商。此外，西道堂还顺应形势，提出诸多移风易俗主张，如反对女子裹脚，支持男女儿童上学读书，重视民生，不收受教民的钱财等。

由于五四新文化运动的影响，也由于伊赫瓦尼和西道堂的影响和推动，在这一时间段，一些穆斯林知识分子和社会贤达开始革新旧式的经堂教育，创办伊斯兰学校，推广新式的伊斯兰教育。新式学校多以提高学生整体文化素质为鹄的，不仅旨在使学生获得伊斯兰文化知识，而且还旨在使学生掌握一定的中国传统文化知识和现代生活技能；学生学习的科目不再局限于伊斯兰教，还包括自然科学和社会科学知识，完全突破了经堂教育的范围。这些学校不仅分布在我国西北地区，而且还分

---

① 参阅马通：《中国伊斯兰教派与门宦制度史略》，宁夏人民出版社1995年版，第90页。

布在北平、上海等文化发达地区。中国近代宗教教育革新家王宽（1848—1919）为振兴宗教，提高穆斯林文化素质，率先改革经堂教育陈旧的内容和方法，创办经学与汉学并举的新式学校。1907年在北京牛街清真寺内创办新型的回文师范学堂；1908年，他又与人创办了京师清真两等（初等、高等）小学堂，并分设4所小学于城郊。此后在上海、南京、开封、呼和浩特等地任教长时，他又继续发展宗教教育事业，培养了一批新式伊斯兰经师和学者。在其影响下，全国各地纷纷创办新式学堂，短时间内中等学校达八九个，小学堂达六七百个。王宽被誉为近代中国宗教教育革新家和中国穆斯林文化教育开拓者，应该说是实至名归。与此同时，中国穆斯林还建立了大量宗教学术团体。1906年，童琮（1864—1923）在镇江发起组建了东亚清真教育总会；1912年，王宽在北平发起组织了中国回教俱进会。此后全国各地又陆续成立了清真学社、中国回教学会、中国回教青年学会、中国回民教育促进会、中国回教文化协会等组织。中国一时出现了穆斯林文化复兴的热潮。

中国近代伊斯兰教不仅开展了文化复兴运动，而且还积极投身中国近代社会变革。早在1905年，孙中山在日本东京成立同盟会时，就有一批留日的回族学生加入该会，成为民主革命的中坚力量。辛亥革命前后，中国伊斯兰教的有志之士，特别是1911年成立于成都的清真保路同志协会和1912年成立于北平的中国回教俱进会，又积极投身于武昌起义、护国运动及护法运动。在抗日战争中，在"保国即是保教，爱国即是爱身"的精神鼓舞下，广大穆斯林信徒积极投身抗日救亡运动。1937年，中日战争全面爆发，我国伊斯兰教当年即成立了"中国回民救国协会"（该组织于1943年改称"中国回教协会"），动员广大穆斯林与日寇斗争。"八一三"事变后，爱国阿訇达浦生（1874—1965）组织中国回教宣讲团，赴南洋和阿拉伯信奉伊斯兰教的国家，揭露日本帝国主义侵华暴行，争取国际人士对我国抗日战争的支持。著名伊斯兰经学家虎嵩山（1880—1955）提出"国家兴亡，穆民有责"的口号，呼吁伊斯兰教教徒和学生参加抗日救亡运动。

不仅如此，中国穆斯林还直接参加了对日作战。一些穆斯林参加了国民党正规部队，另一些穆斯林还在中国共产党领导下建立了一批抗日武装组织，其中比较著名的有渤海回民支队和冀中回民支队等。渤海回民支队中有随军阿訇，每逢节日，随军阿訇就用伊斯兰教的"舍希德"（即殉道者）精神鼓舞士气。冀中回民支队原本是穆斯林马本斋（1901—1944）组织的回民义勇队，后改编为回民支队，宣誓"为国为民，讨还血债"，六年间与日伪作战870多次，被称作打不垮、拖不烂的铁军。在后方，穆斯林民众也积极从事爱国救亡活动。伊赫瓦尼派著名经学家虎嵩山阿訇用阿拉伯语写了一篇"胜利祈祷词",号召各地教胞"同心诚意地向真主哀悼吾国胜利,消灭日寇"。[①] 各类穆斯林刊物纷纷揭露日寇阴谋,唤起民众团结抗战。

三、道教的革新运动与中国近代社会的变革

传统道教,作为中国道地的本土宗教,有一个重大的弊端,这就是其神灵系统的建构、其法事活动中斋醮与符箓和其他祈禳术以及道士的修炼方术等都与我国封建社会乃至我国远古社会的巫史文化、鬼神信仰、方技术数等有极其紧密的关联。而所有这些却都与近代中国社会推崇科学、反对迷信的新潮格格不入,不仅为近代新文化运动所不容,而且也为近代社会所诟病。在很长一段时间里,道教被视为封建迷信与中国封建文化末流和余孽的象征,形象极其惨淡,不仅发展而且存在都举步维艰。例如,新文化运动的领袖人物之一陈独秀便将道教视为祸国殃民的"学说"。他谴责道:

> (中国古代的阴阳家)一变而为海上方士,再变而为东汉、北魏之道士,今之风水、算命、卜卦、画符、念咒、扶乩、炼丹、运气、望气、求雨、祈晴、迎神、说鬼,种种邪僻之事,横行国中,实学不兴,民智日塞,皆此一系学说之为害也。去邪说正人心,必自此始。[②]

这样一种国情就将中国道教置于非变革非但不足以发展,甚至也不足以立足的境地。中国近代道教的革新运动就是在这样一种情势下开展的。

辛亥革命后,南京中华民国临时政府于 1912 年 3 月颁布了中国第一部资产阶级性质的宪法——《中华民国临时约法》。《临时约法》规定"人民有信教之自由",这一规定一方面摧毁了传统道教的存在基础,也给中国近代道教的复苏提供了希望。中国近代道教的有识之士于辛亥革命后,成立了许多全国性和地方性的道教组织,以便与时俱进,"整理教务"、"重建道教"。例如,1912 年,全真龙门第 21 任掌教真人、白云观方丈陈毓坤 (1854—?) 率先发起成立了"中央道教会",该会总部设在北京白云观,各重要地区设分会。上海道士倪垂佑等集合道众在元妙观发起成立道教公会。正一道第 62 代天师张元旭 (1862—1925) 在上海成立了"中华民国道教总会及中华

---

① 《虎嵩山阿訇反对日本侵略者的祈祷文》,《回族研究》2000 年第 3 期,第 78 页。
② 《陈独秀著作选》第 1 卷,上海人民出版社 1993 年版,第 390 页。

民国道教会江西本部据沪总机关部"。紧接着,上海道教正一派在火神庙筹备成立了一个地方性的道教组织——"上海正一道教公会",代理中华民国道教总会本部上海总机关的事务。20 年代后,为适应近代社会发展的需要和政府法令的要求,又相继成立了多个道教组织机构。1927 年,沈颂笙领导的中国道教总会在上海火神庙宣告成立。1932 年,李瑞珊等领导的中华道教会在上海清虚观宣告成立。1936 年四川彭椿仙(1883—1942)领导的中华道教会灌县分会成立。1942 年,鲍杏全等领导的上海特别市浦东道教同仁联谊会在上海钦赐仰殿成立。1943 年,由陈爱堂等人组织的上海特别市道教会在商务礼堂成立。1944 年,中华道教总会在上海白云观成立。尽管这些道教组织的观点不尽一致,存在的时间有长有短(有的甚至昙花一现),其作为也有大有小,但还是展现了近代道教与时俱进的新气象。陈毓坤在谈到其开坛传戒的初衷时,写道:"共和肇造,信教自由,载在《约法》,毓坤遂创立道教会,推广慈善事业,又念道法受之先师,薪水传之必谋赓续也。"[1] 其振兴中国道教的历史自觉可谓溢于言表。中华民国道教总会甚至喊出了"昌明道教,维持世道"的口号,宣称:该会宗旨即为"黄老为宗,联络各派,昌明道教,本道德以维持世道,俾人类共跻太和"。[2]

在中国近代,不仅涌现了一批旨在振兴道教的宗教组织,而且一些道教学者还为道教理论的重建作出了努力。例如,龙门第 19 代居士陈撄宁(1880—1969)致力于道教及其养生学研究,曾先后创办《扬善半月刊》、《仙学日报》等刊物,努力将道教的"仙术"提升为"仙学"。不仅如此,他还将他的仙学视为"今日团结民族精神的工具"及抗日救亡的工具。他写道:

> 吾人今日谈及道教,必须远溯黄老,兼综百家,确认道教为中华民族精神之所寄托,切不可妄自菲薄,毁我珠玉,而夸人瓦砾。须知信仰道教,即所以保身;弘扬道教,即所以救国。勿抱消极态度以苟活,宜用积极手段以图存,庶几民族尚有复兴之望。[3]

不仅如此,一些道教界人士还直接支持和参加了中国近代救亡图存进步事业。

---

① 小柳司气太编:《白云观志》,见《中国道观志丛刊》第 1 辑,江苏古籍出版社 2000 年版,第214—215 页。

② 阮仁泽等编:《上海宗教史》,上海人民出版社 1992 年版,第 429 页。

③ 牟钟鉴、张践:《中国宗教通史》下册,社会科学文献出版社 2003 年版,第 1074 页。

20 世纪 30 年代初，当贺龙率领的红三方面军到达武当山时，武当山道总徐本善（1860—1932）道长热情接待，不又以紫霄父母殿和西道院作为红军司令部和医院，而且还带领武当道士积极帮助红军送情报、救助伤员。抗日战争时期，许多道教界人士积极投身爱国救亡运动，茅山一度成为新四军的江南抗日根据地，不少道士参加了新四军；广东罗浮山道众出生入死，为抗日东江纵队提供了有力的支援。

四、基督宗教的革新运动与中国近代社会的变革

基督宗教，作为一个外来宗教，其来华时间比起佛教来，要晚近一些。鸦片战争前，传入我国的主要是天主教和东正教。天主教有三度入华的说法。也就是说，早在唐初，作为基督宗教异端的景教就已经入华；至元初，作为罗马公教正宗的也里可温教二度入华；至晚明，天主教三度入华，这次打头阵的是耶稣会。景教和也里可温教由于其在华存续时间过短，几乎没有对中国传统文化造成什么重大影响。三度入华的耶稣会由于采取了"适应"策略，算是留下一些较为明显的印记：不仅引进了一些西方先进文化，而且还将中国的传统文化介绍到西方世界，可以说比较好地充当了中西文化交流的使者。但由于"中国礼仪之争"以及由此引起的清朝后期的禁教政策，终究没有对中国文化和中国社会造成更为积极的影响。东正教由于其入华方式特别，且入华的人数又过少，也不能对我国文化和社会产生任何实质性影响。

因此，从总体上讲，基督宗教是在鸦片战争之后才对我国社会和文化产生重大影响的。一如笔者曾经强调指出的：

把天主教入华的意识形态输入的一面体现得淋漓尽致的则是鸦片战争后天主教在中国的高速发展。应该说，天主教入华存在有四个阶段，而且真正对其在近现代中国存在和发展起决定作用的正是这最后一个阶段，即鸦片战争阶段。尽管由于利玛窦实行适应策略而使天主教第三次入华取得了显而易见的效果，但是直到 1840 年鸦片战争前夕，尽管有不少传教士秘密潜入大陆进行传教，全国的天主教徒总共不足 20 万人。然而，到了 1870 年，全国天主教徒人数则上升到 369,411 人。三十年间，天主教徒的人数几乎翻了一番。而且，这种迅速增长的势头一直延续了很长一段时间。据罗马传信部统计，1896 年，中国天主教徒 532,448 人，欧洲传教士 759 人，中国神父 409 人。[1]

---

[1]　段德智：《新中国宗教工作史》，人民出版社 2013 年版，第 23 页。

基督新教的情况更是有过之而无不及：

> 鸦片战争对于基督教入华具有非同寻常的意义。如果说鸦片战争及其相关不平等条约给予天主教传教士的是一次复活和发展的机遇的话，那么它们提供给基督教传教士的则是一种在中国合法存在的身份和地位。而且，正是这样一种身份和地位使得鸦片战争后基督教在中国获得了意想不到的发展。在 1807 年至 1842 年间，基督教传教士基本上只限于在广州和澳门等地活动，但到了 1900 年间，基督教传教士的活动范围则波及全国绝大多数省份。而在有统计资料的 25 个省中，有 21 个省是在 1860 年至 1900 年间传入基督教（新教）的。"1807 年至 1842 年间，在华的基督教传教士只有 24 人，受洗教徒却不足 20 人。"[1] 但至 19 世纪末，基督教传教士则约有 1500 多人，基督教教徒则多达 9 万 5 千多人。[2]

正因为如此，尽管天主教四度入华和基督教入华，虽然具有文化交流的性质和意义，但却明显地具有殖民性质。我国近代著名教育家蒋梦麟（1886—1964）就曾揭露说：

> 基督教与以兵舰做靠山的商业行为结了伙，因而在中国人心目中，这个宣扬爱人如己的宗教也就成为侵略者的工具了。

他还揭露说：

> 人们发现一种宗教与武力形影不离时……慢慢地产生了一种印象，认为如来佛是骑着白象来到中国的，耶稣基督却是骑在炮弹上飞过来的。[3]

他的这番话可谓一语破的。

正因为如此，鸦片战争后，我国人民对基督宗教的殖民活动展开了前仆后继的斗争。例如，在中国近代的教案史上，我国人民反对的不仅是胡作非为的天主教传教士，而且还有胡作非为的基督教传教士。例如，在 1886 年，重庆就发生过拆毁美

① 王美秀、段琦、文庸、乐峰等：《基督教史》，江苏人民出版社 2006 年版，第 376 页。
② 段德智：《新中国宗教工作史》，人民出版社 2013 年版，第 23 页。
③ 蒋梦麟：《西潮·新潮》，岳麓书社 2000 年版，第 13 页。

以美会教堂和医院以及英国内地会房屋的教案；在 1895 年的成都教案中，整个四川被毁教堂中，属天主教者 40 多处，属新教者 30 多处。① "据统计，自 1844 年至 1899 年，全国约有 400 余件大大小小的教案与民教冲突，其中天主教占 70% 之强，新教约占 20%。"② 而在震惊中外的义和团运动中，愤怒的义和团不仅杀害了一些天主教传教士，而且也杀害了一些基督教传教士。"据统计，天主教方面被杀的有主教 5 人，教士 43 人，中国教徒近 3 万人。新教方面被杀的有教士 143 人，……新教徒约有 2 万人被杀。"③

中国人民不仅以"教案"和义和团运动的形式对中国基督宗教的殖民性质进行抵制和抗争，而且还以"非基运动"的形式表达了抵制和抗争。非基运动肇始 1922 年。是年，世界基督教学生同盟准备于 4 月 4 日在北京清华大学举行第十一届大会。这是第一次世界大战后世界基督教学生同盟召开的第一次会议，届时将有来自 32 个国家的 100 多名代表以及 500 多名中国代表参加。会议的主题拟定为"基督与世界改造"。1922 年 2 月 26 日，上海的一些青年学生为了反对这次会议的召开而成立了"非基督教学生同盟"（简称"非基同盟"），并且发表了一篇措辞激烈的宣言。宣言称："'世界基督教学生同盟'，大现代基督教及基督教会的产物。他们准备本年 4 月 4 日，集合全世界基督教徒，在北京清华学校开会。所讨论者，无非是些怎样维持世界资本主义及怎样在中国发展资本主义的把戏。我们认彼为侮辱我国青年、欺骗我国人民、掠夺我国经济的强盗会议，故愤然组织这个同盟，决然与彼宣战。"④ 该宣言在全国多个城市激起强烈回应。3 月，北京高校的一批青年学生宣布成立"非宗教大同盟"。其宣言称："我们自誓要为人类社会扫除宗教的毒害。我们深恶痛绝宗教之流毒于人类社会十倍于洪水猛兽。有宗教可无人类，有人类应无宗教。宗教与人类，不能两立。……回想我们人类所受基督教毒害，比其他宗教都重大些。"非基运动并非只是一个学生运动，更多的则是我国知识界或思想界的一次运动。无论是在刚刚诞生的共产党中，还是在国民党中，都有人支持这项运动。⑤

毋庸讳言，无论是各地的'教案'和义和团运动，还是"非基运动"都有偏激之嫌，但其将反对的矛头主要指向外来的基督宗教，把基督宗教视为西方列强及其资

---

① 参阅晏可佳：《中国天主教简史》，宗教文化出版社 2001 年版，第 179、184 页。

② 康志杰：《教士东来》，武汉出版社 2016 年版，第 177 页。

③ 王美秀、段琦、文庸、乐峰等：《基督教史》，江苏人民出版社 2006 年版，第 380 页。

④ 杨天宏：《基督教与民国知识分子——1922—1927 年中国非基督教运动研究》，人民出版社 2005 年版，第 107 页。

⑤ 张钦士：《国内近十年来之宗教思潮》，燕京华文学校 1927 年版，序言。

本主义侵略中国的工具或先锋,则内蕴有近代中国人民民族自觉的意味。尽管其偏激之词和偏激之行也遭到过一些中国基督宗教人士的批评,但其中所内蕴的民族自觉精神却对中国基督宗教,特别是基督新教的自立运动或本色化运动产生了重大影响:广大基督宗教人士开始认识到,洋教在中国行不通,基督宗教要在中国立足,就必须走本色化运动或中国化道路。

中国基督教的自立运动所意指的是那些原来隶属于外国差会系统的地方教会完全去除对外国差会组织和经济上的依赖性,建立纯粹由中国基督徒和牧师组成的自立教会的运动。这一运动所内蕴的革新精神和民族自觉意识不言而喻。1900年的危机之后,我国基督教中的一些具有自觉民族意识的有识之士发起了"自立教会运动"。上海闸北长老会牧师俞国祯(1852—1932)首先反对将"保教一款,列入不平等条约"。1903年,他依靠中国教徒创办了自主长老会堂,脱离美国北长老会管辖。1906年,他倡议组织中国耶稣教自主会,提出"自治、自养、自传和爱教与爱国相结合"口号,主张"有志信徒,图谋自立、自养,自传,……绝对不受西教会之管辖"。[①]1911年,创办《圣报》月刊,"鼓吹自立,调和民教,激起爱家爱国爱人之思想",以推动自立运动。1920年,耶稣教自立会召开第一次全国代表大会,当时自立教会在全国各地已有80多处。这时在全国有较大影响的自立教会主要有山东中华基督教自立会、广州兴华浸信自理会、广州长老会自立会、广州救世自立浸信会和上海耶稣教自立会等。

1922年全国"非基运动"的开展,一方面激励中国基督教的有识之士提出纯洁教会的主张,另一方面也推动中国基督教的有识之士进一步加快中国基督教的自立运动。1922年5月在上海召开的中华基督教全国大会以建设"中国教会"为主题,不仅正式提出了建设"中国本色教会"的口号,而且还成立了"中国基督教协进会"这一全国性组织,并组成了一个完全由中国人参加的委员会,由时任中华基督教青年会全国协会总干事的余日章(1882—1936)任会长。大会所发表的"教会宣言"就"本色教会"提出了九条建议。其中第七条写道:"我们宣告,时期已到。吾中华信徒,应用谨慎的研究,放胆的试验,自己删定教会的礼节和仪式,教会的组织和系统以及教会布道及推广的方法。务求一切都能辅导现在的教会,成为中国本色的教会。"[②]时任协进会总干事的诚静怡(1881—1939)也提出:"当今举国皆闻的'本

---

① 叶小文:《中国宗教的百年回顾与前瞻》,《中国宗教》2001年第2期。
② 全绍武等编:《基督教全国大会报告书》,协和书局1923年版,第177页。

色教会'四字,也是协进会所提倡。一方面求使中国信徒担负责任,一方面发扬东方固有的文明,使基督教消除洋教的丑号。"[1]1924 年,全国已经有 300 多个属于"自立会"的地方教会。[2]在本色教会运动的推动下,基督教许多不同教派的教会纷纷在华组成联合会,统一名称,协调行动。长老会、公理会和伦敦会组成"中华基督教会";信义宗各教会团体成立了"中华信义会";浸礼会各教会团体成立了"中华浸礼联会";圣公会各教会团体统一成立了"中华圣公会";属于卫斯理宗的监理会、美以美会、美普会合并成"中华卫理公会"。所有这些都对我国基督教在组织上、人事上、思想上的中国化起到了促进作用。基督教的中国化激发了基督教信众的爱国热情,许多基督教徒积极参加了救亡图存运动。"七七"事变后,基督教青年会在上海成立"全国青年会军人服务委员会",进行战场服务工作。中华基督教(新)协进会也先后组织过"战时服务委员会"、"伤兵之友社"、"基督教负伤将士服务协会"等。基督新教教徒、上海泸江大学校长刘湛恩(1895—1938)"七七"事变前,就曾赴欧美、南洋诸国,揭露日军侵华暴行,号召教徒团结抗日。"八一三"战事中,他被推选为上海各界救亡协会主席、上海各大学抗日联合会负责人,积极援助中国军队抗日作战。

与此同时,中国天主教在本色化或中国化方面也做了一些努力。1912 年,甘肃王志远、山西成栖等神父发起成立了"中华公教进行会"。1935 年公教进行会在上海召开全国大会,选举陆伯鸿(1875—1937)为会长,朱志尧(1863—1955)为副会长,共同协调全国的传教工作。鉴于近代一系列教案和义和团运动,天主教在民国初年就开始了中国化运动。天主教中国化的一项努力是在理论上纠正外籍传教士极力排除中国传统文化的蛮横立场,恢复利玛窦的"适应"策略,努力与儒学相融合。中国天主教教士纷纷著文,强调"儒教言道不可离与耶稣教同","儒教中庸与耶稣教同","儒教不怨不尤与耶稣教同","中国最重五常,唯仁为首,与西教之爱人如己,同出一原"。1939 年罗马教廷正式为康熙年间中国礼仪之争翻案,取消了 1742 年禁止中国教徒祭祖、祭孔的禁令。

天主教中国化的另一项内容是大量启用中国神职人员。根据教会的资料,1900 年,仅有中国籍神父 470 人,1920 年增至 963 人,1933 年增至 1600 人,1949 年增至 2698 人。同时,自 20 世纪 20 年代起,一些中国神父开始担任高级神职。1926 年,

[1] 诚静怡:《协进会对于教会之贡献》,《真光杂志》25 周年纪念特刊。
[2] 参阅杨森富:《中国基督教史》,台北商务印书馆 1978 年版,第 298 页。

中国神父孙德祯、赵怀义、朱开敏、胡若山、陈国砥、成和德六人成为第一批中国籍主教。至 1936 年，中国籍主教增至 23 名。抗战胜利后，天主教中国化的步伐加快。青岛教区主教田耕莘（1890—1967）又被任命为红衣主教，主持全国教务。1946 年，圣统制建立，当时中国划分为 20 个教省，每一个教省各设一名总主教，田耕莘（此前已被任命为远东第一位红衣主教）被任命为北京总主教、于斌（1901—1978）被任命为南京总主教、周济昌（1892—1972）被任命为南昌总主教。

更为重要的是，随着民族意识的增强，一些天主教徒还积极投身中国的社会变革和救亡图存运动。例如，有不少天主教徒参与五四运动，和广大爱国青年一道，喊出了拥护"德先生"和"赛先生"的口号。由天主教著名爱国人士马相伯（1840—1939）创办的震旦大学的学生会和上海中法学堂、徐汇公学等天主教办的学校中的爱国学生，一起参加了上海的三罢（罢工、罢课、罢市）斗争。在天津、北京、广州等地有关学校的爱国学生也纷纷投身于这场斗争。五四运动兴起后，天津爱国天主教徒立即予以响应，不仅成立了第一个公教救国团，而且还呼吁中国教友"奋发风云，誓保国土。……为全国之一助"，并且要求取消外国在中国拥有的"保教权"。"九一八"事变后，不少天主教徒积极投身抗日救亡运动。著名爱国人士马相伯以 90 多岁的高龄，手书"还我河山"，呼吁各方停止内战，一致抗日，发起组织中国民治促进会和国难会，积极从事救亡运动。1932 年与宋庆龄（1893—1981）等组织了"中国民权保障同盟会"。1935 年，上海文化界人士沈钧儒（1875—1963）、邹韬奋（1895—1944）等组织救国会，德高望重的马相伯被推为救国会领袖。在 1936 年 7 月 12 日的《救亡时报》上，他公开抨击国民党政府的不抵抗主义，谴责国民党政府是"缩头乌龟"。1939 年，马相伯百岁大庆，各方对他的爱国热忱赞赏有加，称颂他为"国家之光，人类之瑞"和"民族之英，国家之瑞"。另一位著名爱国人士是雷鸣远。雷鸣远（Frederic Vincent, 1877—1940）本来是比利时人，1901 年来华后不仅努力学习中国文化，而且还对西方传教士在中国的带有殖民性质的传教方式加以批评，谴责"天主教地区像一个小的殖民地"，进而提出了"中国归中国人，中国人归基督"的口号。1927 年，雷鸣远加入中国国籍。1930 年，他创建了一个中国人自办的耀汉小兄弟会，将隐修与显修生活融为一体。抗战期间，他为中国的抗日救亡运动做出了积极的贡献。1933 年日本占领热河，他招募了 240 人组成担架队，奔赴前线救护伤员。1938 年，他组织华北战地督导民众服务团并亲任团长，在山西一带组织救援工作，任前线救护队队长和卫生连长。

第三节　中国现代宗教的转型与中国现代社会的变革

1949 年 10 月 1 日，首都三十万群众在天安门广场举行了隆重的开国大典。在群众的欢呼声中，毛泽东主席在天安门城楼上庄严宣告："中华人民共和国中央人民政府今天成立了。"中华人民共和国的成立，开启了中国历史发展的新纪元，不仅标志着一百多年来殖民主义、帝国主义和封建统治者相互勾结奴役中国人民的历史从此结束，而且还标志着我国从新民主主义向社会主义的历史性转变。从 1949 年 10 月开始，在中国共产党和中央人民政府领导下，我国很快地进入了三年经济恢复时期，随后又进入了社会主义过渡时期。至 1957 年，随着第一个五年计划（1953—1957 年）的超额完成，不仅基本完成了对农业、手工业和资本主义工商业的社会主义改造，而且也为社会主义工业化奠定了初步的基础。中国现代宗教就是在这样一种历史背景下开始其新的转型的：从"旧的社会团体"转变为"新的社会团体"，从基本上以私有制为其经济基础的宗教团体转变为以公有制为其经济基础的社会团体，从与半封建半殖民地的旧社会相适应的宗教团体转变为与社会主义社会相适应的宗教团体。

中国现代宗教的转型有其无可逃遁的历史必然性和历史必要性。中国现代宗教的转型之所以如此，第一，是由于人类社会的普遍结构和发展规律所致。一如马克思所指出的："不是人们的意识决定人们的存在，相反，是人们的社会存在决定人们的意识。……随着经济基础的变更，全部庞大的上层建筑也或慢或快地发生变革。"[1]因此，正如中国近代宗教随着中国由闭关锁国的封建社会变更为半封建半殖民地社会，便随着实现了转型一样，中国现代宗教随着中国社会由半封建半殖民地社会变更为社会主义社会，也势必要实现其新的转型。第二，中国现代宗教的转型之所以如此，还在于宗教本身所特有的历史滞后性。上层建筑内部有政治上层建筑和观念上层建筑之分。一般来说，政治上层建筑，如政治法律制度以及军队、警察、法院、政府机关等组织设施，由于其是经济基础和统治阶级意志的直接表现，从而往往是上层建筑中伴随着革命急速发生变革的部分，相形之下，宗教由于其"更远离经济基础"，也由于其"离开物质生活最远"以及"宗教一旦形成，总要包含某些传统的材料"从而往往构成"一种巨大的保守力量"，[2]而具有显而易见的滞后性。第三，中国

① 《马克思恩格斯选集》第 2 卷，人民出版社 1995 年版，第 32—33 页。
② 《马克思恩格斯选集》第 4 卷，人民出版社 1995 年版，第 253—254、254、257 页。

近代社会的变迁是由闭关锁国的封建社会向半封建半殖民地社会的转变,而中国现代社会的变迁则是由半封建半殖民地社会向社会主义社会的转变,归根到底是由私有制社会向公有制社会的转变,从而是一场根本得多的社会变动。中国现代宗教要适应这样的社会变动所面临的困难要比以前大得多。因此,中国现代宗教的转型具有历史的必然性和历史必要性,要面临巨大的挑战,遭遇空前的困难。

尽管所有的中国现代宗教都有一个与时俱进、实现转型的问题,但各个宗教的情况却不尽相同。1950 年,周恩来总理在全国政治协商会议第二次党组会上,在谈到宗教时,指出:"在我国,宗教有两类,一类是民族宗教,如回教、喇嘛教,它们与民族问题连在一起,尊重宗教也就是尊重其民族,任何不尊重都会引起误会;另一类是与政治有联系的,如基督教、天主教,与帝国主义有关系。"[①] 周恩来对新中国成立初期我国宗教类型的这样一种划分,具有重要的理论意义和现实意义。因为这样一来,新中国初期我国各宗教团体改造和自我改造的重心或着眼点就明确地区分开来了。这就是:非民族宗教改造和自我改造的重心或着眼点在于反对帝国主义,割断与帝国主义和国外反动势力的联系,洗刷自身的"殖民性"或"奴性";而民族宗教改造和自我改造的重心或着眼点则在于反对封建主义,努力割断其与封建制度和封建观念的联系,逐步消除其自身的"封建宗法性"。在一定意义上,我们可以说,中国现代宗教的这样一种转型不仅是我国各宗教团体及其中国化在新的历史时期不能不走的历史正道,而且事实上这也是我国各宗教团体在新的历史时期,即从新民主主义迈向社会主义的过渡时期,所践履的历史征程。我们马上就会看到,我国各宗教团体正是在反对帝国主义和封建主义的艰苦斗争中,与全国人民一道,不仅顺利地度过了三年经济恢复时期和随后的由新民主主义向社会主义的过渡时期,而且在国家实现对农业、手工业和资本主义工商业的社会主义改造的同时也实现了自身的改造和转型,终于于1957 年,全部建立了全国领导机构。毫无疑问,这些全国性宗教团体领导机构的建立是我国宗教团体实现由"旧的社会团体"向"新的社会团体"转变的最鲜明不过的标志。而实现这样一种脱胎换骨的转变不仅是我国各宗教团体在新中国过渡时期的基本任务,而且也是中国共产党和中国人民政府这一历史时期宗教工作的根本目标。

一、中国天主教的三自革新运动与中国现代社会的变迁

我国宗教在新中国成立初期和社会主义过渡时期的革新运动,一如我们在前面

---

① 参阅罗广武编著:《新中国宗教工作大事概览(1949—1999)》,华文出版社 2001 年版,第 6—7 页。

所指出的,其实质在于割断其与旧的物质经济基础和旧的政治上层建筑,亦即割断其与殖民主义、帝国主义和封建主义的联系,而与人民民主制度和社会主义制度建立联系。为了叙述的方便,我们将首先谈非民族宗教,亦即基督宗教的革新运动,尔后再谈民族宗教的革新运动,亦即道教、佛教和伊斯兰教的革新运动。下面,我们就依序对中国天主教和中国基督教的三自革新运动作出扼要的说明。

我们在前面说过,中国近代天主教鉴于种种"教案"和义和团运动的教训,在本色化或中国化方面作出了一些努力,但这些努力远远不够,从根本上讲,它依然是一个受帝国主义操纵的"客教"或"洋教"。从自治方面讲,鸦片战争以降,不仅罗马教廷对中国的天主教会实行宗座代牧制,而且一些帝国主义国家长期在中国享受"保教权"。1946年,随着中国天主教圣统制的正式确立,随着原有的传教区性质的代牧区改造成正式的教区,可以说是中国天主教在自治方面取得了一项重大进展。但圣统制的确立并不意味着中国天主教真正自治了。这一方面是因为当时全国分为20个教省,每个教省设一名总主教,在教省之下,设有135个教区,每个教区设1名主教。但在20名总主教中,17名是外国人,只有3名是中国人;在135个主教中,外国人有110多个。1948年,中国主教区增至139个,中国籍主教反而只有14个。更何况中国虽然确立了圣统制,但中国天主教会照旧属于罗马教廷传信部管辖,主教任命权完全掌控在罗马教廷手中。其次,罗马教廷不仅直接支配和控制中国天主教教务,而且还直接出面干涉中国内政。例如,1934年2月,罗马教廷任命巴黎外方传教会的原吉林教区主教高德惠(Augustin Gaspais)为教廷驻满洲国宗座代表,把日本占领下的东北从中国传教区中划出,成立单独的东北传教区,表示正式承认"满洲国"。再如,教廷驻中国特命全权公使黎培里(Antonio Riberi, 1897—1967)为便利干涉和控制中国天主教事务,于1947年2月创建"天主教中华全国教务协进委员会",管理和协调全国教务,由美国玛里诺外方传教会(Catholic Foreign Mission Society of America)会士华理柱(James Edward Walsh)担任秘书长,加拿大魁北克外方传教会(Quebec Foreign Mission Society)会士赵玉明(José Rolando Gustavo Prévost Godard)担任副秘书长。黎培里对中国人民的解放事业和革命事业持极端仇视态度和敌对立场。1948年2月,他在上海主持"中华全国公教教育会议",要求全国公教学校"全面协助与服从中国政府戡乱救国的政策"。1949年7月1日,他又以"教廷圣职部"的名义颁布训令,禁止教友参加"无神论组织",并要求教友"避免阅读无神论出版物"。此外,黎培里还在全国解放前夕在全国各地积极筹划组建反共反人民的"圣母军"。近代中国的天主教不仅没有实现真正的自治,而且从根本上实行的依然是一种"他治"。一旦没有真正的"自治",那就谈不上真正的"自传"和"自养"了。20世纪上半叶,中国籍的神父的数量虽然在逐年增加,但始终未达到全部在华神父的一半。1928 至 1929 年,全部在华神父为 3551 位,其中中国神父 1536 位,外籍神父 2051 位,中国神父占比为 43%;1936 年,全部在华神父为 4552 位,中国籍神父增至 1835 位,外籍神父则增至 2717 位,中国籍神父占比为 40%;1949 年,全部在华神父为 5788 位,其中中国籍神父 2698 位,外籍神父 3090 位,中国神父占比为 46.6%。"自养"问题更加不如人意。我们知道,自养问题乃实现"自立"或"自治"的一个关键问题。新中国成立之初,我国著名的基督宗教界人士赵紫宸(1888—1979)就曾经强调指出:"教会一日不能自养,便一日不能自立。"[①] 而早在 1926 年,亦即早在我国基督宗教教会"本色化"运动之初,我国基督宗教界人士贾玉铭(1880—1964)就在其《教牧学》中明确指出:"教会之所以不克自立,其显而易见者,即未能自养是。"[②] 据 1951 年 3 月公布的材料,"在中国的天主教有 130 多个教区,直接由美国教士主持的就有 13 个教区,由美国教会或所谓'教会救济总署'津贴的,有七八十个教区,其余三四十个教区在表面上是受罗马教廷的津贴,但是这些津贴实际上还是受美国控制的;因为罗马教廷百分之七八十的传教费,是由美帝国主义分子捐助的。"[③]

由此看来,从政治上、经济上和教务活动上彻底割断中国天主教同帝国主义的联系势在必行:非如此,中国天主教的现代转型就只是一句空话。

中国天主教的现代转型的一个决定性步骤是在反帝国主义运动过程中彻底摆脱国外敌对势力的操控,真正实现中国天主教的"自主"、"自立"和"自治"。教廷驻中国特命全权大使黎培里不仅在新中国成立前夕组织"天主教中华全国教务协进委员会"和"圣母军""全面协助与服从"蒋介石政权的"戡乱救国"政策,而且在新中国成立后,继续从事反革命活动,并极端仇视中国天主教的三自革新运动,污蔑这一运动"完全是一种裂教行为",在这种情况下,中国政府果断取缔"天主教中华全国教务协进委员会"和"圣母军",并以"间谍罪"、"组织反革命团体罪"和"煽动反对政府罪"将黎培里和一批西方传教士驱逐出境,不仅挫败了"帝国主义利用天主教进行破坏活动的侵略阴谋",而且也为中国天主教的"自主"、"自立"和"自治"扫平了道路。

---

① 赵紫宸:《中国基督教会改革的途径》,青年协会书局 1950 年版,第 26 页。

② 贾玉铭:《中国教会之自立问题》,见张西平、卓新平编:《本色之探——20 世纪中国基督教文化学术论集》,中国广播电视出版社 1999 年版,第 355 页。

③ 参阅罗广武编著:《新中国宗教工作大事概览(1949—1999)》,华文出版社 2001 年版,第 35 页。

中华人民共和国成立后，中国共产党和各级政府积极推进中国天主教的三自革新运动。周恩来总理在第一次全国统战工作会议上就非常明确地指出：各地天主教中发现有帝国主义的间谍，他们有帝国主义的国际背景。"我们主张宗教要同帝国主义割断联系。如果中国天主教还受梵蒂冈的指挥就不行。中国的宗教应该由中国人来办。"[①] 天主教辅仁大学，作为天主教的一个教会学校，其财政权和行政权一直掌握在教会委派的外国人手里。1950年10月12日，中央人民政府教育部接办私立辅仁大学，并任命为教会代表芮歌尼意欲解除校长职务的陈桓为校长，在辅仁大学办学问题上抵制了外国势力的干涉，实现了教育主权。紧接着，1950年11月30日，川北广元县中国神父王良佐领导500多天主教徒召开大会，联名发表了《天主教自立革新运动宣言》，宣布"基于爱祖国爱人民的立场，坚决与帝国主义者割断各方面的关系，并肃清亲美、恐美、媚美的思想，自力更生，建立自治、自养、自传的新教会，不让教会的圣洁再受帝国主义的玷污"。[②] 全国各地天主教人士积极响应这一主张。重庆天主教代理主教石明亮（1886—1968）等695人在1951年1月初也发表自立革新运动宣言。1951年1月11日，天津教友在吴克斋（1895—1955）先生倡议下，率先成立了"天津市天主教革新运动促进筹备会"，并且发表宣言，号召中国天主教徒"站稳中国人民的立场，拥护共同纲领，反对帝国主义，彻底割断与帝国主义各方面的联系，实行中国天主教徒自治、自养、自传的方针"。紧接着，昆明市天主教人士、天主教杭州总主教区、青岛天主教人士、天主教甘肃省天水教区、广州市天主教会、海南岛天主教会等也先后于1月17—20日接二连三地举行座谈会，发表自立革新运动宣言，成立相应筹备机构。3月18日，北京市天主教保卫世界和平反对美国侵略委员会筹备会举行第一次会议，一致拥护革新运动。3月31日，南京教区代理主教李维光（1898—1964），同一些教士、修女及教友700多人签名发表联合宣言，主张"天主教在中国自养自治自传三大原则"，"反对教廷干涉中国内政，坚决与它割断政治上和经济上的关系"。

随着三自运动的深入，各地相继建立了三自爱国团体。自1953年起，唐山、广州、郑州、南京等城市陆续建立了一些地方性天主教爱国团体，到1956年初，各地的天主教三自爱国团体已经达到200多个。1956年2月，出席中国人民政治协商会议第二届全国委员会第二次会议的天主教界的委员们认为，中国天主教经过反帝爱国

---

①　周恩来：《发挥人民民主统一战线积极作用的几个问题》（1950年4月13日），见《历次全国统战工作会议概况和文献》，华文出版社2001年版，第31页。

②　参阅《新华日报》1950年12月25日。

运动、土地改革运动以及 1955 年的肃反运动，教内的爱国人士特别是高层神职人员解除了思想束缚，提高了爱国主义觉悟，成立全国性的三自爱国组织的条件已经具备，于是在国务院秘书长习仲勋（1913—2002）主持的座谈会上，倡议建立中国天主教全国性的三自爱国组织。1957 年 7 月 15 日至 8 月 2 日，中国天主教代表会议在北京召开。来自全国 26 个省区市 100 多个教区的 241 位代表（实到 237 位）出席会议。其中主教 11 位，宗座署理 4 位，代理主教和副主教 58 位，神父 84 位，修士 1 位，修女 9 位，教友 74 位。会议通过了《中国天主教友代表会议决议》，决定正式成立"全国天主教友爱国会"，并通过《中国天主教友爱国会章程》。章程规定："爱国会是中国天主教神长教友组成的爱国爱教的群众团体，发扬爱国主义精神，积极参加祖国社会主义建设和各项爱国运动，保卫世界和平，并协助政府贯彻宗教信仰自由政策。"1957 年 8 月 3 日，中国天主教友爱国会委员会举行第一次全体会议，全国性天主教爱国组织——中国天主教友爱国会宣告成立。[①] 中国天主教友爱国会的成立，在中国天主教会史上是一件开天辟地的大事件，它表明中国的天主教会已经开始摆脱境外势力的干涉和控制，走上了独立自主办教的历史正道，已经从一个"旧的社会团体"转变成了一个与新中国社会制度初步适应的崭新的社会团体。

随着中国天主教友爱国会的筹备和建立，主教的自选自圣问题逐渐成了梵蒂冈和境外其他敌对势力的宗教干涉和渗透与中国天主教的反干涉反渗透斗争的一个焦点问题。据《中华全国教务统计》，1949 年在华的外国传教士有 5507 人。解放前夕，一些传教士主动撤离大陆，有的则因从事各种反对新中国的非法活动而被中国政府驱逐出境。一批中国籍主教也先后离开大陆。1940 年至 1955 年，罗马教廷陆续任命了 18 位中国籍主教。从数量上看，中国籍主教达到了 30 多名。但其中只有 20 名左右还留在大陆。在全国 137 个教区中，大部分教区都没有主教。[②] 因此，中国天主教友爱国会成立之后所面临的一个亟待解决的实际问题，就是要排除梵蒂冈方面百般阻挠，依据三自原则尽快扭转这种全国大多数教区没有主教的局面，让全国的教友都能够过上正常的宗教生活。1956 年 3 月 16 日，天主教上海教区选出代理主教张士琅（1881—1964）。1957 年 12 月 18 日，四川成都教区采取选举办法，选出李熙亭神父为教区主教候选人。这一做法很快得到了各地的仿效。1958 年 1 月起，先后有江苏苏州教区、四川宜宾教区、云南昆明教区、山东济南教区、广东广州教区、

---

① 1962 年 1 月，中国天主教教友爱国会第二届代表会议将"中国天主教友爱国会"更名为"中国天主教爱国会"。

② 参阅晏可佳：《中国天主教简史》，宗教文化出版社 2001 年版，第 250 页。

山西太原教区、江苏南京教区和山东菏泽教区、浙江杭州教区、河北永年教区、河北西湾子教区、河北宣化教区、山东益都教区、河北永平教区和山东周村教区也通过选举,选出了自己教区的主教人选。1958 年 3 月 18 日和 19 日,湖北汉口教区和武昌教区又分别选举董光清(1917—2007)、袁文华(1905—1973)神父为主教候选人。之后,河北献县教区赵振声(1894—1968)主教主礼祝圣了河北永年教区的王守谦主教、河北西湾子教区的潘少卿主教、河北宣化教区的常守彝主教和河北永平教区的蓝柏露主教;皮漱石(1897—1978)总主教主礼祝圣了山东济南教区的董文隆主教、山东菏泽教区的李明月主教、山东益都教务区的贾善福主教、山东周村教区的宗怀德主教以及长沙教区的熊德达主教、澧县教区的李震林主教、常德教区的杨高坚主教和岳阳教区的李树仁主教;三其巍(? —1997)主教祝圣了南昌教区的胡钦明主教、赣州教区的陈独清主教以及余江教区的黄曙主教。1958 年,全国自选自圣主教 24 人,基本保证了我国各教区教务活动的正常运行和健康发展。[①]

二、中国基督教的三自革新运动与中国现代社会的变迁

新中国成立后,中国基督教,和中国天主教一样,也是在反对帝国主义和殖民主义的斗争中以及在反对境外敌对势力的宗教控制和宗教渗透斗争中,逐步割断与帝国主义和封建主义的联系,由一个"旧的社会团体"成为一个与新中国的民主制度和社会主义制度初步适应的崭新的宗教团体或宗教组织的。

毋庸讳言,一如我们在前面指出的,中国基督教早在 20 世纪初期就开展了"本色化"运动,至 1924 年,全国就已经有 300 多处属于"自立会"的地方教会。但这并不足以从根本上改变中国基督教的殖民性质。中国基督教在宗教组织上同西方帝国主义和殖民主义的附庸地位、在经济上和政治上对西方帝国主义和殖民主义的依赖关系依然存在。例如,在政治方面,即使那些自称"本色化"的自立教会,其中有很大一部分所发生的变化似乎主要在于将原来由外国差会直接控制的区域性教会合并成全国性的由"中华"二字开头的全国性的由外国差会间接控制的组织或机构,如"中华基督教会"、"中华信义会"、"中华浸礼联会"、"中华圣公会"、"中华卫理公会"、"中华基督教青年会"等。甚至在新中国成立之后,一些外国传教士还依然在进行传教活动,并控制着我国的一些基督教教会。如美国美南长老会传教士毕范宇(Francis Wilson Price,1895—1974)不仅是上海国际礼拜堂牧师,而且还是中华基督教青年

[①]　参阅段德智:《新中国宗教工作史》,人民出版社 2013 年版,第 14—37 页。

会全国总乡村教会事工委员会干事。抗日战争时期曾担任过蒋介石的顾问，出任过中华基督教会总会干事、代理长老会总干事。美国援华会（United China Relief）华南地区总代理骆爱华（Edward H. Lokwood）不仅为中华基督教青年会美籍干事，而且还担任广州基督教青年会干事、广东基督教协进会总干事等职。再如，在经济方面，至新中国成立初期，我国还有一百多个基督教团体依然在接受美国的津贴。正因为如此，中国共产党和中央人民政府高度重视中国基督教的三自革新运动。1950 年 5月，周恩来总理曾先后三次出席基督教问题座谈会，和中共中央、政务院有关部门负责人一起同出席会议的京、津、沪宗教界人士吴耀宗、刘良模、邓裕志、赵紫宸等座谈，并发表谈话，不仅强调了旧中国基督教的"洋教"性质，而且还强调了中国基督教的根本问题是革新问题。他指出：

> 基督教最大的问题，是它同帝国主义的关系问题。中国基督教会要成为中国自己的基督教会，必须肃清其内部的帝国主义的影响与力量，依照三自（自治、自养、自传）的精神，提高民族自觉，恢复宗教团体的本来面目，使自己健全起来。①

中国基督教领袖吴耀宗等在他们自己的宗教实践中也深刻地认识到基督教的根本问题在于彻底割断它过去与帝国主义和封建主义的联系，真正实现三自。于是，他们于 1950 年 7 月起草了《中国基督教在新中国建设中努力的途径》（简称《三自宣言》）。该宣言的宗旨在于"表示基督教在新中国中鲜明的政治立场"、"促成一个为中国人自己所主持的中国教会"、"指出全国的基督教徒对新中国建设所应当负起的责任"。②7 月底，中国基督教领袖向全国各地基督教徒发出该宣言，征求全国同意这一宣言的基督教教徒在上面签名。该宣言的发表以及随之而来的在全国范围内掀起的签名运动，拉开了新时期中国基督教"三自革新运动"的序幕。

在这种情势下，中华全国基督教协进会于 1950 年 10 月召开年会。这次年会是中华全国基督教协进会自 1922 年成立以来第一次完全由中国信徒参加和主持的年会。全国各教会团体都派代表参加了会议。这次会议主要讨论了中国基督教会如何实现三自的问题。会议决定在今后五年内完成自治、自养、自传的任务。1951 年 4 月，

① 周恩来：《关于基督教问题的四次谈话》，见《周恩来统一战线文选》，人民出版社 1984 年版，第 182 页。
② 罗广武编著：《新中国宗教工作大事概览（1949—1999）》，华文出版社 2001 年版，第 9 页。

政务院文教委员会宗教事务处在北京主持召开了"处理接受美国津贴的基督教团体会议"。来自全国的150多位教会代表参加了会议。这次会议通过了《中国基督教各教会各团体代表联合宣言》。与《三自宣言》相比,《联合宣言》更其明确地强调中国教会"最后地彻底地永远地全部地割断所有与美国差会及其他差会的一切关系"。为使全国各地基督教徒普遍参加抗美援朝运动和促进自立革新运动,与会基督教各教会各团体一致同意组织"中国基督教抗美援朝三自革新运动委员会"。为了更好地推进中国基督教的三自革新运动,1950年12月中央人民政府政务院第65次政务会议通过了《关于处理接受美国津贴的文化教育救济机关及宗教团体的方针的决定》。为了充分落实会议精神,1951年4月,政务院文教委员会宗教事务处在北京主持召开了"处理接受美国津贴的基督教团体会议"。来自全国的150多位教会与会代表在会议期间发表了《中国基督教各教会各团体代表联合宣言》。该宣言不仅提出了"最后地彻底地永远地全部地割断所有与美国差会及其他差会的一切关系",而且还宣布:从1951年起,不再接受美国的津贴,也不接受任何外国的任何方式的津贴。如所周知,1950年7月所发表的《三自宣言》中只提到"自力更生";1950年10月,中华全国基督教协进会举行年会的时候,也只通过在五年之内实现自养的计划。然而,在《联合宣言》里事情却发生了巨大的变化。吴耀宗曾将这称作中国基督教革新运动的一个"质的发展"。①

　　1954年7月,三自革新运动委员会筹备委员会经过三年多的努力终于完成了筹备工作。中国基督教全国会议于7月22日到8月6日在北京公理会教堂召开。来自全国62个教会和基督教团体的232个代表参加了会议。会议总结了四年来中国基督教自治、自养、自传反帝爱国运动的成就,讨论了今后的方针任务,并产生了中国基督教三自爱国运动全国领导机构。会议强调指出:四年来中国基督教徒的反帝爱国运动,已给帝国主义特别是美帝国主义利用基督教在中国进行文化、政治侵略的势力以重大打击,中国基督教正在变为中国教徒自己办理的宗教事业。外国差会已经结束,帝国主义分子已经出境,国内基督教教会和团体过去所接受的外国津贴已基本断绝;帝国主义所办的教会学校、医院及救济机关已经接办。"中国基督教教会及团体已基本摆脱了帝国主义的控制,逐步成为中国教徒自己主持的宗教团体。"会上,代表们经过充分的酝酿讨论,一致同意将"三自革新运动"更名为"三自爱国运动",一致同意成立"中国基督教三自爱国运动委员会"的领导机构。在随后的几

① 罗广武编著:《新中国宗教工作大事概览（1949—1999）》,华文出版社2001年版,第52页。

年中,三自爱国运动在全国范围进一步展开。各个地方城市纷纷成立当地的三自爱国运动委员会。至 1958 年,全国绝大多数县、市、地区和省都相继成立了三自爱国运动委员会。三自爱国运动取得了空前的成就。[①]

三、中国佛教的自新运动与中国现代社会的变迁

民族宗教的自新问题也是中国现代宗教中国化的一项重要内容。由于我国的民族宗教不仅涉及我国的宗教问题,也直接涉及我国的民族问题乃至国家统一和国家主权问题,中国共产党和中央人民政府对新中国成立初期我国民族宗教的自新运动给予了特别的关注,强调要极其慎重地推进民族宗教的改革工作。1950 年 6 月,周恩来总理在全国政协第二次党组会上做总结讲话时,将我国的宗教明确区分为"民族宗教"(如回教、喇嘛教)和"非民族宗教"(如基督教、天主教),特别强调了民族宗教的民族性以及我们必须极其慎重地处理少数民族的宗教和宗教信仰问题的必要性,指出:"它们与民族问题连在一起,尊重宗教也就是尊重其民族,任何不尊重都会引起误会。"[②]1952 年,人民政协全国委员会常务委员会为加强各界人士的学习和思想改造,曾下发了《展开各界人士思想改造的学习运动的决定》;中共中央统战部也起草了《关于继续加强各界民主人士思想改造的学习运动的意见》。《决定》和《意见》无疑都涉及我国宗教界人士的思想改造问题和学习问题,而这种改造和学习显然是新中国成立初期我国宗教界革新运动的一项重要内容。值得注意的是,它们在谈到宗教界人士的思想改造时,都注意到了民族宗教与非民族宗教的区别,都在强调非民族宗教的改造运动消除殖民性的宗旨的同时强调民族宗教改造运动的宗旨在于消除其封建宗法性。例如中央统战部起草的《意见》就明确指出:"对于宗教界人士:学习的主要内容应是爱国主义教育,要求他们发扬爱国精神,参加反对帝国主义和保卫和平民主的斗争。这种教育应该密切结合他们本身的各种具体运动来进行。对于基督教徒和天主教徒,应在三自革新运动的基础上,彻底消除帝国主义反动思想的影响。对于佛教徒,则应该结合其生产运动,建立爱祖国、爱公共财产、爱人民、爱劳动的新观点。"[③]所有这些都对我国民族宗教的自新运动产生了积极影响。下面,我们将依序对中国佛教、伊斯兰教和道教的自新运动作出说明。

---

① 参阅段德智:《新中国宗教工作史》,人民出版社 2013 年版,第 45—51 页 .
② 罗广武编著:《新中国宗教工作大事概览 (1949—1999)》,华文出版社 2001 年版,第 6—7 页。
③ 中共中央统战部研究室编:《历次全国统战工作会议概况和文献》,档案出版社 1988 年版,第 119—120 页。

从历史上看，如上所述，中国的佛教在中国化方面卓有成效，但正因为如此，中国的佛教自身便不可避免地带有极其浓重的封建性，尽管中国近代佛教在革除其封建性方面作出过一些努力，但由于当时社会制度所限，往往无疾而终。太虚大师晚年所写《我的佛教革命失败史》即是一个最好不过的例证。无论说"失败"也好，说"夭折"也好，都是一个意思，这就是他的"教理革命"、"教制革命"和"教产革命"终究未能如愿。且不要说旧中国的藏传佛教，即使汉族地区的佛教在新中国成立前夕，也依然背负着沉重的封建传统的包袱。当时的中国佛教不仅依然教理陈旧，而且教制也依然十分陈旧：不仅依然盛行封建等级制和封建家长制，亦即太虚大师所说的深受家族制影响的寺院住持制度和传法制度，而且还依然盛行封建地主庄园式的寺观经济，少数住持享受种种封建特权，对下层僧众进行经济上的盘剥。究其深层原因，并不像太虚大师所说的因一些人在践履"三大革命"理想时"太轻率散乱"所致，而在于当时的社会制度使然。马克思和恩格斯曾经说过："随着每一次社会制度的巨大历史变革，人们的观点和观念也会发生变革，这就是说，人们的宗教观念也要发生变革。"[1] 对于马克思和恩格斯的这句话可以做两方面的理解：一方面，没有社会制度的"巨大历史变革"，"人们的宗教观念"便不可能发生根本的"变革"；另一方面，一旦社会制度发生了"巨大历史变革"，"人们的宗教观念"便势必或迟或早地发生"变革"。现在，既然中国社会已经发生了"巨大历史变革"，则包括佛教在内的中国宗教便势必或迟或早地发生变革。中国共产党和中央人民政府正是基于此而对佛教因势利导，推动其自新或变革的。

在我国，对汉族地区佛教的改革的第一步在于通过土地改革，消灭产生其封建主义的经济基础，将"原来封建地主庄园式的寺观经济"改造成"以寺观为单位的集体经济"，彻底消灭佛教内的"封建剥削制度"，进而彻底洗刷掉传统佛教所固有的与封建专制制度相结合的"封建宗法性"特征。中国佛教界的领袖与广大信教群众一起发扬我国佛教爱国爱教的优良传统，积极响应中国共产党和中央人民政府的号召，顺应时代潮流，积极参加土地改革运动和思想改造运动，自觉改变传统佛教与新社会不相适应的部分，自觉在寺院经济中落实土地改革政策，放弃对土地的额外占有和封建剥削，将封建性的寺观经济逐步改造成一种以寺观为单位的集体经济，从而在经济制度上消除掉封建性的特征；不仅如此，中国佛教界的领袖和上层人士还自觉放弃封建特权和家长制作风，实行民主管理，使各宗教活动场所有规章制度可

---

① 《马克思恩格斯全集》第 7 卷，人民出版社 1972 年版，第 240 页。

循，以保证广大信教群众的正常宗教生活。"可以说，通过宗教界的努力，中国宗教既达到了反帝、反封建的目的，又实现了中国宗教的新生。"[①]

藏传佛教地区由于历史原因，佛教的改革要比汉传佛教地区晚了几年，但佛教的改革也势在必行。藏传佛教地区历史上长期实行政教合一、僧侣和贵族联合专政的封建农奴制度，官家、贵族和寺院上层僧侣被称为三大领主。"据17世纪清朝初年统计，当时西藏实有耕地300多万克（15克相当于1公顷），其中官家占30.9%，贵族占29.6%，寺院和上层僧侣占39.5%。"[②] 据统计，一般地区的地租都高达50%以上，有的占年收入的80%以上。同时寺院的上层僧侣在政治上享有种种特权，而大的寺院还设有监狱、法庭，配有各种刑具。在宗教信仰上也具有强制性，例如哲蚌寺实行一种被称作"扎差"的制度，家有三丁，必须有一人当喇嘛，不管愿意不愿意都得如此。而一些人，如铁匠和屠夫等，却由于身份和职业的缘故而不得信仰宗教。1958年12月，中共中央批转了《国家民委党组关于当前伊斯兰教、喇嘛教工作问题的报告》，规定了一系列改革的政策和措施。改革的内容主要包括：（1）废除喇嘛教的一切特权，如禁止寺庙私设法庭、监牢和刑罚，干涉民事诉讼，私藏武器，干涉婚姻自由，压迫歧视妇女以及干涉文化教育；废除寺庙生产资料所有制和高利贷、无偿劳役等剥削制度，取缔其非法工商业和强买强卖；严禁其投机倒把和走私漏税行为。（2）废除寺庙带有封建色彩的管理制度，包括管家制度、等级制度、处罚制度和寺庙间的隶属关系等。（3）宗教人员，凡能够劳动的一般都要参加生产，履行公民义务。（4）禁止寺庙利用宗教巧立名目，敲诈勒索群众财物或强迫摊派；要求宗教活动不得妨害生产。（5）寺庙不得强迫群众当喇嘛，喇嘛有还俗的自由，群众有自愿当喇嘛的也不要强加制止。（6）在改革的基础上，各寺庙建立寺庙民主管理委员会，制定《寺庙民主管理试行章程》。民主管理委员会在宪法和法律政策范围内，领导寺庙开展正常的宗教活动，维护僧众的合法权益。这些政策和措施对藏传佛教的自新运动产生了深远的影响。

随着佛教革新运动的深入，建立全国性佛教组织的活动也逐步开展了起来。1952年11月，中国佛教协会发起人会议在北京召开。与会者用汉、藏、蒙三种语言和汉、藏两种文字认真仔细地研究和讨论了中国佛教协会的宗旨、任务、组织和《中国佛教协会发起书》，通过《中国佛教协会发起书》，并一致选出赵朴初、柳霞·土登

---

① 何虎生：《中国共产党的宗教政策研究》，宗教文化出版社2004年版，第159页。
② 王作安：《中国的宗教问题和宗教政策》，宗教文化出版社2002年版，第235页。

塔巴（西藏致敬团团长）、丹巴日杰（西藏扎什伦布寺大堪布）、巨赞、周叔迦、郭朋、李一平等组成中国佛教协会筹备处，当场推定赵朴初为筹备处主任。1953年5月，中国佛教协会成立会议在北京广济寺开幕。出席这次会议的代表包括汉、藏、蒙、傣、满、苗、撒里维吾尔等7个民族的121位全国佛教界著名人士。会议通过了《中国佛教协会章程》，推举达赖喇嘛、班禅额尔德尼·确吉坚赞、虚云、查干葛根为名誉会长，选举产生了中国佛教协会第一届理事会、常务理事会、会长、副会长、秘书长和副秘书长。《章程》规定："本会是中国佛教徒的联合组织，其宗旨为：团结全国佛教徒，在人民政府领导下，参加爱护祖国及保卫世界和平运动；协助人民政府贯彻宗教信仰自由政策；并联系各地佛教徒，发扬佛教优良传统。"

中国佛教协会的成立是中国佛教史上的一个大事件。诚然，如前所述，早在1913年，在上海就正式成立了"中国佛教总会"，1929年，"中国佛教总会"又更名改组为"中国佛学会"。但无论是"中国佛教总会"还是"中国佛学会"与"中国佛教协会"都不可同日而语。且不要说在办教宗旨上有原则区别，即使从规模上也不能相提并论。因为无论是"中国佛教总会"还是"中国佛学会"都只不过是部分汉传佛教团体组合而成的，而中国佛教协会则在中国佛教历史上第一次实现了中国佛教三大语系四众弟子空前的大团结，从而揭开了中国佛教的崭新篇章。一如赵朴初在报告中所指出的：中国佛教协会的成立，"是中国佛教徒的一件最大的喜事。像这样由全国各地区、各民族、各宗派的佛教信徒共同发起、共同参加、共同组织的全国性佛教团体，在我国历史上是从来没有过的。中国佛教协会的产生，表示着新中国佛教徒的大团结，表示着新中国佛教徒弘法利生的信心和热诚，表示着新中国佛教徒致力于爱护国家、保卫世界和平的共同志愿。"1957年3月，中国佛教协会第二届全国代表会议在北京召开。出席会议的共213人，包括汉、藏、蒙、傣、满、土、格固、崩龙、佧佤、摩西、布朗等11个民族的活佛、喇嘛、法师、居士等。这次会议无论从规模上，还是从代表的广泛性上都超出上次会议。

新中国成立初期中国佛教的革新运动也不是孤立地进行的，而是与抗美援朝运动、土地改革运动、镇压反革命运动和社会主义改造运动紧密地结合在一起的。这一革新运动也并非一帆风顺，而是经历了许多艰难曲折。在个别地区，佛教组织内部也有极少数人听从反动宣传，敌视新生政权，甚至与美蒋特务和反动会道门组织相勾结，参与组织武装暴乱。但是，所有这些都终究未能阻止中国佛教势不可挡的自新运动和现代转型。

四、中国伊斯兰教的自新运动与中国现代社会的变迁

中国伊斯兰教,作为一种民族宗教,与中国佛教一样,尽管此前在中国化方面做出过一些努力,但其自身存在的宗法封建性的烙印依然清晰可见。只是由于它与少数民族的联系更为密切,其自新运动的路径也明显地区别于中国佛教。

新中国成立初期,政府对伊斯兰教的政策实施是在巩固新生政权、继续完成新民主主义革命遗留任务、恢复和发展国民经济的前提下进行的。在对利用宗教破坏和颠覆新政权的活动予以坚决打击的同时,各地清真寺、道堂、拱北等伊斯兰教活动场所得到了政府的保护。1951 年,财政部发布关于伊斯兰教清真寺、礼拜寺、拱北等所占房地,一律免征房地产税的通知。个别地区清真寺被非宗教活动占用的现象也得到了及时处理。1952 年,政务院制定了《中华人民共和国民族区域自治实施纲要》,初步奠定了我国民族区域自治制度的格局和内容。1955 年之后,新疆维吾尔自治区和宁夏回族自治区相继成立。

新中国成立后,随着国民经济的恢复、人民民主制度的巩固和向社会主义的过渡,中国伊斯兰教协会的成立也提上了日程。1952 年初,中国伊斯兰教界的知名人士酝酿、提议成立中国伊斯兰教协会。这一协议既得到了全国各地穆斯林的响应,也得到了中央政府的赞同和支持。1953 年 5 月,经过一年多筹备,中国伊斯兰教协会在北京成立。出席会议的代表共 111 人,他们是来自全国各地的伊斯兰教中的和平民主人士,其中有许多是著名的阿訇、毛拉,包括回族、维吾尔族、哈萨克族、乌孜别克族、塔塔尔族、柯尔克孜族、塔吉克族、东乡族、撒拉族、保安族等十个民族成分。会议经过充分讨论后,一致通过了《中国伊斯兰教协会简章》。简章规定:作为由"伊斯兰教爱好和平民主人士组成"的全国性组织,协会的宗旨在于"协助人民政府贯彻宗教信仰自由政策,发扬伊斯兰教优良传统,爱护祖国,保卫世界和平"。[①] 会议选举包尔汉 (维吾尔族,1894—1989) 为中国伊斯兰教协会委员会主任,杨静仁 (回族,1918—2001) 等人为副主任。中国伊斯兰教协会是我国各大宗教中最早建立的全国性协会组织。1956 年 6 月,国务院发布《关于伊斯兰教名称问题的通知》,规定按照国际通用的名称,一律不称"回教"而称"伊斯兰教"。通知指出:在中国汉民族地区,一般把伊斯兰教称作"回教",意思是,这个教是回族信奉的宗教。其实,伊斯兰教是一种国际性的宗教,也是国际间通用的名称。中国信仰伊斯兰教的除了回族外,

---

① 秦惠彬等:《中国伊斯兰教史》,中国社会科学出版社 1998 年版,第 821 页。

还有维吾尔、哈萨克、乌兹别克、塔吉克、塔塔尔、克尔克孜、东乡、撒拉、保安等九个民族，共约1000万人。因此，回教这个说法不确切。这里所说的看似是一个名称问题，其实是一个宗教问题和民族问题。

在土改合作化运动中，政府以慎重稳进、温和稳妥为方针。在穆斯林聚居区，对于清真寺、拱北、道堂土地，在当地穆斯林群众同意后酌情予以保留。在新疆地区，则明确指示"清真寺拱北及喇嘛寺的土地一律不动"。① 在实际操作中，有少部分产权不明、经营管理不善的宗教地产调剂给了贫苦农民。同时，还鼓励教职人员参加力所能及的劳动，对失去劳动能力、生活困难的宗教人士，政府则发给一定的补助。

1956 年 12 月，中国伊斯兰教第二次代表会议在北京召开。参加会议的有近300 名代表，比第一次代表会议多了许多。会议修改并通过了《中国伊斯兰教协会简章》，选举产生了第二届委员会，选举包尔汉为主任，达浦生（1874—1965）、杨静仁等人为副主任。

1956 年，随着全国范围内社会主义改造的基本完成，改革和彻底清算伊斯兰教中的封建制度逐步提上了日程。1958 年 5 月，中国共产党第八次代表大会第二次会议在北京召开。中国伊斯兰教协会副主任杨静仁在会议发言中提出了对伊斯兰教制度进行改革的问题。8 月，中央统战部发布《关于在回族中改革宗教制度的意见》。同年 12 月，中央统战部批转了《民委党组关于当前伊斯兰教、喇嘛教工作的报告》。这两个文件一方面强调宗教改革势在必行，但不搞专门的运动，而是结合各项社会改革逐步进行，另一方面又把伊斯兰教宗教制度的内容区分为必须改、可改可不改和肯定不改三类。改革涉及的主要内容包括：（1）废除教权统治和宗教封建特权。如废除教主放口唤、放阿訇和世袭的伊玛目制度；禁止寺院私设法庭、刑罚，干涉民事诉讼；禁止擅自委派阿訇；禁止私藏武器、组织武装；禁止干涉婚姻自由，压迫歧视妇女及干涉文化教育事业等。（2）废除寺院的封建所有制和宗教剥削制度。如废除清真寺、拱北、道堂生产资料所有制以及无偿劳役等剥削制度；禁止宗教课税；禁止寺院利用宗教巧立名目敲诈勒索群众财物或强迫摊派。要求宗教活动不得妨害生产。（3）废除寺院内部的封建管理制度，包括等级制度、处罚制度和寺院间的隶属关系等。宗教人员，凡是能够劳动的一般要参加生产，都要履行公民义务。（4）寺院不得强迫群众上寺、封斋，强迫儿童学经文、当满拉（学习伊斯兰教知识的学生）。群

---

① 中共内蒙古自治区委员会党史研究室编：《中国共产党与少数民族地区的民主改革和社会主义改造》上册，中共党史出版社 2001 年版，第 87 页。

众有自愿当满拉的也不强加制止。经过此次改革，伊斯兰教界内以宗教名义进行活动的反革命分子被肃清，寺院的封建所有制和宗教剥削制度及其基础被摧毁，宗教制度中的封建特权和政教合一的教坊制度的残余被废除，使中国伊斯兰教在制度层面也开始成为与新中国人民民主制度和社会主义制度相适应的新宗教。

五、中国道教的自新运动与中国现代社会的变迁

与佛教和伊斯兰教相比，道教作为土生土长的中国宗教历史包袱更重，对新时代的历史自觉相对较晚，社会对道教的关注程度因此也远不如其他宗教。新中国成立前夕召开的中国人民政治协商会议第一届全体会议上，由八个人组成的宗教界人士代表团中，并无一个是道教的代表。[①] 在会议通过的《中国人民政治协商会议共同纲领》明确承认和保护宗教信仰自由权之后，基督教、佛教、天主教和伊斯兰教界都纷纷表态拥护和支持，唯独没有道教界的声音。1950 年 9 月，政务院通过了《社会团体登记暂行办法》。该《办法》明确规定"参加中国人民政治协商会议的各民主党派和人民团体"不在"本办法规定登记范围之内"。这就是说，中国佛教、伊斯兰教和佛教无须登记，而道教，作为一个"全国性的社会团体"则必须"向中央人民政府内务部申请登记"。由此可见中国道教在当时的尴尬处境。当时，在全国媒体上发声的主要是基督教界、伊斯兰教界和佛教界的代表人物，根本听不到道教代表人物的任何声音。至 1952 年，基督教、天主教、伊斯兰教和佛教在宗教的现代转型进程中都取得了显著的进展，相继成立了全国性宗教组织的筹备委员会。伊斯兰教界和佛教界于 1953 年还相继正式成立了中国伊斯兰教协会和中国佛教协会。随后，基督教和天主教的全国性新型教团组织也相继宣布成立。1954 年第一届全国人民代表大会第一次全体会议召开，讨论和审议宪法草案，以宪法的形式第一次确认中华人民共和国公民有宗教信仰的自由。对于中国宗教这样一次意义非凡的会议，基督教、天主教、伊斯兰教和佛教都有代表参加，唯独道教没有代表与会。

未能在全国性场合露面和发声并不意味着中国道教在这几年无所事事。事实上，不仅中国道教的一些宫观在自新方面作出了一些成绩，而且一些新型的地方性道教

---

① 宗教界的八名代表是：吴耀宗、赵朴初、邓裕志、张雪岩、马坚、巨赞、赵紫宸和刘良模。他们中，吴耀宗（中华基督教青年会）、邓裕志（中华基督教女青年会）、张雪岩（中华基督教青年会）、赵紫宸（中华圣公会）和刘良模（中华基督教青年会）为基督教的代表；赵朴初（曾任中国佛教协会主任秘书）和巨赞（曾任浙江省佛教协会秘书长）为佛教界的代表；马坚（北京大学伊斯兰教学者）为伊斯兰教界的代表。

组织也建立了起来，并开始运作。例如，北京市人民政府成立后，在市民政局的积极引导下，道教和佛教各寺庙宫观负责人联合成立了学习委员会，吕祖宫当家刘之维道长任副主任，领导北京道教界逐步接受社会主义改造。在抗美援朝的爱国运动中，北京道教界也同样发表了《反帝爱国宣言》，订立了《爱国公约》，并且也尽力捐献。1950 年 12 月，杭州道教与杭州基督教、天主教、佛教、伊斯兰教和杭州福利救济界一起签订了六项爱国公约：(1) 拥护各民主党派联合宣言，贡献一切力量抗美援朝保家卫国；(2) 加强时事学习，肃清美帝国主义影响，扩大爱国宣传运动；(3) 警惕和检举揭发美帝及特务的破坏活动；(4) 拥护政府取缔反动会道门；(5) 遵守政府法令，拥护土地改革；(6) 切实做好福利事业，认真为人民服务。再如，一些宫观不仅拥护并接受土地改革，而且在推翻封建剥削制度的基础上还逐步取消宫观的家长式的管理制度，实行民主管理。北京的白云观过去所有的数千亩土地被没收，只分得周边的近 30 亩土地。但该观道众不仅欣然接受，大力开展自养活动，而且还逐步取消了监院及上层执事的生活特权与家长式的控制特权，由道众选出"民主管理小组"主持观务；观内还取消了卜卦、抽签、算命、驱邪赶鬼等封建迷信活动，撤除了观内封建色彩较浓的匾额楹联。

就武汉市的道教而言，不仅在建设市一级的组织机构方面有所作为，而且在自养方面也有所作为。早在 1950 年 2 月，武汉市道教联合会筹备委员会即正式成立。成立大会通过了筹委会《组织章程》，强调筹委会"以团结武汉市道教徒在人民政府领导下，从事劳动生产，参加建设事业为宗旨"。筹委会下设总务组和调查登记组，一方面对全市道观及道教徒进行调查登记工作，另一方面又组织成立武昌、汉阳、汉口 3 个学习小组，建立学习制度；组织参观土改展览，参加抗美援朝的捐献活动；帮助各宫观因地制宜、因陋就简开办三产服务事业，动员和组织道教徒参加各种形式的生产劳动及 1954 年武汉的防汛工作。1956 年为了支持武汉长江大桥的修建，筹委会又协助政府认真做好吕祖阁的神像搬迁及道教徒的生活安置工作，既支援了国家的建设事业，也使宗教信仰活动得到妥善解决。在筹委会指导和组织下，武汉各宫观的自养工作也取得了显著成就。武汉解放前，道教各宫观基本上没有生产经营组织。其主要经济来源为地租、香火、捐资和经忏活动的收入，一些小的观庙甚至仅靠香火维持。新中国建立后，情况发生了根本变化。1950 年，武汉市道教联合筹委会倡议："凡武昌、汉阳、汉口的道教徒均须按本人所住庙观环境设置，以农业劳动生产以求自给，一改从前的募化为主的生活。"各宫观积极响应这一倡议。长春观、大道观、元妙观等庙观先后创办了医疗诊所、童装厂、玻璃厂和蘑菇生产组等 13 个生产组织。在正常的宗教生活和宗教活动外，凡有劳动能力的道士、道姑，均按个人意愿，分别从事宫观组织的手工业及各种服务业。1956年前后，在合作化过程中，道教界创办的各种劳动和生产组织，分别走上集体化道路，其固定资产均无偿转为社会上的集体或国营企业财产。参加生产劳动的道教徒，也随生产组织的转变，完全脱离了道教职业。一方面他们是社会主义建设的劳动者，另一方面他们信奉道教，保留宗教生活习惯，参加道教的重大宗教活动。①

总之，中国道教不仅参加了抗美援朝运动，而且也参加了土地改革运动，不仅废除了旧的封建土地制度和剥削制度，而且也初步废除了旧的家长式的管理制度，建立了民主管理小组。由此看来，中国道教的革新运动事实上已经启程了。这些地方性的道教自新活动无疑为全国道教的进一步自新奠定了基础。中国道教协会的建立已经为期不远了。

在这种情势下，在中国共产党和中央人民政府领导和指导下，中国道教协会的建立被提上了日程。1956年2月，毛泽东主席在同藏族人士的谈话中指出：

> 宗教信仰自由，可以是先信后不信，也可以是先不信后信。在中国，信仰宗教的人不少。信耶稣教的有八十万人；信天主教的有三百万人；信伊斯兰教的有一千多万人；信佛教的更多，有几千万人；还有信道教的，数目也很大，约有一千多万人。人们的宗教感情是不能伤害的，稍微伤害一点也不好。除非他自己不信教，别人强迫他不信教是很危险的。这件事不可随便对待。②

这表明当时的中国共产党人已经开始关注道教了。也就在同年7月，沈阳太清宫的方丈岳崇岱（1888—1958）被吸收为中国人民政治协商会议特邀委员，随后又出席了全国政协第二届第三次全体会议。这是我国道教界第一次正式参加中华人民共和国的国家政治事务。同年9月，中央统战部部长李维汉在中国共产党第八次全国代表大会上明确指出，道教与佛教、伊斯兰教在我国有悠久历史，应当尊重信众的信仰自由，要求坚决纠正处理凭行政手段处理宗教问题的做法。

1956年11月，中国道教界著名人士岳崇岱（全真派，沈阳太清宫方丈）、孟明慧（全真派，北京火神庙监院）、刘之维（正一派，北京寺观管理组负责人，原前门关帝

---

① 参阅武汉地方志编纂委员会主编：《武汉市志·社会志》，武汉大学出版社1997年版，第232页。
② 毛泽东：《同藏族人士的谈话》（1956年2月12日），见《毛泽东文集》第七卷，人民出版社1999年版，第4页。

庙当家）、刘理航（全真派，杭州福星观住持）、杨祥福（全真派，上海白云观监院）、李锡庚（正一派，上海大境庙当家）、苏宗赋（全真派，坤道，上海金母宫当家）、易心莹（全真派，四川青城山常道观监院）、李净尘（全真派，浙江天台桐柏宫监院）、乔清心（全真派，西安八仙宫监院）、吴荣福（全真派，汉口大道观监院）、王理学（全真派，武当山紫霄宫道士）、阎崇德（全真派，陕西陇县龙门洞监院）、尚士廉（全真派，泰山岱庙当家）、韩守松（全真派，南昌青云圃监院）、杨惠堂（全真派，甘肃临洮九华观）、李惟川（全真派，青岛天后宫）、朱混一（全真派，陕西汉中磨子桥道观）、张修华（全真派，天津天后宫）、张理谦（全真派，河南溶县大坏山玉帝庙）及著名道教学者陈撄宁（居士、浙江文史馆研究员）等23人聚会于北京西苑饭店，倡议成立中国道教协会筹备委员会，着手筹备成立中国道教协会的工作。大家推举岳崇岱方丈为筹委会主任，陈撄宁、孟明慧为副主任，还聘请了屈大元先生（甘肃裕固族人，民族、宗教学研究者）为筹委会办公室主任。23位发起人向全国道教信众发起组建中国道教协会的倡议，发表《中国道教协会发起书》。《发起书》说："中华人民共和国的成立，结束了中国人民被压迫被屈辱的历史，道教徒也获得了研习教义、发扬道教优良传统的良好条件。……为了全国道教徒在爱护祖国、积极参加社会主义建设和保卫世界和平事业中进一步贡献我们的力量，为了协助政府贯彻宗教信仰自由政策，并进一步发扬道教优良传统，我们觉得需要有一个全国性的道教组织。"[①] 该发起书较为充分地表达了中国道教信众自觉顺应中国社会主义新形势的心声和意愿。

1957年4月，中国道教协会成立大会在北京召开。参加会议的有92位代表。会议听取了中国道教协会筹备委员会主任委员岳崇岱作的《关于发起和筹备成立中国道教协会的工作报告》、副主任委员孟明慧作的《关于中国道教协会章程草案的说明》。会议通过了《中国道教协会章程》。《章程》规定，中国道教协会的宗旨在于"联系和团结全国道教徒，继承和发扬本教优良传统；并在人民政府领导下，爱护祖国，积极支持国家的社会主义建设，参加保卫世界和平运动；协助政府贯彻宗教信仰自由政策"。在组织机构上设立理事会，由全国代表会议选举产生。会议选出中国道教协会理事61人组成第一届理事会。岳崇岱被选为会长，汪月清、易心莹、孟明慧、乔清心、陈撄宁为副会长，由陈撄宁兼秘书长。中国道教协会是中国道教两千多年的历史上出现的第一个有广泛代表性的全国性的道教团体。

中国道教协会成立4个月后，中国天主教友爱国委员会也在北京正式成立。至

---

① 国家宗教事务局法规司编：《中国宗教团体资料》第1辑，中国社会出版社1993年版，第137页。

此,中国伊斯兰教、佛教、基督教、道教和天主教五大宗教的全国性宗教团体均宣告成立,标志着我国的宗教在积极参加抗美援朝运动、土地改革运动和社会主义改造运动的同时,已经初步完成了由"旧的社会团体"向与新中国民主制度和社会主义制度相适应的新的宗教团体的基本转变,标志着新中国成立初期我国宗教的革新运动和现代转型已经取得了决定性的成就和胜利。

第四节　当代中国宗教与全面建成小康社会

如前所述,中国宗教的中国化始终是中国宗教的一个根本问题。而所谓中国宗教的中国化,就其基本内容来说,无非是中国宗教与中国社会的"适应"问题以及与此相关的中国宗教与中国社会发展的同步性问题。如果说在前现代中国社会中,中国传统宗教从前轴心时期到轴心时期再到后轴心时期与宗法性的中国社会的发展相适应,从而差不多同步,在近代中国社会中,中国近代宗教与半封建半殖民地的中国社会相适应,从而其发展差不多同步,在现代中国社会中,中国现代宗教与中国现代社会相适应,从而其发展差不多同步,那么,在当代中国社会中,当代中国宗教也势必与当代中国社会相适应,从而其发展也势必差不多同步。这就是说,随着当代中国社会进入了新时期或新时代,全面建设和建成小康社会的历史任务便十分自然地摆到了当代中国宗教的面前。

一、当代中国宗教的历史使命:社会建设与民族复兴

当代中国社会正处于一个重大的历史变革时期,当代中国人民面前的一项根本使命即是"旧邦新命",不仅要全面建成小康社会,把"小康"的社会理想转化成社会现实,而且还要全面建成社会主义现代化强国,实现中华民族伟大复兴的中国梦。在这种情况下,与全国人民一道全面建设小康社会乃至全面建成社会主义现代化强国,实现中华民族伟大复兴的中国梦,就成了中国当代宗教义不容辞的历史使命。但是,为要承担起这项重大的历史使命,当代中国各宗教就必须与时俱进,把自身的工作重心由宗教自新转移到社会建设上来,由民族救亡转移到民族复兴上来。

毫无疑问,在近代社会,中国各宗教以民族救亡作为自身的工作中心非常必要,也非常自然。这是因为,随着中国社会于19世纪中叶由一个闭关自守的封建社会演变成一个半封建半殖民地社会,民族自救问题就成了中国各种社会力量所遭遇到的最为紧迫的历史使命。孙中山所领导的资产阶级革命运动,毫无疑问,是中国近

代史上一次重要的"政治革命"和"社会革命",但是,无论如何也是中国近代史上一次重要的"民族革命"。因为他所倡导的"三民主义"中,第一项即为"民族主义"。[①]而且,事实上,如上所述,中国各宗教在反对帝国主义反对封建主义的革命斗争和促进近代中国由半封建半殖民地社会向现代中国社会转型中,都不辱使命,作出了重要贡献,特别是在抗日战争期间,中国各宗教都程度不同地参加了抗日"救亡"运动。这既有其历史必要性,也有其历史必然性。国难当头,弘一法师大声疾呼:"念佛不忘救国,救国必须念佛。"而宜黄大师欧阳渐(1870—1943)也慷慨陈词:

> 人必有所以为人,然后能人,然后谓之曰人。人之所以为人者,恻隐羞恶是非之心是也。堂下觳觫,堂上不忍,况乎国将亡、族将灭、种将绝。痛之所不胜,不得不大声疾呼,奔走号啕。大声疾呼,奔走号啕,而后举国震悚,万众一心,出其才力智能以自拯。蹴尔嗟来,宁死不屑,况乎谓他人君、谓他人父,妻子生命系其所属。耻之所不堪,不得不雷声狮吼,诛心褫魄;雷声狮吼,诛心褫魄而后大盗不能移国,神奸不能蠹国,强暴不能噬国。[②]

皮之不存,毛将焉附?他们的话语如此掷地有声,与他们的民族意识和爱国热情不无关系,与他们的爱教激情也不无关联。同样,中国现代各宗教之所以在新中国成立后积极投入宗教自新运动,努力使其由与半封建半殖民地社会相适应的"旧的社会团体"转变为与新中国民主制度和社会主义制度相适应的"新的宗教团体",同样也有其历史的必要性和历史必然性,同样也与各宗教组织的爱国爱教的热情不无关系。

然而,随着中共十一届三中全会的召开,我国的社会主义事业进入了一个新的发展时期:一个致力于建设社会主义新中国、致力于中国现代化的历史时期。[③]诚

---

① 1905 年,孙中山在《民报发刊词》中讲:"余维欧美之进化,凡以三大主义:曰民族,曰民权,曰民生。"显然是把"民族"放到第一位,把民族独立放到第一位。此后,孙中山在《实行三民主义改造新国家》中更是明确直在:"民族主义,即世界人类各族平等,一种族绝不能为他种族所压制。"(转引自刘惠恕:《中国政治哲学发展史》,上海社会科学院出版社 2001 年版,第 625 页)

② 欧阳竟无:《孔学杂著》,崇文书局 2015 年版,第 27 页。

③ 参阅中共中央党史研究室:《中华人民共和国大事记(1949—2009)》,人民出版社 2009 年版,第 286 页。其中写道:"十一届三中全会是建国以来中国共产党历史上具有深远意义的伟大转折。开创了我国社会主义事业发展的新时期。"

然，早在 1954 年，毛泽东在中华人民共和国第一届全国人民代表大会第一次会议的开幕词中就曾指出："我们的总任务是：团结全国人民，争取一切国际朋友的支援，为了建设一个伟大的社会主义国家而奋斗，为了保卫国际和平和发展人类进步事业而奋斗。"① 周恩来在其所做的《政府工作报告》中更是明确指出，经济建设工作在整个国家生活中"已经居于首要地位"。他还第一次向全国人民提出了在我国建设现代化的工业、现代化的农业、现代化的交通运输业和现代化的国防的任务。② 但是，后来由于"左"的路线，特别是极左路线的干扰，"经济建设工作"在很长一段时间里未能真正"居于首要地位"。只是到十一届三中全会作出"把全党工作的着重点转移到社会主义建设上来的战略决策"之后，这种情况才得到了根本的扭转。当代中国社会才真正进入了我国社会主义事业发展的"新时期"。

但战略决策的提出是一回事，战略决策的实施或落实又是一回事。倘若没有切实可行的步骤或举措，再好的战略决策也会流于空话。或许正因为如此，邓小平于1987 年 4 月在会见西班牙工人社会党副总书记、政府副首相格拉时又进一步提出了"三步走"的战略步骤，指出：

> 粉碎"四人帮"以后，从十一届三中全会开始，我们制定了一系列新的方针政策，实践证明这些方针政策是正确的。但毕竟我们只是开步走。我们原定的目标是，第一步在八十年代翻一番。以一九八○年为基数，当时国民生产总值人均只有二百五十美元，翻一番，达到五百美元。第二步是到本世纪末，再翻一番，人均达到一千美元。实现这个目标意味着我们进入小康社会，把贫困的中国变成小康的中国。那时国民生产总值超过一万亿美元，虽然人均数还很低，但是国家的力量有很大增加。我们制定的目标更重要的还是第三步，在下世纪用三十年到五十年再翻两番，大体上达到人均四千美元。做到这一步，中国就达到中等发达的水平。这是我们的雄心壮志。③

当年 10 月，党的十三大把邓小平"三步走"的战略构想确定了下来。按照邓小平设计的"分三步走"基本实现现代化的发展战略，到 2000 年已经如期完成了前两步发

---

① 《毛泽东著作选读》下册，人民出版社 1986 年版，第 715 页。

② 参阅中共中央党史研究室：《中国共产党历史》第 2 卷（1949——1978），中共党史出版社 2011 年版，第 250 页。

③ 《邓小平文选》第三卷，人民出版社 1993 年版，第 226 页。

展目标。在告别 20 世纪之际，中国的国内生产总值达到 10810 亿美元，人均 854 美元（即实现了邓小平提出的人均 800 美元的指标）。如果按可比价格计算，2000 年的国内生产总值是 1980 年的 6 倍以上，也就是说，超过了原定 20 年翻两番的目标要求。而这就意味着，中国已经从总体上进入了小康社会。

这就是说，进入 21 世纪，中国人的任务就转到实施邓小平"三步走"发展战略的第三步战略部署，也就是要用 50 年时间基本实现现代化，把几代中国人坚持不懈地追求的"中国梦"完全变为现实。

为了达到这一宏伟的战略目标，1997 年，中国共产党人在党的十五大提出了"新三步走"发展战略或发展步骤：

> 展望下世纪，我们的目标是，第一个 10 年实现国民生产总值比 2000 年翻一番，使人民的小康生活更加宽裕，形成比较完善的社会主义市场经济体制；再经过 10 年的努力，到建党 100 年时，使国民经济更加发展，各项制度更加完善；到下世纪中叶建国 100 年时，基本实现现代化，建成富强民主文明的社会主义国家。①

这就把邓小平提出的"第三步"进一步具体化，使之成为三个阶段性的目标或步骤。

2017 年，鉴于我国社会主义建设事业取得的伟大成就，"近代以来久经磨难的中华民族迎来了从站起来、富起来到强起来的伟大飞跃，迎来了实现中华民族伟大复兴的光明前景"，党的十九大不仅作出了"中国特色社会主义进入了新时代"的重大决断，而且还在事实上作出了第三个"三步走"的发展战略或发展步骤：

> 从现在到二〇二〇年，是全面建成小康社会决胜期。……从二〇二〇年到二〇三五年，在全面建成小康社会的基础上，再奋斗十五年，基本实现社会主义现代化。……从二〇三五年到本世纪中叶，在基本实现现代化的基础上，再奋斗十五年，把我国建成富强民主文明和谐美丽的社会主义现代化强国。②

应该说，党的十五大、十七大和十九大提出的"三步走"的发展战略或发展步骤

---

① 《江泽民文选》第二卷，人民出版社 2006 年版，第 4 页。
② 习近平：《决胜全面建成小康社会　夺取新时代中国特色社会主义伟大胜利》，人民出版社 2017 年版，第 10、27—29 页。

并不是孤立的,而是有机衔接在一起的。因为党的十七大提出的"新的三步走"的战略构想或发展步骤无非是对党的十五大提出的"三步走"战略构想或发展步骤中的"第三步"的不失时机的细化;同样,党的十九大事实上提出的"三步走"的战略构想或发展步骤也无非是对党的十七大提出的"三步走"的战略构想或发展步骤的"因时制宜"的具象化和细化。而且,无论是党的十五大和十七大提出的战略构想或战略步骤,还是党的十九大提出的战略构想或战略步骤,都是中国共产党人和中国人民面向 2049 年即"新中国成立一百年"这个时间节点提出的中国社会发展的战略构想或战略步骤。所不同的只是在于:随着时间节点的逼近,实现"中华民族伟大复兴的中国梦"的任务愈发困难和艰巨。"诗云:'行百里者半于九十.'此言末路之难也",此之谓也。① 这就要求广大信教群众比以往任何时候都更加积极地"投身改革开放和社会主义现代化建设事业,为实现中华民族伟大复兴的中国梦贡献力量"。

然而,毕竟千里之行,始于足下。如果不能"全面建成小康社会",则"把我国建成富强民主文明和谐美丽的社会主义现代化强国"的中国梦便势必有落空之虞。因此,摆在当代中国广大信众面前的首要任务便是:从现在做起,从当下做起,与全国人民一道,胸怀"把我国建成富强民主文明和谐美丽的社会主义现代化强国"的伟大抱负,脚踏实地"决胜全面建成小康社会,夺取新时代中国特色社会主义伟大胜利"。这就要求当代中国各宗教与时俱进,把自己的工作重心不失时机地由新中国成立初期的宗教自新转到当前的"决胜全面建成小康社会"的伟大事业上来,由以往的"民族救亡"转移到"实现中华民族复兴的中国梦"上来。

二、当代中国宗教与全面建成小康社会的精神资源

在中国社会发展的当前阶段,所谓中国各宗教的工作重心由建国初期的宗教自新转到当前的"决胜全面建成小康社会"的伟大事业上来,由以往的"民族救亡"转移到"实现中华民族复兴的中国梦"上来,就其所内蕴的实质性内容言,最根本的就是要全面建成小康社会。而全面建成小康社会,固然有一个经济发展问题,但却并不仅仅限于经济问题,还广泛涉及到民主制度进一步健全、科学教育更加进步、文化事业更加繁荣、社会更加和谐和安定有序、人民生活更加殷实等多个方面的问题,也就是说,不仅有一个物质文明建设问题,还有一个政治文明、精神文明、社会文明和生态文明建设问题。毫无疑问,当代中国宗教应该而且能够与全国人民一道承担起

---

① 此话出自刘向的《战国策·秦策五·谓秦王》。

这样的历史使命。

　　说当代中国宗教应该与全国人民一道承担起全面建成小康社会的历史使命，乃是因为维系和创建美好社会本来就是宗教应有的社会功能，是宗教自身所具有的社会本质的自然体现，也是中国宗教得以存在和发展的先决条件。难道我们可以设想在当代中国社会中有那么一个宗教组织，它可以脱离开当代中国社会，脱离开当前中国人民正在从事的全面建成小康社会的伟大事业而得到存在和发展吗？说当代中国宗教信众能够与全国人民一道承担起全面建成小康社会的历史使命，乃是因为小康社会乃是千百年来中国人民的社会理想，也是各传统宗教千百年来孜孜以求的奋斗目标。而且如我们在前面所说，各大宗教在这方面不仅积累了丰富的经验，而且还流传下来极其丰富的精神资源。

　　首先，小康社会是一个以人为本的社会。而人文化显然是中国传统宗教的一项重要特征。在中国古代汉语中，"宗"、"教"的人文意涵十分明显。依《说文解字》，"宗，尊祖庙也。"可见，"宗"字在古汉语中的基本含义在于人的祖先崇拜，在于一个家族的人对自己祖先的崇拜，因而归根到底，说的是作为某一类群的人的一种自我崇拜。至于"教"，《说文解字》讲：教，上所施，下所效也。会意兼形声字。上所施，故从文。下效，故从孝。由此，荀子有所谓'君子以为文，而百姓以为神"的说法，《易经·观》中有所谓"观天之神道，而四时不忒，圣人以神道设教，而天下服矣"的说法，《道德经》第 25 章中有所谓"道大，天大，地大，人亦大。域中有四大，而人居其一焉"。不难看出，所有这些所强调的都是宗教的人学意义和教化社会的意义，所凸现的都是宗教神学的人文化。谢扶雅在其《宗教哲学》中强调宗教为"切与人生之物"：不仅"肇端于人事"、"征验于人事"，而且还"归宿于人事"。[①] 中国宗教无疑非常典型地体现了宗教的这一特征。也正因为如此，当代新儒学的重要代表人物牟宗三曾将儒学（儒教）称作"人文教"和"道德教"："凡道德宗教足以为一民族立国之本，必有其两面：一足以为日常生活轨道（所谓道揆法守），二足以提撕精神，启发灵感，此即足以为创造文化之文化生命。……儒家教义即依据此两面之圆满谐和形态而得成为人文教"。[②] 其实，如上所述，既然道教和中国佛教和中国伊斯兰教等外来宗教在中国化过程中都程度不同地实现了与中国儒学（儒教）的融合，则它们在一定程度上也就都具有"人文教"或"道德宗教"的品格，从而也就有望都成为中国建成小康社会的

---

① 谢扶雅：《宗教哲学》，山东人民出版社 1998 年版，第 85—86 页。

② 牟宗三：《生命的学问》，广州师范大学出版社 2005 年版，第 64 页。

精神资源。

其次,小康社会也是一个注重政治文明和社会和谐的社会。按照《礼记》,且不要说"大同"社会"选贤与能,讲信修睦","老有所终,壮有所用,幼有所长,鳏、寡、孤、独、废、疾者皆有所养",即使"小康"社会也"礼义以为纪,以正君臣,以笃父子,以睦兄弟,以和夫妇,以设制度,以立田里"。[1] 从张角领导的黄巾起义到洪秀全领导的太平天国革命运动所强调的都是一个"平"字,都有一个公平的社会制度问题。最早的道教经典《太平经》最根本的思想就是"中和"与"太平"。它不仅从宇宙论的高度论证了三名同心的太平世界,指出:"元气有三名:太阳、太阴、中和。形体有三名:天、地、人。天有三名:日、月、星,北极为中也。地有三名为:山、川、平土。人有三名:父、母、子。治有三名:君、臣、民",[2] 而且还对"太平"作出了"太者大也,平者正也"的政治学解读。[3] 太平天国不仅提出了"天下总一家,凡间皆兄弟"(《原道觉世训》)的社会纲领,而且还对之作出了合乎中国传统文化的解读,尽管这样一种解读披上了基督教的外衣:"即以凡情而论,各有父母,不能无同姓异姓之分;各有室家,不能无此疆彼界之别。要知万姓同出一姓,一姓同出一祖,其原未始不同。我们蒙天父生养以来,异体同形,异地同气,所谓四海之内皆兄弟也。今者深沐天恩,共成一家,兄弟姐妹,皆是同胞,共一魂爷所生,何分尔我!何分异同!有衣同衣,有食同食;凡有灾病,必要延医调治,提理汤药;若有孤子孤女以及年岁衰迈者,更宜小心看待,与其盥浴身体,洗换衣服,斯不失休戚与共、痾痒相关之义。盖安老怜幼恤孤,皆出自东王体天父好生之心,天王胞与之量,是以恩及下民,无微不至也。"(《天情道理书》)应该说,太平天国"天下一家"、"民胞物与"的思想与《礼记》中的"小康"和"大同"的思想不无联系。至于受到基督教影响的孙中山的"三民主义"除了民族主义外还有一个民生主义和民权主义,也同样关涉到政治文明和社会和谐问题,也与儒家(儒教)的"小康"和"大同"思想不无关联。一如有的学者所说:"孙氏学说是有目的的对儒教文化、民生主义(社会主义)和西方民主这三个传统的结合。孙氏相信一个独特和自豪的中国,只要以儒教文明为基础,就会在文化上复兴。"[4] 应该特别

[1] 《十三经注疏》上,上海古籍出版社 1997 年版,第 1414 页。
[2] 王明:《太平经合校》,中华书局 1960 年版,第 19 页。《太平经》还进而强调说:"天地中和同心,共生万物。男女同心而生子,父母子三人同心,共成一家。君臣民三人共成一国。"(同上书,第 149 页)
[3] 同上书,第 148 页。
[4] 张文蔚:《孙中山思想与中国前途》,参阅郑竹园主编:《孙中山思想与当代世界》,台北编译局 1996 年版,第 59 页。

强调指出的是，我国宗教所内蕴的"和谐"和"和平"思想，不仅有望对我们全面建成小康社会和全面建成社会主义现代化强国作出重要贡献，而且也有望对构建人类命运共同体作出重要贡献。

最后，全面建成小康社会不仅有一个经济建设、政治建设、文化建设和社会建设问题，而且还有一个生态文明建设，一个"加快生态文明体制改革，建设美丽中国"的问题。[①] 而在这一方面，中国传统宗教有极其丰富的精神资源。中国传统的宗法性民族国家宗教（即我们通常所说的"儒学"、"儒教"）一向以天人合一为其总的理论纲领。《周易·序卦传》讲："有天地，然后有万物。有万物，然后有男女。有男女，然后有夫妇。有夫妇，然后有父子。有父子，然后有君臣。有君臣，然后有上下。有上下，然后礼义有所措。"尽管这种讲法内蕴有藉天尊地卑的宇宙秩序神圣化社会秩序的社会功能，但无论如何它同时也内蕴有"天人之际，合而为一"的思想，值得我们认真体会和借鉴。《道德经》第 25 章中也有所谓"人法地，地法天，天法道，道法自然"的说法，显然是把"法自然"奉为最高行为准则的；《道德经》第 5 章中有所谓"天地不仁，以万物为刍狗"的说法，更是表达了一种强烈的反对工具理性的意向。

在生态文明建设方面，中国佛教的精神资源尤为丰富：首先是中国佛教的"缘起说"值得我们认真借鉴。缘起说是佛教的一项基本学说。无论是小乘佛教和大乘佛教都竭力提倡缘起说。小乘佛教在解释十二缘起时，特别强调了事物之间的普遍依赖和普遍联系。所谓"此有故彼有，此生故彼生……此无故彼无，此灭故彼灭"，或"因此有彼，无此无彼，此生彼生，此灭彼灭，谓缘无明有行，乃至缘生有老死，若无明灭，则行灭，乃至生灭则老死灭"，[②] 即是谓此。大乘佛教的缘起说内容更为丰富，有所谓空性缘起、阿赖耶缘起、真如或佛性缘起等等，从着重关注和阐释人生起源和生死轮回问题，到关注世界万物的本质乃至宇宙的本体本原问题，提出诸如以空性、心性为本体本原的"诸法性空"、"三界虚妄，但是一心作"、"三界唯心"、"一切唯识"等等论断。依照缘起说，人、人类社会与自然彼此连接、相互依存，这就为生态文明建设提供了理论支撑。其次，是中国佛教的"一体说"。大乘般若中观思想、以真如法性为本体本原的法界缘起思想、以佛性为觉悟基因的心性论等，以及天台宗、华严宗、禅宗说法中常提到的"色心（物质与精神）不

① 习近平：《决胜全面建成小康社会，夺取新时代中国特色社会主义伟大胜利》，人民出版社 2017 年版，第 50 页。

② 参阅《杂阿含经》卷十、卷四十七，见《大正藏》卷 2，第 67 页上、《大正藏》卷 1，第 723 页下。

二"、"正依（生命主体与国土环境）不二"、"理事（本体本原与现象）圆融"、"天地与我同根，万物与我一体"（《肇论·涅槃无名论》）和"识心性，自成佛道"（《六祖坛经》）等论断中，无一不孕育着中国传统文化中天人合一的思想。这对于我们正确认识和处理人与自然、人与生态环境的关系无疑具有启示作用。最后，是中国佛教的"有情世界"理念和"大慈大悲"情怀。中国佛教的有情世界是一个外延相当宽泛的概念，凡三界五趣、流转生死的都属于有情世界。有情世界关涉的不仅有人，而且还有动物、植物。正因为如此，有情世界也称作"众生世界"。所谓菩萨心肠，也就是"视一切众生，如己身"的心肠。佛教五戒中的不杀生戒，不仅绝不允许伤害人和杀人，也不允许伤害和杀害包括所有动物在内的一切有生命的"众生"（包括胎生、卵生、湿生和化生）。佛教之所以强调"大慈大悲"，即是谓此。这样一种"有情世界"理念对于我们卓有成效地保护动物乃至植物，积极推进生态文明建设无疑至关紧要。

不仅中国的道教和佛教在生态文明建设方面有丰富的精神资源，而且中国的伊斯兰教和基督宗教也有丰富的精神资源。《古兰经》启发人们说："难道他们没有仰视天体吗？我是怎样建造它，点缀它，使它没有缺陷的？我曾展开大地，并将许多的山岳投在上面，还使各种美丽的植物生长出来，为的是启发和教会每一个归依的仆人。"[1]《古兰经》还说道："我展开大地，并把许多山岳置在大地上，而且使各种均衡的东西生出来"，[2] "他创造万物，并使各物匀称"。[3] 其中所强调的世上事物的多样性以及世上万物的"均衡性"和"匀称性"对于我们树立生态意识无疑有启发作用。

基督宗教的《圣经》里也不乏这样的精神资源。有人批评基督宗教文明是人类中心主义的，不利于生态文明建设。这种意见从一个方面看也不无道理，但毕竟是片面的。首先，按照《创世记》的说法，上帝不仅创造了人，而且还创造了"光"、"空气"（"天"）、"地"、"海"、"青草"、"菜蔬"、"树木"、"太阳"、"月亮"、"星星"、"鱼"、"飞鸟"、"牲畜"、"昆虫"和"野兽"。[4] 有人说：上帝造这些东西，都是为了人造的，从而《创世记》宣扬的是人类中心主义。因为上帝之所以要造"青草"，乃是为了用作动物（即"走兽"和"飞鸟"等）的"食物"，之所以要造"菜蔬"和"果树"，乃是为了人

---

[1] 《古兰经》50：6—8。
[2] 《古兰经》15：19。
[3] 《古兰经》87：2。
[4] 《创世记》1：3—24。

"用作""食物"。但《创世记》在谈到人与世上万物的关系时，使用了"治理"、"管理"、"修理"和"看守"等字眼。例如，在《创世记》第一章，作者使用了"治理"和"管理"字眼："要……治理这地。也要管理海里的鱼、空中的鸟，和地上各样行动的活物。"①在《创世记》第二章里，作者使用了"修理看守"的字眼："耶和华上帝将那人安置在伊甸园，使他修理看守。"②这里所说的"伊甸园"其实就是人类的理想家园。因此，按照《创世记》第二章的说法，人类对自己的家园承担的是"看守"，使之免遭破坏之责，而非肆意破坏之责。这对于我们树立生态意识，恪守看守我们自己的家园，使之免遭破坏之责无疑具有启发意义。另外，在《创世记》第一章里，作者似乎是在提倡素食主义。因为作者只是说上帝叫人吃"结种子的菜蔬"和"树上所结有核的果子"，叫动物吃"青草"，而没有让人吃"动物"："上帝说：看哪！我将遍地上一切结种子的菜蔬，和一切树上所结有核的果子，全赐给你们作食物。至于地上的走兽，和空中的飞鸟，并各样爬在地上有生命的物，我将青草赐给他们作食物。"③当然，《创世记》的作者虽然也不是那种绝对的素食主义，但他却坚决地反对人类吃"带着血"的动物的肉，也就是坚决反对直接吃活着的动物的生肉，因为在《圣经》的作者看来，直接吃活着的动物的肉，吃沾血的肉，太过残忍，太不尊重生命。《圣经》的作者强调说："惟独肉带着血，那就是它的生命，你们不可吃。流你们的血、害你们命的，无论是兽是人，我必讨他的罪。"④他还强调说："若吃甚么血，我必向那吃血的人变脸，把他从民中剪除。"⑤或许正是基于这样的考虑，摩西十诫中提出了"不应杀生"的问题。这与佛教的"不杀生"戒倒是相当贴近的。摩西十诫中第六戒的犹太原文是"lo tirtzach"。其中，"tirtzach"的基本意思是"杀生"或"任意杀害生命"，而"lo"的基本意思是"不应"。因此，"lo tirtzach"的基本意思是"不应杀生"。也许正因为如此，绝大多数《圣经》英译本将"lo tirtzach"译作"You shall not murder"。但《圣经》汉译本却将其译作"不可杀人"，⑥似乎违背了《圣经》的原义。而且，从总体上说，《圣经》虽然特别推崇人，但就生命层面而言，人与动物或一切"活物"都是一个等级，不分轩轾。因为《圣经》明确宣布：

---

① 《创世记》1：28。
② 《创世记》2：15。
③ 《创世记》1：29。
④ 《创世记》9：4—5。
⑤ 《利未记》17：10。
⑥ 参阅《圣经》中英对照（和合本·新国际版）标准本，汉语圣经协会有限公司 2004 年版，第126 页。

　　上帝晓谕挪亚和他的儿子说："我与你们和你们的后裔立约。并与你们这里的一切活物，就是飞鸟、牲畜、走兽，凡从方舟里出来的活物立约。我与你们立约，凡有血肉的，不再被洪水灭绝，也不再有洪水毁坏地了。"上帝说："我与你们，并你们这里的各样活物所立的永约，是有记号的。我把虹放在云彩中，这就可作我与地立约的记号了。我使云彩盖地的时候，必有虹现在云彩中。我便记念我与你们，和各样有血肉的活物所立的约，水就不再泛滥毁坏一切有血肉的物了。虹必现在云彩中，我看见，就要记念我与地上各样有血肉的活物所立的永约。"上帝对挪亚说："这就是我与地上一切有血肉之物立约的记号。"①

这就是说，人并非"有血肉之物"之外、之上的东西，从"有血肉之物"层面看，他与"飞鸟、牲畜、走兽"没有什么两样，两者都是"有血肉之物"的下位概念。这里所强调的与其说是人类中心主义，毋宁说是生命中心主义，也可以说是一种古代的柏格森主义。② 当年，法国哲学家培尔（Pierre Bayle，1647—1706）曾经强调基督宗教文明的人类中心主义性质，断言：

　　既然无限的善引导着造主创造这个世界，在其创世工作中所展现出来的知识、技能、能力和伟大的一切特征都注定为着理性受造物的幸福。仅仅为了这样一个目标，上帝才愿意展现他的完满性，以便这类受造物在对这一至上存在的知识、赞美和爱中发现他们的福祉。③

德国哲学家莱布尼茨（Leibniz，1646—1716）则从"神恩成全自然"的角度，论证了神恩界对自然界的"适应"和"完满的结合"。他在他的主要论著《神正论》中对培尔的上述观点批驳道：

　　这条原理在我看来并不非常精确。我承认理性受造物的幸福是上帝设计的

---

① 《创世记》9：8—17。
② 柏格森（Henri Bergson，1859—1941）是生命哲学的最主要代表人物。他认为，真正的实在就是生命，而生命的本质在于时间或纯粹的绵延，亦即一种心理意识活动。他在《创造进化论》中强调说："生命是心理的东西"、"意识、或毋宁说超意识是生命之流"。
③ 莱布尼茨：《神正论》，段德智译，商务印书馆 2017 年版，第 280 页。

主要部分，因为他们最像上帝。但我却看不出人们是如何证明出此乃上帝的唯一目的。诚然，自然界（le règne de la nature）必须服务于神恩界（au règne de la grâce）。但既然在上帝的伟大设计中，一切都相互联系在一起，我们就必须相信：神恩界也以某种方式适应于自然界，以致自然蕴含有最大的秩序和美，从而使自然界与神恩界的结合达到能够企及的最完满的程度。①

尤其值得注意的是，莱布尼茨还用《圣经》中约拿的故事来阐释上帝对"一切活物"（一切有生命事物）的看重。按照《圣经》的说法，上帝在巴勒斯坦召唤约拿前去尼尼微城布道。约拿到尼尼微后大声疾呼，警告罪孽深重的尼尼微人尽快弃恶从善，否则40天后尼尼微城必将倾覆。众人听到警告后纷纷悔改。上帝见此便不降灾给尼尼微人。这时，约拿却不悦，抱怨上帝过于宽大，既然如此，还不如求上帝赐其一死，以免活着丢人。于是，他跑到了城外，坐在那里看看这事究竟如何了结。上帝使约拿身边长出一株很高的蓖麻，为约拿遮住阳光，使他免遭暴晒之苦。约拿极为高兴。第二天一旦，上帝却安排一条虫子，咬食蓖麻秆，致其枯萎而死。不久，烈日当空，约拿被晒得头昏脑涨，感到生不如死。这时，上帝对约拿说："你因这棵蓖麻发怒合乎理吗？"他说："我发怒以至于死，都合乎理。"耶和华开导说：

> 这蓖麻不是你栽种的，也不是你培养的，一夜发生，一夜干死，你尚且爱惜；何况这尼尼微大城，其中不能分辨左手右手的有十二万多人，并有许多牲畜；我岂能不爱惜呢？②

上帝在处置尼尼微事件中，不仅考虑到了尼尼微城里的"人"，而且还同时考虑到了尼尼微城里的"牲畜"，由此可以看出，基督宗教是将"牲畜"和"人"一样都视为"生命"或"活物"的。鉴此，莱布尼茨发挥说：

> 当上帝向先知约拿解释他竟恕尼尼微居民的正当性的时候，他甚至论及了身陷这一大城市毁灭之中的动物的利益。在上帝面前，没有任何一个动物受到

---

① 莱布尼茨：《神正论》，段德智译，商务印书馆2017年版书，第280页。
② 《约拿书》4：7—11。

绝对的蔑视，也没有任何一个动物受到绝对的珍重。对这项原理的滥用或夸张的使用似乎部分地构成培尔先生所述的多种困难的根源。确定无疑的是，上帝对一个人要比对一头狮子更重视些。但我们却不能因此而说，上帝在所有的方面都把一个人看得比整个狮子族类还重。即便是这样一种情况，我们也不能由此得出结论说，一定数量的人的利益会超过弥漫于无限数量受造物之中普遍无序状态的考虑。这种意见无非是一切都是为人而造这样一种陈旧的、信誉扫地的原理的沉渣泛起。①

应该说，莱布尼茨的这一意见颇中肯綮，可谓充分昭示了《圣经》中所蕴含的生态理念。

由此可见，中国传统宗教，无论是道教、佛教，还是伊斯兰教和基督宗教，其本身都内蕴有极其丰富的全面建成小康社会的精神资源。问题在于如何使这些精神资源进一步中国化和当代化，使之更加适应当代中国的社情和国情，真正做到古为今用和洋为中用，成为我们决胜全面建成小康社会、全面建成社会主义现代化强国的精神财富。因此，摆在当代中国宗教面前的一项重要任务就在于进一步深入开掘和改造其本身所固有的极其丰富的精神资源，使之成为当代中国人民实现中国梦伟大实践的重要精神能源，从而作出无愧于我们时代的积极贡献。

三、当代中国宗教与精神文明建设

尽管全面建成小康社会广泛涉及物质文明建设和政治文明建设，但是无论如何，精神文明建设都是其中一项不可或缺的内容。而正是在这样一种建设中，当代中国宗教将有望发挥非常积极的作用。真正说来，作为小康社会和大同社会根本标志的"礼仪"和"讲信修睦"等，无一不关涉到精神文明建设，然而，它们也同样无一不构成中国传统宗教的根本因素。

在原始社会，自宗教产生以来，政治、道德与宗教是三位一体的，社会道德或社会伦理其实也就是宗教道德或宗教伦理。自中国进入文明社会以来，作为宗法性民族国家宗教的儒教的道德观或伦理观在中国历史上就一直处于支配地位。儒教所宣扬的纲常礼教在近两千年的中国社会中一直构成社会各阶层的行为标准或准则。宗法性传统宗教的敬天法祖信仰及其祭祀活动都成了"教化民众"或道德

---

① 莱布尼茨：《神正论》，段德智译，商务印书馆 2017 年版，第 280—281 页。

伦理教育的基本手段。曾子所谓"慎终追远，民德归厚"，[1] 要说明的就是这层道理。儒教的"三纲五常"，除"君为臣纲"和"夫为妻纲"两条外，差不多至今仍然构成中华民族的道德观或伦理观的核心内容。当孙中山把"忠（忠于祖国）孝"、"仁爱"、"信义"和"和平"这"八德"理解为中国固有的至今仍需要大力发扬的美德时，他的这种做法基本上合乎中国国情。[2] 中国宗教史上有所谓"三教合一"的说法。"三教合一"说到底就是中国佛教和中国道教接纳儒教的道德观或伦理观。如果考虑到这样一个史实，对儒教的道德观或伦理观在中国社会上的深广影响就不难理解了。

我们知道，印度佛教特别是小乘佛教虽然以劝人为善为宗旨，在根本方面与中国传统道德有相通之处，但是由于其强调剃发出家、个人解脱和众生平等，不太看重君臣父子之间的尊卑关系，故而传到中国后，与以"忠孝"为核心的中国传统道德风俗发生冲突，受到"不忠不孝"的指责。例如，据《牟子理惑论》载，在佛教初入中土时，就遭到了"不合孝子之道"的谴责。一些人说："《孝经》言：'身体发肤，受之父母，不敢毁伤。'曾子临没，'启予手，启予足'。今沙门剃头，何其违圣人之语，不合孝子之道也。吾子常好论是非、平曲直，而反善之乎？"又有人指责说："夫福莫逾于继嗣，不孝莫过于无后。沙门弃妻子，捐财货，或终身不娶，何其违瞡孝之行也？自苦而无奇，自拯而无异矣。"因而，佛教在中国化的过程中积极调整其道德伦理取向，一方面努力发挥佛典中本有的家族伦理，另一方面又努力接纳儒教的伦理道德观念：以孝为众戒之先，以"五戒"类比"五常"。例如，《提谓经》就曾用"儒教"的"五常"来诠释佛教的"五戒"。其中写道：

---

[1] 《论语·学而》。

[2] 孙中山在《三民主义之民族主义》第六讲中，曾将中国的"旧道德"归结为"八德"，并认为"旧道德"乃中华民族复兴的"基础"。他说道："穷本溯源，我们现在要恢复民族的地位，……就要把固有的旧道德先恢复起来。有了固有的道德，然后固有的民族地位，才可以图恢复。讲到中国的固有道德，中国人至今不能忘记的，首先是忠孝，次是仁爱，其次是信义，其次是和平。……但是现在受外来民族的压迫，侵入了新文化，那些新文化的势力，此刻横行中国。一般醉心新文化的人，便排斥旧道德，以为有了新文化，便可以不要旧道德。不知道我们固有的东西，如果是好的，当然要保存，不好的才可放弃。此刻中国正是新旧潮流相冲突的时候，一般国民都无所适从。……所以中国从前的忠孝仁爱信义种种的旧道德，固然是驾乎外国人；说到和平的道德，更是驾乎外国人。这种特别的好道德，便是我们的民族精神。我们以后对于这种精神，不但是要保存，并且要发扬光大，然后我们民族的地位才可以恢复。……我们要将来能治国、平天下，便先要恢复民族主义和民族地位；用固有的道德和平做基础，去统一世界，成一个大同之治，这便是我们四万万人的大责任，……便是我们民族的真精神。"

> 提谓、波利等问佛：何不为我说四、六戒？佛答：五者，天下之大数。在天为五星，在地为五岳，在人为五脏，在阴阳为五行，在王为五帝，在世为五德，在色为五色，在法为五戒。以不杀配东方，东方是木，木主于仁，仁以养生为义；不盗配北方，北方是水，水主于智，智者不盗为义；不邪淫配西方，西方是金，金主于义，有义者不邪淫；不饮酒配南方，南方是火，火主于礼，礼防于失也；以不妄语配中央，中央是土，土主于信，妄语之人乖角两头、不契中正，中正以不偏乖为义。①

《提谓经》不仅用儒家儒教的"五常"来诠释佛教的"五戒"，而且还用儒家儒教的"五经"来诠释佛教的"五戒"。它写道：

> 五戒者，天地之大忌，上对五星，下配五岳，中成五脏，犯之者，违天触地、自伐其身也。又对五常：不杀对仁，不盗对义，不淫对礼，不饮酒对智，不妄语对信。又对五经：不杀对《尚书》，不盗对《春秋》，不淫对《礼》，不妄语对《诗》，不饮酒对《易》。又对十善：杀盗淫是身三，妄语摄口四，饮酒摄意三。②

佛教入土中华后，不仅接纳了我国固有的传统道德观念，而且还极大地丰富了中国的道德观念。例如，佛教由于有"有情世界"概念，其所要求的慈悲泛爱的范围便在很大程度上超越了儒教伦理。此外，道教强调柔弱退让和先人后己，③ 伊斯兰教强调"秘密行善"，④ 基督宗教强调爱人如己，⑤ 所有这些都对丰富和提升中国传统道德观念作出了重要贡献，都在中国成为"礼仪之邦"方面发挥了重要作用。

诚然，宗教道德与世俗道德之间虽然有协调一致的方面，但也存在有一定的差距和张力。问题在于如何正确地看待存在于这两种道德类型之间的种种差距

---

① 见《仁王护国般若波罗蜜经疏》卷2，《大正藏》卷33，260c—261a。

② 见《金光明经文句》卷1，《大正藏》卷39，50b—c。

③ 《道德经》讲到"不敢为天下先"。其中写道："我有三宝，持而保之，一曰慈，二曰俭，三曰不敢为天下先。慈故能勇，俭故能广，不敢为天下先，故能成器长。"（《道德经》，第67章）

④ 例如，《古兰经》就明确提倡秘密行善："如果你们公开的施舍，这是很好的；如果你们秘密的施济贫民，这对于你们是更好的，这能消除你们一部分的罪恶。"（《古兰经》2：271）

⑤ 《圣经》上说："你要尽心、尽性、尽意，爱主你的神。这是诫命中的第一，且是最大的。其次也相仿，就是要爱人如己。这两条诫命是律法和先知一切道理的总纲。"（《马太福音》22：37—40）

和张力。只要宗教道德在其精神取向上始终保持与当代中国社会的同向性，始终服务于全面建成小康社会和实现民族复兴的大局，那么，在当代中国的精神文明建设中，我们就不仅不必担心它对当代中国社会世俗道德和世俗伦理产生什么负面影响，而且还可指望通过它来激励和提升当代中国社会伦理和世俗伦理的健康发展。宗教道德和宗教伦理在维护社会和谐稳定的精神文明建设中的作用不容低估。

四、当代中国宗教与文化建设

当代中国宗教不仅可望在当代中国精神文明建设中发挥非常积极的作用，而且还有可能在当代中国文化建设中发挥非常积极的作用。

中国传统宗教同中国传统哲学的关系非常密切。首先，中国传统宗教同中国传统哲学历来互存互补。在中国思想史和文化史上，儒教同儒学（儒家），道教同道家，佛教同佛学（释家）在很多场合都互为表里。一般来说，中国传统哲学总是构成中国传统宗教的教义，特别是同中国传统宗教相关的宗教哲学的理论基础。例如，离开了道家思想，我们对道教的教义或道教哲学，便很难作出深层次的解释。① 同样，离开了佛学，我们对中国佛教的教义或佛教哲学也很难作出中肯的说明。② 至于儒学

---

① 道家创始人老子（约公元前 600—前 500）被奉为道教教祖。东汉中期，张陵在蜀中（今四川）创天师道时，尊奉老子为教主，将其神化为太上老君。《老子想尔注》宣称："一者，道也。""一散形为气，聚形为太上老君。"魏晋南北朝时，道教南、北天师道与上清、灵宝诸教派皆尊奉老子。道教神系中，又尊老君为"太清道德天尊"，与玉清元始天尊和上清灵宝天尊合称为"三清"，并建三清殿以奉祀。不仅如此，道教历来奉《道德经》为其主要经典。张陵父子开始以《老子》五千文教导其弟子，东汉的《太平经》采用《道德经》作为其理论基础；《周易参同契》、《悟真篇》、《道要秘诀歌》等炼丹著作，亦无不吸取《道德经》作为主要养料来源。

② 诚然，佛学并不完全等同于佛教，因为佛教是一种宗教，是一个宗教信仰体系；而佛学则是一门学问，是对于佛教的一种学术性研究。研究佛学的未必信佛教，很可能只是将其作为一种学问来研究。同样，信教的也未必真正懂佛学。也正因为如此，佛学大师欧阳竟无（1871—1943）将佛学（佛法）界定为"研究境"，是对佛家最高境界的研究，"非宗教非哲学"。他解释说："宗教有结论无研究，哲学有研究无结论，佛法则于结论后而大加研究以极其趣，非待研究而希得其结论。是故，佛法于宗教哲学外而别为一学也。"但欧阳竟无的这些说法本身即说明佛学（佛法）与佛教有内在关联。因为佛学（佛法）并不在于是否承认佛说的真理性，而在于对待佛说真理的态度：宗教是有结论而无研究，仅只确信佛说的真理性，但佛学则在肯认佛说真理性的基础上还要前进一步，还要开展研究，努力用"方便言说"来言说"不可言说"。因此，欧阳竟无的结论是："一切佛法研究，皆是结论后之研究，而非研究后之结论。"也就是说，在欧阳竟无看来，佛学是言说出来的佛教，而佛教则是未言说出来的佛学。

同儒教的关系更让人感到扑朔迷离。① 在一定意义上，我们可以说，中国各传统宗教的哲学总是作为中国传统哲学的一个重要组成部分而存在和出现的。

其次，在两千多年的历史演进中，各种宗教及其哲学还在不同程度上构成了中国传统哲学的一项重要动力。如果我们把先秦时代的儒家哲学和道家哲学视为非宗教的哲学，那么，它们在汉代以后的发展就都受到过外来佛教和本土道教的深刻影响。如果我们说两汉及其以前，中国哲学的发展同中国传统宗教信仰密切相关，那么，魏晋以后，中国哲学就是在儒、佛、道的冲突和交融中向前演进的。例如，在魏晋南北朝时期，儒释道之间，特别是儒释之间，就出现过四场大的争论。首先，是发生在东晋的"沙门敬王之争"；接着是发生在刘宋时期的"白黑论之争"；第三是贯穿整个历史时期的"夷夏论之争"，夷夏论之争不仅涉及儒释之争，而且还涉及释道之争；第四场是发生在齐梁之际的"神灭论之争"，主要限于儒释之间。儒释道三教之间的激烈争论非但没有引起三方的根本对立，反倒促进了三方后来的融合。例如，沙门借"内外论"来说明儒释关系。东晋惠远说"求圣人之意，则内外之道可合矣"（《沙门不敬王者论》）。孙绰则说："周孔即佛，佛即周孔，盖内外名之耳。"（《喻道论》）而道教徒则多用"本末论"来解说儒道关系。东晋李充说："圣教救其末，老庄救其本"（《学箴》）。葛洪在《抱朴子》中说："道者儒之本也，儒者道之末也"（《抱朴子·明本》）。儒家则与道家的立场相反，他们虽然也用"本末论"来解说儒释道三教的关系，但却把儒学儒教视为治国之本，而将释道视为末。晋傅玄认为："夫儒学者，三教之首也"（《晋书·傅玄传》）。宋何承天说："士所以立身扬名，著信行道者，实赖周孔之教"（《答宗居士书》）。还有一些宗教界人士和学者主三教殊途同归论。东晋惠远说；

---

① 儒学与儒教的关系，或者说儒学是否为宗教，一直是当代中国学界争论不休的问题。这个问题可以从不同层面加以理解。首先，从教化层面看，儒学可以被称作儒教。"教"在早期儒家经典中就是"教化"的意思。《周易》讲"神道设教"，《中庸》讲"修道之谓教"，都是从"教化"层面来理解"教"的。最初佛教传入中国时，用"教"来为自己命名，着眼的也是"教化"这个意思。不过，魏晋南北朝之后，盛行"儒释道三教合流"的说法，显然是在强调儒教是一种和佛教和道教一样的宗教。至近代，康有为主张改"儒教"为"孔教"：既然西方以耶教立国，我们就应当以孔教立国。他说道："窃维孔子之圣，光并日月；孔子之经，流亘江河；岂待臣愚，有所赞发。"（《请尊孔圣为国教立教部教会以孔子纪年而废淫祠折》）他还强调说；"唯有孔子，真文明之教主。"（同上）"天不能言，使孔子代言之。故孔子之言也，天之言也。"（《春秋董氏学》）在笔者看来，儒学与儒教相对相关。将儒学统称作儒教，未必精当，但完全否认儒教的存在也未必精当。但无论如何，儒学具有宗教性。（参阅段德智：《从存有的层次性看儒学的宗教性》，《哲学动态》1999 年第 7 期；段德智：《从儒学的宗教性看儒家的主体性思想及其现时代意义》，《华中科技大学学报》2003 年第 3 期；段德智：《近三十年来的"儒学是否宗教"之争及其学术贡献》，《晋阳学刊》2009 年第 6 期）

"道法之与名教，如来之与尧孔，发致虽殊，潜相影响；出处诚异，终期则同。"（《沙门不敬王者论》）顾欢排佛虽然激烈，但即使他也承认："道则佛也，佛则道也。其圣相符，其迹相反。"（《夷夏论》）北周道安则从教化层面强调三教的统一性。他说道："三教虽殊，劝善义一，途迹诚异，理会则同。"（《二教论》）在魏晋南北朝时期，佛教哲学借助于玄学而加快了中国化的进程。事实上，也正是在儒佛道三教合流的大格局下，中国哲学才通过新涌现出来的禅宗禅学（新的佛教哲学）、宋明时期的理学和心学（或曰宋明理学和心学）和内丹学（道教哲学）而上升到一个新的高峰。

例如，禅宗禅学就是"佛教的中道宗"与"道家哲学""相互作用"的结果。在佛教传入中国初期，佛学学者往往采用"格义"法，也就是"用道家哲学的观念"来解释"佛学著作"。①

再如，中国儒学的发展也与佛教和道教密切相关。我们知道，宋明理学是中国儒学发展历史上的一个极其重要的阶段，而它对先秦儒学的超越最根本的就在于它之具有更为鲜明的形而上学色彩。先秦儒学采取"就事论理"的进路，强调的是形而上与形而下的关联性与浑然一体性。而宋明儒学采取的则是"就理论理"的进路，开始强调形而上与形而下的区分，自觉地将自己的哲学思考定格在形而上的层面上。朱熹（1130—1200）不仅将"无形的理"规定为自己哲学的最高范畴，而且把这一点说得很明白："形而上者，无形无影是此理。形而下者，有情有状是此器。"②尽管朱熹强调"性即理"，而陆九渊（1139—1193）和王阳明（1472—1529）强调"心即理"，但他们之强调"无形的理"或"形上的理"则是一致的。然而，促成宋明儒学迈出这一步的一个重要动因便是道教和佛教。朱熹坦然承认道家道教对宋明理学的影响。他曾经说过："至妙之理，有生生之意焉，程子所取老氏之说也。"③他还说过："康节说形而上者不能出庄、老，形而下者则尽之矣。"④陆九渊虽然声明他的心学"因读孟子而自得之"，⑤但他的心学却还是被朱熹说成是"昭昭灵灵"的禅学。⑥明末清初的潘平格（1610—1677）讲"朱子道，陆子禅"，看来此言不诬也。由此看来，离开了中国道教和中国佛教的影响，宋明理学和心学的学术成就很难设想。毋庸讳言，无论是朱熹的理学还是陆九渊和王阳明的心学都对中国宗教做了批评，但他们对中国宗教的

---

① 参阅冯友兰:《中国哲学简史》，北京大学出版社 1998 年版，第 206—207 页。

② 《朱子语类》卷九十五。

③ 《朱子语类》卷一二五。

④ 《朱子语类》卷一四〇。

⑤ 《象山先生全集》卷三十五。

⑥ 参阅《朱子语类》卷一二四。

批评，与其说是在否定中国宗教思想，毋宁说是在正本清源，在进一步发展中国宗教思想和哲学思想。就朱熹而言，他之所以批评道家道教，不是因为道家道教的经典不可取，而是因为他觉得道家道教思想家对这些经典中的"至妙之理"熟视无睹，"解注者甚多，竟无一人说得他本义。只据他臆说。"① 而他之所以批评佛家说空，不是因为佛家不应当说空，而是因为佛家在说空之后不知道还有个"实的道理"。② 就王阳明而言，他之批评道家（仙家）和佛家，也不是因为他们说"虚"说"无"，而是因为道家（仙家）和佛家只从"养生"方面讲"虚"，只从"出离生死苦海"方面讲"无"，而没有进一步"于本体上"讲"虚"讲"无"，从而丧失了"虚无的本色"。③ 正因为如此，冯友兰先生说："新儒家比道家、佛家更为一贯地坚持道家、佛家的基本观念。他们比道家还要道家，比佛家还要佛家。"④ 所谓青出于蓝而胜于蓝，此之谓也。

　　丹学既是一种"方术"，又是道家道教的一门"学问"。丹者，单也。唯道无对，故名曰丹。因此之故，一部道教的发展史同时也就是一部丹学史。从道教产生至隋唐时期，比较盛行的是"外丹道"或"外丹学"，但自宋开始，"内丹道"或"内丹学"开始取代"外丹道"或"外丹学"成为道教倡导的主要修炼方式和主要理论形态。内丹学和与之相关的道家哲学将内丹与禅学相结合，主张性命双修，在处世为人上将老庄之学与儒学相结合，可以说是三教融合的结果。其代表人物有宋朝的陈抟和张伯瑞。陈抟（871—989）的代表作为《无极图》。该著对丹学作了双向的解释：一方面，顺而言之（自下而上），为宇宙生成与演化过程，即"顺以生人"；另一方面，逆而言之（自上而下），为炼养内丹的过程，即"逆以成丹"。而炼养内丹的过程又细分为五个阶段，即得窍、炼己、和合、得药和脱胎。《无极图》来自《周易参同契》，糅合了《易》理和《老子》，儒道贯通，故而有非常浓重的哲学色彩，从丹法上说是先性后命。不仅如此，它还吸收和借鉴了佛教禅法，教人以观心之道，立五种空义："顽空"、"性空"、"法空"、"真空"和"不空"。其中"真空"义为："知色不色，知空不空，于是真空一变而生真道，真道一变而生真神，真神一变而物无不备矣，是为神仙者也。"因此，陈抟的内丹学不仅是一种儒道结合的内丹哲学，而且还是一种佛道结合的内丹哲学。张伯瑞（987—1082）的代表作为《悟真篇》。《悟真篇》突出强调了"三教归一"的思想，认为三教同归于性命之学。其中写道："释氏以空寂为宗"，"老氏以炼养为真"，

① 《朱子语类》卷一二五。
② 参阅《朱子语类》卷一二六。
③ 《传习录》下，《全书》卷三。
④ 冯友兰：《中国哲学简史》，北京大学出版社1998年版，第272页。

皆有所达，亦皆有所未达，儒家则"《周易》有穷理尽性至命之辞，《鲁语》有毋意必固我之说"，又略而不详。冥乃"教虽分三，道乃归一"，即归于修性修命之道。由此看来，没有三教的融合，内丹学断然产生不出来。

最后，各种形式的宗教哲学极大地丰富了中国哲学的内容。第一，在宇宙论方面，儒家以天地四方为界，对六合之外存而不论，道家道教哲学则明确地提出了宇宙发生论的思想，而佛教哲学则以"大千世界"和"累劫"的概念进一步标示了宇宙在空间上的多元层次性以及在时间上的多元阶段性。道家道教的宇宙发生论或宇宙生成论的思想可谓源远流长。在《道德经》中，老子就提出了他的宇宙生成论："道生一，一生二，二生三，三生万物。万物负阴而抱阳，冲气以为和。"[①] 成书于汉代的《太平经》将宇宙万物的本源说成是"元气"，断言："元气恍惚自然，其凝成一，名为天也；分而生阴成地，名为二也；因为上天下地，阴阳相合施生人，名为三也。三统共生，长养万物。"[②] 南朝陶弘景（456—536）的宇宙生成论积极借鉴了《周易》的卦象数理，将宇宙万物的生成过程描述为："道者混然，是生元气。元气成，然后有太极。太极则天地之父母，道之奥也。"[③] 如果中国的道教提出了宇宙生成论，中国的佛教则展现了宇宙的无限性。在佛教里，宇宙又称"有情世间"或"器世间"。就空间而论，大的空间叫"佛刹"、"虚空"，小的空间叫"微尘"，又被统称为"三千大世界"。三千大世界就是泛指宇宙，至大无外，至小无内，无量无边，无垠无涯。三千大世界由无数个小世界构成。这样的小世界以须弥山为中心，周围环绕四大洲、九山八海，以及日月星辰，乃至色界的初禅天以至大地底下的风轮，如此世界称为一小世界。换句话说，一个小世界包含了人、地狱、饿鬼、畜生、阿修罗，乃至天道的欲界天、色界初禅天，以及日月星辰，相当于一个太阳系。一千个这样的小世界，称为一小千世界；一千个小千世界称为一中千世界，换句话说，一百万个小世界（太阳系）为一中千世界；一千个中千世界称为一大千世界，也就是说，十亿个小世界（太阳系）为一大千世界。一大千世界因为是由小千、中千、大千等三个千数重叠而成，因此又称三千大千世界，相当于一个银河系。一个三千大千世界为一佛的化境，称为一个佛土，至为辽阔浩瀚，而宇宙中有无数无量的三千大千世界存在其中，佛经称为"十方恒沙世界"、"十方微尘世界"，由此足见宇宙之至大至广。如果说"三千大千世界"展示的是宇宙在空间上的无限性，"累劫"展示的则是宇宙在时间上的无限性。按照佛经的

---

① 《道德经》，第四十二章。

② 《太平经钞·戊部》。

③ 陶弘景：《真诰·甄命授第一》。

说法,"劫"是一个时间概念,是一个表示宇宙在时间维度上无限的概念。《释迦氏谱》讲"劫是何名?此云时也。若依西梵名曰'劫波',此土译之名大时也,此一大时其年无数",即是谓此。劫有大劫、中劫和小劫之分。1 小劫为 16,789,000 年;1 中劫为 335,960,000 年;1 大劫为 1,343,840,000 年(一大劫)。"累劫",又称"累世劫",其强调的是宇宙有无限多劫。这就把宇宙时间维度的无限性比较充分地展示出来了。所有这些对于中国传统哲学宇宙生成论的生成和时空概念的扩展都起到了重要作用。例如,北宋周敦颐(1017—1073)首次比较系统地阐述了儒家的宇宙生成论,断言:"无极而太极。太极动而生阳,动极而静,静而生阴。静极复动。一动一静,互为其根;分阴分阳,两仪立焉。阳变阴,合而生水、火、木、金、土,五气顺布,四时行焉。"[1]显然是其"合老庄于儒"的一项重要理论成果。佛教的宇宙概念对中国传统的宇宙概念也产生了深刻的影响。诚然,早在先秦时代,我国就有了明确的宇宙概念。例如晋人尸佼(约公元前 390—前 330)就曾用"四方上下曰宇,往古来今曰宙"来界定宇宙。[2]《管子》也明确指出:"天地,万物之橐;宙合又橐天地。宙合之意,上通于天之上,下泉于地之下,外出于四海之外,合络天地以为一裹。"[3]庄子甚至使用了"宇宙"一词,说:"奚旁日月,宇宙?"[4]但相对于佛教的"大千世界"和"累劫"来说,难免显得空泛、抽象和逼仄。[5]因此,佛教具有无限意味的宇宙观或时空观无疑将大大开阔中国人的视界。

第二,在本体论方面,按照冯友兰先生的说法,先秦儒学形而上学不发达,往往"就事论理",后来受到佛教哲学色空理论、中观学说和禅学的影响,特别是受到"三谛圆融"、"理事相摄"和"一切皆一,一皆一切"思想的影响,才逐步上升到"就理论理"的高度,形成了宋明理学。冯友兰先生在谈到先秦哲学乃至远古时代的中国哲学时,曾经将它称作肯定"实际"的科学,亦即一种"就事论理"的哲学。他在其代表作《新理学》中写道:

　　在中国哲学史中,先秦哲学,派别甚多,未可一概而论。自秦以降,汉人最富于科学底精神。所谓最富于科学底精神者,即其所有之知识,多系对于实际

---

① 周敦颐:《太极图说》,见周敦颐:《周濂溪集》第 1 集,中华书局 1985 年版,第 2 页。
② 尸佼:《尸子》。
③ 管子:《管子·宙合》。
④ 庄子:《齐物论》,参阅《庄子》,安继民、高秀昌注释,中州古籍出版社 2006 年版,第 27 页。
⑤ 明初学者刘基有所谓"六合之外,圣人不言"的说法。

之肯定。……凡先秦哲学中所有之逻辑底概念，此时人均以事实底解释，使之变为科学底观念。①

在冯友兰看来，即使先秦儒家也有这种毛病，致使他们对道德境界和天地境界的分别不甚了了。他写道：

> 先秦儒家对于自然境界及功利境界和道德境界的分别认识很清楚，……但对于道德境界和天地境界的分别，认识不能算十分清楚。因此，引起了道家的批评。……先秦儒家亦说到天地境界，道家的批评是错误的。不过其所用的得到天地境界的方法，是由于集义。由于实行道德的行为来的，所以他们对于道德境界和天地境界的分际不很清楚。可以说：他们的高明还差了一点，不能算是极高明。②

冯友兰推崇宋明理学，认为中国哲学史中只有到了朱熹这里，才有了严格意义上的哲学，亦即他所谓"最哲学的哲学"。因为朱熹提出了"理学"，一种"不著实际"、"就理论理"的哲学，强调"未有天地之先，毕竟也只是理"。③鉴此，冯友兰对朱熹在中国哲学史上的地位给予了高度肯定：

> 哲学对于实际虽无所肯定，而对于真际则有所肯定。晋人虽有"不著实际"之倾向，而对于真际并未作有系统底肯定，所以晋人虽善谈名理，而未能有伟大底哲学系统。在中国哲学史中，对于所谓真际或纯真际，有充分底知识者，在先秦推公孙龙，在以后推程朱。他们对于此方面的知识，不是以当时之科学底理论为根据，亦不需用任何时代之科学底理论为根据，所以不随科学理论之变动而变动。④

值得注意的是，冯友兰不仅对中国哲学从先秦哲学向宋明理学的飞跃做了说明，他还进而对中国哲学的这样一种飞跃的成因作出了解释：这就是宋明理学的产生

---

① 《极高明而道中庸：冯友兰新儒学论著辑要》，中国广播电视出版社1995年版，第462—463页。
② 同上书，第564、566页。
③ 朱熹：《语类》卷一。
④ 《极高明而道中庸：冯友兰新儒学论著辑要》，中国广播电视出版社1995年版，第463页。

不仅得益于传统儒学对中国道家道教思想的借鉴和改造，而且还得益于其对中国佛学佛教思想的借鉴和改造。既然朱熹早年曾潜心研究过道教经典，并著有《阴符经考异》和《周易参同契考异》，既然他明确地主张"道即理"和"'道'字即《易》之'太极'"，[①] 既然他认为他所师从的程子的"至妙之理""取"自"老氏之说"，[②] 则朱子理学与道家道教的渊源关系便不言自明了。问题在于：在冯友兰看来，不仅陆王心学，而且宋明理学也受到了佛教的影响。他在谈到哲学的思辨性质时，指出：

> 主有不可思议，不可言说者，对于不可思议者，仍有思议，对于不可言说者，仍有言说。若无思议言说，则虽对于不可思议，不可言说者，有完全底了解，亦无哲学。不可思议，不可言说者，不是哲学，对于不可思议者之思议，对于不可言说者之言说，方是哲学。佛教之全部哲学，即是对于不可思议者之思议，对于不可言说者之言说。若无此，则即只有佛教而无佛教哲学。[③]

这就是说，在冯友兰看来，宋明理学之所以能够成为"最哲学的哲学"，非常根本的一点即在于它借鉴了佛教哲学。当然，冯友兰讲宋明理学借鉴了佛教哲学并不是说宋明理学对佛教哲学取拿来主义的立场，而是认为宋明理学采取了扬弃的态度和立场。例如，他在谈到宋明理学以及他的新理学的"一即一切，一切皆一"观念时，便解释说：

> "一即一切，一切皆一"，本是佛家哲学中所常用底一句话，新理学说"一即一切，一切皆一"，与佛家所说，意义不同。华严宗说"一即一切，一切皆一"，其所谓一是个体。……新理学所谓一，则是大全，不是个体。[④]

① 见《通书·诚上注》，《周子全书》卷七；《朱文公文集》卷三十七，《答程大昌》。在其中，朱熹写道："阴阳，气也，形而下者也；所以一阴一阳者，理也，形而上者也，道即理之谓也。""此道字即《易》之太极，一乃阳数之奇，二乃阴数之耦，三乃奇耦之积。其曰二生三者，犹所谓二与一为三也。"
② 参阅《朱子语类》卷一百二十五。其中说道："至妙之理，有生生之意焉。程子所取老氏之说也。"
③ 冯友兰：《新理学》，见《极高明而道中庸：冯友兰新儒学论著辑要》，中国广播电视出版社1995年版，第456页。
④ 《极高明而道中庸：冯友兰新儒学论著辑要》，中国广播电视出版社1995年版，第498页。

在冯友兰看来，也正是出于这样一种态度和立场，终究使得宋明理学得以成为"极高明而道中庸"的学说。他写道：

> 佛教道教都以为要得到高明的境界必须出世出家，……这种方法，自然可以得到高明境界，不过就境界而言，虽可以说是高明，就行为而言，不能说是中庸。……本来禅宗人原有统一高明与中庸的对立的意思，禅宗人说"担水砍柴，无非妙道"，这是有道理的。……不过我们可以问：担水砍柴，无非妙道，何以事父事君不是妙道呢？禅宗人对于这一点，还有一间未达。而宋明儒家，认为事父事君也是妙道。宋儒说："扫洒应对，可以尽性至命。"尽性至命，可以得到最高境界。但其行为还是日常生活，这种生活，才是极高明而道中庸。①

总之，离开了对道家道教和佛家佛教思想的借鉴和改造，中国传统哲学便不可能达到这样的理论层次，至少执着于"实际"的"就事论理"的先秦哲学要跃进到持守"真际"的"就理论理"的宋明理学是难以想象的。

此外，即使就哲学意义上的"本体"概念论，也是如此。按照张岱年先生的说法，虽然早在孔子时代，中国哲学就有了"本"、"用"的说法，但在孔子那里，"本"、"用"都只是"伦理学的范畴，不是宇宙哲学的范畴"，不是本体论范畴。② 道家所讲的"道生一，一生二，二生三，三生万物"虽然有宇宙论和本体论意蕴，但却未使用"本体"这一哲学概念。自晋代开始，中国哲学中开始出现了本体论意义上的"本体"一词。张岱年（1909—2004）所谓"'本体'一词，始于晋代"，③ 即是谓此。至宋明，"本体"逐渐演绎成了一个基本的哲学范畴。例如，张载（1020—1077）讲"太虚无形，气之本体"，④ 显然将"太虚"说成是气的本体。在朱熹那里，不仅有"天理自然之本体"、"性之本体"和"心之本体"诸多说法，⑤ 而且，还从"体用不二"的角度，提出了"实体"

---

① 《极高明而道中庸：冯友兰新儒学论著辑要》，中国广播电视出版社1995年版，第567—568页。
② 例如，《论语·八佾》中有"礼之本"的说法，《论语·学而》篇中有"礼之用，和为贵"的说法。
③ 参阅张岱年：《中国哲学中的本体观念》，《安徽大学学报》1983年第3期。其根据是西晋司马彪在其《庄子注》中有"性，人之本体也"的说法。
④ 张载：《正蒙·太和》。
⑤ 例如，朱熹讲"天道者，天理自然之本体，其实一理也"（《论语集注·公冶长》），这就提出了"天理自然之本体"的概念；讲'才是说性，便已涉乎有生而兼乎气质，不得为性之本体也；然性之本体亦未尝杂"（《语类》卷九十五），提出了"性之本体"的概念；又讲"虚灵自是心之本体，……岂有形象"（《语类》卷五），提出了"心之本体"的概念。

概念。他写道:"所谓实体,非就事物上见不得。且如作舟以行水,作车以行陆。今试以众人之力共推一舟于陆,必不能行,方见得舟果不能以行陆也,此之谓实体。"①王阳明也讲本体,他说:"知是心之本体"(《传习录》),又讲"夫心之本体即天理也"(《答周道通》)。这就说明,作为哲学的"本体"概念并非是中国哲学原本就有的,而是在后来的发展过程中,逐步产生出来并逐步成为哲学的一个基本概念的。因此,问题在于:哲学的"本体"概念是如何进入中国哲学的?当然,其成因是多方面的,但佛教的传入无论如何也是其中一项极其重要的原因。中国的哲学长期以来一直是一种入世的哲学,一种着眼于现实世界和现实社会的哲学。在这种情况下,本体论的东西自然不可能受到特别的关注。庄子说"六合之外,圣人存而不论;六合之内,圣人论而不议;春秋经世先王之志,圣人议而不辩",②即是谓此。佛教或佛教哲学则不同,它本质上是一种出世的宗教或出世的哲学。这就要求将现实世界或万物乃至于个人虚无化或空化,破除"法执"和"我执",达到本体世界,也就是佛家常说的悟到"真如自性",亦即悟到"佛性"。既然佛家将"真如自性"或"本体"径直理解为"佛性",由此也就足可以看出"本体"或"真如"在佛教或佛教哲学的地位了。佛教讲"苦集灭道",其宗旨即在于要人们悟出"真如本体"。临济宗禅师黄檗(?—855)把这一点讲得非常透彻。他说道:"是法平等。无有高下。是名菩提。即此本源清净心。与众生诸佛世界山河。有相无相遍十方界。一切平等无彼我相。此本源清净心。常自圆明遍照。世人不悟。 认见闻觉知为心。为见闻觉知所覆。所以不睹精明本体。但直下无心,本体自现。如大日轮升于虚空遍照十方更无障碍。……世人闻道。诸佛皆传心法。将谓心上别有一法可证可取。遂将心觅法。不知心即是法,法即是心。不可将心更求于心。历千万劫终无得日。不如当下无心。便是本法。"③黄檗的这番话,可以说是道出了整个佛教和佛教哲学的精髓。在这个意义上,我们可以说,中国西晋以后的本体概念或本体论思想在很大程度上正是受了佛教和佛教哲学的这样一种本体概念或本体论思想的启发而产生出来的。

第三,在心性论方面,隋唐以前的中国哲学偏重于天人关系的解释,隋唐以后,受佛教涅槃佛性说和般若无知说的影响,儒家哲学才将重点从天人之间的"关系"维度转移到"心性之学"方面,强调本心的清澈明觉和返本复性,形成一套系统的性理之学。天人关系问题在大部分中国学者看来既是一个本体论问题,也是一个至上

---

① 《朱子语类》卷十五。
② 《庄子·齐物论》。
③ 黄檗:《传心法要》。

的学术境界和人生境界问题。当年，司马迁（公元前145—?）之所以忍辱负重撰写《史记》，其目的即在于"究天人之际，通古今之变，成一家之言"。[1] 北宋哲学家邵庸（1011—1077）也有"学不际天人，不足以谓之学"的高论。[2] 然而，"天人之际"的内容相当丰富。它的首要意涵在于"天人之分"。这就是说，"究天人之际"者必须悟到"天人之分"。因为"天人之际"中的"际"的基本含义就是"界"或"边界"。鉴此，"究天人之际"者必须首先吾到天人之间的"边界"，悟到"人不是天"或"天不是人"，天人之间存在有明显的界线。否则，天就是人，人就是天，那人就根本没有必要来"究"天人之间的关系了。因此，明于"天人之分"也是一种了不起的智慧。荀子（公元前313—前238）讲"明于天人之分，则可谓至人矣"，[3] 即是谓此。"究天人之际"的第二个步骤在于"究天人合一"。这一步也非常重要。因为如果你将"天人之分"绝对化，你根本怀疑"天人合一"的可能性，则"究天人之际"也就完全失去了其意义。春秋时代的子产断言："天道远，人道迩，非所及也，何以知之?"[4] 在这种情况下，遑论"究天人之际"？儒家反对了这样一种二元论和不可知论。孔子提出了"道不远人"的观点："道不远人，人之为道而远人，不可以为道。"[5]《中庸》还将"至诚"视为人达到"天人合一"的路径："唯天下至诚，为能尽其性；能尽其性，则能尽人之性；能尽人之性，则能尽物之性；能尽物之性，则可以赞大地之化育；可以赞天地之化育，则可以与天地参矣。"[6] 孟子（公元前372—289）讲"尽其心者，知其性也；知其性，则知天也"，也是这个意思。[7] 不仅如此，孟子还提出"万物皆备于我"以及"求在我"的观点，断言："求则得之，舍则失之，是求有益于得也，求在我者也。求之有道，得之有命，是求无益于得也，求在外者也。"[8] 但孟子的"我"是一种个体的我，一种作为认识主体和道德主体的我；从而，孟子所说的"心"便是个体的"我"的心，一种作为认识主体和道德主体的"我"的心。而孟子所说的"性"和"天"则是作为认识主体和道德主体的个体的"我"的"心"的认知对象和体悟对象。因此，孟子的作为认识主体和道德主体的个体的"我"的"心"以及作为其认知对象和体悟对象的"性"，都

[1] 司马迁：《报任安书》，见《汉书·司马迁传》。
[2] 参阅邵庸：《皇极经世·观物外篇》。
[3] 《荀子·天论》。
[4] 《左传·昭公十八年》。
[5] 《中庸》第十三章。
[6] 《中庸》第二十二章。
[7] 《孟子·尽心上》。
[8] 同上。

是"心理"的,而不是本体论的,用冯友兰的话说,"不是形上学的。"① 在中国哲学史上,"形上学的心"即"宇宙的心"的概念则是由宋明理学和宋明心学提出来的。朱熹的理明显地具有"形上学"的意蕴。因为他不仅宣布:"形而上者,无形无影是此理。形而下者,有情有状是此器",② 而且还进而宣布:"在天地言,则天地中有太极;在万物言,则万物中各有太极"。③ 他虽然强调"性即理",但却否认"心即性",④ 从而,他的"心"尚不完全是"形上学的心"或"宇宙的心",在很大程度上还保留了孟子"个体的心"或"心理的心"的陈迹。从哲学上将"形上学的心"或"宇宙的心"阐述得更明白、更彻底的则是陆王心学。与程朱主张"性即理",认为存在有抽象世界和具体世界这样两个世界不同,陆九渊则主张"心即理",⑤ 认为只存在一个实在的世界,这就是"宇宙的心",宣称:"宇宙便是吾心,吾心便是宇宙。"⑥ 而王阳明则有"天下无心外之物"的论断。⑦ 他的四句教:"无善无恶心之体,有善有恶意之动,知善知恶是良知,为善去恶是格物",可以说把他的"宇宙的心"的概念发挥得淋漓尽致。问题在于:为何宋明哲学能够超越先秦哲学,提出并阐明"宇宙的心"的概念呢?为要解释这一问题,我们就有必要考察一下佛教的"宇宙的心"的概念。"宇宙的心"概念乃佛教的一个根本概念。当代著名的宗教学家希克(John Harwood Hick,1922—2012)在谈到轴心后宗教时,曾突出地强调了它们的"救赎论特征",而"救赎"或者说"拯救/解脱"的基本内容即在于"人类生存从自我向实在中心转变","但这种转变在每一个伟大传统中都采取了不同的具体形式"。⑧ 就佛教传统而言,佛教信众藉"无我"或"自我之死",觉悟"宇宙的心",使个人与宇宙的心合二而一,摆脱生死轮回、进入"涅槃状态"、获得拯救或解脱,即是佛教传统所采取的"具体形式"或根本"处方"。冯友兰在谈到佛教通过"涅槃"概念将"宇宙的心"的观念"引入中国思想"这一历史贡献时,曾经不无道理地指出:

> 涅槃状态的确切意义是什么呢?它可以说是个人与宇宙的心的同一,或者

---

① 参阅冯友兰:《中国哲学简史》,北京大学出版社 1998 年版,第 217 页。
② 《朱子语类》卷九十五。
③ 《朱子语类》卷一。
④ 《朱子语类》卷五。
⑤ 《象山全集》卷十二。
⑥ 《象山全集》卷三十六。
⑦ 《传习录》下,见《王文成公全书》卷三。
⑧ 参阅约翰·希克:《宗教之解释》,王志成译,四川人民出版社 1998 年版,第 43 页。

说与所谓佛性的同一；或者说，他就是了解了或自觉到个人与宇宙的心的固有的同一。他是宇宙的心，可是以前他没有了解或自觉这一点。佛教的大乘宗派，……阐发了这个学说。……在阐发之中，……将宇宙的心的观念引入了中国思想。[①]

不仅如此，冯友兰还特别论及了道生（？—434）的"一阐提人（即反对佛教者——引用者注）皆得成佛"的思想。他认为，从道生的这一思想，我们"可以发现几百年后的新儒家的萌芽"：

> 道生的人皆可以成佛的理论，使我们想起孟子所说的"人皆可以为尧舜"（《孟子·告子下》）。孟子也说："尽其心者，知其性也；知其性，则知天也。"（《孟子·尽心上》）但是孟子所说的"心"、"性"，都是心理的，不是形上学的。沿着道生的理论所提示的路线，给予心、性以形上学的解释，就达到了新儒家。"宇宙的心"的观念，是印度对中国哲学的贡献。[②]

由此看来，中国心性学说的发展，离开了佛教及其哲学思想的影响，是不可能得到说明的，至少是不可能得到充分说明的。

第四，在认识论和方法论方面，宗教及宗教哲学的积极影响也显而易见。一是宗教及宗教哲学促进了中国哲学的学科分化，促进了认识论逐步成为中国哲学的一门相对独立的分支学科。中国传统的儒道哲学向来将认识论同宇宙论、本体论、伦理学搅在一起，而以"修身"为中心，故而缺乏独立的认识论。由玄奘（600—664）所开创的唯识宗不仅将认识论提升为哲学的一门核心学科，而且长于名相分析，从而极大地弥补了中国传统哲学的不足。唯识宗的基本思想是"万法唯识"或"无境有识"，最高范畴是"阿赖耶识"。阿赖耶识为心法"八识"之第八识，"三能变"之第一能变。按照唯识宗的说法，"八识"乃人的八种"识体"，这就是：眼识、耳识、鼻识、舌识、身识、意识、末那识、阿赖耶识。从"识"的功能层面，也就是从识体变现万法的层面看，被分为三类，称作"三能变"。其中第一能变为"异熟"能变，这种能变既能"内变"为"八识"种子和人身器官，又能外变为器世间（自然界），其所意指的即

---

① 冯友兰：《中国哲学简史》，北京大学出版社1998年版，第209页。
② 同上书，第217页。

是阿赖耶识（即第八识）；第二能变为"思量"能变，具有把阿赖耶识思量为"我"的认识功能，其所意指的是末那识（即第七识）；第三能变为"了境"能变，所了之境，即是识的变现，其所意指的即是第一到第六识。其核心观点为"无境有识"。窥基（632—682）曾对唯识宗的基本思想，作出如下的概括：

> 唯遮境有，执"有"者丧其真；"识"简心"空"，滞"空"者乖其实。所以晦斯"空"、"有"，长溺二边；悟彼"有"、"空"，高履中道。①

由此可见，在唯识宗那里，"识"不仅具有认识论意义，而且还具有世界本体的意义。这样一种见解对于后世中国认识论的发展具有重大的启发意义。

二是中国宗教，特别是佛教与佛教哲学，对中国哲学"正的方法"的开展具有重要的推动作用。在历史上，中国哲学向来缺乏"正的方法"或"逻辑演绎的方法"。冯友兰说："在中国哲学史中，正的方法从未得到充分发展；事实上，对它太忽视了。因此，中国哲学历来缺乏清晰的思想，这也是中国哲学以单纯为特色的原因之一"，②即是谓此。当然，这也事出有因。既然中国古代哲学往往"就事论理"，它就势必不会太在意概念之间的区分和关联，从而也就不太关注概念之间的逻辑演绎，不太在意思想的明晰性。佛教的传入无疑会对中国传统的认识模式或认识方法产生巨大的冲击。在宗教学研究中，人们常常把宗教区分为人格神宗教和非人格神宗教。人格神宗教往往偏重于启示，故而也可以视为启示宗教。高级形态的非人格神宗教，如佛教，则往往偏重于哲学思辨，往往被视为哲理性宗教。例如，佛教的"四圣谛"就是"苦"、"集"、"灭"、"道"四个佛教基本概念的一个相当严谨的逻辑链条。再如，佛教的"十二因缘"说，缘痴有行，缘行有识，缘识有名色，缘名色有六入，缘六入有触，缘触有受，缘受有爱，缘爱有取，缘取有有，缘有有生，缘生有老、死、忧、悲、苦恼大患所集，是为此大苦因缘。这十二个概念之间，"此有故彼有，此生故彼生；……此无故彼无，此灭故彼灭"，相依相待，环环相扣，不可谓逻辑不严谨。中国佛教，亦复如此。例如，华严宗所提出的"四法界说"以及与此相关的"六相圆融"、"一多相持"、"异体相即"、"异门相入"等论题都颇有思辨意味。③宋明理学和心学之所以

---

① 窥基：《成唯识论述记》。
② 冯友兰：《中国哲学简史》，北京大学出版社1998年版，第295页。
③ 所谓"六相相融"，是说宇宙万物可概括为六相，即总相、别相；同相、异相；成相、坏相。这三对既相互依存又相互对立的"相"融通为一，无甚区别。

能够形成中国儒学空前的思辨系统或概念体系,显然与佛教和佛教哲学的传入不无关系。

三是中国宗教,特别是中国佛教,对中国哲学"负的方法"的发展,发挥了重大作用。如果说"正的方法"是基于"假设概念"的方法,一种概念演绎的方法,则"负的方法"便是一种基于"直觉概念"的方法,用德国哲学家尼古拉·库萨(Nicolaus Cusanus,1401—1464)的话说,就是一种追求"有学问的无知"的方法。"负的方法"原本是中国哲学的强项,[①]但中国佛教却使得中国的这一强项更强。冯友兰在谈到这一点时,曾经比较中肯地指出:

> 正的方法……在西方哲学中占统治地位,负的方法……在中国哲学中占统治地位。道家尤其如此,它的起点和终点都是混沌的全体。在《老子》、《庄子》里,并没有说"道"实际上是什么,却只说了它不是什么。但是若知道了它不是什么,也就明白了一些它是什么。……佛家又加强了道家的负的方法。道家与佛家结合,产生了禅宗,禅宗的哲学我宁愿叫做静默的哲学。谁若了解和认识静默的意义,谁就对于形上学的对象有所得。[②]

其实,"负的方法"在所难免地要成为佛教和佛教哲学的根本方法。在佛家看来,佛教的根本智慧(般若)即在于说本体并非现象,说涅槃境界并非现实世界。东晋僧人僧肇(384—414)通过他的般若"无知,而无所不知"的认识论把这一点讲得很透彻。在他看来,我们通常所说的并不是真正的智慧,而只是一种"惑智",真正的智慧,亦即他所谓的"圣智",则是一种"无知之知"。他强调说:

> 经云:般若义者,无名无说,非有非无,非实非虚。虚不失照,照不失虚,斯则无名之法,故非言所能言也。言虽不能言,然非言无以传。是以圣人终日言,而未尝言也。……是以言知不为知,欲以通其鉴;不知非不知,欲以辨其相。辨相不为无,通鉴不为有。非有,故知而无知;非无,故无知而知。是以知即无知,无知即知。[③]

---

① 例如,中国道家道教的经典《道德经》(即《老子》)的第一句话即是:"道可道,非常道;名可名,非常名。"
② 冯友兰:《中国哲学简史》,北京大学出版社1998年版,第294页。
③ 僧肇:《般若无知论》。

后世佛家将这种"负的方法"称作"遮诠"。五代禅师延寿（904—975）对遮诠法解释说："遮，谓遣其所非；……又遮者，拣却诸余；……如诸经所说真如妙性，每云'不生不灭，不垢不净，无因无果，无相无为，非凡非圣，非性非相'等，皆是遮诠。"[①] 宋代诗僧惠洪（1071—1128）在谈到遮诠法时，也说："但遮其非，不言其是；婴儿索物，意正语偏。"[②] 他们的遮诠法无疑是对僧肇"无知之知"说的继承和发展。当王阳明强调"无善无恶心之体"时，显然是继承或借鉴了佛家的"负的方法"。

传统宗教不仅同中国传统哲学的关系至密，而且同中国传统的文学艺术的关系也极其密切。在原始社会里，宗教同艺术是直接交织在一起的。在后来的发展中，中国传统宗教对中国传统文学艺术的发展也产生了极为深刻的影响。

第一，原始神话、原始歌舞、原始绘画、原始雕塑、原始音乐等大多数都与原始宗教的信仰、祭祀活动有关，它们共同构成中国文学艺术发展的源头。

第二，宗教信仰以及与之相关的神话故事、宗教礼仪和宗教设施等，历来或者本身即是中国文学艺术精品，或者构成中国文学艺术的重要题材。例如，在绘画和雕塑方面，比较典型的有我国的敦煌壁画和永乐宫壁画以及龙门石窟、莫高窟、云冈石窟及泉州老子石雕坐像等，完全可以与达·芬奇（1452—1519）的《最后的晚餐》、古埃及的人面狮身雕塑相媲美。在舞蹈和音乐方面，道教的"布罡踏斗"的"禹步"、《敦煌曲子词·谒金门》中的《仙境美》、茅山道士李会元的《大罗天曲》以及唐玄宗李隆基（685—762）的《霓裳羽衣曲》和《紫微八卦舞》等，完全可以与西方的罗马教皇格里高利（约540—604）的"格里高利圣咏"、亨德尔（1685—1759）的《弥赛亚》和贝多芬（1770—1827）的《庄严弥撒曲》相提并论。在建筑艺术方面，我国的佛教四大建筑群（五台山、普陀山、峨眉山和九华山）更是中华民族为世界文明留下的艺术瑰宝，这使我们油然想到了圣彼得堡大教堂和哥特式建筑巴黎圣母院等。在戏剧方面，无论是《目莲救母》，还是《吕洞宾三醉岳阳楼》和《邯郸道醒悟黄粱梦》，无一不取材于宗教经典和神话故事，这与西方的《被缚的普罗米修斯》、《俄狄浦斯王》和古代印度的《沙恭达罗》等无异。宗教不仅为我国的艺术创作提供了题材，而且也为我国文学的创作提供了题材。就诗歌来说，我国古代诗歌集《诗经》中就有不少的祭祀诗歌和富于神话意味的诗歌；两汉以后，随着道教和中国佛教的出现和发展，道教的"游仙诗"和中国佛教的"禅意诗"都在我国诗歌史上享有崇高的地位，这使我们

---

① 延寿：《宗镜录》卷三十四。
② 惠洪：《石门文字禅》卷十八。

非常自然地想到了《荷马史诗》、《罗兰之歌》（1080 年）、《尼伯龙根之歌》（1200 年）和《神曲》（约 1307 年）。在我国，宗教对小说的影响也同样显而易见。魏晋时期曹丕（187—226）的《列异传》和干宝（? —351）的《搜神记》、明代吴承恩（约 1500—1583）的《西游记》和陆西星（1520—1606，一说 1520—1601）道士的《封神演义》、清代蒲松龄（1640—1715）的《聊斋志异》和曹雪芹（约 1715—约 1763）的《红楼梦》（约 1790 年）等都明显地渗透有道教、佛教和民间宗教信仰的内容，这些带有宗教印记的小说一点也不逊于雨果（1802—1885）的《悲惨世界》、托尔斯泰（1828—1910）的《复活》。

第三，宗教对我国的文学艺术精品有明显的催生功能。众所周知，我国素有四大古典文学名著的说法。然而，这四大古典文学名著没有不以这样那样的形式与宗教有某种关联的。《西游记》的宗教性自不必言，即使其他三部古典文学名著也无不如此。就《红楼梦》而言，它的宗教色彩相当鲜明。人们常常拿《金瓶梅》与《红楼梦》作比，其实这是两种完全不同的言情小说。因为《红楼梦》的思想性和宗教性不仅为《金瓶梅》所缺乏，而且也为我国许多相当一部分文学作品所缺乏。《红楼梦》的宗教色彩不仅表现在剧中有作为癞和尚的跛足道人、亦道亦佛的空空道人、身在栊翠庵的妙玉和佛在嘴边的刘姥姥，也不仅仅表现在其中有一首《好了歌》，[①] 更重要的是在于它的根本旨趣和基本结构都奠放在宗教观念和宗教情感上面。只有从后面这个角度来思考问题，作者对《红楼梦》全书情节的处理以及其对众多人物命运的安排才能够得到合理的解释，读者才能透过"满纸荒唐言"觉解作者对人生和社会的深层思考和内心的"辛酸"，进而觉解作品的巧妙构思和真实"意味"，才能成为曹雪芹心中的合格读者。[②] 换言之，《红楼梦》自清代乾隆年间问世以来，差不多一直是最受读者欢迎的中国古典文学著作，其根本的原因也正在于它的这样一种思想性和宗教性。《水浒传》和《三国演义》的情况虽然有别于《红楼梦》和《西游记》，但是，宗教对于它们的影响也还是存在的。例如，《水浒传》虽然写的主要是农民起义，但是既然其第一回的标题为"张天师祈禳瘟疫，洪太尉误走妖魔"，而最后一回的标题为"宋

---

① 《好了歌》出现在《红楼梦》第一回。其歌词如下："世人都晓神仙好，唯有功名忘不了! 古今将相在何方? 荒冢一堆草没了。世人都晓神仙好，只有金银忘不了! 终朝只恨聚无多，及到多时眼闭了。世人都晓神仙好，只有娇妻忘不了! 君生日日说恩情，君死又随人去了。世人都晓神仙好，只有儿孙忘不了! 痴心父母古来多，孝顺儿孙谁见了?"可以说，其歌词把宗教，特别是把佛教的出世思想勾勒得一目了然。

② 曹雪芹曾经在《红楼梦》第一回中写道："满纸荒唐言，一把辛酸泪! 都云作者痴，谁解其中味。"

公明神聚蓼儿洼,徽宗帝梦游梁山泊",它的整个故事情节也就被置放进了"神魔小说"的框架之中了。更何况它的"三十六员天罡下临凡世,七十二座地煞星降在人间,轰动宋国乾坤,闹遍赵家社稷"的说法以及梁山起义的主题口号"替天行道"等,都具有浓厚的宗教意蕴。至于《三国演义》,虽然属于较为纯粹的历史演义小说类型,但是既然在第一回里就提到了"太平道人"张角领导的农民起义,我们就不能说它一点宗教气息也没有。更何况"天下大势,分久必合,合久必分"既是《三国演义》的卷首语(第一回第一节),又是《三国演义》的结束语(第一百二十回最后一节),这与我们在希腊宗教悲剧《俄狄浦斯王》中所看到的"事在神为"或"命运"观几乎毫无二致。① 由此看来,宗教对中国文学艺术精品的催生实在是一种明显不过的事实。

第四,宗教对我国高层次的文学艺术人才有明显的塑造功能。例如,两汉以后,随着道教和中国佛教的出现和发展,道教的"游仙诗"和中国佛教的"禅意诗"都在我国诗歌史上享有崇高的地位,不仅涌现了一批像葛玄(164—224)、吴猛(晋代道士)、王梵志(唐初诗僧,生卒不详)、寒山(唐代诗人,生卒不详)、拾得(783—891)等著名的道士诗人和以偈为诗的诗僧,而且还涌现了一批像曹操(155—220)、曹植(192—232)、阮籍(210—263)、嵇康(224—263,一说223—262)、郭璞(276—324)、李白(701—762)、苏轼(1037—1101)、王维(701—761)等深受道教和佛教思想影响的在我国诗歌史上具有重要地位的诗人。就李白而言,他作为唐代著名的浪漫主义诗人,其诗歌气质不能说与黄老列庄以及道家道教思想的熏陶没有关系。杜甫(712—770)说李白"天子呼来不上船,自称臣是酒中仙"(《饮中八仙歌》),又称赞李白"笔落惊风雨,诗成泣鬼神"(《寄李十二白二十韵》)。其实,这两个方面是一而二二而一的东西。正因为李白有出世的宗教意境,他的诗才能够"惊风雨"和"泣鬼神"。王维同样是唐代著名诗人,世有"李白是天才,杜甫是地才,王维是人才"的说法。王维参禅悟理,境界非同寻常。其诗参透禅意,流动空灵。"行到水穷处,坐看云起时。偶然值林叟,谈笑无还期"(《终南别业》)以及"人闲桂花落,夜静春山空。月出惊山鸟,时鸣春涧中"(《鸟鸣涧》)等都颇耐人寻味。后人称其为诗佛,倒也非

---

① 清康熙年间毛纶、毛宗岗父子在修订《三国演义》时曾用明代文学家杨慎(1488—1559)所著《临江仙》作为卷首词来概括《三国演义》的意境和宗教精神。该词为:"滚滚长江东逝水,浪花淘尽英雄。是非成败转头空。青山依旧在,几度夕阳红。白发渔樵江渚上,惯看秋月春风。一壶浊酒喜相逢。古今多少事,都付笑谈中!"其中的"空"、"惯看"、"笑谈"等都使人感受到一种超然物外的宗教意境。

常贴切。他自号"摩诘居士",足见他对其宗教诗人身份的认同。① 中国宗教对我国高层次文学艺术人才的塑造功能不仅在李白和王维等诗人身上有明显的体现,而且在曹雪芹等小说家身上也有鲜活的体现。由于种种历史原因,对曹雪芹如何修习佛学的事迹,除了他的朋友张宜泉留下的《和曹雪芹〈西郊信步憩废寺〉原韵》表明他曾游过广泉寺外,我们几乎一无所知,但是,既然他在《红楼梦》中以"情僧"自许,称《石头记》为《情僧录》,既然他以"因空见色,由色生情,传情入色,自色悟空"为《红楼梦》的主要旨趣,既然他强调他之所以在《红楼梦》中"用'梦'用'幻'等字","是提醒阅者眼目,亦是此书立意本旨"(《红楼梦》第一回),则佛教观念、佛教情感和佛教意境对于他的内在性和实存性,就不言而喻了。离开了佛教观念和佛教情感,不仅作为《情僧录》的《红楼梦》不可设想,而且作为"情僧"的曹雪芹也同样不可设想。②

宗教对于文学艺术家之所以如此重要,最根本的就在于宗教具有提升文学艺术家人生境界和文学艺术境界的特殊功能。文学艺术作品固然要来于社会生活,但是文学艺术作品之为文学艺术作品,最根本的乃在于它之高于社会生活。因此,一个文学家艺术家要创造出文学艺术精品,除学养外,最根本的就是要具有超越社会生活的人生境界和文学艺术境界。中国近代文学家王国维(1877—1927)在其《人间词话》中曾提出过著名的"境界说",断言:"词以境界为最上。有境界,则自成高格,自有名句。"③ 这是很有见地的。他还进而将境界区分为两种:"有我之境"与"无我之境"。而所谓"无我之境",其实是一种"以物观物"之境,一种"不知何者为我,何者为物"、"物我两忘"或"物我浑然一体"之境,一种"出乎其外"之境,一种舍之作品即不可能"宏壮"、"雅量高致"之境,一种舍之作品即便有"貌"也不可能有"神"之境,一种"豪杰之士能自树立"之境。④ 然而,不难看出,王国维所说的这种"无我之境",说到底,也就是我们通常所说的"宗教之境"。王国维非常欣赏苏轼,说苏轼的作品"雅量高致","有伯夷、柳下惠之风",⑤ 可见他所欣赏的正是苏轼的"超然物外"的宗教意境,亦即苏轼所说的那样一种"身在山外"或青原惟信所说的"山还是

---

① 摩诘为维摩诘的省称。据《维摩经》的说法,摩诘是毗耶离城中一位大乘居士,和释迦牟尼同时,善于应机化导。

② 据吴恩裕(1909—1979)考证,曹雪芹即空空道人。(参阅吴恩裕:《有关曹雪芹十种》,中华书局1963年版,第132—133页)

③ 王国维:《人间词话》,译林出版社2009年版,第1页。

④ 同上书,第2、3、29、37页。

⑤ 同上书,第29页。

山"的禅境。① 一个文学艺术家一旦有了这样一种人生境界和文学艺术境界,他就势必具有一种超乎寻常的"宗教想象力",他的作品也就势必因此而"自成高格","跌宕昭彰,独超众类"。

中国传统宗教对中国文化的影响远不止于此。例如,中国道教的养生和健身之道,特别是道教的外丹术、内丹术和武术,中国佛教的禅定以及与之相关的气功学,等等,在中国科技史、医学史、体育史等方面都占有十分崇高的地位。相信所有这些都有可能在当代中国的文化建设中发挥积极的作用。

第五节　当代中国社会与当代中国宗教的自身建设

为使当代中国宗教积极投身全面建成小康社会乃至全面建成社会主义现代化强国的事业,当代中国各宗教就必须全面加强宗教自身建设。当代宗教所承担的这两项任务是相辅相成的:一方面,当代中国宗教只有在投身全面建成小康社会乃至全面建成社会主义现代化强国的事业中才有可能搞好自身的建设;另一方面,当代中国宗教只有搞好了自身的建设,才有可能为全面建成小康社会乃至全面建成社会主义现代化强国作出应有的贡献。这首先是因为当代中国宗教本身即是当代中国社会的一个社会群体,即是当代中国社会大系统中的一个子系统,搞好宗教自身建设本身也就是在建设小康社会和建设社会主义现代化强国。其次,只有当代中国宗教搞好了自身的建设,它才有可能最大限度地发挥宗教维系社会、创建社会的正面功能,避免有可能形成的种种负面功能。

一、当代中国宗教建设的基本目标: 与社会主义社会相适应

社会主义时期宗教建设和宗教工作的基本目标不是别的,正是宗教与社会主义社会相适应。社会主义宗教工作和宗教建设的内容固然很多,但是,归根到底,都服从于一个目标,这就是积极引导和坚决落实宗教与社会主义社会相适应。脱离了宗教与社会主义社会相适应这一社会主义时期宗教工作和宗教发展的根本方针,社会主义时期的宗教工作和宗教建设就势必因此而误入歧途。

---

① 苏轼《题西林壁》云:"横看成岭侧成峰,远近高低各不同。不识庐山真面目,只缘身在此山中。"青原惟信禅师也说过:"老僧三十年前未参禅时,见山是山,见水是水。及至后来,亲见知识,有个入处。见山不是山,见水不是水。而今得个休歇处,依前见山只是山,见水只是水。"

宗教，作为人类社会的一个子系统，其存在和发展，归根到底，都是由人类社会这个母系统决定和制约的。宗教的历史发展有两个基本的向度，这就是"对神圣者信仰的历史演进"的向度与"宗教组织的历史演进"的向度。如果从对神圣者信仰历史演进的向度看问题，我们不妨将整个宗教的历史发展理解成一个从"自然宗教"到"多神教"再到"一神教"的历史演进过程。而如果从宗教组织历史演进的角度看问题，我们便不妨将整个宗教的历史发展理解成一个从"氏族宗教"到"民族宗教"（"国家宗教"）再到"世界宗教"的历史演进过程。然而，不论我们从哪一个"向度"看问题，我们都会发现，宗教的存在与发展总是与其所在的社会相适应。"多神教"何以可能取代"自然宗教"成为宗教存在的主要形态？"一神教"何以能够取代"多神教"，成为宗教存在的主要形态？其具体理据固然很多，但归根到底，却无非是由下述两个方面的社会运动造成的。这就是，一方面，这种历史演进与人类社会实践活动能力的提升和活动范围的扩大有关，另一方面又与人类社会发展形态的历史演进有关。离开了民族和国家的形成，我们就根本无法对民族宗教或国家宗教的形成，对氏族宗教向民族宗教或国家宗教的演进作出合理的说明。同样，离开了民族壁垒的逐步打破，离开了人类历史的世界性，离开了人类意识的萌生，世界宗教的产生也根本不可设想。而世界宗教的产生总是特别地同一个世界性的帝国相关联，这个历史事实无疑是对世界宗教的人类社会基础的一个再好不过的说明。从这个意义上，我们可以说，与所在社会相适应实在是宗教自身存在和发展的一条不可更易的普遍客观规律。

与所在社会相适应之为宗教发展的普遍客观规律不仅典型地表现在人类宗教发展的历史总趋势和几个世界宗教的历史演进上，而且还相当典型地表现在一些具体宗教或具体宗教派别的历史发展上：只有那些适应所在社会的宗教才能够得到很好的发展。就我国历史上的宗教来说，这一点相当典型。佛教本来起源于印度，只是在两汉之际才传入中国。但是，中经两晋和隋代，至唐宋，它竟能达到其鼎盛时期。其原因虽然是多方面的，但无论如何，佛教采取"适应"中国社会的策略无疑是它能在中国扎根并且得以高速发展的一个秘诀。而且，即使在佛教内部诸流派的存在和发展中，也可以窥出"适应"策略的妙用。应该说，在中国佛教的诸流派中，发展势头最好的当属禅宗。禅宗不仅在顺境情况下持续高速发展，而且，即使在唐武灭佛的逆境中也能很好地生存下来，并在宋代获得了中国佛教一枝独秀的特殊地位。其原因也无非在于中国禅宗相较于中国佛教的其他流派，它更其注重适应中国社会，更其注重中国化，更其注重"儒佛合一"。

与所在社会相适应之为宗教发展的客观规律还典型地表现为宗教对人类社会发展规律的"适应"或"顺应"：凡是逆历史潮流而动的宗教迟早都会退出历史舞台，凡是顺应历史潮流而动的宗教都会充满不尽的生机。人类历史上出现的种种邪教，尽管其中有些也一时甚嚣尘上，但终究逃不脱短命的下场，究其原因，从根本上讲，正在于它们所固有的反人类、反社会、逆社会潮流而动的本质。反之，凡是适应或顺应历史发展规律，顺历史潮流而动的宗教或教会在其发展过程中，都赢得了充分发展的机遇。例如，在1517年，当维登堡大学神学教授马丁·路德（1483—1546）在教堂门前贴出《关于救赎卷效能的辩论》的九十五条论纲的时候，谁也不曾料到，这张大字报会引起天主教会的大分裂，会导致基督教（新教）的产生。但是，曾几何时，基督教在欧洲许多国家竟发展成为主流教会。究其原因，最根本的正在于路德的九十五条论纲体现了当时欧洲社会从封建社会向资本主义社会转型的历史大潮流。

因此，社会主义时期的宗教若要得到健康发展，唯一的正途便是与社会主义社会相适应。我国宗教的发展状况也是一个极好的例证。基督教入华，如果从英国传教士马礼逊（1782—1834）1807年到达广州算起，到1949年中华人民共和国成立，有142年的历史。可是，在这142年间，基督教徒在中国也不过发展到70万左右。而从1950年7月吴耀宗等发表《三自宣言》至今尚不到70年。然而，在这70年间，基督教徒竟激增到1600多万。[①] 离开了《三自宣言》，离开了中国基督教与中国特色社会主义相适应的策略，基督教的高速发展无论如何都不可想象。武昌归元寺昌明法师在谈到"从佛教兴衰考察佛教适应社会主义社会的必要性"这一话题时，曾强调指出：

> 纵观世界各国的佛教史，或盛或衰，或兴或亡，无不取决于佛教是否适应其社会。适应律主宰着任何宗教的命运，历史证明了这一点。故此，我们考察

---

① 在我国台湾，基督教入华，如果从1627年荷兰传教士甘迪究士（G. Cardidius）至今算起，至今也已经有380多年的历史了。可是，至今基督教在台湾仍然是"极少数人的宗教"。据有关统计，至1991年，我国台湾的基督教徒总数约为443996人，仅占当时台湾总人口2040万的2.18%。在我国香港，基督教入华，如果从1842年美国传教士叔未士牧师（Jehn Lewis Shuck）至我国香港传教算起，至今也已经有170多年的历史了。尽管英国在我国香港统治那么久，但基督教在香港却依然是极少数人的宗教。据1990年《教会普查》的统计，到1989年底，全港在册的基督徒总数为258298人，约占全港总人口的4.4%。而居港的基督徒就更少了，则只有168746人。基督教传入我国澳门，从马礼逊1807年到澳门传教时算起，至今已经有200多年的历史了。可是，基督教在澳门，与在台湾和香港一样，也是"极少数人的宗教"。1990年，我国澳门的基督教信徒人数为3500人，仅占人口总数的0.6%。

当今佛教之命运，必须考察佛教顺乎世界潮流、顺乎所在国之社会潮流的情况。否则，不得要领，隔靴搔痒。当今寰宇，佛教无所不在，是世界性的宗教。然而，不同国度、不同民族，佛教的境遇各异。当代中国是个社会主义社会的国家，佛教和其他宗教一样，接受历史教训，要兴隆，必须适应社会主义社会。[①]

昌明法师对佛教适应社会，特别是中国当代佛教适应中国社会主义社会的必要性的这样一种大彻大悟，对于当代其他宗教来说无疑有普遍意义和借鉴价值。

社会主义时期宗教与社会主义社会相适应，既是人类历史发展的大趋势，也是社会主义国家的宗教理应作出的明智的自主选择。因为从根本上讲，在社会主义国家里，不仅广大信教群众与广大非信教群众的根本利益是一致的，而且，广大信教群众的基本要求和根本利益只有在社会主义国家的现代化建设过程中，才能够实现、得到满足。正因为如此，只要社会主义国家充分考虑到非信教群众的基本要求和根本利益，只要社会主义国家坚定不移地走社会主义道路，只要社会主义国家切实贯彻宗教信仰自由政策，所在国家的信教群众都会乐于走社会主义道路。就我国的情况而言，各大宗教的绝大多数教徒都自觉选择了社会主义道路。在建国初期，不仅广大基督教教徒自觉选择了社会主义道路，而且其他宗教的广大教徒也都自觉选择了社会主义道路。所不同的只是，我国的基督教徒和天主教徒主要是在反帝爱国的旗帜下走上社会主义道路的，而作为本土宗教的道教和与本土化程度较高的中国佛教和中国伊斯兰教则主要是在肃清其"封建宗法性"的旗帜下走上社会主义道路的。伴随着中国社会的转型，中国佛教、道教和伊斯兰教相继开展了"教产"和"教制"方面的革命；并在"教产"、"教制"革命的基础上，相继产生了全国性的宗教组织机构。例如，1953 年 5 月，成立了以包尔汉（1894—1989）为主任委员的中国伊斯兰教协会。1953 年 6 月，成立了以圆瑛（1878—1953）为会长的中国佛教协会。1957 年4 月，成立了以岳崇岱（1888—1958）为会长的中国道教协会。这些协会的成立，连同中国基督教三自爱国运动委员会和中国天主教友爱国会的成立，标志着中国宗教开始走上了与社会主义社会相适应的道路，也为当代中国宗教的"教理"革命奠定了基础。

宗教与社会主义社会相适应还进而涉及宗教如何与社会主义社会相适应的问

---

① 昌明：《论佛教适应社会主义社会》，见湖北宗教研究会编：《湖北宗教研究》，段德智主编，宗教文化出版社 2004 年版，第 35—36 页。

题。这就是宗教与社会主义社会相适应的下限和上限问题。

所谓宗教与社会主义社会相适应的下限这个问题，简单地说，就是宗教与社会主义相适应的最低标准或最低要求。如果一个宗教组织或宗教团体根本达不到这种标准或要求，它也就因此而说不上与社会主义社会相适应。那么，宗教与社会主义社会相适应的最低标准或最低要求又是什么呢？这就是遵守社会主义社会现阶段的国家法律、法规及其方针政策。社会主义国家的法律、法规及其方针政策原本是用来保障宗教信仰自由的，但为要使宗教信仰自由得到充分的保障，为要使所在国家的现代化建设有一个较高速度的发展，为要使所在国家的社会秩序比较安定，宗教也就必须在国家法律所允许的范围内开展宗教活动，必须按照所在国家的方针政策办事，而不能与所在国家的法律、法规和方针政策相冲突。社会主义国家的执政党固然应当充分尊重信教群众的宗教信仰，应当充分信任信教群众的历史首创精神，对宗教体现出最大限度的宽容，但是，这种宽容也有一个下限，这就是信教群众与非信教群众在法律面前人人平等，不应该也不能够对任何违法行为有任何的宽容或放纵。

宗教与社会主义社会相适应的最低标准或最低要求还有一层意思，这就是宗教活动要服从和服务于国家的最高利益和民族的整体利益，宗教界人士要爱国、进步，要为祖国统一、民族团结和社会发展多做贡献。在这方面，我国的宗教有一个很好的历史传统。我国的本土宗教道教是如此，已经与我国传统文化融合在一起的外来宗教，如佛教和伊斯兰教，也是如此。近代传入我国的天主教和基督教也都在我国现代化进程中做出过这样那样的贡献。可以说，爱国爱教已经成了我国广大信教群众的一项共识。近几年来，我国宗教界流行着"四个维护"的说法，强调宗教当维护法律尊严，维护人民利益，维护民族团结，维护国家统一，应该说是宗教与社会主义社会相适应的一条合宜的口号。

我们把遵守社会主义国家的法律、法规，维护社会主义国家的法律尊严、维护人民利益、维护民族团结、维护国家统一等，说成是宗教与社会主义社会的下限，这并不是说，所有这些事情都微不足道、无关痛痒。正相反，我们这样说恰恰是在强调社会主义国家的宗教遵守社会主义国家的法律、法规的绝对必要性，强调社会主义国家的宗教维护法律尊严、维护人民利益、维护民族团结、维护国家统一的绝对必要性。我们在这里所说的最低标准实际上即是我们通常所说的最为基本、最为基础的标准。我们在这里所说的最低要求实际上也就是我们通常所说的最为基本、最为基础的要求。因为正是这些标准和要求构成了宗教与社会主义社会相适应的其他标准和要求的前提和基础。

社会主义国家的宗教及其信教群众遵守社会主义国家的法律和法规对于宗教与社会主义社会相适应固然重要，但是，对于宗教与社会主义社会相适应还有更为重要的东西，这就是宗教及其信教群众最大限度地发挥其建设社会主义社会的积极性。因为宗教与社会主义社会的适应不应当只是一种消极的被动的适应，而应当是一种积极的能动的适应，不应当是一种单向度的附着，而应当是一种双向度的生成。存在于一定社会、一定国家的宗教与其所在的社会和国家之间的关系并不是那种外在的关系，像一杯水与盛水的杯子那样，既可以随便倒进去也可以随便倒出来，而是一种非常内在的关系，一种互存互动的关系：一方面，如果社会不进步、不稳定、不发展，任何宗教都不可能兴旺发达，得到充分而健全地发展，另一方面，任何一个社会、任何一个国家如果不能卓有成效地处理好它与宗教的关系，也都不可能真正安定，不可能真正健康地向前发展。就我国的历史来说，无论是本土宗教道教，还是外来宗教佛教，在唐宋时期都比较兴旺，都获得了比较充分的发展，究其原因，固然是多方面的，但是归根到底还是在于我国社会在唐宋时期政局比较安定，经济比较繁荣。反过来说，唐宋时期，中国社会的政局之所以比较安定，经济比较繁荣，一个重要原因即在于当时的统治者比较妥当地处理了它与宗教的关系，比较充分地利用了宗教维系社会、创建社会的社会功能和文化功能。因此，社会和国家不仅是宗教赖以生存的场所，而且也是宗教实现其自身价值的主要舞台。维系社会和创建社会，维护民族团结、祖国统一和社会稳定，促进经济社会发展，既是宗教造福于人类、造福于社会的至上功德，也是宗教自身存在的基本理据和宗教自身发展的基本要求。而宗教社会与世俗社会在基本利益方面的这样一种契合性或一致性，正是我们正确理解和认识宗教与社会主义社会相适应的本体论基础。因为正是这样一条原理告诉我们，在社会主义社会，宗教不仅和其他类型的社会组织一样，其信教群众与非信教群众的基本利益总体上说是一致的，而且相较于其他社会，其信教群众与非信教群众的基本利益空前的一致。既然如此，则宗教与社会主义社会相适应的根本内容便不应当是一种简单的遵守或服从，而应当是与非信教群众一起积极投身于现代物质文明、政治文明、精神文明、社会文明和生态文明的建设。投身于现实社会的这五个文明的建设，维护社会安定，推动社会进步，当是社会主义国家各宗教和宗教团体的历史正命。因此，最大限度地发挥宗教组织和信教群众建设社会主义社会的积极性，实在是宗教与社会主义社会的最为重大也最为根本的"适应"。

社会主义国家的宗教及其信教群众最大限度地发挥其建设社会主义的积极性，

首先就是要最大限度地投身于社会主义的经济建设中去,努力促进经济社会持续稳定快速发展。这一方面是因为,经济乃一个社会的基础,尽管政治文明建设和精神文明建设非常重要,但是,无论如何,经济建设或物质文明建设在社会建设中始终是决定性的第一重要的东西。一个贫穷落后、经济萧条的社会或国家是既违背非信教群众的根本意志和愿望也违背信教群众的根本意志和愿望的。另一方面,广大信教群众不仅是宗教信仰者,而且,与非信教群众一样,也是物质文明和经济社会的建设者和构建者,也是生产力。诚然,对信教群众促进经济社会发展的积极性,有个进一步"发挥"和进一步"调动"的问题,有一个"最大限度地"发挥和调动的问题,还有一个进一步"化消极因素为积极因素"的问题。这些都是社会主义的宗教和政府部门需要进一步花大力气予以解决的问题。但是,可以相信,只要信教群众对自己的切身利益和基本利益有一种切身的和清醒的认识,他们之最大限度地发挥其建设社会主义经济社会的积极性是完全可以指望的。

社会主义国家的宗教及其信教群众最大限度地发挥其建设社会主义的积极性,除了积极投身于社会经济建设、促进经济社会发展外,还有一个进一步挖掘、弘扬和开发宗教教义、宗教道德、宗教文化的合理内核,为维护社会和谐稳定和人类命运共同体作出更大贡献的问题。凡宗教都讲仁爱和和谐。众所周知,基督宗教的《圣经》相当重视仁爱这一信条。它一方面将"爱主你的上帝"规定为基督宗教的"第一诫命",另一方面又把"爱人如己"规定为基督宗教的"第二诫命",并且把"这两条诫命"宣布为"律法和先知一切道理的总纲"。① 伊斯兰教的根本教义也在于"怜悯"、"以善待人"、和平和安宁。《古兰经》曾经以真主的口气,强调说:"我派遣你只为怜悯全世界的人。"② 《古兰经》还强调说:"你当以善待人,像真主以善待你一样;你不要在地方上搬弄是非,真主确是不爱搬弄是非者。"③ 佛教更是把悲天悯人的宗教精神发挥到了极致。《观无量寿佛经》讲:"佛心者,大慈悲是。"可谓一语道破佛教精神的真髓。《大智度论》第 27 卷中也强调说:"慈悲是佛道之根本。"它还具体解释说:"大慈与一切众生乐,大悲拔一切众生苦。大慈以喜乐因缘与众生,大悲以离苦因缘与众生。"据《地藏菩萨本愿经》载,地藏菩萨曾发大誓愿:"若不先度罪苦,令是安乐,得至菩提,我终未愿成佛。"需要强调提出的是,佛教倡导的大慈大悲及"视人如己"("与诸众生,视若自己")的高尚情怀是以强调世上万事万物相互依存的"缘起论"为

---

① 《马太福音》22:34—40;《马可福音》12:28—31。
② 《古兰经》21:107。
③ 《古兰经》28:77。

其理论基础的,这就为当今时代社会主义国家的信教群众和非信教群众维护社会和谐稳定乃至人类命运共同体提供了很好的精神资源。我国的道教也和基督宗教、伊斯兰教、佛教一样,强调"慈心"、"利他"。《老子》中有"贵以身为天下,若可寄天下。爱以身为天下,若可托天下"之说。[①]《庄子》中有"四海之内共利之谓悦,共给之谓安"的说法。[②] 而《抱朴子》中也有"慈心于物,恕己及人"的说法。[③] 不仅如此,我国的道教还把"和"提升到宇宙论和本体论的高度。《老子》说:"道生一,一生二,二生三,三生万物。负阴而抱阳,冲气以为和",此之谓也。而它的"上善若水"的生动比喻,更是把这种"贵和"精神淋漓尽致地表达了出来。《太平经》中关于"太平"的思想,关于"君、臣、民"、"父、母、子"、"天、地、人"和"太阳、太阴、中和"的"三名同心"的思想,可以说是对《老子》中的这种"贵和"思想的一种具象化。[④] 宗教的这种"重爱"、"贵和"思想曾经在历史上为和谐社会与和谐世界的构建发挥过重要的历史作用,在维护社会主义的和谐稳定中以及在世界和平的维系中也曾发挥过重要的历史作用。可以断言,它们在维护社会主义的和谐稳定,推进人类进步和维系人类命运共同体中将有望发挥更大的作用。

然而,宗教若要最大限度地发挥其建设社会主义的积极性,最大限度地发挥其维护社会和谐稳定与人类命运共同体的积极性,首先就必须搞好自身的建设。搞好宗教的自身建设固然有许多方面的工作要做,但是无论如何,构建和谐宗教是件压倒一切的事情。一个不和谐的宗教既谈不上高水平的宗教建设,也谈不上最大限度地调动和发挥其信教群众的社会主义积极性。同时,维护社会的和谐稳定,虽然是一个系统工程,但是,无论如何宗教和谐是整个社会和谐的一项极其重要的内容。这不仅是因为宗教关系,与政党关系、民族关系、阶层关系和海内外同胞关系一样,是社会主义国家政治领域和社会领域的一种非常基本的社会关系,而且还因为倘若宗教关系得不到妥善处理,其他关系也不可能从根本上得到妥善处理。特别是民族关系和阶层关系的根本改善,离开宗教关系的改善根本不可能。因此,和谐宗教的构建不仅关涉到宗教组织内部的和谐,关涉到宗教与宗教之间的和谐,而且还关涉到宗教与社会的和谐,关涉到信教群众与非信教群众之间的和谐,关涉到整个社会的和谐。总之,"积极健康的宗教关系"的构建是一项大工程。习近平总书记2016

---

① 《老子》第 13 章。
② 《庄子》"天地篇"。
③ 葛洪:《抱朴子》"微旨篇"。
④ 参阅王明:《太平经合校》,中华书局 1960 年版,第 19 页。

年在全国宗教工作会议上的讲话中指出："要构建积极健康的宗教关系。在我国，宗教关系包括党和政府与宗教、社会与宗教、国内不同宗教、我国宗教与外国宗教、信教群众与不信教群众的关系。促进宗教关系和谐，这些关系都要处理好。"[①] 这就把宗教关系的内涵淋漓尽致地概括出来了。

二、宗教管理现代化的一个基本方略：依法治教

宗教与社会主义社会相适应不仅关涉到当代中国宗教同社会主义的政治制度和经济制度相适应的问题，而且还关涉到当代中国宗教同社会主义的法律制度相适应的问题。而依法治教就是一个同当代中国宗教与社会主义法律制度相适应直接相关的问题。

依法治教或依法管理宗教是我国乃至人类宗教管理史上的大事件，既是宗教管理现代化的基本标志，也是实现宗教管理现代化的一项基本方略。

宗教管理问题在我国是一个非常古老的问题。据考证，早在南北朝时期，北齐就设立了鸿胪寺，用来管理佛道宗教事务。不仅如此，此后的历代王朝还给我国的宗教活动定了许多"规矩"，如"度牒制"就曾为许多王朝所沿用。康熙时代的"印票制"也是当时清朝宫廷管理中国基督宗教的一项重要制度。但是，历代王朝为我国宗教事务立的"规矩"还不能同现代意义上的宗教法规相提并论。因为在封建帝王面前根本不可能存在什么神圣不可侵犯的具有强制性和权威性的宗教法规。在封建制度下可能有的只能是"人治"，"统治者之治"，"一人之治"。一切都以最高统治者的利益和好恶为转移。道教在唐朝初期之所以受到特别的重视，只是因为唐朝的皇帝看到了道教立李耳为教主；武则天之所以特别推崇佛教，显然意在颠覆李氏政权，并巩固自己的政权；晚唐武帝禁佛（所谓"会昌法难"）其目的显然在于拯救自己的政权。[②] 不仅如此，甚至一个帝王的心情如何，也会影响到一个国家宗教事务的管

---

① 《习近平：全面提高新形势下宗教工作水平》，《人民日报》2016 年 4 月 24 日。

② 唐太宗李世民（598—649，一说 599—649）曾明言"今李家据国，李老在前"。并且明令"至今以后，斋供行立，至于称谓，道士女冠，可在僧尼之前，庶敦反本之俗"（《广弘明集》卷二十八）。唐高宗李治（628—683）曾亲赴亳州参拜老君庙，追加老君尊号为"太上玄元皇帝"，并要求贡举人一律"习《老子》"。武则天登帝位后尊佛抑道，削去老子"太上玄元皇帝"称号，唐中宗李显（656—710）登位后复大唐国号，老君依旧为"玄元皇帝"。贡举人依旧"习《老子》"。唐玄宗李隆基（685—762）则更为崇道，进一步册封老子为"圣祖大道玄元皇帝"，将《道德经》列为诸经之首。845 年，身为虔诚道教徒的唐武宗李炎（814—846）竟至一手策划了"会昌灭佛"事件。

理"规矩"的更改。我们知道,清朝康熙皇帝对基督宗教在华的传播在很长一段时间里持相当开明的态度,但是后来中国礼仪之争把他惹烦了,他便下了"以后不必西洋人在中国传教,禁止可也,免得多事"的"禁令"。[①] 由此看来,依法管理宗教或宗教立法只有在"主权在民"的现代社会制度条件下才能实现。这也正是我们把它看做宗教管理现代化的基本标志的重要理由之一。

依法管理宗教或宗教立法以"主权在民"的现代社会制度的存在为基础和前提,但这并不意味着只要有了"主权在民"的现代社会制度,就会自发地产生出现代意义上的宗教法规。事实上,任何一部现代意义上的宗教法规都是法律主体在管理宗教事务的长期活动中逐步形成和产生出来的。就我国的情况而言,我们早在半个世纪前就建立了全国性的人民政权,但是,我国现有的一些具有现代意义上的宗教法规则是在中国共产党的十一届三中全会以后才逐步制定出来的。建国以来,我国的宗教工作大体经历了四个不同发展时期:首先是 1949 年至 1957 年宗教工作的"积极探索"时期,这也是中国宗教重新界定和重新规范时期;其次是 1957 年至 1978 年宗教工作的"蒙受挫折"时期,在这一时期,由于"左"倾错误思想的滋长和泛滥,宗教工作严重"失范";再次,是从 1978 年至 1991 年我国宗教工作"拨乱反正"、宗教立法工作开始启动时期;最后是从 1991 年以来我国宗教工作"稳步推进"、宗教立法逐步完善时期。[②]

1991 年,中共中央、国务院下达了《关于进一步做好宗教工作若干问题的通知》,该通知第一次明确提出要"依法对宗教事务进行管理"。我国的宗教法制建设最初从地方开始,从单项开始。在各地积累了一定的实践基础之后,1994 年,国务院颁布了《中华人民共和国境内外国人宗教活动管理规定》和《宗教活动场所管理条例》。这是新中国建立后第一次颁布宗教方面专门的单项法规,标志着我国的宗教立法工作取得重大突破,也标志着宗教工作开始走上法制化轨道。进入新世纪,根据中共中央和国务院关于依法治国、建设法治政府的要求和 2001 年全国宗教工作会议精神,国家宗教局会同有关部门开始抓紧研究制定全国综合性行政法规。2004 年 11 月,国务院颁布《宗教事务条例》。这是我国第一部宗教事务方面的综合性行政法规,标志着宗教工作开始全面走上法制化、规范化、制度化的轨道,开启了我国宗教工作的新的发展阶段。至此,我国已经初步形成了以宪法为核心,包括行政法规、地方性法

---

① 参阅《康熙与罗马使节关系文书》,转引自李天纲:《中国礼仪之争》,上海古籍出版社 1998 年版,第 77 页。

② 参阅段德智:《新中国宗教工作史》,人民出版社 2013 年版,第 339—342 页。

规、部门规章、地方政府规章在内的宗教事务管理法律框架,我国的宗教事务管理基本上实现了"有法可依"。

我们在依法管理宗教或宗教立法方面迈出这一步是很不容易的,也是很了不起的。我们知道,许多西方资本主义国家是花费了二三百年的时间才走出这一步的。在很长的一段时间里,特别是在资产阶级革命时期,与其说他们关心的是宗教立法问题,毋宁说他们关心的是宗教信仰自由和宗教宽容问题。现代意义的宗教立法或依法管理宗教即使对于许多西方国家来说,也是一个相当晚近的事情。我们甚至可以说,对于许多西方国家来说,宗教立法(包括反对邪教立法)仍然是一个需要进一步完善的工作。正是在这个意义上,我们不仅可以把我国目前正在进行的宗教立法,看作是我国宗教工作由主要靠政策管理向主要依法管理的转轨定向,看作是我国宗教管理工作现代化的根本标志,而且也可以把它看做我国的法制建设业已上升到一个新的层次的重要界碑。

依法管理宗教或宗教立法不仅是宗教管理现代化的基本标志,而且也是实现宗教管理现代化的基本方略。因为只有通过宗教立法或依法管理宗教,才能使宗教工作从根本上避免决策和管理方面的感情用事或主观随意性,才能使各级人民政府的宗教政策具体化、程序化和制度化,才能避免宗教管理宽严无度甚至严重失范的混乱局面,从而使我们的宗教管理工作做到有法可依、宽严有度,全面正确地贯彻执行各级人民政府的宗教政策,卓有成效地引导我国的宗教同社会主义社会相适应。可以说,依法管理宗教或宗教立法在实现宗教管理现代化方面的这一重要地位是没有别的手段或举措能够取代的。

但是,真正说来,现代意义上的宗教立法在我国才刚刚起步,在我们面前还有许多工作要做。目前,我国正处在一个伟大的社会转型时期。随着我国由产品经济社会向市场经济社会、由农业文明向工业文明、由乡村社会向城镇社会、由封闭社会向开放社会、由同质的单一性社会向异质的多样性社会的转型,将有层出不穷的问题需要我们去研究、处理和立法。同时,依法管理宗教不仅有一个"有法可依"的问题,而且还有一个"有法必依"的问题。这就不仅要求我国的宗教管理人员不断地增强法律意识和法制观念,不断地提高"依法行政"的自觉性和水平,而且也要求宗教信徒不断地增强自己的法律意识和法制观念,在不断增强自己的宗教自律能力的同时,不断提高自己的"依法参政"的意识和能力。如果考虑到我国是一个宗法观念根深蒂固的国家,考虑到"宁左勿右"思维模式曾经在很长一段时间里制约着我国的宗教工作并且其流毒至今还有待继续清除,则我们就会清醒地看到:在宗教立法和依法管理宗教方面我们还有许多工作要做，还有很长一段路程要走。所幸的是，在这一方面，"坚冰已经打破，航线已经开通，道路已经指明"，而且我们毕竟已经迈出了第一步。[1]

依法管理宗教事务的根本在于"依法"，在于"有法可依"和"有法必依"。"有法可依"涉及宗教立法问题，其中最重要的是宗教立法的质量问题。在这方面，社会主义国家的经验教训主要是两条，一是草率不得，一是怠慢不得。在宗教工作方面，有一些社会主义国家往往以"政策"代法律，结果致使其宗教工作常常陷于无法可依、忽左忽右、宽严无度的境地，给社会主义事业带来很大的损失。然而，在宗教工作方面草率立法的后果也是相当严重的。例如，前苏联于1990年10月通过的《关于信仰自由和宗教组织》的宗教法律，非但没有推进前苏联的宗教工作，反而把前苏联的宗教工作引上了邪路，给前苏联的社会主义事业带来了毁灭性的恶果。[2]

所谓"有法必依"，强调的是宗教工作必须以有关法律为准绳，凡是符合有关法律的就必须给予法律保护，凡是违反有关法律的就必须给予法律制止。依法管理宗教事务的首要任务是保护合法，首先是保护宗教信仰自由和保护宗教组织和宗教团体独立自主办教。既然宗教信仰自由和独立自主办教需要法律保障，既然社会主义国家将宗教信仰自由和独立自主办教写进了自己的宪法和法律里，则社会主义国家就有权力和义务来依法保护宗教信仰自由和独立自主办教，依法保护宗教组织和宗教团体的合法权益。

有法必依的另一层意涵在于制止非法。在社会主义国家里，所有的宗教组织一律平等。既不能用行政力量去消灭宗教，也不能用行政力量去发展宗教。国家必须切实落实政教分离、宗教与教育分离的原则。任何宗教都没有超越宪法和法律的特权，都不能干预行政、司法、教育等国家职能的实施，妨碍正常的工作和生活秩序。任何人或组织都不得利用宗教来反对社会主义制度，危害国家统一、民族团结和社会稳定，损害社会、集体的利益，妨碍其他公民的合法权利。所有宗教团体、宗教界人士和信教群众都必须牢固树立国家意识、公民意识和法律意识，坚持在宪法、法律、法规和政策规定的范围内开展宗教活动。毋庸讳言，制止非法必定内蕴有依法打击犯罪的问题，依法打击一切危害国家最高利益和社会公共利益的犯罪活动的问题。

① 参阅段德智：《实现宗教管理现代化的基本方略》，《中共济南市委济南市行政学院济南市社会主义学院学报》2001年第4期。

② 参阅段德智主编：《境外宗教渗透与苏东剧变研究》，人民出版社2015年版，第129—133、353—355页。

同时有法必依还有一个依法抵制境外宗教渗透的问题,依法抵制境外敌对势力通过宗教渗透对社会主义政权进行的种种颠覆活动和其他破坏活动的问题。[①] 实际上,有法必依的这两个方面的内容是紧密地结合在一起的。一方面只有有效地依法抵制渗透和打击犯罪,才能够确保宗教活动的有序进行,才能够有效地依法保护合法;另一方面只有有效地依法保护合法,才能够有效地依法抵制渗透、打击犯罪,才能够有效地依法制止非法。

依法管理宗教事务还涉及一个管理机构和管理队伍的问题。宗教事务部门一方面有一个进一步健全和完善的问题,另一方面又有一个进一步牢固树立法制观念,不断提高依法行政能力、提高社会管理和公共服务水平的问题。从依法保护合法的角度看,宗教事务管理部门有一个进一步提高群众意识和服务意识的问题,一个进一步规范管理行为的问题。而从依法制止非法的角度看,宗教事务部门有一个进一步增强警觉意识、监督意识和防范意识的问题,一个进一步提升处理突发事件的能力和水平问题。

三、当代中国宗教建设的一项战略任务:进一步加强神学理论建设

社会主义时期宗教建设的基本目标在于宗教与社会主义社会相适应,在于宗教不仅遵守社会主义国家的法律和法规,而且还能最大限度地发挥其建设社会主义社会的积极性,努力促进社会主义经济社会发展,努力维护社会和谐稳定。但是,为了实现这一基本目标,不仅需要社会主义国家对本国的宗教组织、宗教团体及其信教群众的宗教信仰自由和独立自主办教给予法律的保障,并且对于宗教的外部事务或政治性的事务实施有效的依法管理,而且还需要宗教组织和宗教团体"抱法处势",与时俱进,因应社会变革而适时地实施宗教改革,从而不断地完善宗教自身的建设。然而,在宗教的改革和自身建设中,最为重要但是却最容易为人忽视的却是神学思想建设。诚然,宗教建设并不限于神学思想建设,但是无论如何,神学思想建设却是宗教自身建设当中最为核心、最为根本的建设。一个宗教倘若不能在神学思想建设方面取得实质性的进展,它的自身建设便决然不可能取得实质性或根本性的进展。这是不难理解的,既然宗教信仰是宗教要素中一个最内在最本质的要素,既然其他要素说到底都是宗教信仰的外在表现,既然神学理论归根到底不过是宗教信仰的系统化、条理化和规范化,则神学思想建设在宗教自身建设中的至要地位便不言自明

[①]　参阅段德智等:《境外宗教渗透论》,经济科学出版社 2016 年版,第 240—285 页。

了。我们知道，以倡导人间佛教著称于世的太虚大师（1889—1941）是我国近现代宗教变革史上的一位影响深广的先锋人物和启蒙人物。他呼吁："中国向来代表佛教的僧寺，应革除以前在帝制环境中所养成流传下来的染习，建设原本释迦佛遗教，且适合现时中国环境的新佛教。"[1] 但是，太虚所倡导的佛教改革或佛教革命的中心内容不是别的，正是他所谓的"教理革命"。诚然，太虚所倡导的佛教改革与我们所说的宗教建设在内涵上并不完全相同，但是，就其强调教理革命的重要意义而言，则与我们相去不远。既然如此，在我们讨论社会主义国家的宗教的自身建设时，我们不能不特别认真地反思宗教的神学思想建设问题。

社会主义事业是人类历史上一项前所未有的翻天覆地的大事业。社会主义时期的宗教的神学理论与前此阶段的宗教的神学理论在内容上必定因此而具有某种本质的区别。但是，社会主义时期的宗教的神学理论并不是凭空产生出来的，而总是在批判借鉴或扬弃传统宗教神学理论的基础上逐步形成的。因此，挖掘、弘扬宗教传统及其神学中的积极内容为社会主义文明建设服务便不能不成为社会主义时期宗教神学思想建设的一项前提性或基础性的任务。当代著名的哲学释义学家伽达默尔（1900—2002）在为"传统""正名"时曾经强调指出："我们其实是经常地处于传统之中，而且这种处于绝不是什么对象化的（vergegenständlichend）行为，以致传统所告诉的东西被认为是某种另外的异己的东西，一种范例和借鉴，一种对自身的重新认识，在这种自我认识里，我们以后的历史判断几乎不被看作为认识，而被认为是对传统的最单纯的吸收或融化（Anverwandlung）。"[2] 对伽达默尔来说，传统并不是我们的一种身外之物，也不是某种属于我们的东西，而是一种我们所属的东西，一种我们不能不属于的东西，一种决定着我们成为什么的规范性力量。我们始终被"抛入"传统，在传统属于我们之前，我们便已经属于传统了。正因为如此，社会主义国家的宗教、宗教组织或宗教团体若要在神学思想建设方面有所作为，它就不能不由挖掘和弘扬其传统及其神学中的积极内容入手。

挖掘和弘扬传统宗教及其神学中的积极内容，充分开发和利用宗教教义、宗教道德、宗教文化中有利于社会和谐、时代进步、健康文明的精神资源，不仅是必要的，而且是可行的。因为人类宗教在其漫长的历史发展中，在其维系社会、创建社会的长期实践中，积累了当代人类仍然值得借鉴的极其丰富、弥足珍贵的精神资源。这

[1] 太虚：《我的佛教改进运动略史》，见黄夏年主编：《太虚集》，中国社会科学出版社1995年版，第406页。
[2] 伽达默尔：《真理与方法》上卷，洪汉鼎译，上海人民出版社1992年版，第361—362页。

一点从我国的宗教传统来看毫无疑问。

首先，我国的传统宗教及其神学始终保持着与时俱进、与社会共存、共进、共荣的历史轨迹。中国宗教，自远古时代伴随着我国氏族组织和氏族制度产生之日起，就同中国社会和中国文明共同发展。在几万年的历史演进中，虽然在一定程度上也表现出了这样那样的相对的独立性，但是却始终保持了同中国社会发展大体上的同步性。而且，中国传统社会虽然也同世界各国一样，总的来说，也经历了一个从原始社会开始中经奴隶社会发展到封建社会这样一个发展过程，但是，由于马克思所说的区别于西方古代所有制形式的"小亚细亚所有制形式"的缘故，[1] 无论在其总体上还是在其各个发展阶段都表现出了一些明显区别于西方社会的特征。与此相适应，我国传统宗教无论在其总体上还是在其各个阶段也都表现出了一些区别于西方宗教的特征。中国宗教的这一传统对当代中国宗教与社会主义社会相适应，投身于具有中国特色的社会主义社会的现代化建设无疑是一笔宝贵的精神财富。

其次，我国的传统宗教及其神学拥有对主流意识形态或官方意识形态认同和趋同的历史惯性。东晋高僧道安（314—385）曾师事西域名僧佛图澄，后被前秦苻坚迎请至首都长安（今西安），并被赐予"国师"号。他不仅积极为苻坚提供政事咨询服务，而且还积极贯彻苻坚的宗教政策，曾深有感触地说："不依国主，则法事难立"。[2] 一些宗教学者甚至径直用作为官学的儒学中的"五常"来诠释佛教的"五戒"，宣称："内外两教，本为一体。渐极为异，深浅不同。内典初门，设五种禁，外典仁义礼智信，皆与之符。仁者，不杀之禁也；义者，不盗之禁也；礼者，不邪之禁也；智者，不淫之禁也；信者，不妄之禁也。"[3] 更值得注意的是，对中国国情持"适应"策略的意大利传教士利玛窦在其著作《天主实义》中也用当时中国社会的主流意识形态即儒家的纲常说教来诠释基督宗教的"圣三位一体"，断言："凡人在宇内有三父：一谓天主，二谓国君，三谓家君也。逆三父之言，为不孝子矣。"[4] 作为我国本土宗教的道教，在其发展过程中，虽然与作为官方意识形态的儒学常常保持一定的距离，但是，从总体上讲，却呈现出一种逐渐趋同的倾向。魏晋时期的《黄庭经》即提出"三丹田"说，强调"炼神"或"存神致虚"；而葛洪（284—364）在《抱朴子内篇》卷八"释滞"篇中

---

① 《马克思恩格斯全集》第 46 卷（上），人民出版社 1979 年版，第 472 页。
② 转引自牟钟鉴、张践：《中国宗教通史》（上），社会科学文献出版社 2003 年版，第 380 页。
③ 颜之推：《颜氏家训·归心第十六》，中华书局 1954 年版，第 29 页。
④ 参阅段德智：《从"中国礼仪之争"看基督宗教的全球化与本土化》，《维真学刊》2001 年第 2 期，第 26 页。

则进而讨论了"兼济""求仙"与"人道"的问题，提出了"内宝养生之道，外则和光于世，治身而身长修，治国而国太平。以六经训俗士，以方术授知音，欲少留则且止而佐时，欲昇腾则凌霄而轻举者，上士也"的理想人格。不难看出，这种既出世又入世的理想人格与儒家的理想人格十分贴近。至宋代张伯瑞（987—1082），更是发展出了"性命双修"的内丹学，用"教虽分之，道乃归一"（《悟真篇》）对道教与作为官方意识形态的儒学相适应或相协调的历史大趋势作出了历史的总结。中国的传统宗教及其神学对主流意识形态或官方意识形态的这种认同或趋同的历史传统无疑会对当代中国宗教积极与社会主义社会相适应产生这样那样的影响。

如果说中国的传统宗教及其神学对主流意识形态的认同和趋同是其入世精神一种体现的话，那么，中国的传统宗教及其神学积极倡导和努力维护社会和谐稳定，则更其充分地体现了这种精神。如前所述，中国宗教，无论是本土宗教道教，还是外来宗教，如佛教，都以仁爱和"贵和"思想作为其教义的一项基本内容。中国宗教教义中的这种重仁爱、贵和谐的思想无疑是我们维护社会主义社会和谐稳定重要的精神资源。中国宗教不仅将维护社会和谐稳定作为自己的社会理想放进自己的教义之中，而且还在中国社会的历史演进中努力践履自己的这种社会理想，前仆后继地为实现这种社会理想而不懈地奋斗、挣扎。就我国本土宗教道教而言，这一点相当典型。我国道教流传至今的最早的经典即为《太平经》。据说，早在西汉成帝时，齐人甘忠可就写下了《天官历包元太平经》。这本《太平经》虽然已成佚书，但是，据《后汉书·李寻传》，该书是一部具有道教性质的社会改良作品，一部拨乱反正、转乱世为治世的宗教政治性著作。今本《太平经》把这样一种写作意图表达得极其充分。该经产生于东汉末年。按照《太平经》的说法，当时东汉社会，"五星失度，兵革横起，夷狄内侵，自虏反叛"，"人民云乱，皆失其居处，老弱负荷，夭死者半"。[1] 而作者写作此经书的目的，一如作者自己所说，正在于通过将其献给"有德之君"，以实现其"太平"治世的社会理想。《太平经》虽然是作为"安王之大术"写出来的，但是其所表达的却是中国人民始终怀抱、始终追求的社会理想——一个和谐公正、"治太平均"的社会，一个与《礼记》所阐述的"小康"社会和"大同"社会非常接近的社会。[2] 唐朝释玄嶷《甄正论》中断言该书为"帝王理国之法"；明代白云霁《道藏目录详注》谓其"皆以修身养性，保精爱神，内则治身长生，外则治国太平"。此言不诬也。不

---

① 王明：《太平经合校》，中华书局 1960 年版，第 576、270 页。
② 同上书，第 192 页。

仅如此，作为道教的最早组织之一的"太平道"，众所周知，于东汉末年在同心奉天的和平改良路线屡屡失效后，最后走上了武装革命的道路，举行了震惊朝野的黄巾起义。尽管如此，太平道的终极旨归却没有因此而发生什么变化。因为黄巾军既然以"苍天已死，黄天当立，岁在甲子，天下大吉"为其基本口号，则其建立一个和谐公正、"治太平均"的社会理想（"天下大吉"）就依然是其社会纲领或政治纲领中的一项中心内容。《太平经》中所阐述的这种和谐公正、"治太平均"的社会理想，一直作为我国宗教及其神学的一项基本理念，鼓舞着和推动着此后中国宗教积极参与维护我国社会的和谐稳定。19世纪中期，当洪秀全创办"拜上帝会"，积极筹备武装起义的时候，鼓舞他前进的正是这样一种"和谐"、"太平"的社会理想。他在《原道醒世训》中曾畅谈了他的理想的社会和社会制度。他写道："遐想唐、虞、三代之世，有无相恤，患难相救，门不闭户，道不拾遗，男女别途，选举上德。尧、舜病博施，何分此土彼土；禹、稷忧饥溺，何分此民彼民；汤、武伐暴除残，何分此国彼国；孔、孟殆车烦马，何分此邦彼邦。盖实夫天下凡间，分言之，则有万国，统言之，则实一家。……天下多男子，尽是兄弟之辈；天下多女子，尽是姊妹之群，何得存此疆彼界之私，何得起尔吞我并之念。是故孔丘曰：'大道之行也，天下为公，选贤与能，讲信修睦。……是故奸邪谋闭而不兴，盗窃乱贼而不作，故外户而不闭，是谓大同'。然而乱极则治，暗极则光，天之道也。"[①] 洪秀全之所以将自己的武装部队称作"太平军"，将其国号称作"太平天国"，其原因无不在于昭示其和谐太平的社会理想。诚然，由于当时的社会历史条件所限，无论是东汉末年张角领导的以太平道为背景的黄巾起义，还是清朝末年洪秀全领导的基于拜上帝会的太平天国起义，都终究未能实现其创建和谐太平的社会理想，然而我们就中看到的他们的抱负和志向，却是让人无限感佩的，不仅对于当代中国宗教及其信教群众积极投身于维护社会主义社会的和谐稳定是一种巨大的激励，而且对于所有当代中国人民积极投身于维护社会主义社会的和谐稳定也是一种巨大的鼓舞。

中国宗教的道德伦理思想也曾为中国传统社会的道德伦理建设作出了无可取代的贡献。中国宗教的道德伦理思想之超越世俗道德伦理之处，首先就在于它向人类提供了一种普遍之爱或兼爱的道德伦理范式。毫无疑问，凡世俗伦理道德确实都有其高尚的一面，但是，它们既然是世俗伦理道德，也就难免具有这样那样的俗气：它们的爱其实都是一种"差等之爱"。我国古代的大圣人孟子在其《尽心上》中在谈到

---

① 罗尔纲：《太平天国文选》，上海人民出版社1956年版，第3—4页。

其道德伦理思想时，就曾说过："君子之于物，爱之而弗仁；于民也，仁之而弗亲。亲亲而仁民，仁民而爱物。"但是，宗教的仁爱思想却远远超出了世俗伦理道德的范围。例如，佛教的伦理道德思想由于提出了"有情世界"概念（一个与"器世界"相对的世界概念），就把慈悲或泛爱的范围甚至扩充到了动物世界，从而使得我们对人类的普遍慈爱或仁爱获得了一种前所未有的根据。一个人倘若对动物都能慈悲相待，对于人类讲慈悲就变得非常自然了。因此，当我们在佛经中读到"大慈与一切众生乐，大悲拔一切众生苦"（《大智度论》），"一切男子皆是父，一切女人皆是母"（《心地观经》），丝毫没有造作之感，究其原因，盖出于此。与此相关，中国宗教的道德伦理思想超越世俗道德伦理的地方还表现在它提出了一种"平等"的概念。佛教就有众生平等的观念，而基督宗教也有在上帝面前人人平等的观念。我国东晋佛教学者竺道生（335—424）更是提出了"一阐提人皆可成佛"的思想，可以说是对封建等级观念的一种挑战。最后，宗教伦理道德之超越世俗伦理道德的地方还表现为宗教伦理道德的境界似乎更为高远。例如，佛教不仅提出了"诸法无我"的"法印"，而且还提出了"三轮体空"的概念。《金刚经》中讲"世人行施，心系果报，是为着相；菩萨行施，了达三轮体空故，能不住于相"。这句经文把宗教伦理道德与世俗伦理道德的差异性相当鲜明地表达出来了。因此，宗教伦理道德给世人提出的是一种毕生都当向往、追求的道德目标和人生境界。宗教伦理道德的这种超越性和高岸性往往为普通世俗伦理道德所缺如。但是，正因为宗教伦理道德具有这种超越性和高岸性，它便有望对世俗伦理道德有一种其自身难以拥有的推动力和提升力。宗教的这样一种道德伦理功能在社会主义精神文明建设中无疑也会同样发挥其积极的作用。

挖掘和弘扬传统宗教中的积极为容对于社会主义时期宗教神学思想建设虽然如上所述非常重要，但这毕竟只是为社会主义时期宗教神学思想建设奠定了基础。基础性或前提性的工作固然重要，但毕竟不是整个建设工程的全部，甚至不是整个建设工程的主体内容。社会主义时期宗教神学思想建设工程的主体部分当是当代中国宗教对传统宗教教义或教理作出顺乎历史潮流和时代潮流的新诠释，作出既体现时代精神又适应社会主义制度的新诠释。正如在西欧国家由封建社会向资本主义社会过渡或演进的 16 世纪，路德和加尔文等顺乎历史潮流，分别提出了"因信称义"和"救赎预定论"，提出并论证了新教神学一样，当今时代的社会主义国家既然由资本主义或半封建半殖民地社会步入了社会主义社会，则所在国家的宗教也就应当实施宗教改革，特别是实施教理革命，对其教义和教理作出符合社会变迁的阐释或变革，作出与社会主义社会相适应的阐释或变革，在扬弃传统神学理论的基础上，逐步构建出既具有一定的理论深度也具有一定理论系统性的神学体系。

如前所述，早在民国初期，我国佛教界的领袖人物太虚就提出了"教理革命"的口号。这是我国近现代宗教思想史上一个值得特别注意的大事件。虽然，太虚倡导的"教理革命"如他自己所说，最终还是"失败"了，但是这丝毫无损于他的教理革命的思想光辉。可以说，太虚的教理革命的思想对于我国的宗教神学思想建设来说至今仍有许多我们值得借鉴的地方。太虚的教理革命思想虽然极其丰富，但是，其中最为重要的莫过于他对佛教入世性和人生性的强调。太虚的教理革命思想突出地强调了佛教的入世性。他的"人间佛教"口号的主旨即在于强调佛教当有的入世性。他之所以倡导"人间佛教"，就是为了改革传统的"西天佛教"，要求佛教信徒以大乘佛教的自利利他精神，来改善国家的政治、社会、经济，增进人类的互助、互敬，完善社会制度，一句话，就是要"入世"。太虚的教理革命思想中另一个值得注意的地方在于他对佛教人生性的强调。他的"人生宗教"口号的主旨即在于强调佛教的人生性。他之所以倡导"人生佛教"，就是为了革除传统佛教只讲死不讲生的旧习。我国近代学者魏源在《老子本义》中，曾经一针见血地指出："老明生而释明死。"我国现代史学家范文澜也曾批评佛教"专心在死字上做功夫"，"佛学是研究死的学问"。[1] 他们所谈的都是佛教的这样一种旧习。正因为如此，太虚在《人生佛学的说明》的演讲中，曾从佛法和佛教当"适应现代文化"的高度，把以"人类"为中心和以"人生"为中心规定为佛法和佛教的根本义；宣称："佛法虽普为一切有情类，而以适应现代之文化故，当以'人类'为中心而施设契时机之佛学；佛法虽无间生死存亡，而以适应现代之现实的人生化故；当以'求人类生存发达'为中心而施设契时机之佛学，是为人生佛学之第一义。"[2] 也正是从这个意义上，太虚在讨论人生佛教之目的时提出并阐释了"人圆佛成"的新概念，强调"仰止唯佛陀，完成在人格；人圆佛即成，是名真现实"。[3] 因此之故，印顺在《佛在人间》里，在谈到太虚提倡人生佛教的初衷时写道："中国的佛教末流，一向重视于一死，二鬼，引出无边流弊。大师为了纠正它，所以主张不重死而重生，不重鬼而重人。以人生对治死鬼的

① 范文澜：《中国通史简编》（修订本）第三篇第二册，人民出版社 1965 年版，第 558—559 页。
② 太虚：《人生佛学的说明》，《海潮音》第九卷第六期，第 583 页；也请参阅黄夏年主编：《太虚集》，中国社会科学出版社 1995 年版，第 228 页。
③ 太虚：《即人成佛的真现实论》，《太虚大师全书》，太虚大师全书影印委员会 1970 年版，第十篇第 47 册，《支论》，第 427 页；参阅方立天：《中国佛教净土思潮的演变与归趣》，《法音》2003 年第 9 期。

佛教,所以以人生为名。"① 人间佛教和人生佛教的思想,我们虽然可以一直上溯到南禅,上溯到《坛经》中的"佛法在世间,不离世间觉",但作为一个现代概念和系统学说,无疑为太虚所首创。尤为难得的是,太虚虽然强调佛教的入世性,但却并没有因此而排斥佛教的出世性,虽然强调佛教的人生性,但却没有因此而排斥佛教的神圣性。因为太虚的根本思想是"即人成佛",是要人"以出世精神,作入世事业","以出世心来作入世事"。② 这种将入世与出世结合起来,坚持走不出而出和出而不出的路子,与我国传统儒学或儒教之"不出而出"和"出而不出"的路子倒是相当契合的。③

但是,令人遗憾的是,由于诸多原因,太虚的人间佛教和人生佛教的思想长期以来并没有得到很好的贯彻。新中国成立后,中国佛教协会在赵朴初等宗教领袖领导下,几十年如一日,将佛教"应机弘法"的方针归结为提倡"一种思想",即"人间佛教积极进取的思想",以"人间佛教"为社会主义新形势下佛教的基本纲领,不仅赋予了人间佛教这一概念以崭新的内容,而且在更大的活动范围内弘扬了人间佛教的思想。一如时任中国佛教协会会长的赵朴初在总结中国佛教协会三十年工作的报告中所说:

> 我们提倡人间佛教的思想,就要奉行五戒、十善以净化自己,广修四摄、六度利益人群,就会自觉地以实现人间净土为己任,为社会主义现代化建设这一庄严国土、利乐有情的崇高事业贡献自己的光和热。④

当然,在社会主义条件下建立人间净土,不仅有一个"净"与"秽"的标准问题,而且还有一个"如何入世"的问题,在什么基础上理解"世出世"的问题和"三谛圆融"的问题,以及如何恰当地理解和处理"净土世界"与"人间世界"之间存在的张力问题。在谈到"佛教如何适应社会主义社会"或"佛教适应社会主义社会的途径"这个问题时,昌明法师曾提到过三条意见,这就是:人间佛教的提倡和实践是佛教适应社会主义社会的"根本途径","劳禅结合"是佛教适应社会主义社会的"基本途径","佛学

---

① 印顺:《佛在人间》(光碟版),见《妙云集》,印顺文教基金会,印顺文教基金会1998年版,第18—19页。

② 印顺:《人间佛教要略》,见黄夏年主编:《印顺集》,中国社会科学出版社1995年版,第165、166页。

③ 参阅段德智:《"不出而出"与"出而不出"——试论孔子死亡哲学的理论特征》,《武汉大学学报》1997年第6期,第8页。

④ 赵朴初:《中国佛教协会三十年》,《法音》1983年第6期。

现代化"是成就佛学适应社会主义社会的"有效途径"。值得注意的是,昌明法师强调了佛学现代化的重要意义,断言:佛学只有"与现代文明结合,审时度势","方有发展的前途"。他还特别强调指出:"佛学现代化与社会现代化有着融通的积极意义"。他例证说:"其一,释迦牟尼创教之时就否定神创神宰,主张众生平等,注重人的价值和主观能动性。这些和现代文明的无神论、人本论很容易协调。其二,释迦牟尼创教核心是缘起的哲学立场,导引出力主主体精神净化。这些对现代文明的逐物不返、破坏生态平衡的反思可起到协调作用。保护环境与佛之缘起是异曲同工,殊途同归。"① 佛教的"人间佛教"思想的提出和阐述当是中国佛教新时期宗教神学思想建设的一项最引人注目的成果,对我国当代其他宗教的神学思想建设也当有一定的借鉴意义。

　　基督宗教在宗教神学理论现代化方面也作出了持续不断的努力。我国著名的基督教神学家赵紫宸和丁光训等在推进基督教神学理论"处境化"的努力就为我国基督宗教神学思想建设作出了意义重大的贡献。赵紫宸(1888—1979)早年就提出过"社会福音论"和"宗教人格论"。他作为一位神学家,虽然关注"个人福音",但同时也非常注重"社会福音",注重基督教对社会的服务和重建。赵紫宸深信"教会乃社会中的社会","耶稣基督乃成身之言,教会则是社会中的成身之言。在这种意义上,教会必须在自身中彰显一个良好而且令人满意的社会之本质。其任务也因而是双重的:对内要强化基督临在于团体的意识,对外则要通过它所培养的基督徒改造教会存在于其中的社会。"② 因此,"教会自身的成立,便将个人福音与社会福音之间的不两立不并存的性质完全打破。事实是:除却个人灵魂被救赎,社会是不能被救赎的;除却社会本身是良善的、重生的,男女个人皆不能成为良善的与重生的。"③ 基于这样一种宗教神学观点,赵紫宸明确提出了基督徒作"社会改革家"的主张。他强调说:"基督教不是政党,基督徒尽可以作政治工作;基督教不去直接改造社会制度,基督徒尽可以彼此联合作改革家。"④ 尽管赵紫宸在这里所谈的主要是一个重建中国社会的问题,但其理论方向与当时中国社会的运作方向,特别是与中国共产党人的前进方向,完全一致,就此而言,赵紫宸所倡导的与时俱进的"社会福音论"对于我国的

① 　昌明:《论佛教适应社会主义社会》,见湖北宗教研究会编,段德智主编:《湖北宗教研究》,湖北人民出版社 2004 年版,第 41 页。

② 　T. C. Chao, "The Future of the Church in Social and Economic Thought and Action", *The Chinese Recorder*, July-August, 1938, pp.346–347.

③ 　赵紫宸:《基督教的社会性》(续),《真理与生命》11 卷 2 期, 1937 年 4 月, 第 67—68 页。

④ 　赵紫宸:《基督教与中国的心理建设》,《真理与生命》6 卷 8 期, 1932 年, 第 10 页。

基督教神学思想建设至今还具有其借鉴意义。赵紫宸基督教神学思想中还有一个至今仍有借鉴意义的思想，这就是他的"宗教人格论"。赵紫宸虽然倡导"社会福音"，倡导"社会重建"，但是，他始终将其'社会福音论'和"社会重建论"的着眼点放在心理建设上，宣称：基督教的"使命"即在于"为人群建设新的、有力量、有根基的健全的心理"。① 然而，在赵紫宸这里，心理建设归根到底是一种人格塑造工作。因为"基督教的能否为中国创造新心理、新精神，全视乎基督教教育的能否感化人格、栽培人格、联络学校与社会的实际生活为断"。②"基督教对付一切政治社会，有一个总钥匙。一切皆由人与上帝的道德心灵关系为出发点；一切皆依赖人格；一切皆以创造品格为根基。"③ 更值得注意的是，赵紫宸在谈到寻求"人生意义"这个话题时，他转而求助于中国的传统文化，求助于儒家、墨家的天命观和圣贤神正论，求助于孔子的"不可为而为之"，求助于墨子的顺天志、足才用，求助于孟子的"天将降大任于斯人也，必先苦其心志，劳其筋骨"；断言：'文化上一切陈迹，莫不由痛苦，莫不由人生的不满意而造成。……人的作为，没有一件不是因要超脱限制而发生的。"④ 所有这些都值得我国当代宗教神学思想建设认真借鉴。

丁光训主教（1915—2012），作为当代中国基督教的一位卓越领袖，极其重视中国基督教的神学思想建设，将其作为当代中国基督教的首要任务。2000年，在中国基督教三自爱国运动五十周年之际，身为全国政协副主席、中国基督教三自爱国运动委员会名誉主席、中国基督教协会名誉会长的丁光训曾经发表过一篇题目为《我怎样看这五十年？》的重要文章。在这篇文章里，丁光训主教将50年的中国基督教三自爱国运动的发展历程区分为三个阶段。这就是"实行三自"阶段（1950—1966年），"办好教会"阶段（1979—1998年）和"神学思想建设"阶段（1998—　）。丁光训主教在解说"办好"二字时，设问道："什么叫'办好'？办好是不是一切恢复解放前或文革前的原状？是不是以别国教会为模式来办我们的教会？"他给出的答案是："办好教会"的"最关键的任务"就是"建设神学思想"，就是要解决"在思想上和社会主义社会相适应"的问题。⑤ 事实上，正是根据他的倡议，1998年11月中国基督教全国两会通过了《加强神学思想建设的决议》。丁光训主教不仅积极推动中国基

① 赵紫宸：《基督教与中国的心理建设》，《真理与生命》6卷8期，1932年，第10页。
② 同上文，第14页。
③ 赵紫宸：《学运信仰与使命的我解》，《真理与生命》9卷8期，1936年1月，第462页。
④ 赵紫宸：《基督教哲学》，中华基督教文社1926年版，第191页。
⑤ 丁光训：《我怎样看这五十年》，《天风》2000年第8期。

督教的神学思想建设，而且长期以来一直身体力行，为中国基督教的中国化，尤其是为中国基督教的神学思想建设作了不懈的努力。早在 20 世纪 80 年代初，他就与我国宗教学界的学者们一起，批判了"宗教鸦片论"，谴责在 80 年代"仍然抱着马克思的'宗教是鸦片'这一就阶级社会而言的断语，作为'放之四海而皆准'的永恒不变的真理"的"少数从事宗教研究的权威"，说他们搞的是"本本主义"，"根本无视各国文化的不同，无视宗教所处时代所起作用的不同"，呼吁宗教界和宗教学界"摆脱本本主义，代之以实事求是的研究方法"。[①] 其后，丁光训主教坚定不移地致力于我国基督教的"处境化神学"建设，作出了多方面的成就。首先，在上帝观上，他提出"上帝是爱"的著名命题，强调上帝"最重要最根本的属性"是"他的爱"；[②] 他还根据中国文化讲"严父"、"慈母"的传统，强调上帝既有父亲的属性也有母亲的属性。[③]在基督论上，他提出"宇宙的基督"的观点，作为"上帝是爱"的延伸，吸收怀特海（Alfred North Whitehead，1861—1947）的"过程哲学"、德日进（Pierre Teilhard de Chardin，1881—1955）的广义进化论思想以及托马斯·阿奎那（ThomasAquinas，约1225—1274）"恩典成就自然"的思想，把宇宙的创造、维护、救赎、圣化到终极的完成，都作为上帝藉着基督工作的全过程；让开一千多年围绕着"迦西敦公式"关于基督的"完全神性和完全人性"的微妙争论，纠正着传统基督论只谈救赎不谈创造的片面性和狭隘性。[④] 在人性论上，丁光训主教同情中国文化中"人性本善"的思想，提出人是"上帝创造的半成品"，是"参与上帝创造的同工"等观点，既强调救赎的必要，又强调人的道德责任和发展的可能。[⑤]

中国天主教由于其宗教本身的特殊性质，虽然其适应中国国情的神学思想建设尚不够系统，但也作出了令人瞩目的成绩，积累了宝贵的经验。早在 20 世纪初期，一些爱国天主教徒就提出了天主教"中国化"或"本地化"的问题，尽管当时的中国天主教总体上依然是"以梵为体，以中为用"，当时的"中国化"或"本地化"的讨论主要地也只是限于教会论方面，但是却也蕴含了一定的神学思辨内容。新中国成立后，中国天主教关于"自治、自养、自传"，建立新型的天主教会以及"民主办教"的提法，也都蕴含有一定的神学思想内涵。考虑到地方教会自治的原则主要是由 20

---

① 参阅《丁光训文集》，译林出版社 1998 年版，第 422—434 页。也请参阅段德智：《关于"宗教鸦片论"的"南北战争"及其学术贡献》，《复旦学报》2008 年第 5 期，第 84—89 页。

② 参阅《丁光训文集》，译林出版社 1998 年版，第 56 页。

③ 同上书，第 113 页。

④ 同上书，第 275—278 页。

⑤ 同上书，第 278 页。

世纪 60 年代召开的梵二会议上确定下来的，考虑到世界各地的教会自治以及与此相应的"处境神学"或"本地化神学"主要地也是在梵二会议之后才开展和发展起来的这样一个事实，当代中国天主教的三自运动和民主办教原则从世界范围看便有开风气之先的意义和价值。香港基督宗教研究专家陈剑光(Kim-Kwong Chan)在其《迈向处境教会学》(*Towards A Contextual Ecclesiology*)一书中断言："从当前处境神学的价值观来看，中国教会所形成的教会学是极有价值的，因为它是处境神学的活样板。从中国教会的经验中，可以获得关于神学处境化的许多宝贵的价值观。"[①]

中国伊斯兰教在神学思想建设方面长期以来一直注重适应中国社会和中国传统文化，倡导"隔教不隔理"。早在明清之际，我国回族穆斯林学者王岱舆(约 1570—1660)就"通习四教"(伊斯兰教和儒、释、道)，"会同东西"。他在其《正教真诠》和《清真大学》中"以儒解回"，把儒家宋明理学思想与伊斯兰教义相调和，彼此印证，相得益彰。例如，在创世说上，以伊斯兰化的新柏拉图主义的"流溢说"与周敦颐的太极图说相结合；在认主学上，吸收儒家"明德之源"的思想和佛教的"佛性"说，丰富了"真赐"(信仰)的含义；用儒家的"体用"、"本末"思想阐发本体论；并用"三一"(真一、数一、体一)学说把伊斯兰教的创世说、本体说和认识说统一起来，比较系统地阐述了他的宗教哲学体系。新中国成立后，中国伊斯兰教在神学思想建设中继承发扬了这样一种"适应"传统。改革开放以后，特别是自 20 世纪 90 年代起，广泛开展了"解经"活动和讲"新卧尔兹"活动，把中国伊斯兰教神学思想建设提升到了一个新的阶段。为了使全国范围的讲新卧尔兹活动组织化、系统化、规范化，为了使"解经"工作得到深入、有序地开展，中国伊斯兰教协会还专门建立了权威的教义解释组织，动员和组织国内高水平的伊斯兰教著名人士，紧密结合中国国情、结合当代中国穆斯林在宗教生活和社会生活中遇到的问题，努力对伊斯兰教经典作出既符合教义、教规精神，又符合时代发展和中国国情的阐释。例如，"吉哈德"的原意并不是有些别有用心的人所说的"要圣战"的意思，而是"为伊斯兰教而奋斗"的意思。这种诠释就不仅符合时代的发展和中国国情，而且也符合《古兰经》的原意。因为"伊斯兰"就是和平、顺从的意思；而且《古兰经》中就有"信道的人们啊！你们当全体进入和平教中"的经文。[②] 再如，《古兰经》中有"你应当借真主赏赐你的财富而营谋后世的住宅，你不要忘却你在今世的定分"的经文，[③] 我国伊斯兰教发挥伊斯兰教的这种

---

① 转引自何光沪主编：《宗教与当代中国社会》，中国人民大学出版社 2006 年版，第 361 页。

② 《古兰经》2：208。

③ 《古兰经》28：77。

两世观的思想,提出了"两世吉庆"的观点,鼓励穆斯林在完成必要的宗教功修之后,作为一名劳动者积极参加国家的各项建设,乃至经商、种地等活动,以谋取今世的定分,过幸福美满的生活。毫无疑问,我国伊斯兰教的这样一种"解经"活动为我国伊斯兰教进一步与社会主义社会相适应提供了坚实的思想基础和信仰支撑。

作为我国本土宗教的道教历来"重生贵生",注重乐生与济世,具有出世而入世的生活情怀与追求。近代以来,中国道教完全秉承了这一优良传统。早在民国期间,我国近世著名的道教学者陈撄宁(1880—1969)就提出了在"学理"上"重研究不重崇拜"、在"功夫"上"尚实践不尚空谈",在"思想"上"要积极不要消极"、在"事业"上"贵创造不贵模仿"的"新仙学",宣称:"道家学术,即是治国平天下之学术,含义甚广,不可执一端而概其全体。"[①] 更为难能的是,在陈撄宁担任中国道教协会领导人期间,"研究道教学术和培养道教知识分子"被规定为中国道协的"中心任务"。改革开放以来,一些道教界人士和道教学者更加注重对道教教义作出与社会主义社会相适应的比较系统的阐释,对其"天庭神学"、"入世神学"、"境界神学"、"恩惠神学"、"和合神学"和"修炼神学"分别做了比较深入的研究,努力构建一个以"道"和"德"这一道教的"根本教理及核心信仰"为基础的比较完整的道教教义思想体系。2000年,中国道教协会副会长张继禹道长(1962—)在其一篇题为《践行生活道教,德臻人间仙境》的学术报告中提出并论证了"生活道教"这一理念,强调"生活道教是道教的固有传统","生活道教是当代道教的根本宗趣"。[②] 尽管生活道教的理念还需要系统化和深化,但是,这一理念完全有望与"人间佛教"、"处境化神学"和"两世吉庆"一起,构成当代中国神学思想建设的一项重要内容。

我们深信,在全面建成小康社会、全面建成社会主义现代化强国的新时代,当代中国各宗教一定能够与时俱进,将各宗教教义进一步与中华文化相融合,进一步推进神学思想建设,逐步构建出与社会主义社会相适应的新的神学体系。

四、当代中国宗教的一项长期任务:去伪匡正,反对邪教

在当今时代,既然反对和批判邪教是一项关乎社会稳定、国家安全、意识形态安全和人类进步的大事,既然邪教往往假借宗教的名义进行反社会、反人类的罪恶活动,则反对和深入批判邪教便不仅事关我们全面建成小康社会和全面建成社会主义

---

① 陈撄宁:《道教与养生》,华文出版社 2000 年版,第 6 页。
② 张继禹:《践行生活道教,德臻人间仙境——关于道教与现实社会生活的探讨》,见叶至明主编:《道教与人生》,宗教文化出版社 2002 年版,第 2—17 页。

现代化强国的伟业，而且也事关当代中国宗教神学思想建设。因此，反对和深入批判邪教虽然并不只是宗教界的事情，但是，宗教界反对和批判邪教却具有特别重大的意义。宗教界反对和批判邪教不仅是我国反对邪教斗争的一个组成部分，而且还是其中一个极其重要的不可或缺的部分。其所以如此，不只是因为宗教界人士和宗教信众在我国人口中占有相当的比例，更重要的还在于唯有宗教界人士和宗教信众反对和批判邪教才能更好地从宗教内在本质的层面深入批判邪教，才能更好地收到一箭双雕的效果：一方面更有力地打击邪教，另一方面使我国各宗教在反对邪教的斗争中更加健康地沿着同社会主义相适应的方向前进，并使我国的宗教信仰自由政策得到更加全面彻底的贯彻。

宗教界反对邪教对于宗教自身建设的重大意义不言自明。这是因为不破不立，不塞不留，乃宇宙万物发展的一条普遍规律，自然也是宗教发展的一条无可更易的规律。全真高道张三丰曾经说过："古今有两教，无三教。悉有两教？曰正曰邪。……圣人之教，以正为教。若非正教，是名邪教。"[1] 既然如此，我们也就只能在反对邪教的斗争中加强宗教自身的建设，只能在"去伪"中加以"匡正"。诚然，"去伪"与"匡正"是辩证的统一：一方面，不"匡正"不足以"去伪"；另一方面，不"去伪"也不足以"匡正"。但是，无论如何，在去伪与匡正的互存互动中，去伪始终处于更基本的方面，或者说，它始终是矛盾的主导方面。因为离开去伪的匡正永远只能是"匡而不正"。从这个意义上，我们不妨说，去伪是宗教反对邪教的首要目标或基本任务。然而，邪教的"邪"和"伪"最根本的就在于它所具有的反人类、反社会的本质。因此，宗教若不坚持反对邪教，就不足以彰显自身的社会本质，就不可能充分发挥自身的维系社会和创建社会的功能，也就因此而模糊了宗教与邪教的界限。

反对和批判邪教要有长期作战的思想。这是因为邪教在我国的存在和蔓延并不是一件偶然的事情，而是有其深刻的社会文化根源的。[2]

首先，邪教在我国存在和蔓延是有国际背景或国际根源的。据不完全统计，现在世界上大约有 3000 多个邪教组织，其信徒约有 600 万至 1000 万之多。其中，影响特别恶劣的，在美国有"人民圣殿教"，在瑞士有"太阳圣殿教"；在日本有"奥姆真理教"；在白俄罗斯有"大白兄弟会"；在韩国有"统一教会"。这些邪教组织的存在和泛滥，无疑对我国当代邪教的滋生和蔓延有着重大影响。

---

[1] 张三丰：《张三丰全集》，方春阳点校，浙江古籍出版社 1990 年版，第 123 页。

[2] 参阅段德智：《试论当代中国邪教滋生、蔓延的社会文化根源》，《世界宗教研究》2001 年第 3 期，第 18—24 页。

其次,邪教在我国存在和蔓延在国内也有其深刻的社会根源。自 20 世纪 80 年代以来,我国初步结束了持续达 30 年之久的"以计划经济为主"和"以阶级斗争为纲"的时代,进入了经济转轨和社会转型的双重变革时代:由以阶级斗争为纲转向以经济建设为主,以计划经济为主转向以市场经济为主,由以社会本体和单位本体为主转向参与社会竞争的个人本体为主。这样一种社会转型,不仅在一个时期削弱了原有的社会规范和社会控制,而且使现有的社会控制体系面临种种新的挑战。新的社会基本控制力量(制度和体制)由于其在所难免的不完善,而不能有效地进行社会整合,无法真正规范社会成员的观念和行为模式。同时,在这样的社会转型时期,新的价值观念势必不断趋于强劲,各种价值观念势必呈多元并存和相互冲突的态势。所有这些从积极的层面看,无疑会增大价值主体进行选择的自由度,但若从消极的层面看则无疑会为价值观念的失范提供某种社会基础或社会背景,为种种邪教歪理邪说的泛滥以及各种邪教的猖獗活动提供诸多机遇或便利。

最后,我国当代邪教的滋生和蔓延不仅有其国际根源、社会根源,而且还有其深刻的历史根源。而我国当代邪教滋生和蔓延的历史根源不是别的,首先就是在经济结构上自然经济在我国长期占主导地位,在社会结构上以亲缘关系为基础的宗法性组织——宗族或家族制度长期存在。众所周知,在西方,在古代希腊,由于种种原因,当社会进入奴隶制时期,商品经济就有了一定程度的发展。至中世纪后期,自由城市商品经济的发展业已形成一定规模。至 17 世纪之后,商品经济在一些先进国家里相继取得主导地位。而中国则不同,长期以来,自给自足的自然经济一直占主导地位。"农民不但生产自己需要的农产品,而且生产自己需要的大部分手工业品。地主和贵族对于从农民剥削来的地租,也主要地是自己享用,而不是用于交换。"[①] 至明清时代,商品经济虽然有了一定的发展,但在整个经济中始终没有起决定的作用。即使在文化革命中极力倡导和推行的"五七道路",也或多或少地带有"自然经济"的历史遗迹。这样一种历史背景,就使得我国的相当一部分国民,特别是农民,对我国当前向商品经济和市场经济的转型以及由此带来的生活方式的转变一时不太容易适应,从而给邪教的滋生和蔓延带来种种可乘之机。此外,既然从历史上看,中国社会在经济结构方面自然经济长期占主导地位,在社会结构方面,以亲缘关系为基础的宗法性组织——宗族或家族制度长期存在,这就为个人迷信或教首崇拜准备了必要的文化土壤和社会土壤。我们知道,在 19 世纪中叶的法国革命中,"才能平庸"的

---

① 《毛泽东选集》第二卷,人民出版社 1991 年版,第 623—624 页。

路易·波拿巴竟然成了支配整个法国政治局面的"英雄"。马克思在《路易·波拿巴的雾月十八日》中在解释这一历史之谜时曾经依据唯物史观深刻地揭示了作为深深植根于小块土地所有制的土壤之中的法国农民的阶级局限性:"由于各个小农彼此间只存在有地域的联系,由于他们利益的同一性并不使他们形成任何的共同关系,形成任何的全国性的联系,形成任何一种政治组织,所以他们就没有形成一个阶级。因此他们不能以自己的名义来保护自己的阶级利益,无论是通过议会或通过国民公会。他们不能代表自己,一定要别人来代表他们。他们的代表一定要同时是他们的主宰,是高高站在他们上面的权威……"① 既然如此,则在我们这样一个国度里,一部分人在一个时期里表现出一种近乎狂热的"教首崇拜",就是一件并非难以理解的事情了。既然在一个时间里,我国一部分地区社会结构失范,基层权利弱化,单位功能蜕化,则一些人寻求邪教势力来"代表自己"也就有其某种必然性了。由此也可看出,反对和批判邪教的斗争,的确是一件巨大的系统社会工程,离开了经济制度和社会政治制度的进一步改革和完善,离开了对旧思想和旧观念的彻底批判,反对和批判邪教的斗争是不可能取得彻底胜利的。

_____

① 　①马克思:《路易·波拿巴的雾月十八日》,见《马克思恩格斯全集》第 8 卷,人民出版社 1965年版,第 217 页。

主要参考文献

（以作者姓名的汉语拼音或外文字母为序）

一、中文部分（含中文译本）

托马斯·阿奎那：《反异教大全》第 1 卷，段德智译，商务印书馆 2017 年版。

托马斯·阿奎那：《神学大全》第 1 集，第 1 卷，段德智译，商务印书馆 2013 年版。

托马斯·阿奎那：《神学大全》第 1 集，第 2 卷，段德智译，商务印书馆 2013 年版。

托马斯·F.奥戴、珍妮特·奥戴·阿维德：《宗教社会学》，刘润忠等译，中国社会科学出版社 1990 年版。

罗杰·奥尔森：《基督教神学思想史》，吴瑞诚、徐成德译，周学信校，北京大学出版社 2003 年版。

奥古斯丁：《忏悔录》，周士良译，商务印书馆 1981 年版。

奥托：《论"神圣"》，成穷、周邦宪译，四川人民出版社 2003 年版。

威廉·巴雷特：《非理性的人》，段德智译，陈修斋校，上海译文出版社 2007 年版。

詹姆斯·C.巴特：《罗马书释义》，魏育青译，华东师范大学出版社 2005 年版。

北京大学哲学系外国哲学史教研室编译：《古希腊罗马哲学》，商务印书馆 1982 年版。

北京大学哲学系外国哲学史教研室编译：《西方哲学原著选读》上卷，商务印书馆 1981 年版。

贝格尔：《神圣的帷幕：宗教社会学理论之要素》，高师宁译，何光沪校，上海人民出版社 1991 年版。

贝格尔：《天使的传言》，高师宁译，中国人民大学出版社 2003 年版。

列维·布留尔：《原始思维》，丁由译，商务印书馆 1986 年版。

陈樱宁：《道教与养生》，华文出版社 2000 年版。

《邓小平文选》第三卷，人民出版社 1993 年版。

《丁光训文集》，译林出版社 1998 年版。

杜尔凯姆：《宗教生活的基本形式》，渠东、汲喆译，上海人民出版社 1999 年版。

段德智：《宗教学》，人民出版社 2010 年版。

段德智：《新中国宗教工作史》，人民出版社 2013 年版。

段德智：《中世纪哲学研究》，人民出版社 2014 年版。

段德智主编：《境外宗教渗透与苏东剧变研究》，人民出版社 2015 年版。

段德智等:《境外宗教渗透论》,经济科学出版社 2016 年版。

段德智:《简论中国传统哲学的准宗教性格》,见吴根友、邓晓芒、郭齐勇主编:《场与有》(四),武汉大学出版社 1997 年版。

段德智:《"不出而出"与"出而不出"——试论孔子死亡哲学的理论特征》,《武汉大学学报》1997 年第 6 期。

段德智:《从存有的层次性看儒学的宗教性》,《哲学动态》1999 年第 7 期。

段德智:《试论西方宗教哲学的人学化趋势及其历史定命》,《哲学研究》1999 年第 8 期。

段德智:《宗教神学归根结底是一种人学》,见武汉大学人文科学学院哲学系、宗教学系编:《世纪之交的宗教与宗教学研究》,湖北人民出版社 2000 年版。

段德智:《试论希克多元论假说的乌托邦性质》,见卓新平、许志伟主编:《基督宗教研究》第 4 辑,宗教文化出版社 2001 年版。

段德智:《从"中国礼仪之争"看基督宗教的全球化与本土化》,《维真学刊》2001 年第 2 期。

段德智:《试论当代中国邪教滋生、蔓延的社会文化根源》,《世界宗教研究》2001 年第 3 期。

段德智:《实现宗教管理现代化的基本方略》,《中共济南市委济南市行政学院济南市社会主义学院学报》2001 年第 4 期。

段德智:《试论宗教对话的层次性、基本中介与普遍模式》,《武汉大学学报》2002 年第 4 期。

段德智:《"全球化道教"与"道教化全球"》,《世界宗教文化》2003 年第 1 期。

段德智:《从儒学的宗教性看儒家的主体性思想及其现时代意义》,《华中科技大学学报》2003 年第 3 期。

段德智:《中国宗教的"轴心时代"》,《世界宗教研究》2004 年第 2 期。

段德智:《关于"宗教鸦片论"的"南北战争"及其学术贡献》,《复旦学报》2008 年第 5 期。

段德智:《近三十年来的"儒学是否宗教"之争及其学术贡献》,《晋阳学刊》2009 年第 6 期。

冯友兰:《中国哲学简史》,北京大学出版社 1996 年版。

费尔巴哈:《宗教的本质》,王太庆译,人民出版社 1999 年版。

费尔巴哈:《基督教的本质》,荣震华译,商务印书馆 1984 年版。

《费尔巴哈哲学史著作选》第 3 卷,涂纪亮译,商务印书馆 1984 年版。

《费尔巴哈哲学著作选集》上卷,荣震华、李金山等译,商务印书馆 1984 年版。

《费尔巴哈哲学著作选集》下卷,荣震华、王太庆、刘磊等译,商务印书馆 1984 年版。

伏尔泰:《哲学辞典》上册,王燕生译,商务印书馆 1991 年版。

伏尔泰:《哲学通信》,高达观等译,上海人民出版社 1961 年版。

何光沪主编:《宗教与当代中国社会》,中国人民大学出版社 2006 年版。

黑格尔:《哲学史讲演录》第 1 卷,贺麟、王太庆译,商务印书馆 1981 年版。

黑格尔:《法哲学原理》,范阳、张企泰译,商务印书馆 1979 年版。

塞缪尔·亨廷顿:《文明的冲突与世界秩序的重建》,周琪、刘绯、张立平、王园译,新华出版社 2002 年版。

《弘一大师永怀录》,上海弘一大师纪念会编,上海科学技术文献出版社 2014 年版。

胡适:《中国思想史长编(手稿本)》,美亚出版公司 1971 年版。

湖北宗教研究会编,段德智主编:《湖北宗教研究》,宗教文化出版社 2004 年版。

《江泽民文选》第二卷,人民出版社 2006 年版。

康德:《未来形而上学导论》,庞景仁译,商务印书馆 1978 年版。

尼古拉·库萨:《论隐秘的上帝》,李秋零译,三联书店 1996 年版。

莱布尼茨:《神正论》,段德智译,商务印书馆 2017 年版。

李天刚:《中国礼仪之争:历史、文献和意义》,上海古籍出版社 1998 年版。

利玛窦:《天主实义》,见朱维铮主编:《利玛窦中文著译集》,复旦大学出版社 2001 年版。

詹姆斯·C.利文斯顿:《现代基督教思想》上卷,何光沪译,赛宁校,四川人民出版社 1999
   年版。

詹姆斯·C.利文斯顿:《现代基督教思想》下卷,何光沪译,赛宁校,四川人民出版社 1999
   年版。

刘小枫主编:《20 世纪西方宗教哲学文选》下卷,上海三联书店 1991 年版。

罗广武编著:《新中国宗教工作大事概览(1949—1999)》,华文出版社 2001 年版。

洛克:《论宗教宽容》,吴云贵译,商务印书馆 1982 年版。

《马克思恩格斯选集》第 1 卷,人民出版社 1995 年版。

《马克思恩格斯选集》第 2 卷,人民出版社 1995 年版。

《马克思恩格斯选集》第 3 卷,人民出版社 1995 年版。

《马克思恩格斯选集》第 4 卷,人民出版社 1995 年版。

马克思:《1844 年经济学哲学手稿》,刘丕坤译,人民出版社 1979 年版。

《毛泽东著作选读》上册,人民出版社 1986 年版。

《毛泽东著作选读》下册,人民出版社 1986 年版。

麦奎利:《20 世纪宗教思想》,何光沪译,上海人民出版社 1989 年版。

保罗·尼特:《宗教对话模式》,王志成译,中国人民大学出版社 2004 年版。

缪勒:《宗教的起源与发展》,金泽译,陈观胜校,上海人民出版社 1989 年版。

缪勒:《宗教学导论》,陈观胜、李培荣译,上海人民出版社 2010 年版。

牟钟鉴、张践:《中国宗教通史》下册,社会科学文献出版社 2003 年版。

牟宗三:《生命的学问》,广州师范大学出版社 2005 年版。

欧阳竟无:《孔学杂著》,崇文书局 2016 年版。

帕森斯:《现代社会的结构与过程》,梁向阳译,光明日报出版社 1988 年版。

帕斯卡尔:《思想录》,何兆武译,商务印书馆 1985 年版。

任杰、梁凌:《中国的宗教政策——从古代到当代》,民族出版社 2006 年版。

释慧皎:《高僧传》第 5 卷,汤用彤校注,汤一玄整理,中华书局 1992 年版。

释印顺:《中国禅宗史》,中华书局 2010 年版。

释印顺:《佛教史地考论》,中华书局 2011 年版。

斯宾诺莎:《伦理学》,贺麟译,商务印书馆 1981 年版。

孙尚扬:《宗教社会学》,北京大学出版社 2001 年版。

威廉·R.索利:《英国哲学史》,段德智译,陈修斋校,商务印书馆 2017 年版。

《太虚集》，黄夏年主编，中国社会科学出版社 1995 年版。

加里·特朗普：《宗教起源探索》，孙善玲、朱代强译，四川人民出版社 1995 年版。

托兰德：《基督教并不神秘》，张继安译，商务印书馆 1982 年版。

王国维：《人间词话》，译林出版社 2009 年版。

王明：《太平经合校》，中华书局 1960 年版。

韦伯：《新教伦理与资本主义精神》，于晓、陈维纲等译，三联书店 1987 年版。

韦伯：《儒教与道教》，王容芬译，商务印书馆 1999 年版。

韦伯：《宗教社会学》，康乐、简惠美译 广西师范大学出版社 2005 年版。

维特根斯坦：《哲学研究》，李步楼译，陈维杭校，商务印书馆 1996 年版。

魏源：《老子本义》，上海书店 1987 年版。

约翰·希克：《宗教之解释：人类对超越者的回应》，王志成译，四川人民出版社 1998 年版。

《习近平：全面提高新形势下宗教工作水平》，《人民日报》2016 年 4 月 24 日。

习近平：《决胜全面建成小康社会 夺取新时代中国特色社会主义伟大胜利——在中国共产党第十九次全国代表大会上的报告》，人民出版社 2017 年版。

埃里克·J.夏普：《比较宗教学史》，吕大吉、何光沪、徐大建译，上海人民出版社 1988 年版。

谢扶雅：《宗教哲学》，山东人民出版社 1998 年版。

晏可佳：《中国天主教简史》，宗教文化出版社 2001 年版。

叶小文：《中国宗教的百年回顾与前瞻》，《中国宗教》2001 年第 2 期。

米尔恰·伊利亚德：《神圣与世俗》，王建光译，华夏出版社 2002 年版。

罗纳德·L.约翰斯通：《社会中的宗教》，尹今黎、张蕾译，袁亚愚校，四川人民出版社 1991 年版。

张岱年：《中国哲学中的本体观念》，《安徽大学学报》1983 年第 3 期。

赵朴初：《中国佛教协会三十年》，《法音》1983 年第 6 期。

赵敦华：《基督教哲学 1500 年》，人民出版社 1994 年版。

赵紫宸：《基督教哲学》，中华基督教文社 1926 年版。

赵紫宸：《中国基督教会改革的途径》，青年协会书局 1950 年版。

中共中央统战部研究室编：《历次全国统战工作会议概况和文献》，档案出版社 1988 年版。

《周恩来统一战线文选》，人民出版社 1984 年版。

二、外文部分

Karl Barth, *Church Dogmatics*, vol.2, part 1, Edinburgh: Clark, 1956.

Peter Berger, *The Sacred Canopy: Elements of a Sociological Theory of Religion*, New York: Doubleday, 1990.

Harvey Cox, *The Secular City*, The Macmillan Company,1965.

Émile Durkheim, *The Elementary Forms of the Religious Life*, trans. Joseph Ward Swain, New York, 1961.

John Hick, *God and the Universe of Faiths*, New York: St. Martin's Press, 1973.

John Hick, *An Interpretation of Religion*, New Haven: Yale University Press, 1989.

David O. Moberg, *The Church As A Social Instituion*. The *Sociology of American Religion*, Englewood Cliff（N. Y.）, Prentice Hall, 1962.

Wolfhart Pannenberg, *The Idea of God and Human Freedom*, Philadelphia: Fortress Press, 1973.

Karl Rahner, *Foundations of Christian Faith*, New York: Crossroad, 1978.

Wilfred Cantewell Smith, *The Faith of Other Men*, New York: Harper & Row, 1962.

Paul Tillich, *Systematic Theology*, Chicago: University of Chicago Press, 1951–1963.

Paul Tillich, *Christianity and the Encounter of World Religions*, New York: Columbia University Press, 1963.

Max Weber: Essays in Sociology, London: Kegn Paul, Trench, Truber &Co.Ltd, 1947.

C.K.Yang, *Religion in Chinese Society: A Study of Contemporary Social Function of Religion and some of Their Historical Factors*, The Regents of the University of California, 1961.

J. Milton Yinger, *The Scientific Study of Religion*, New York: The Macmillan Company, 1970.

后　记

1. 在一个意义上，我们可以说宗教社会学是一门典型的交叉学科：它既可以成为社会学的一个分支学科，也可以成为宗教学的一个分支学科。本著的根本宗旨在于构建作为宗教学之一个分支学科的宗教社会学。

2. 迄今为止，宗教社会学主要是由社会学家构建起来的。无论是孔德和斯宾塞，还是杜尔凯姆、韦伯、帕森斯和默顿，其主要的身份都是社会学家。在这种情况下，实然形态的宗教社会学与其说是宗教学的一个分支学科，毋宁说是社会学的一个分支学科。因此，构建作为宗教学分支学科的宗教社会学的工作便依然在途中。

3. 作为宗教学分支学科的宗教社会学并不否认宗教对于社会的依赖性，但它却反对作为社会学分支学科的宗教社会学对于宗教与社会关系的片面化处理及其还原主义理路，极力将宗教平面化，一笔抹杀宗教与其他社会组织的本质区别，根本否认宗教的奥秘及其对一般社会组织的超越性，一味强调宗教的派生性和工具性。

4. 与作为社会学分支学科的宗教社会学不同，作为宗教学分支学科的宗教社会学则坚持整体主义的理路，尽管也承认宗教与社会的关联性以及宗教对于社会的某种派生性和工具性，但它却不仅承认和强调宗教与一般社会组织的差异性或特殊性，而且还关注和强调宗教的原生性，关注和强调宗教对于一般社会组织的非工具性和超越性。

5. 马克思在《1844 年经济学哲学手稿》中曾强调只有"现实的宗教信仰和现实的信教的人"才是"真正的宗教存在"；宗教学创始人缪勒在《宗教的起源与发展》中将宗教界定为"领悟无限者的主观才能"。在本著作者看来，这些无疑应当成为我们构建作为宗教学分支学科的宗教社会学的主要基石或主要基石之一。

6. 本著的部分内容曾于 2005 年以"宗教与社会"为题作为"爱国统一战线与全面建设小康社会丛书"中一种在文史出版社出版。当时,该丛书虽然含十种图书,却共享一个书号 (ISBN 7–5034–1653–X)。鉴于本著出版时没有独立的书号,故而作者此前未曾也不可能申报过任何奖项。

本著当初依据丛书要求,篇幅较小,只有 20 万字,这次修订做了很大的扩充,有 30 多万字。

更为重要的是,修订本在篇章结构方面也做了较大幅度的充实和调整。这主要表现在下述几个方面:

第一,修订本由原来的五章扩充到六章,也就是说新增了一章,其标题为"宗教的特殊本质:宗教的奥秘及对其的一个解读",也就是修订本的第二章。

第二,与新增"宗教的特殊本质"一章相呼应,原来的第二章和第三章的标题也做了一定的调整,均冠以"宗教的普遍本质",且相应地成为修订本的第三章和第四章。

第三,为进一步突出中国宗教的本土化、民族化或中国化,对原著"中国宗教与全面建设小康社会"一章 (原著第五章,修订本第六章) 做了大幅度的充实。这一方面表现为第一节"中国传统宗教与前现代中国社会"中新增了第五小节"对佛教中国化的进一步考察";另一方面表现为新增两节,其中一节为"中国近代宗教的转型与中国近代社会的变革"(为修订本第六章第二节),另一节为"中国现代宗教的转型与中国现代社会的变革"(为修订本第六章第三节)。

第四,即使所保留的各章节的内容,特别是第六章各节的内容,也都做了一定程度的补充,使材料更为翔实,使论证更为充分。

第五,为了凸显"作为宗教学分支学科的宗教社会学"的应然性,修订本的正标题由原来的"宗教与社会"改为现在的"宗教社会学"。

不难看出,所有这些修订差不多都围绕着一个中心展开,这就是进一步体现和突出马克思的"宗教存在观"和缪勒的宗教定义。

7. 人民出版社法律与国际编辑部主任洪琼先生为本著编辑、出版付出巨大辛劳,在本著即将付梓之际,作为本著作者,我要特别向他致以谢意。

段淑云硕士曾认真审读过本著的初稿,在此,也向她致以谢意。

8. 正如为了构建作为社会学分支学科的宗教社会学,几代社会学家付出了巨大辛劳，为了构建作为宗教学分支学科的宗教社会学，也"需要几代学者的不懈努力方能成就"。本著只不过是作者在这一方面的一个小小的尝试而已。本著不当之处在所难免，敬请方家批评指正。

段德智

2020 年 3 月

于武昌珞珈山南麓

责任编辑：洪　琼

版式设计：顾杰珍

图书在版编目（CIP）数据

宗教社会学／段德智 著 . —北京：人民出版社，2021.6

ISBN 978－7－01－022740－5

I.①宗…　II.①段…　III.①宗教社会学　IV.① B920–53

中国版本图书馆 CIP 数据核字（2020）第 245211 号

宗 教 社 会 学

ZONGJIAO SHEHUI XUE

段德智　著

人民出版社 出版发行

（100706　北京市东城区隆福寺街 99 号）

北京汇林印务有限公司印刷　　新华书店经销

2021 年 6 月第 1 版　2021 年 6 月北京第 1 次印刷

开本：787 毫米 ×1092 毫米 1/16　印张：20.5

字数：360 千字

ISBN 978－7－01－022740－5　定价：99.00 元

邮购地址 100706　北京市东城区隆福寺街 99 号

人民东方图书销售中心　电话（010）65250042　65289539